諜報ビジネス最前線

エイモン・ジャヴァーズ 著
大沼安史 訳

緑風出版

目　次

課報ビジネス最前線

目次　諜報ビジネス最前線

プロローグ

私がほんもののスパイに初めて会ったのは、二〇〇七年一月のことだった。

当時、ワシントンでの私の記者活動は、すでに十二年以上に及んでいた。私は連邦議会の上下両院議員にも、大統領にも会見していた。アメリカ赤十字社や警察、宗教界など「善人」の皆さんについて、たくさん書いて来た。「悪人」どもについても書いて来た。連邦刑務所に服役している横領事件の確定囚にインタビューしたこともあるし、あの悪名高きロビイストのジャック・エイブラモフ*にも、彼が経営するペンシルバニア街の高級レストランで会っている。だから私はこの国の首都、ワシントンが私に見せてくれる大概のものを見てしまったと思っていた。しかし私はそれまで一度も、スパイにお目にかかることはなかった。

---

*ジャック・エイブラモフ Jack Abramoff　米国の議会ロビイスト。先住民族のカジノに目をつけ、議会に対して賄賂攻勢を行い、数千万ドルを先住民族から騙し取った。三年半の実刑判決を受け、服役。

だから私はその寒い昼下がり、ワシントンのコネチカット街をデュポン・サークルに向かって歩きながら、いつになく興奮していた。私は歩みを速めた。バーバリの店を過ぎ、ブルックス・ブラザーズ書店を通り越して進んで行く。大通りには高級な店が並んでいる。しかし私がその前で足をとめ、中に入ったのは、小さな、何の変哲もないオフィス・ビルだった。そのビルに、私がこれから会う男の事務所があった。そこでスパイ、ニック・デイが、私を待っていた。

三十代後半、私より二、三歳、年上の男だった。英国の情報機関、MI5*で経験を積み上げた諜報活動のベテラン。「デリジェンス（Diligence）LLC」社のCEO（最高経営責任者）――。

この「デリジェンス」社こそ、民間セクターの顧客に対し、諜報サービスを世界的な規模で提供している、知る人ぞ知る諜報企業だった。

このニック・デイとともに、「デリジェンス」社を立ち上げたのは、CIA（米国中央情報局）で十四年の活動歴のある人物。

デイとその男は英米の経済界、諜報界のトップの間に人脈を持っていて、世界のスーパーリッチのために諜報サービスを提供していた。

私はこの日、ニック・デイに会う前に、「デリジェンス」社について、すでに五ヵ月間、調査を重ねていた。「デリジェンス」社を調べて行くうちに、私は驚くべき事実にぶちあたった。デイが率いる諜報チームが、世界規模の巨大会計会社、KPMG*のオフィスへの浸透を狙って、すでに一ヵ月間、隠密の作戦行動に従事していることを知って驚いたのだ。

「デリジェンス」はワシントンの、あるロビー会社の依頼で秘密活動に従事していた。そしてそのロビー会社は、ロシアのある最も強力な特権的経済支配者（オリガーキー）のために動いていた……。そんな驚くべき事実を私はつかんでいた。

私はデイがどんな態度に出るか見当がつかなかった。私はワシントン郊外、ラングレーにあるCIAに一度も行ったことがなかったから、諜報エージェントとはどんな人種なのかよく分からなかった。だから私は、デイの本拠の「デリジェンス」社のオフィスも、あの007、ジェームズ・ボンドの映画に出て来る「Qセクション」（研究開発部門）と、「バットマンのアジト」を足して二で割ったようなものでは、と漠然と想像していた。

しかしデイのオフィスは私の想像とは違っていた。一九九〇年代の「ドットコム・バブル」時代を描いたハリウッド映画に出てくるIT企業のようなオフィスに、私は足を踏み入れていた。受付嬢がコーヒーを運んで来ると、間もなくニック・デイが奥の部屋から大きな足取りで現れた。中肉中背、黒々とした髪。まくりあげたワイシャツから毛むくじゃらな腕が覗いていた。人懐こくてフレンドリーな男だった。会社が大変な時だというのに、動揺したところは微塵も見られなかった。最悪な場面をすでにくぐり抜けたことで、余裕が出ていたせいかも知れなかった。ニック・デイは私を自室に案内してくれた。コンピューターの画面を睨むアナリストたちの列を通り過ぎて彼の部屋に入ると、ダ

＊MI5　Military Intelligence section 5　軍情報部第五課。英国の国内を担当する諜報機関。「情報保安部」とも呼ばれる。
＊KPMG　オランダのアムステルダムに本拠を置く、世界有数規模の巨大な国際会計事務所。日本にも進出している。

ンボールの書類箱が散乱していた。ファイルの荷作りをしているようだった。

ニック・デイは私が申し入れた、オン・レコード（公表を前提にした）のインタビューに応じてくれた。

自分のオフィスでのインタビューで、彼はまず、「デリジェンス」社が世界経済の現場でどんな役割を果たしているか説明してくれた。

ニック・デイは私に開口一番、こう言ったのだ。諜報エージェントにしか企業が直面する問題を解決することができない場面がある、と。

その一言で私はビジネス・インテリジェンスの世界に対する関心を持ってしまったわけだが、このインタビューから間もなく、この世界で活動するのは、この「デリジェンス」社だけではないことに気付いた。世界には「デリジェンス」のような諜報企業が数百社も存在し、一大産業を形成している。そうした産業化した諜報企業が英国、米国、ヨーロッパ、アジア、中東に多数、展開し、一般の企業や金融機関、富裕な個人と契約して諜報活動に従事している事実を知ったのだ。

私が調べたところワシントンだけでもさまざまなタイプの諜報企業が存在し、手広く営業していた。そんな諜報企業に頼めば、ＦＢＩ（連邦捜査局）の元エージェントを雇うことができるし、ＣＩＡの元エージェントと契約することも、シークレット・サービスの元エージェントに仕事を依頼することもできる。「デリジェンス」のニック・デイのような英国のＭＩ５のベテランを雇うこともできるのだ。

それどころかワシントンには旧ソ連のＫＧＢ（国家保安委員会*）や軍の元諜報将校による諜報企業ま

で存在し、店開きさえしているのである。しかもかつての仇敵、ＣＩＡの本部からそう離れていない場所に……。私はその旧ソ連系のスパイ企業の社長とコーヒーを飲んだことがある。その寒い国から来たスパイと私は、なんと近くの「スターバックス」に一緒にコーヒーを飲みに出かけたのだった――。

こうして私は思いがけずに、「諜報産業」という秘密の業界に踏み込むことになった。そして私は、その世界にのめりこんでしまった。

記者である私にとって、「諜報産業」の世界との出会いは、新たな報道活動を切り拓くチャンスでもあった。そこには連邦議会の公聴会やロビイストたちの暗闘、さらには汚職のスキャンダルより、もっとスリリングな世界があった。私は諜報企業のエージェントたちと接触を続けた。取材させてほしいと頼み続けた。そして驚くべきことに、ほとんどの当事者が私に、自分たちのビジネスのことを開けっぴろげに――常に公表を前提とする取材にはならなかったが――話してくれたのである。ワシントン、ニューヨーク、ロンドン、ベルリン……私はさまざまな都市で、諜報企業の関係者と会って話を聞いた。その多くが世界最高の軍・情報機関の出身者だった。

その一方で私は諜報産業の歴史を調べた。そして民間の諜報企業が昔から、時の政府と連携して諜報活動を行なって来た事実を知ることができた。

そうした私の一連の調査報道活動の成果が本書である。私は本書を書き続けながら、企業諜報をめぐる最も重要な問題に答えを出そうと苦闘し続けた。それは、それが一体、善いことなのか悪いこ

＊ＫＧＢ　旧ソ連の諜報機関・秘密警察。東西冷戦時代、米国のＣＩＡと対抗した。

となのか、という問いに対する答えだった。

ただし、ここでひとつハッキリさせておかなければならないのは、企業諜報活動が必ずしも、非合法活動や非倫理的な行為を含むものではないという事実である。本書がある人物を「エージェント」と呼ぶにしても、ただ単に、諜報のテクニックを使う人であったり、政府の諜報機関の出身者を意味しているに過ぎない。

この「善か悪か」の問題は、実は諜報産業の夜明けとも言うべき一八五〇年代に遡り、諜報活動の従事者及びその依頼人たちを悩ませて来た問題である。

諜報ビジネスの創始者として知られる、あのアラン・ピンカートン*は、早くも一九世紀の半ばにおいて、その仕事が彼の信ずるごとく「高貴で名誉ある天職」としてあり続けることができるよう、史上初の諜報企業の倫理指針を定めた人だった。ピンカートンが配下のエージェントのために定めた基本的な活動規則によれば、犯罪をおかした人間のために活動してはならないことになっていた。裁判の陪審や公務員、あるいは労働組合のメンバーを調べてはならないことになっていた。政党のためにも活動してはならないことになっていた。「悪しき十字軍」のためにも活動してはならないことになっていた。料金は一律。利益の一定割合を勝手に懐にすることも禁じられていた。それどころかピンカートンは、「婦人の道徳」を調べてはならないとも定めていたのである。離婚や「スキャンダラスな」事件を扱ってはならない、としていたのだ。

このピンカートンの諜報活動の倫理指針は、一八六〇年代の初めには明確なものとして光り輝いていた。しかし不幸なことに、それは業界全体のものにはならなかった。ピンカートンの競争相手は、この紳士的な戒めの全てを平然と踏みにじるような連中だった。倫理指針は廃《すた》れ、やがてピンカートンの会社自体も、米国の産業界のエリートたちに操られた、労働組合つぶしの道具として知られるようになった。そうしてピンカートンの息子たちが、父親のつくった会社を仕切る時代が来た。

これは一般論だが、もちろん息子に父親の罪を背負ういわれはない。しかしピンカートンから始まった諜報業界の歴史は私たちに、息子らが父親の美徳を継ぐものでないことを示してもいるのである。

こうした諜報産業をめぐる倫理的な基準は今、世界経済が複雑に絡み合い、さまざま価値観が衝突する中で、さらに大きく揺れ動いている。私がロンドンで会った企業監視活動の従事者らは、東欧の競争相手のやり口を嘆いていた。ロンドンのイギリス人たちは、ターゲット企業の役員を尾行し、会話を盗聴し、ターゲットの打撃となる情報を入手している人々だが、東欧の連中は度が過ぎるとこぼしていた。

ある英国の女性エージェントは、ターゲットの会社役員が子どもたちと一緒にいる間は、諜報活動を絶対しないようにしている、と私に語った。息子のサッカーの試合を見に行く役員を尾行するなんて、とてもできないことだと言うのだ。そんな品性の卑しいことはしないと語った彼女だが、それはあくまで彼女自身に限ってのこと。他の諜報エージェントたちはそうではないことを彼女は私に認めたのだった。

＊アラン・ピンカートン　米国初のスパイ・探偵エージェンシーを立ち上げた人物（一八一九～八四年）。

企業諜報のプロの中には、その世界で続いている一部の慣行に対し、心を痛めている人たちもいる。あるベテラン諜報員は私にこう語ってくれた。「業界のスキャンダラスなやり口は、政府が取り締まりに乗り出す、一歩手前の線まで行っています」と。こんな好ましくないやり方が続いて行くと、いずれ業界は世間の厳しい批判に曝されると心配しているのだ。

ホワイトハウスで国家安全保障問題の副補佐官をしている、ベテランのCIA当局者のジョン・ブレナンもまた、そうした懸念を持つ一人だ。「問題は、国家のための諜報活動が、民間セクターでは適切に行なわれていないことだね」。ブレナンが私にこう語ったのは、彼がオバマ大統領にホワイトハウスで働くよう求められる数ヵ月前のことだ。「(業界が)倫理を身につけてくれたらいいんだけど」。

ブレナンは当時、連邦政府の職務の谷間にあり、一時的にワシントン郊外、バージニアの民間企業で働いていた。その民間企業の名は、「アナリシス・コーポレーション」。そこはたしかに諜報企業のひとつではあったが、連邦政府が相手で、民間に情報を提供するところではなかった。

民間の諜報ビジネスは今なお、知られざる秘密の業界としてあり続けているが、企業の世界的な活動にとって今や不可欠なものになっている。ここ数年の間、ますます明らかになって来た事実は、紳士的なビジネスマンがかつて考えもしなかったほど、このグローバル化した経済においては、より重大かつ危険な「秘密」が企業活動の成否を決めていることである。神経質になった財務担当や役員が自社の諜報能力を高めようと思うのは、彼らを取り囲む、危機と隣り合わせの状況を考えれば、理解できることである。グローバル化した経済とは、疑い深くならざるを得ない危険な場所であるのだ。

それでは企業が疑い深くならざるを得ない世界とは、具体的にはいったいどんな場所なのだろう。その現実を理解するために、私たちは現場で活動する民間の諜報エージェントたちの姿に目を向けなければならない。

私たちの物語は、大西洋の島、バミューダ島での、ある暖かな午後に始まる。

第1章　暗号名はユッカ

狙われた男は、自分が何に引きずり込まれようとしているか気付いてもいなかった。

二〇〇五年の春のことだ。大西洋の光あふれるバミューダの街、ハミルトン。* その中心街にあるイタリア・レストラン、「リトル・ベニス」に、一人の男が入って来た。

国際会計会社、ＫＰＭＧの会計士、ガイ・エンライト。その彼が店に足を踏み入れた時、彼の頭の中にあったのは、これから「ニック・ハミルトン」と名乗る男と昼食をとる――それだけだった。

ガイ・エンライトとの食事をセットするため、「ニック・ハミルトン」はその数日前、エンライトの携帯に電話を入れていた。「ハミルトン」から電話を受けた時、エンライトはロンドンにいて、ＫＰＭＧ社の「利害衝突時のルール」に関する会議に出席していた。「ハミルトン」と名乗る男は言った。

「きっと変に思われることでしょう。でも、あるとても微妙な問題があって、あなたと個人的に会ってお話ししたいのです。レストランでお会いしたいのですが、一人でいらしていただけますか？」

「重要な問題」について話し合いたいと告げた「ハミルトン」……。その男の意味深長な話し方はエンライトに、この男は英国の情報部の人間かもしれないという印象を植え付けた。

しかしこれはエンライトの知る由もなかったことだが、「ニック・ハミルトン」はもちろん英国情報部のエージェントではなかった。

エンライトはまた、バミューダ島ハミルトンにある「KPMGフィナンシャル・アドバイザリー・サービス」のオフィスから、そのイタリア・レストランまで、数人の工作員によって尾行・監視されていたことにも気付かなかった。工作員たちはリレー式に監視を続け、エンライトが「罠」に気付いていないかチェックしていた。

「リトル・ベニス」は、仕立てのいいスーツを着込んだ世界各国のビジネスマンや観光客でにぎわっていた。予約席に案内されたエンライトを、ひとりの女性客が見守っていることにも、彼自身、まったく気付いていなかった。女性客はもちろん、「ハミルトン」の配下の者だった。エンライトがこっそりガードを店に引き込んでいないか確認するのが彼女の任務だった。

エンライトは一人で来ていた。無防備な男だった。この英国生まれの会計士は、世界中にごろごろいる、ごくありふれたホワイトカラーの中堅幹部に過ぎなかった。そんな男が、企業諜報の実態を知るはずもなかった。エンライトはしかし、企業再生部門の事業部長という立場にあった。彼が管理する秘密文書を狙って、数百万ドルが飛び交いかねないポストにあった。狙いをつけた秘密文書の

＊ハミルトン　タックス・ヘイブン（租税回避地）として有名な英領バミューダの首都。銀行など金融機関が集中している。「ニック・ハミルトン」なる人物は、この街の名前を偽名に使った！　なお、バミューダは米国フロリダの東、一八〇〇キロの大西洋上に浮かぶ諸島。

ためなら、いくらでも嘘をつき、必要とあれば盗みもする――そんな顧客が、「ニック・ハミルトン」を雇っていたのだ。「ハミルトン」率いるチームは、ＣＩＡやＭＩ５の元エージェントや冒険を求める大学出立てのアメリカの若者による混成部隊だった。

そう、彼らこそビジネス諜報工作のスパイ部隊だった。

その彼らが、数ヵ月間にわたって続けた秘密作戦の暗号名は「プロジェクト・ユッカ（Yucca）」*。この巧妙な地下工作活動はしかし、ロシアの、二つの巨大企業がグローバル規模で繰り広げている暗闘のひとコマに過ぎなかった。「ハミルトン」のチームは、ロシア最大規模の「金融・産業複合体（コングロマリット）」である「アルファ・グループ・コンソーシアム」サイドに立っていた。石油、天然ガスから商業・投資銀行、さらにはテレコムまで傘下に収める強大なグループのために動いていたのだ。

ＫＰＭＧの会計士、ガイ・エンライトがイタリア・レストラン「リトル・ベニス」に姿を見せた。その頃、「アルファ・グループ」は、バミューダに本拠を置く、「ＩＰＯＣ・インターナショナル・グロース・ファンド」なる謎の企業と係争の最中にあった。ロシアのテレコム企業、「メガフォン（MegaFon）」の、二億五千万ドル相当の株式の保有権をめぐり、「アルファ」は「ＩＰＯＣ」と戦いを繰り広げていたのである。

しかし、この「メガフォン」株をめぐる争いは、両社間の単なる法的な係争ではなかった。ロシア最強の座を争う二人の男の、怨念のこもった私闘でもあった。そしてそれは、ロシアにおける政府と民間セクターの対立にも根ざす重大な意味合いを帯びたものでもあった。その渦巻くような激闘は、ロシア国内の闘争が、グローバル化した世界経済の中で、いかに各地の法廷に、あるいは企業の役員室に飛び火しやすいものなのかを実地に示すものでもあった。

闘いの一方の当事者は、ミハイル・フリードマンだった。ロシアのオリガーキー（特権的経済支配者）の中では最も若手の一人だが、すでに二百億ドルを超える資産の保有者として知られていた。「アルファ・グループ」を支配していたのはこのフリードマンで、そのフリードマンが対決していた相手が、レオニード・ライマンだった。ライマンは旧ソ連軍の将校あがりで、プーチン政権下で通信大臣を務めていた。フリードマンと「アルファ」は、謎めいた「IPOC」のほんとうの所有者は、このライマンに違いないと確信していた。「アルファ」が「メガフォン」の株を大量に保有することは、ライマンのプーチン政権内の地位を危うくするものだったからだ。これに対して「IPOC」側は、デンマークの弁護士、ジェフリー・ガルモンドが社主であり、そのガルモンドがたまたまライマンの顧問弁護士をしているだけだ、と反論していた。

権力を握る、怒れる男同士の戦いだった。何が起きても不思議がない状況だった。この問題に関与した元米政府高官は、事件を探ろうとしたレポーターに、こう警告した。（原注1）「要注意の問題だから気をつけなさい。ロシアでは、こういうことで随分、人が殺されているから……」

「プロジェクト・ユッカ」の最終目標は、「IPOC」の、グローバルな規模で広がる、入り組んだ法的な構造を解きほぐすことだった。（原注2）そして当時、この問題にバミューダ政府の依頼で調査に乗り出

＊ユッカ　中・北米、西インド諸島に分布する植物名。「ヤッカ」とも。白く大きな花をつける。

していたのが、国際会計社のＫＰＭＧだった。ＫＰＭＧは「ＩＰＯＣ」について何をつかんでいるか――それが「ハミルトン」のチームが何としてもつかみたい情報だった。そこには、「アルファ」の仇敵の弱みを暴く、情報の金塊が埋もれているはずだった。ガイ・エンライトは、だから工作のターゲットに選ばれたのだ。捜査の核心を突く秘密文書を、エンライトから入手する狙いだった。

「ハミルトン」のチーム――すなわち、ロシアのオリガーキーの手先となって動く西側諜報機関の元エージェントたちが練り上げた作戦は、エンライトの真面目さを手玉に取るものだった。英国の臣民であるエンライトの愛国心に付け込もうとしたのだ。彼らはエンライトに、自分たちが「女王陛下のスパイ」であると信じ込ませた。ロシアのマフィアどもが今、英国に打撃を与える、とんでもない取引をしようとしている、と吹き込んだのだ。おかげでエンライトは程なく、諜報という秘密の地下世界に、それと知らず足を踏み入れることになる。そして「祖国のために」と信じ込んだエンライトは、逮捕を恐れてビクつきながらそれでも勇敢に、「ハミルトン」とそのチームに指定されたバミューダの野原の石の下に、秘密文書を隠すことになるのだ――。

エンライト自身、それがまったくのデタラメだったことに気付くのは、それからしばらく経ったあとのことだった……。

さて、バミューダのイタリア・レストラン「リトル・ベニス」に戻ろう。

エンライトとの昼食をセットするにあたっては、実に入念な準備作業が続いていた。「ニック・ハミルトン」と名乗った男は、あの「デリジェンス」社のニック・デイだった。

チャーミングで黒々した髪をした、当時三十八歳のニック・デイがそこにいたのだ。数年前、ワシントンに、諜報企業の「デリジェンス」社を同僚と立ち上げたばかりの彼が店にいた。

英国の諜報機関、MI5出身のニック・デイの、そもそもの出発点は、米海軍の特殊部隊、「シールズ（SEALS）」の向こうを張る、英海軍の特殊部隊、「特殊艦艇サービス（SBS）」での経験だった。そこでニックは、「腕力ではなく、知力で」のモットーを叩き込まれたのだ。

ニック・デイの「デリジェンス」社も、知力をめぐらす諜報企業だった。顧問会議には、諜報界、実業界、政界の世界的なビッグ・ネームが名を連ね、その知力を生かした諜報活動が同社の生命線だった。同社の自慢は、米欧の実力者をアドバイザーにしていることだった。大西洋を越え、英国の保

原注1　「アルファ」と「IPOC」の闘いに関連して、実際、少なくとも一件、殺人事件が起きた可能性がある。二〇〇八年の初め、ロシア系アメリカ人の実業家、レオニード・ロゼツキンが不可解な状況の中で失踪したのだ。ロゼツキンは自分が保有する「メガフォン」株の売却を目論見、「アルファ」と「IPOC」の戦いの口火を切った男だが、バルト海沿岸の国、ラトビアの海浜にある別荘に滞在中、行方不明になった。それ以来、ロゼツキンの安否は不明のままだ。現地の捜査当局が後日、確認したところでは、別荘の床には血痕が残され、ロゼツキンの車も乗り捨てられていた。ロゼツキンが殺されたのか、あるいは彼がロシアの権力者同士の戦いから逃れ、姿をくらましたか、ハッキリしない。ロゼツキン失踪から六ヵ月後、こんどは彼のロンドンの私邸から、モデルでもある妻のナタリヤ・ベロヴァと、三歳になる長男のマキシミリアンが行方不明となった。なお、ロゼツキンのビジネス・パートナーだった相棒は、「ウォルト・ディズニー」社の伝説の元CEO（最高経営責任者）であるマイケル・アイズナーの息子で、現在、ハリウッドでプロデューサーをしているエリック・アイズナーである。

原注2　この「プロジェクト・ユッカ」について最初に報じたのは、私（著者）である。『ビジネス・ウィーク』誌、二〇〇七年二月二十六日号の記事、「スパイと嘘とKPMG」を参照。この記事は、オンラインでも閲覧可。www. businessweek. com/maga2line/content/07_09/b4023070.htm.

守党の大物指導者、マイケル・ハワードが参加していた。米国サイドでは、あの巨大投資会社、「カーライル・グループ」を動かしているエド・マシアスが加わっていた。しかし、なんといっても最大のビッグ・ネームは、ウィリアム・ウェブスターだった。「デリジェンス」は、CIAとFBIの局長を務めたウェブスターを顧問に抱えていたのである。

さて話は飛ぶが、「デリジェンス」がバミューダで工作を開始したのは、企業諜報事件として大反響を呼んだ、あの「ヒューレット・パッカード（HP）」社のスパイ・スキャンダル事件が明るみに出る、ほんの数ヵ月前のことだった。HPの一部役員が、同僚役員の通話記録を不法に入手しようとしたり、同社を取材していたレポーターらの家庭のゴミを漁《あさ》りに工作員を雇っていた、あの事件である。このまさにダーティーな策謀は、それが暴露されたことで世界的なニュースの見出しにもなり、連邦議会での手厳しい公聴会にもつながり、当時のHP会長、パトリシア・ダンに対する刑事訴追（その後、取り下げ）にも発展したものだ。

しかし、HPのスパイ・スキャンダルをめぐる報道の嵐の中で見落とされていたことがひとつあった。それは通話記録を盗んだり、ゴミを漁ったりすることは、企業諜報の世界では、まだまだ生ぬるいやり口だったことだ。企業諜報活動はもっともっとダーティーなものになっているのである。

バミューダでニック・デイがエンライトに仕掛けた工作は、「デリジェンス」社が二〇〇〇年の発足以来手がけた、百を超すオペレーションのひとつに過ぎない。ここでひとつ補足しておくと、ニック・デイとともに「デリジェンス」社を立ち上げたのは、同じ世代（三十歳代）のマーク・ベイカーで、CIAで十四年間、活動した経歴の持ち主だった。

さて、バミューダでの工作は、「デリジェンス」社が直接、「アルファ・グループ」から請け負った仕事ではなかった。ワシントンの有名なロビー会社で政界に有力なコネクションを持つ、「バーバー・グリフィン&ロジャース」に依頼された仕事だった。このロビー会社は「デリジェンス」に、「一ヵ月二万五千ドルプラス経費」で仕事を依頼し、重要書類を入手したことで少なくとも一回、ボーナスを支払っていた。

そしてこの「バーバー・グリフィン&ロジャース」を雇っていたのが、ロシア最大の民営銀行である「アルファ銀行」。その「アルファ銀行」の親会社が、「アルファ・グループ・コンソーシアム」だった。

ロシアの巨頭たちの、世界を舞台にした激烈な抗争は、企業諜報の業界にとって、ボロもうけの機会でもあった。諜報企業はIPOC派、アルファ派に別れ、数十万ドルの手数料を稼ぎまくっていた。

だからこそ、「デリジェンス」社としては慎重を期さねばならなかった。諜報企業の競争相手がひしめき合っているだけに、「情報源」を確保することは容易なことではなかった。情報源になりうる当事者のほんとうの腹のうちを探ることは、もっと難しいことだった。「デリジェンス」社のワシントンのチームがKPMGに対する工作で最初に取り組んだのは、同社に対する偵察だった。誰が重要文書にアクセスできるか、探り出そうとしたのである。

「デリジェンス」社の工作員の多くは、自分たちが正しい側に立って闘っていると考えていた。「IPOC」を悪漢だと思っていた。「IPOC」は、レオニード・ライマンに「メガフォン」を実質支配させるペーパー・カンパニーで、ダミーに過ぎないと見なしていたのだ。ライマンの不正を見て取ったら、すぐにも暴露しかねない勢いだった。（原注3）

「プロジェクト・ユッカ」作戦は、ひとつ間違えると厄介なことになる難しい工作だった。しかしニック・デイはいつものように、初めから自信を漲らせていた。デイは当時、「デリジェンス」社の内部メモに、こう書いている。「このプロジェクトに成功する確率は高い。それにわれわれは、言い逃れできる方法を採用しているから、発覚する確率は事実上、ゼロに等しい」。デイはさらに、自ら念を押して、メモにこう付け加えた。「デリジェンス」が過去に行なった、同じような作戦は、皆どれも成功している、と。

「デリジェンス」のスタッフが最初に取り組んだこと、それはバミューダで「会計に関する企業セミナー」を予定しているふりをして、現地に電話を入れることだった。話をほんものらしく見せるため、地元のホテルに電話をかけ、室料、会議センターの使用料について尋ねた。そこで得た情報を次の電話の会話に組み入れ、相手を信用させるためだった。そしてスタッフはバミューダに飛び、KPMGの秘書らを地元のバーで接待し、KPMGでは誰が鍵となる重要情報を握っているか探りを入れた。

「デリジェンス」のスタッフたちは、「企業会計セミナー」の開催準備を進める事務局の人間を装い、バミューダ勤務のKPMGの上級会計士に電話をかけ始めた。セミナーの講師を探していると言って、会計士たちに取り入ろうとしたのだ。「なんて素晴らしいご専門でらっしゃること?」「どんな演題で講演できますか?」「素敵なお仕事ですわね」――それもこれも、あくまで「IPOC」に関する秘密文書にアクセスできる者を探しあてるためだった。しかし、秘密文書にアクセスできる会計士なら誰でもよい、というわけではなかった。「デリジェンス」の経験あるエージェントは、分かっていたのだ。ある特定の人格《パーソナリティー》タイプの人間でなければ、彼らの計画はうまく行かないことに。

「プロジェクト・ユッカ」の計画メモによれば、「デリジェンス」が見つけようとしていた情報源となる人物は、次の二つの人格タイプのうちのいずれかでなければならなかった。第一の人格タイプは、「二十歳代半ばの男性。少し仕事に飽きている……パーティー好きで、現金が必要で、リスクをとるのが好きなタイプ。スポーツが好きで、女が好き。上司に対して不遜な気持ちを抱いている。経費はごまかすが、愛国者である」。第二の人格タイプは、「若い女性で、生活に不安を覚えている。肥満、尻軽、不正直。服やモノを買ってくれる相手がほしい。イマ彼、なし。ただの男友達だけ。母親と強い絆を保っている」

エンライトの場合、この二つの心理タイプに必ずしも全面フィットしなかったが、「デリジェンス」は最終的に、最も可能性の高い情報漏洩者として、この会計士に白羽の矢を立てたのだった。

こんな用意周到な準備が行なわれていたことに、もちろんエンライトは気付いていなかった。レ

原注3　この「ＩＰＯＣ」をめぐる事件は、世界的な規模で絡む企業網、並びに訴訟合戦を含む、複雑な物語になったものだが、英領ヴァージン諸島（ＢＶＩ）の政府は二〇〇七年までに、米司法省あての書簡の中で、「ライマンはＩＰＯＣとそのグループ各社に対して、私的な利権を保持している」と結論付けた。言い換えれば、ＢＶＩの調査によって、「デリジェンス」の「ＩＰＯＣ」の経営権に対する見方が正しかったことが裏付けられたわけだ。バミューダの裁判所は二〇〇七年、「ＩＰＯＣ」の解散を命じる判決を下した。

ストランまでの道筋の尾行者にも、レストラン内の監視者にも全く気付いていなかった。エンライトは、「ニック・ハミルトン」と名乗る男の言うことに、すっかり囚われてしまっていたのだ。ニック・デイは自分の手の内を明かさず、「ＩＰＯＣ」がロシア・マフィアにつながりがあるかどうか調べるため、ＫＰＭＧに探りを入れているものと、エンライトに信じ込ませていた。ニック・デイはＭＩ５のエージェントだったから、諜報員としてどうターゲットに近づけばいいか心得ていたのだ。

ニック・デイはエンライトに、英国政府として彼のバックグラウンドを調査して、この任務に適当な人物か、まずもって確認しなければならない、と告げた。そして、いかにも本物らしい英政府のマークの入った質問票を取り出すと、エンライトに向かって質問を浴びせた。彼の両親のこと、彼の職業歴、犯罪に関与したことがあるかどうか、政治的な活動歴——ニック・デイの質問に、エンライトは礼儀正しく、正直に答えたのだった。

諜報の世界で言う「偽旗リクルート《フォールス・フラッグ》」というやり方だった。誰かに秘密情報を提供させるには、提供しようとする動機となるものをまず見つける必要があった。金？　女？　それとも愛国心？　動機になるものを確定してから、ターゲットがその動機を実行したいと思う状況を創り出す——これが、諜報エージェントのやり口だった。ターゲットに対して報酬を支払わずに済ますこともできるやり口だった。セックスで相手を操ることも、賄賂で金銭欲を煽ることも、本来、必要のないことだった。「偽った自分」を相手に「曝け出す」ことも、本来不要なことだった。相手が自分から動いてくれればいい。それが計画メモの「期待する性格タイプ」の中に「愛国心のある」と書き込まれた理由だった。ＫＰＭＧのガイ・エンライトは使える男だった。愛国心のある男だった。そしてニック・デイはエンライトの愛国心を使い切ったのだ。

イタリア・レストランでの昼食から二週間後のことだった。ニック・デイは「ニック・ハミルトン」を装い、エンライトとバーでビールを飲み、英海軍の特殊部隊、「特殊艦艇サービス（SBS）時代の実戦経験の思い出話に花を咲かせた。

いよいよエンライトの抱きこみにかかったのだ。ビールの杯を重ねるうちに、ニック・デイの質問はより的を射たものになって行った。「KPMGのオフィスの雰囲気はどんな感じ？」「IPOCに関する調査で、何か知っていることは？」――それに関する「秘密文書」が手に入りさえすれば、それはロシアの危険分子と戦う「女王陛下のスパイたち」にとって決定的なものになるはず……。

エンライトは今や、名もない、一人の会計士ではなくなっていた。今や彼は、機密作戦に関わる重要なポジションに立っていた。ニック・デイの説得が成功した時、エンライトは彼を「ジェームズ・ボンド」その人だと思ったに違いない。

間もなくエンライトは機密書類をプラスチックの容器に入れ、指定された場所に置くようになった。KPMGがIPOCに対して行なった聞き取り調査の写しや、KPMGの内部報告書の原稿が、こうしてニック・デイに引き渡された。機密書類の引き渡しのポイントは、エンライトが二十分かけて通勤するルートの道路際の石の下だった。エージェントたちの隠語で「底なし穴への投棄」と呼んでいるやり方だった。エンライトが決まった時間に、岩の下のプラスチック容器に機密文書を入れる。そのたびに後でニック・デイが回収する。直接、受け渡しするわけではないので、相手側のスパイに受け渡しの現場を撮影される恐れもない。

一度、こんなことがあった。エンライトが、機密書類を自宅に置いてあるモペット（原動機付き自転車）のボックスの中に入れて旅行に出かけた時のことだ。ボックスの鍵の隠し場所を聞いたニック・デイのスタッフが、モペットのボックス内から機密書類を回収した。

「デリジェンス」はこうして、KPMGが保有するIPOCに関する調査文書のうち、最高度の機密文書の入手に成功した。そこにはたとえば、二〇〇五年三月二十四日付で、KPMGがバミューダ政府の財務省に対して提出した報告書の草案さえ含まれていた。IPOCという謎のロシア企業についてKPMGがその時点でどんな判断を下しているかを、「デリジェンス」はつかんだのだ。そこまで来れば、報告書が最終的にどんな内容のものになるかは、もう分かりきったことだった。これだけでも、ロシアの巨頭同士の世界的な規模での戦いの流れを変える、大変なスクープだったわけだが、「デリジェンス」はなんと、KPMGがIPOCの当事者に対して極秘で行なっていたインタビューの一問一答まで入手していたのである。

「デリジェンス」社の元に、大変な「宝物」が転がり込んだ。IPOC問題を煽るのに使える材料が手に入った。「デリジェンス」は入手した文書の大半を雇い主である、ロビー会社の「バーバー・グリフィン&ロジャース」と分け合った。「デリジェンス」はまた、ロシアの事情に詳しい旧ソ連軍情報将校に入手した情報を送り、背景説明を依頼する一方、FBIの元エージェントであるトム・ロックに対して、KPMGがまとめたバミューダ財務省への報告書草案のコピーを送付した。FBIがIPOCに捜査のメスを入れてくれることを期待してのことだった。トム・ロックは、あの「9・11」事件発生後、五週間にわたってFBIの膨大な捜査活動を陣頭指揮した伝説の捜査官である。「デリジェンス」から受け取った報告書草案は、トム・ロックの手から、FBI刑事捜査局の局次長補佐を務めるチップ・バラスに渡った。

「プロジェクト・ユッカ」を進めるにあたり、ニック・デイら「デリジェンス」側が徹底して続けたのは、エンライトが別の組織からの「プラント（回し者）」ではないことと、エンライト自身が企業諜報員ではないことの確認作業だった。企業諜報の世界には警戒心を持ち過ぎる、ということはなかった。相手がどんな仕掛けをしているか、誰にも分からないことだった。ニック・デイがエンライトと会うたび、「デリジェンス」のスタッフはエンライトを次の行き先まで必ず尾行していた。ニック・デイ自身もエンライトに会った帰り道、この世界で「ドライ・クリーニング」という手順を必ず踏んでいた。尾行者がいないか確認する作業である。エンライトと別れたニック・デイは、所定のルートを歩いた。狭い裏道を抜けるルートだった。ポイントごとに、「デリジェンス」のスタッフが見張りに立っていた。尾行者がいれば、すぐ確かめられる態勢が毎回、取られていた。

「アルファ」と「IPOC」の戦いに、諜報業界の他のエージェントもさまざまな形で関わっていた。ニック・デイの「デリジェンス」の他にも「アルファ」のサイドに立ち、「別の角度」から諜報活動に従事している諜報企業は存在していた。もちろん逆に「IPOC」のサイドに立って活動している諜報企業も数多く存在していた。ニック・デイは敵側に回ったとみられる諜報企業のリストをこしらえ、警戒を怠らなかった。「デリジェンス」のオペレーションがいつ何時、敵側諜報企業の標的にされかねないからだ。

しかし、どんな諜報活動に対しても、最も危険な脅威は外側からは来ないものだ。脅威は内側から来る。二〇〇五年十月十八日の朝、ニュージャージー州モントヴァールのKPMGのオフィスの玄関に、匿名の小包が届いた。中に、Eメールその他、機密文書を含む「デリジェンス」の社内記録が入っていた。それはKPMGの幹部にとって紛れもないものだった。KPMGから重要な機密が外部に流出し、回りまわって戻って来たのだ。そしてKPMGの最高機密にアクセスしているものこそ、「デリジェンス」という、聞いたこともない名前の企業だった。

「デリジェンス」の内部資料を誰がKPMGに漏らしたかは、今もって謎のままだ。しかしニック・デイは目星をつけていた。対KPMG工作を含む「デリジェンス」のオペレーションにアクセス可能だった、最近、解雇したばかりのスタッフの仕業に違いなかった。

ここは、ニューヨーク・マンハッタンの最高級ホテル、「フォーシーズンズ」――。バーのそばの豪華な肘掛け椅子に腰を下したのは、マイク・ベイカーという男だ。世界中の高級ホテルに出入りし、打ち合わせを済ませてはさっさと消える、そんなすばしこさを備えた男だった。毛先の尖った髪、幾分ボーイッシュな顔。さすがに四十八歳という年齢は隠しきれないものの、映画スターのケヴィン・ベイコンを自称しても通りそうな、CIA出身のハンサムな男だった。ハリウッドから来た映画人のように、マイク・ベイカーは黒いスーツを着こなしていた。ワイシャツのボタンは、灰色の胸毛が覗くところまで外してあった。

ニック・デイとともに「デリジェンス」を創設した、あのマイク・ベイカーだった。ベイカーは

「デリジェンス」を立ち上げた経過を、私に話してくれると約束してくれた。「つまらないインタビューにしかならないけど、いいかな?」と、ベイカーは言った。

ベイカーはアメリカ人の両親の間に英国で生まれた。父親は軍人。家族は世界各地の基地を回って暮らした。ベイカーがCIA入りしたのは、一九八二年。秘密の工作員として活動を続けた。この間、CIAの活動の重点は、「対・反乱」から「麻薬取締」、「反・テロ」へと変化した。ベイカーのCIAでの担当もそれに対応して変わり、さまざまな任務に就くことになった。彼はCIAが好きだった。仲間たちも、旅も、作戦も、みんな好きだった。好きだから、詳しいことは明かすことはできない、と釘を刺した。「僕も無駄口は叩かない方だから」と。

ベイカーはしかし、そのまま口を噤みはしなかった。二十年近いCIAでのスパイ活動のおかげで、世界が実際にどんな動き方をしているか自分なりに理解することができた、と言った。「裏のない政府なんて、どこにもないんだね。でもCIAは、ふつうのアメリカ人をだましてなんかいないよ」

ベイカーによれば、CIAを陰謀の巣だと見る人が多いので、どうにも気が滅入ってしまうが、実際は違っていて、他の行政機関と何も変わらない普通の組織だという。ワシントンのお偉方を喜ばせようと、いろいろ取り入る行政機関のひとつに過ぎないというのだ。

ベイカーは困った顔で言った。「CIAはね、世界で最も開かれた、透明度の高い諜報機関なんだよ。誰も信じてくれないけど」

ベイカーはこんなことも教えてくれた。CIAは一九八〇年代の初めまでは「古き良き学校《オールド・スクール》」で、いったん入学したなら卒業まで居続けるようなところだった。しかし、その後、アメリカをはじめ世界各地のビジネス界で、一生を同じ場所で働くという職業観が変わり、よりよいポストを求め、次に備えて今いる場所でスキルを磨くという新しいライフスタイルが生まれた。そういう新しい考え方をする新しい世代がＣＩＡにもどっと流れ込むようになった。ベイカー自身、その姿を目の当たりにした。ＣＩＡの仕事が次のキャリアへの踏み台になってしまったわけだが、その流れは、西側の課報機関ならどこでも見られたことだそうだ。一九九〇年代初めに崩壊した旧ソ連の場合はもっと劇的で、ＫＧＢのエージェントたちが世界の人材マーケットに洪水のようにあふれ、就職活動を繰り広げたという。

しかしＣＩＡを去った人間の全てが金目当てだったわけではない、とベイカーはまたしても釘を刺した。一九九〇年代の終わりにＣＩＡを辞めた彼と同世代の人間の多くは、ＣＩＡがあまりにもリスクをとりたがらない組織に変わったことに失望して辞めたのだと言った。

たしかにそうだった。そのわずか十年ほど前にＣＩＡは、アフガンでソ連に対して大規模な秘密戦争を仕掛けてさえいたのだ。規模は小さなものだったが、世界中で反共産主義の秘密活動を続けてさえいたのだ。なのに、この変わりようは……。

「ベルリンの壁」の崩壊後、ＣＩＡの本拠の工作員らとそのボスたちの間に退屈なムードが広がったそうだ。俺たちは今、何と戦っているんだろう――と。

一九八八年のことだった。ベイカーは当時、ロンドンにいて、何か新しいことを始めようと模索する日々を送っていた。共通の友人を通じてニック・デイと知り合ったのは、そんな時のことだ。ニック・デイはオックスフォード大学の数学の教授を父親に持つ男だったが、大学には進学せず、高校を出てそのまま軍務に就き、英国の諜報組織、ＭＩ５に移籍した経歴の持ち主だった。似た者同志の二人だった。ニック・デイもベイカー同様、政府の諜報機関を離れたばかり。民間でキャリアを切り拓こうとしているところだった。夕食を共にし、話を弾ませた二人は、その日のうちに、昔からの親友同士のような仲になった。そして二人が間もなく一緒に働き出したのが、「マキシマ」という諜報企業だった。

ベイカーとデイはＣＩＡ、ＭＩ５で経験を積み、問題解決のスキルや調査のコツ、さらには場数を踏んだ抜け目なさを身につけていた。これを民間のビジネスとして生かせば、大儲けできるはずだった。そして何よりも彼らにとって強みだったのは、一般のビジネス界の真綿で包まれた人間にはない、勇猛な気構えを持ち合わせていたことだ。ベイカーやデイ、及び同じような政府諜報機関の出身者らは、ビジネスをめぐるさまざまな問題に、独特な仕方で斬り込んで行けるだけの実戦経験の持ち主だった。

たとえば、こんな状況を想定していただきたい。今、「ビッグ・ファーマ（仮称）」という製薬会社が新薬を売り出そうとしている。そして、その「ビッグ・ファーマ」の新薬について、ある諜報企業が情報を得ようとしている。出荷は何時、始まるか、新薬に医学的な問題はないか、「ビッグ・ファーマ」トップはそれがヒット薬品になるとどれほど信じているか？——ウォールストリートの従来タイプの調査会社のアナリストたちにとって、情報入手の道は限られていた。対象企業の業績を綿密に分析し、専門家からブリーフィングを受け、担当役員その他の当事者に面接を申し込む……。

これに対して諜報企業のエージェントは、そんな型通りのやり方は採らない。「ビッグ・ファーマ」社で実際、何が起きているのか真相に迫るため、一群の諜報テクニックを駆使して調べ上げるのだ。彼らは例えば、あのバミューダのKPMGのオフィスに対して行使したテクニックを使い、「ビッグ・ファーマ」の本社に最も近接する大型ホテルに電話を入れるだろう。そのホテルで「大きな会議を開きたいと考えているんだが……」と、いかにも予約したいような口ぶりで探りを入れる。そして、そのホテルの会議場が塞がっている日を探り出すのだ。「空いていない日を、全部教えてくれない」と言って。そして、さらにこう尋ねる。「おたくの大宴会場だけど、塞がっている日はある？」。確認できたなら、ホテルの担当者におもねるように、さらにこう探りを入れる。「ああ、おたくのお得意様の、あのビッグ・ファーマ社だね？　新薬発売の記念パーティーだったね……」「もう一度、聞くけど、ビッグ・ファーマがその大宴会場を使う日、いつだっけ？」。

「ビッグ・ファーマ」の新薬の問題点を探りたい時には、どうするか？　たとえば、「ネットの求職サイト」に「アカウント」を開けばいい。簡単なことだ。「アカウント」にソフトウエアを仕掛け、登録されたものの中から「ビッグ・ファーマ」社の社員からの応募の履歴書だけを抽出する。「求職サイト」を毎日、チェックするだけでいいのだ。どれだけの「ビッグ・ファーマ」社員が何時の時点で離職を希望しているか、チャートに落とす。「ビッグ・ファーマ」の法務部の社員で、転職先を探している人間はいないか？　販売部門では？　転職希望者がいるということは、その部門に何らかの問題がある可能性がある……。

そこまで来たら、こんどはダミーの「幹部社員リクルート企業」を立ち上げる。求職サイトに履歴書をアップした者の中からターゲットを絞り、面接日時を電話すればいい。企業に雇われている者は、転職先のインタビューに対して、今在籍する会社について驚くほど率直に話すものだ。だまされているとも知らずに。

彼らのために用意された転職先など、もともと存在しないにもかかわらず――。「ビッグ・ファーム」に関する内部情報が、外部に渡るだけのことなのに……。

ここに問題点がひとつある。こうした情報の入手法が、インサイダー取引規制法に引っかかりかねないことだ。法律は、非公開の内部情報による証券取引を禁止しているのである。しかし企業課報工作員にとって、これはたいした問題ではない。偽のリクルーターの質問に答える転職希望者は、機密情報を暴露しているとは思わないものなのだ。それにその求職者は「ビッグ・ファーマ」に雇われている限り、内部情報を漏らしたなどと自分から言うはずがない。何より「面接者」と、その「情報」をもとに売買するウォールストリートのトレーダーの間には、何段階もの仕切りがある。だから仮にトレーダーが「ビッグ・ファーマ」の「内部情報」を得たとしても、どこから来たものか確かめようがない。

ダミーを使うもうひとつのやり方は、「ドキュメンタリー映画」を撮る「プロダクション」をでっち上げ、「ビッグ・ファーマ」のCEO（最高経営責任者）に撮影インタビューを申し入れる手だ。記録映画の多くは、もともとあまり知られていないプロダクションによって制作されており、撮影後、作品として完成したとしても、その後、何ヵ月間も――あるいは何年間も、日の目を見ないのが現実なのだ。諜報企業のエージェントが付け込むポイントはここにある。「ビッグ・ファーマ」の広報担当者は、聞いたこともないプロダクションから撮影の申し込みをされても、別に驚きもしないからだ。そして、インタビューの申し込みに対して、かんたんにＯＫが出ることもある。撮影クルーが社内への立ち入りを許されることも。そうなったら何から何まで撮りまくればいい。研究所から販売部門のオフィスの内部、オフィスなどに置かれた内部資料まで、撮影レンジ内のものは一切合財、カメラに収めてしまうのだ。

ＣＥＯがインタビューに応じるなら、しめたもの。事前の化粧、まばゆいばかりの照明、インタビューアーのオベッカで、警戒のガードを簡単に解いてしまうのだ。ひょっとしたら問題の新薬について、その出荷時期を含め、言わなくていいことまで言ってしまうかも知れない。広報担当者は新しいプロジェクトに次々、取り組まなければならないから、撮影から数ヵ月経っているのに、あのドキュメント映画、話題にもなっていないけれど、どうなったんだろう、などと気にも留めないものなのだ。

ベイカーとデイが出会ったのは、政府の諜報機関で訓練された諜報エージェントが民間の企業活動の現場で、そのさまざまなスキルを生かしながら活動を開始する時期と重なっていた。監視活動の面でも、隠密の作戦行動や外国の街中に溶け込むスキルにおいても、諜報機関で鍛えられた者に敵う者はない。絶好のタイミングでの二人の出会いだった。当時、欧米では投資会社をはじめ、ライバルの動きをうかがう一般企業、訴訟に勝てば多額の報奨金が転がり込む法律事務所、企業を買収する乗っ取り屋などに対する、諜報業界の売り込みが始まっていた。

ベイカーがロンドンで民間諜報の仕事を始めた頃、「マキシマ」社内のアメリカ人は彼一人だった。

スタッフはスコットランド・ヤードの元捜査員、税関の元捜査員、そしてニック・デイのような諜報機関の元エージェントら民間に新天地を求めた英国人ばかりだった。「マキシマ」の社長は親切な男で、ベイカーとデイの二人に、諜報企業の経営のイロハを手ほどきしてくれた。

しかしベイカーとデイは「マキシマ」で二、三年働いているうち、落ち着かない気分になった。サラリーに満足できなかった。お金がもっと欲しかった。そのためにどうしたらいいか?――。二人には分かっていた。自分たち自身の諜報企業を立ち上げるしか稼ぎの道はなかった。二〇〇〇年の末、「マキシマ」を退社した二人が創設したのが「デリジェンス」だった。

携帯電話を買って、顧客の開拓に乗り出したものの、立ち上げのための資金がない。そんな時、ベイカーがCIAの元の同僚を仲間に引き込むことに成功した。南米問題のスペシャリストだったその男は、手持ちの資金を「デリジェンス」に回してくれた。「デリジェンス」の成長が始まった。仕事熱心なリサーチャーとロシア人の調査員の二人を雇い入れた。

ロンドンで「デリジェンス」を旗揚げしたベイカーとデイの二人は、数ヵ月後、ワシントンに飛んだ。有力なロビー会社や投資会社に売り込むためだった。諜報機関のエージェントだった頃のコネクションを生かし、二人はアメリカの元駐ドイツ大使、リチャード・バートとの面会に漕ぎ着けた。バートは当時、共和党系のロビー会社、「バーバー・グリフィン&ロジャース」と関係していた。約束の日の朝、ベイカーは偏頭痛をこらえながら、ペンシルバニア街にある「バーバー・グリフィン&ロジャース」のエレガントなオフィスに、デイとともに足を運んだ。当時、このロビー会社は、米国のデルタ航空やロッキード・マーチン、英国の(製薬会社)グラクソ・スミスクラインなど、さまざまな業界を代表する世界のトップ企業を顧客に抱えていた。自動車の巨人、ダイムラー・クライスラーだけでその年（二〇〇〇年）、このロビー会社に対して、ワシントンの入り組んだ裏道の案内役として年額二十万ドルの顧問料を支払っていた。マイクロソフト社もこの年だけで五十万ドル以上、支払っていた。

そんな有力なロビー会社に食い込むせっかくの機会なのに、ベイカーとデイはバートとの面談を早々に切りあげた。ロビー会社とはそもそも何なのか、どんなサービスを提供しているものなのか、見当もつかなかったからだ。ワシントンのロビー会社のビジネスとは、米政府に対する影響力の行使が全てだった。それは民間企業のためのグローバル規模の秘密諜報サービスとも、本来密接に絡み合うビジネスだった。それを二人は知らなかった。

バートとの面談を終えたベイカーとニックは、このロビー会社との縁はないものと思ったが、バートの方は違っていた。

バートから「デリジェンス」に電話が入ったのは、その数ヵ月後のこと。「デリジェンス」社の株をロビー会社が買いたがっている、というのだ。リチャード・バートは彼自身の経験から、政府の諜報組織で働いた知識が、議会に対するロビー活動や国際金融の場面でどれだけボロ儲けの機会をもたらすものなのか分かっていたのだ。もともとバートは一九七〇年代、ニューヨーク・タイムズの国家安全保障問題担当として国務省を取材していた男だ。それを足場に、一九八五年から八九年まで、西ドイツ大使を務めた。長年にわたってバートを知る友人の一人によれば、バートの二度目の結婚が、彼の出世に絶大な貢献をしたという。バートの再婚相手は、ロナルド・レーガンの夫人、ナンシーの渉外秘書のゲイル・バートだった。ロナルド・レーガンは一九八七年、大統領としてベルリンを訪問し、「ゴルバチョフ氏よ、この壁を壊しなさい」と、あの歴史に残る有名な演説を行なった男だが、その際、レーガンの少し離れた席に就いていたのがリチャード・バートだった。

レーガン政権の終わりにリチャード・バートは、ソ連との「戦略兵器削減交渉（START）」の米側首席代表に任命される。その後、民間に下って、コンサルタント会社の「マッキンゼー」のパートナーに。

リチャード・バートは、こういう経歴を積んだ男だった。

ワシントンのロビー会社、「バーバー・グリフィン&ロジャース」が「デリジェンス」に投資したことで、このちっぽけな諜報企業はたちまち、国際的な諜報企業に変身を遂げた。バートは「バーバー・グリフィン&ロジャース」に籍を置きながら、「デリジェンス」の会長に就任した。このバートの手引きで、ベイカーとデイはワシントンにトップ人脈を切り拓くことができたわけだが、バートを抱えたことで大きな代償を支払う羽目になった。

バートの傍若無人な振る舞いは、ワシントンではすでに語り草で、その辛辣な物言いは、ワシントンに進出して間もないベイカーらの頭痛の種になった。不快な思いをした相手との関係の修復に苦労させられたのである。バートはロビー会社の社内でも怒りを突然、爆発させるような男だった。バートをよく知る人間は、こう言った。「バートには、厄介なことをしてくれるところがあったね」と。

それでも「デリジェンス」は、バートの持つコネを自社の梃子《てこ》として生かし、米英両国の経済界、政界、諜報界の最上層部にパイプを広げて行った。その結果、「デリジェンス」の顧問会議は、以下のような驚くべき「主砲」クラスの重鎮を擁するに至った。

・ウィリアム・ウェブスター　米国・CIA、FBIの両局長
・マイケル・ハワード　英国・保守党の元党首
・チャールズ・パウエル卿　英国・マーガレット・サッチャー首相の外交・防衛問題補佐官
・エド・マシアス　米国・軍事企業の売買を専門とする巨大投資会社「カーライル・グループ」のマネジング・ディレクター
・トーマス・〝マック〟・マクラーティー　米国・ビル・クリントン大統領の首席補佐官
・エド・ロジャース　米国・「バーバー・グリフィン&ロジャース」会長。共和党の政治顧問、リー・アトウォーターを後見人とする。レーガン政権、パパ・ブッシュ政権に参加。

こうした大物同士の結びつきは、ともすれば複雑な人脈網を形成しがちだ。たとえば、「デリジェンス」会長のリチャード・バートの場合、エド・マシアスの「カーライル・グループ」で上級顧問を務めているばかりか、マクラーティーの「キッシンジャー・マクラーティー・アソシエイツ」社の上級顧問を、さらには「バーバー・グリフィン&ロジャース」の顧客であるモスクワの「アルファ銀行」の最高顧問会議のメンバーを兼務するという、錯綜した相関図の中にあった。(原注4)

こうした互いに重なり合った人間関係の中で、ビジネスと収益の場をグローバル化して行く企業経営者らが、絶えざる勧告と相互援助の恩恵を受けているわけだ。

グローバル化した経済が生み出す新しいチャンスを虎視眈々と狙う連中だった。ロビー会社の「バーバー・グリフィン&ロジャース」には、外国の政府からも顧問の依頼が相次いだ。赤道ギニア、エリトリア、ホンデュラス、セルビア、カタールなどが同社の顧客となった。外国政府の顧問になるのは、旨味のあるビジネスだった。エリトリアはスーダンと国境を接する絶望的なほど貧しい国だが、「バーバー・グリフィン&ロジャース」社との間で顧問契約を結んでいた。ワシントンにおける「戦略的な勧告、及び戦術的な計画策定」に関わる顧問料は、月額六万五千ドルだった。(原注5)

さて「デリジェンス」のその後の経過だが、こうしたグローバル規模のコネクション網のおかげで、業績は加速度的に拡大して行った。かつてCIAにいた人間の仲介で、「デリジェンス」のチームは、テキサスのヒューストンに本拠を置く、エネルギー取引の巨大企業、「エンロン」との間で、高額な報酬の顧客契約を結ぶことに成功した。「エンロン」はそれまで数年間にわたって、ワシントンや各州の州都で、エネルギー政策の規制緩和を目指し、ロビー活動を続けていた。電力を一般の商品同様、誰でも売買できるものにするのが狙いだった。

原注4　リチャード・バートの経歴は、国際戦略研究所（the International Institute for Strategic Studies）のサイトで閲覧可。www.iiss.org/about-us/regional-ofGces/washington/board-of-directors/ambassador-richard-hurt

原注5　グリフィンとロジャースのエリトリア政府との関係については、米司法省の「外国機関登録班」に対する報告書類に記載されている。オンラインでも閲覧可。www.fara.gov/docs/5430-Exhibit-AB-20060203-22.pdf.

この巨大企業は、アメリカの新政権と良好な関係を結ぶものと見られていた。大統領に選ばれた「息子ブッシュ」が、同じテキサス人の「エンロン」最高経営責任者、ケネス（ケニー）・レイの子分――「ケニー・ボーイ」と呼ばれていたことは、よく知られたことだった。

「エンロン」は巨額な収益を計上していた。二〇〇一年七月に発表された同社の収益は五百一億ドル。前年を三倍以上も上回る、大変な数字だった。しかし「エンロン」のこうした巨額な「収益」も、同社の企業活動の多くがそうだったように、砂漠の「蜃気楼」に過ぎなかったことが、やがて明らかになる……。

当時はしかし、「エンロン」が会計を粉飾していただけでなく、より重大な秘密を隠していることに誰も気付いていなかった。「エンロン」の闇の奥深く、政府諜報機関の元エージェントたちが潜んでいることを知る者もなかった。「エンロン」が手に入れようと狙いをつけた相手先の企業を調べ上げる「デリジェンス」の企業諜報エージェントが、そこに潜んでいたのである。

「エンロン」の諜報チームは間もなく、より大がかりなオペレーションを考え出した。発電所がメンテナンスで発電を停止する日時を事前に察知することができれば、「エンロン」のトレーダーはより大きな利益を稼ぎ出すことができることに気付いたのだ。

発電所は休みなく発電を続けることはできない。点検や修理で定期的に運転を停止しなければならないのだ。こうしたメンテナンスは一定の周期で行なわれるものだが、いつも必ず事前に公表されるものではなかった。発電所がメンテナンスで数日間、発電をストップすれば、その地域の電気料金は需要と供給の関係で跳ね上がる。市場への電力供給が減れば、それだけ料金は跳ね上がるわけだ。

エネルギーのトレーダーにとって、発電所の運転停止を事前に察知することは、ボロもうけのチャンスが棚ボタで転がり込んで来るようなもの。メンテナンスの日程を押さえれば、値上がり幅を見越して網を張ることができるのだ。ボロもうけは確実――場合によっては、それだけで数百万ドルに達する。

そこで「エンロン」側は、「デリジェンス」側に新たな提案を行なった。発電所の発電停止と発電再開の時期を突き止めてほしい、との依頼だった。

「エンロン」側はすでに、発電所の発電停止を察知するためのチェックリストを作成していた。たとえば石炭火発はメンテナンスが近づくと、石炭の在庫を減らす。燃やさない石炭を長い間、抱え込めば損するだけだからだ。それと、定期点検の際、補修のために専門のチームが発電所に来ることも、チェックリストに入れるべきポイントだった。そうした点検・修理のスタッフのため、発電所側は構内各地にポータブル・トイレを設置する。それに彼らのための宿舎も準備しなければならない。ヨーロッパの場合、発電所は田舎に立地することが多い。となると、一、二軒しかない地元のホテルは、メンテナンス期間中、予約でいっぱいになるはずだ……。

プロの諜報エージェントにとって、こんなチェックはみな実にたやすいことだった。二〇〇〇年の終わりから二〇〇一年にかけ、「デリジェンス」は欧州最大規模の十二の発電所に対し諜報活動を開始した。ベイカーは発電所の場所までは教えてくれなかったが、オペレーションに詳しい関係筋によれば、「デリジェンス」の諜報活動はフランス、オランダ、ドイツの発電所に対して行なわれたという。

この発電所に対するオペレーションでベイカーは、空からの偵察が一番との結論を下した。そこで彼は、地図の制作や捜索活動に使われる小型機をチャーターし、ビデオ・カメラを取り付けて、発電所の上空を飛び始めた。発電所側が隠しようもない構内の様子を空から撮影しまくった。貯蔵された石炭の高さはどのくらいか？　先週と比べ、どれほど増減しているか？　発電所の所員用駐車場に何台、駐車しているか？――ベイカーは四席の小型機に乗って、粘り強く各発電所を偵察し続けた。かつて政府の諜報員としてやっていたことの繰り返しだった。ベイカーはいまや、世界最大規模の巨大企業、「エンロン」のために情報収集を続けているのだった。

ベイカーは自ら空からの諜報活動を続ける一方、「デリジェンス」のスタッフにも同じ任務に就かせた。疑惑を呼ばないように地元のチャーター機を使い、地元のパイロットを雇うことにしていた。パイロットに外国人だと見破られるのは覚悟の上でのことだった。一体何のための偵察なのか詮索されないことが大事なことだった。ベイカーは、ビジネスのための調査飛行だと言えば、それ以上、疑う者は出ないと踏んでいた。なにしろ空からの調査活動は、完全に合法的なものだったし、不動産開発のディベロッパーや測量士ら、さまざまな専門家の空撮はごくありふれたものだった。ベイカーたちはその日の飛行計画を地元の当局に提出する決まりを忠実に守り続けた。

この間、「デリジェンス」のロンドン本社では、チームのメンバーが電話を使って情報収集活動を続けていた。発電所に最も近いホテルの予約係に電話を入れ、予約状況を確かめていたのだ。宿泊希望者のふりをして料金を訪ね、この先の空き具合を確かめる。予約で満杯な時期――全館借り上げとなる時期を確認する。「全室予約済み」の日を探ることで、メンテナンスの時期を割り出すことができるわけだ。

こうして得た情報と空撮のビデオ映像は「エンロン」の諜報担当部門に送られ、そこで最終判断が下される。特定された「発電停止期間」の情報は、エネルギー市場で戦い続ける同社のトレーダーに伝えられる。当初、「デリジェンス」は偵察飛行のたびに情報を提出していたが、やがて週に一度、定期的に報告する方式に落ち着いた。この結果、「エンロン」はエネルギー市場において、決定的な強みを手にすることができた。この、「エンロン」のための仕事は、月単位で更新・継続され、「デリジェンス」にとって貴重な収入源になったものだが、ベイカーはその報酬額については口を閉ざした。「デリジェンス」の情報を使って「エンロン」がどれだけ儲けたかについても、ベイカーは「全く分からない」と言った。

このちょっとした抜け目のない諜報作戦はしかし、間もなく「墜落」の憂き目に遭う。二〇〇一年の終わり、「エンロン」自体が破産に追い込まれ、作戦も打ち切られたのだ。ヨーロッパでの空からの諜報活動で収益を上げていたにもかかわらず、「エンロン」の首脳陣は収益を秘密のペーパー・カンパニーに注ぎ込み、経営を行き詰まらせた。ベイカーは「エンロン」の担当者から突然、電話がかかって来た日のことを語ってくれた。「エンロン」の担当者は、こう言ったそうだ。「未払い金があったら、今日のうちに請求書を持って来てくれ。今日のうちなら間に合う。大丈夫だ」

「エンロン」の仕事はなくなってしまったが、その経験は「デリジェンス」にとって貴重な学びの場となった。経験は教訓を生み出した。ベイカーは言った。「つまり、ビジネスになる情報は、実は目の前にごろごろ転がっている、ということだね」

問題は、その情報の価値を知っている顧客と、その情報を取って来る能力を持った諜報企業が結び付くこと――それが全ての鍵だとベイカーは結論付けた。

ベイカーは「エンロン」での経験から、教訓をさらにもうひとつ引き出していた。「エンロン」からの報酬は少な過ぎた。二十倍は請求できたのに――という反省だった。発電所をめぐる情報価値のもの凄さを知った今、ベイカーとしては、弱気な請求はもう二度としまいと決意するしかなかった。

その後二年ほど、ベイカーとデイは世界各地を飛び回り、最もリッチで最も権力のある人々と親しく交際した。そして親友同士ともいえる親密な人脈を築いて行った。ベイカーはロンドンを離れ、ワシントンに移って腰を据えた。ロビー会社、「バーバー・グリフィン&ロジャース」社のそばに陣取り、引き続き仕事をもらうためだった。

二〇〇五年、「デリジェンス」はさらに成長を遂げようとしていた。自社に投資してくれる投資家のスカウトに躍起になっていた。リチャード・バートがアルゼンチンの投資会社、「エクセル・グループ(Exxel Group)」を紹介してくれた。「エクセル・グループ」は、ブエノスアイレスを拠点に派手な活動を続ける企業買収のスペシャリスト、ファン・ナヴァロ(Juan Navarro)のものだった。ナヴァロはウルグアイの出身。魔法のように魅力的な、押し出しの強い投資家だった。ペントハウスに住む、豪奢で洗練された感覚の持ち主だった。

しかしナヴァロの名が世界に鳴り響いたのは、何と言っても、企業買収の荒々しさのせいだった。ナヴァロはもともと、「シティバンク」のアルゼンチン・ベンチャーキャピタル部門で輝かしい実績を上げた男だった。一九九一年に「シティ」を退社して「エクセル」を起業し、投資家として自立した。ナヴァロの「エクセル」は、「GE年金トラスト」「ロックフェラー&カンパニー」「リバティー・ミューチュアル」「コロンビア大学」を顧客に確保し、ラテン・アメリカを中心に百社近くに対して数十億ドルの投資を開始したところだった。

この「エクセル」との交渉の中で、ベイカーは「デリジェンス」の先行きに不安を覚え始めた。「エクセル」からの投資があれば、「デリジェンス」は大躍進を遂げることができるが、それはベイカー自身とニック・デイにとって、新たな経営責任を背負い込むことでもあった。不安になったベイカーは、「デリジェンス」にプロのCEO（最高経営責任者）を迎え入れた方がいいのではないかと思い始めた。そういうプロなら、無駄な出費を抑え、会社を発展させることができる、と。

ベイカーはそんな胸のうちを社の同僚や、「エクセル」など投資家に伝えた。彼自身として、これ以上長く「デリジェンス」の経営トップの座を占め続けるつもりはないと告げたのだった。

「エクセル」は、「デリジェンス」に対する投資を実行した。千五百万ドル分の株式を取得したと伝えられた。ベイカーは「エクセル」との取引の中で、自分が一五%保有する「デリジェンス」株を「エクセル」側に売却。同時に「バーバー・グリフィン&ロジャース」も保有株を売り払った。売却株を誰が何株購入したかは公表されてはいない。売却価格を低めに見積もってもベイカーはたぶん百万ドル以上のキャッシュを懐にしたはずだ。「デリジェンス」を立ち上げ、五年間経営しただけにしては、結構な実入りだった。

ベイカーが去って、「デリジェンス」を切り盛りする責任は、ひとりデイの肩にかかるようになった。手元の資金を回して、投資家たちの期待に応える成長を遂げなければならない。デイの関心は間もなく、ベイカーが退社する前、最後に手がけていた顧客開拓交渉の交渉先に向かった。それがロシア最大の商業銀行、「アルファ銀行」だった。「アルファ銀行」はすでに「バーバー・グリフィン&ロジャース」と顧問契約を結んでおり、二〇〇五年には顧問料として六十八万ドルを支払っていた。

しかしこれは連邦政府に対する報告書の中で明らかになったことだが、「バーバー・グリフィン&ロジャース」社はその年、「アルファ」のための「ロビー活動」は何もしていなかった。つまり、「アルファ」側は、ロビー活動を何もしないロビー会社に、多額な顧問料を支払っていたわけだ。ロビー会社はしかし、「ロビー活動」――これは顧客のために公務員に接触することを意味する――ではなく、「コンサルティング」サービスで報酬を受け取ることがある。ワシントンというものをどう動かしたらいいか顧客にアドバイスする、それだけのことで巨額な報酬を受け取っているのだ。(原注6)

ベイカーは「デリジェンス」社を去るにあたり、「バーバー・グリフィン&ロジャース」に、「アルファ」との間をつないでくれるよう頼んでおいたから、と言い残していた。「アルファ」というロシアの巨大銀行が顧客になってくれることは、願ってもないことだった。ロビー会社が間に入り、顧客契約が結ばれた。ニック・デイがバミューダの道路わきの岩の下からKPMGの機密文書を回収したのは、それから間もなくのことだった。

しかし前述の通り、デイらが入手したKPMGの文書が、何者かの手でKPMG側に渡ったことで、「プロジェクト・ユッカ」は中止を余儀なくされる。KPMG側が「デリジェンス」を相手取り、不法行為の責任を追及する裁判を起こしたのは二〇〇五年十月のことだった。(原注7)しかし、裁判は起こしたものの、ＫＰＭＧ側の申し立ての書面は、肝心なところが自己検閲で消し去られた代物だった。公判に提出された書面は「空白」だらけ。太文字で「削除」のスタンプが、やたら押されたものだった。

たぶん、ＫＰＭＧ側はより微妙な問題がおおっぴらになるのを恐れ、提出文書に大掛かりな自己検閲を施し、裁判所に申し立てを行なっていたのだ。しかしＫＰＭＧの腰が引けたもっと大きな理由は、騙されたとはいえ、最高機密の書類をいとも簡単に自社の会計士が外部に差し出したことが世間に知れるのを恐れたからだ。ＫＰＭＧは何と言っても、世界最大規模の会計・コンサルタント企業。日常的に世界中の大企業の企業秘密を取り扱っているところだ。そんな企業秘密が諜報企業に流出していると知ったら、顧客は何と思うか……それを最も恐れたはずだ。

案の定、裁判は全て書面だけで進められた。法廷に提出された書面の一部が公開されたのは、裁判が始まって数ヵ月経った後のことだった。しかし訴訟の書面が公開されると知って、「バーバー・グリフィン&ロジャース」はパニックに襲われた。この名高いロビー会社は、企業諜報ゲームに関与していたことをプレスや公衆に知られたくなかったのだ。

原注6　両者の間に、大きな違いはないように思われるかも知れないが、実はそこには明確な区別が存在している。「ロビー活動」の経費は、法律によって公開が義務付けられている。これに対して「コンサルティング」料は非公開でいい。この抜け穴を使うことで、「影響力を買う」経費の半分は公開を免れている――ことは、ワシントンのロビー業界関係者の多くが指摘しているところだ。これが事実とすれば、ワシントンのロビー業界は（公表の倍にあたる）年額六十億ドル近くを売り上げる一大産業を形成していることになる。

原注7　この裁判はワシントンＤＣの連邦地区裁判所に提起された。訴訟番号は、**1:05-cv-02204-PLF-AK**。裁判記録は二〇〇六年一月二十六日、秘密指定が解かれ、公開された。

二〇〇六年一月二十四日、「バーバー・グリフィン&ロジャース」の「アルファ」担当の主任ロビイスト、キース・シュエットが、上司宛にEメールを送信した。ワシントンの伝説のフィクサー、エド・ロジャース宛のメールだった。「法律問題」と題したメールで、シュエットはこう書き送った。「エド。判事がKPMGの裁判の書面公開に踏み切ってしまった。いまのところ、誰にも気付かれていないけれど、この先ずっと、隠し切れるとは思えない。KPMGの申し立てには、われわれの名前も、顧客の名前も出ていない。プレスが騒ぎ出したら、デリジェンスについて、しらばっくれる——当面、この線で対処したい。報告を絶やさないようにします」

これに対するエド・ロジャースの返信メール——「で、KPMGは申し立てで、何て言ってるんだ?」が返って来たのは、その二十分後。

これに対するシュエットの返答は、こうだ。「社内文書を詐取されたことで、デリジェンス側から損害を被った、というのが、KPMG側の主張の基本線……そういうことは中止しろよ、止めろ、とも言っている。でも決定的に重要な問題は、KPMG側が持ち出された文書の開示と、不法行為に対する裁判所としての判断を求めていることだ。判事が持ち出し文書の開示を決めたら、すぐに大変なことになる。逆に判事がこの二つの申し立てを退ければ、この問題は安らかな死を遂げてくれる」

判事の決定はしかしKPMG側の不法性の訴えを認め、持ち出し文書の開示を許可するものだった。ここで言う「開示」とは、相手側に証言させ、相手側から証拠の書面を出させる法廷戦術を指す訴訟用語。つまりKPMGは相手側から証拠物件として、文書、記録などEメールを含む全てのものを法廷に提出させることができる——。キース・シュエットのメールをここで今、引用できているのも、この「開示」によって明らかになったものだからだ。

「デリジェンス」をめぐる裁判に、安らかな死が訪れることはなかったのである。

「プロジェクト・ユッカ」事件後、ニック・デイはワシントン・コネチカット街の「デリジェンス」のオフィスを閉じ、戦線を縮小して、スイス国境から車で一時間の距離にある、フレンチ・アルプスを望む、風光明媚なサンジェルヴェの私邸に引っ込んだ。バミューダの一件は、反訴、辞任、訴訟など、ニック・デイに大変な試練を課したが、それでもなお企業諜報ビジネスを続けている。しかし昔のやり方はもう採っていない。「今は市場で生き残りをかけて闘う企業のリスク管理の手伝いをしている。政府の諜報機関の畑じゃない分野だ。諜報機関の知らない世界だよ」

さてバミューダ事件のずっと前に「デリジェンス」から身を引いたマイク・ベイカーは、その後、どうしたか?

彼もまた企業諜報の世界に身を置き続け、一時はヘッジ・ファンドを顧客とする「プレシャンス」という諜報企業を経営していた。その後、ハリウッドの脚本コンサルタントとして諜報活動について相談に乗る仕事に就き、「フォックスニュース・ドットコム」に論評記事を書き始めた。本を書き出してもいる。

そんなベイカーだが、実は二〇〇九年の初めに、再びデイと手を組んで企業諜報の世界に復帰してもいるのだ。デイの「デリジェンス」がベイカーの「プレシャンス」を買収。ベイカーはニューヨークのタイムズスクエアにある「デリジェンス」のニューヨーク事務所で働き出したのだ。

それではバミューダのKPMGで会計士をしていた、あのガイ・エンライトはどうしているか？彼は今、これまた世界的規模の国際会計事務所である「デロイト・トウシュ」のロンドン・オフィスに勤務している。エンライトはニック・デイと会って、何の謝礼も受け取らずに手ぶらで別れたわけではない。「プロジェクト・ユッカ」が終幕を迎えていた二〇〇五年、エンライトは「ニック・ハミルトン」を名乗るデイから、数千ドルもするローレックスの高級腕時計を贈られていた。それをエンライトは「英国政府からのお礼」だと信じ込んで、ありがたく受け取っていた。

もちろん、それまた真っ赤な嘘ではあったが……。

「デリジェンス」の本当のオーナーは誰なのか、所有者が入れ替わり立ち代わりして来たのでハッキリしたことは分からない。ニック・デイに、社を所有する現オーナーが誰か聞いても明かしてくれなかった。しかしどうも、あの世界最古の金融ファミリー、「ロスチャイルド家」が資金的に支えているような節がある。

二〇〇七年の春、英米のプレスが一斉にこう報じた。「デリジェンス」が、額は不明なものの、ある投資ファンドから資本注入を受けた、というのである。そしてその投資ファンドを所有していたのが、デイの長年の友人のナサニエル・ロスチャイルドだった。

当時、三十六歳のナサニエルは、途方もない富で知られるジェイコブ・ロスチャイルド卿の令息で、この名門銀行一家の後継者となることが決まっていた。ニューヨーク・タイムズはナサニエルを、「最も富裕なロスチャイルドになり得る男」と評していた。

ニック・デイは二〇〇七年までに、このナサニエル・ロスチャイルドの側近の一人になっていた。二人には共通点があった。ほぼ同じ世代。そして、ともに英国籍。世界規模で策謀をめぐらすトップ・ビジネスマンという点でも二人は似通っていた。ニックがナサニエルと親交を結べたのも、彼がビジネス・人脈の面で、そこまで成り上がっていたから出来たことだ。ナサニエルを通じてニック・デイは欧州銀行界のサークルに入ることを許された。そしてそのロスチャイルド家こそ数百年も前に、ビジネスと諜報の結合がどれほど価値を生み出すものか、気付いていたファミリーだった。

ナサニエルは男爵に列せられることになっていた。五代目のロスチャイルド卿になることが決まっていた。そんな名家の歴史を遡ると、一七四四年に行き着く。ロスチャイルド家の歴史はその年、フランクフルトのユダヤ人ゲットーに、マイアー・アムシェル・ロスチャイルドが誕生したことに始まる。その末裔のナサニエルは英国籍だが、ニューヨークにも豪勢なオフィスと豪奢な邸宅を構えていた。ニューヨークを拠点に、自家用のジェット機で世界を飛び回る日々。友人に「ナット」の愛称で呼ばれるナサニエルがこの世に生を享けたのは一九七一年七月二十一日のことだった。

ナットの先祖のマイアーは一介の両替商から出発、一代で「ロスチャイルド王朝」を築き、五人の息子を欧州五つの都市に送り込んで支店を開いた立志伝中の人だ。マイアーの息子の一人、ネイサンが英国に渡ったのは、二十一歳の時。初めはマンチェスターで、その後、ロンドンに移り、ロスチャイルドの支店を開いた。ロンドン支店ができたのは、一八〇九年のこと。セント・スウィジンズ・レーン（聖スウィジンズ通り）のニューコートでの開店だった。このニューコートは現在、「ロスチャイルド銀行」の本拠となっている。ここでロスチャイルドはさらに資産を膨らませ、一八二〇年には金融恐慌を回避するため、中央銀行のイングランド銀行に融資するまでになった。

ロスチャイルドは最初から、金融と情報を結合する重要性を理解していた。ネイサンはロンドンから、欧州大陸のフランス、イタリア、オーストリア、ドイツにいる四人の兄弟と連携し、巨額な金融取引を繰り返した。そのために密使や顧客ら信頼すべき筋から情報を集める一大諜報網をヨーロッパ全域に張り巡らせていたのである。ナポレオンと歴史に残る戦いを続けていたウェリントン卿率いる英国の軍隊に対して軍資金を送ったのも、ネイサンその人だった。ロスチャイルド家は一八一五年のワーテルローの戦いで、ウェリントン卿がナポレオンの軍隊を打ち破ったことを、英国政府が知る一日前につかんでいた。

ネイサンの息子のライオネルが、スエズ運河を手中に収めようとする英国政府のため買収資金を用意したのは一八七五年のことだった。そして十年後の一八八五年には、ライオネルの長男のネイサン・マイアー・ロスチャイルド二世が男爵に叙せられる。ロスチャイルド家はこうしてその後、さらに半世紀にわたって成長を続け、鉄道の経営や鉱山開発、科学研究へと活動分野を広げることになった。フランスのロスチャイルド家からは、ワインづくりをする二つの分家が現れた。世界最高の赤ワイン、「シャトー・ムートン・ロートシルト」と、第一級格付け（プレミエ・クリュ）のワインの醸造所として名高い「シャトー・ラフィット・ロートシルト」がそれである。

さてニック・デイが親交を結んだナット・ロスチャイルドは、ほかに三姉妹がいるだけの兄弟のいない嫡男。イートン校からオックスフォード大学のウォドム・カレッジに進んだ男だ。オックスフォードの学生の中でも最も恵まれた特権層出身のナットは、オックスフォードの男子学生の晩餐クラブ、「ブリンドン・クラブ」に属し、愉快な学生生活を過ごした。オックスフォードを出た一九九五年、ナットはニューヨークに渡り、父親のロスチャイルド卿の友人が創立した投資銀行、「グリーチャー&カンパニー」で働き出した。同年、ナットは社交界の華、アナベル・ニールソンと結婚するが、奔放な新婚生活は三年後の離婚で終止符を打たれる。

そんなニューヨーク生活の中でナットが出会ったのが、彼より二、三歳年上、当時、二十九歳のチモシー・バラケットという男だった。バラケットは、「アティカス・ファンド」という名のヘッジ・ファンドを立ち上げるため出資金を集めていた。バラケットはナットを新ファンドのパートナーに誘い、「ロスチャイルド」の名声と人脈を使って「アティカス」の資金集めに成功する。ナットはこのヘッジ・ファンドで猛烈に働き、驚異的な成功を収めた。しかし、二〇〇八年のクラッシュに見舞われると、「アティカス」もまた他のヘッジ・ファンド同様、苦戦を強いられることになる。

しかし経済誌の「アルファ」がまとめた二〇〇七年のヘッジ・ファンド・マネージャー番付によれば、「アティカス」のバラケットは、七億五千万ドルもの個人所得を得たことで世界第七位にランクされ、同じく「アティカス」のデイビッド・スレイガーも四億五千万ドルの単年度所得で十三位に食い込んでいた。で、同じく同社のパートナーだったナット・ロスチャイルドはどうだったかというと、二億五千万ドルを稼いで堂々の三十八位に付けていたのである。

カナダ・トロントを本拠とする金鉱山会社、「バリック・ゴールド社」の創業者であるピーター・ムンクは、ナットから「アティカス」への投資を求められ、最初は二の足を踏んでいたけれど最終的に同意した人だが、ニューヨーク・タイムズのランドン・トーマス・ジュニア記者に対し、二〇〇七年にこう語っている。「この若者は特別だね。ロスチャイルドが世界を支配した昔に返ったようなことをしている」

ロスチャイルド家はかつて世界を支配し、その足元には資金を求める政治家たちが群がったものだ。この伝統をナット・ロスチャイルドは現代において甦らせているのである。ナットは今、パリ、ロンドン、モスクワ、そしてギリシャ国内に邸宅を構えている。世界最大のアルミニウム会社、ロシア企業「ルーサル」のオーナーであるロシアの大富豪、オレグ・デリパスカの顧問になっている、とも言われている。二〇〇八年三月には父親のロスチャイルド卿とともに、米国の共和党大統領候補のジョン・マケインのため、ロンドンのセント・ジェイムズ・プレイスにある、あのダイアナ妃の先祖、スペンサー伯爵が一八世紀に建てた「スペンサー・ハウス」で、盛大な資金集めのパーティーを開いたこともある。アメリカの選挙資金規制法によれば、ナットのような米国籍でない者には政治献金は禁じられているが、資金集めのパーティーを開くことは許されている。ロンドンのロスチャイルド家の資金集めパーティーに呼ばれたアメリカ人の参加者たちは、少なくとも一人千ドル、多い人は上限の二千三百ドルまでマケイン候補のために献金したのだった。

こうして今、ニック・デイはロスチャイルドの強力な人脈の中にいる。その意味で、ニックとニックが代表する現代の諜報産業はロスチャイルド家が自分のビジネスのために諜報網を広げていた当時に回帰するもの、と見ることもできるだろう。最先端の諜報テクノロジーやテクニックを自在に駆使する現代の諜報企業も、その跡を辿れば資本主義社会の発展と深く絡み合う歴史を持つものなのだ。

第一部　贋金島とディープ・チョコレート

第2章　高貴なる天職

アメリカの民間諜報の物語は、アラン・ピンカートンに始まる。

スコットランドから移民して来たアメリカの愛国者、アラン・ピンカートン。腕っ節の強さと頭の切れ、押し出しの強さで、自分の帝国を一代で築き上げた男、アラン・ピンカートン。

二十七歳の彼が若妻のジョアンを連れ、スコットランド・グラスゴーの貧民窟の絶望的な貧困と混乱を逃れ、アメリカにやって来たのは一九世紀の半ばだった。二人がたどり着いたのは、西に向かって急激に拡大するフロンティアの最前線、シカゴとミルウォーキーの中間、イリノイのダンディーにあった酪農を営む農場だった。仕事と土地と未来を求め、スコットランドから渡って来た移民たちが切り拓いた場所だった。

アランとジョアンは大西洋を渡る危険な航海の途中、カナダのハリファックスに近いセーブル島で、乗っていた船が座礁する試練に遭った。先住民（インディアン）にジョアンの結婚指輪を盗られる災難にも遭った。ボートや馬、幌馬車を乗り継ぎダンディーに辿り着いた。樽桶職人だったアランは一八四六年までに自分の工場を持ち、職人を八人も使うようになった。誰が見ても丁寧な仕事ぶりだった。アランは樽桶づくりで成功したのだった。

ある年の七月の朝だった。アランはボートに乗って、近くを流れるフォックス川の中島めがけて小さなボートを漕ぎ出した。木を切り倒し、樽桶の材料を集めるためだった。島の森の中を進んでいるうち、アラン・ピンカートンは焚き火の跡に遭遇した。中島、そして森の中、ここは人の来るところではない。誰かがここに潜んでいる……ピンカートンは好奇心に駆られ、夜にもう一度出直し闇に紛れて現場を観察することにした。

草むらに身を潜め、ピンカートンは張り込みを続けた。間もなく数人の男がボートで中島に上陸し、焚き火を始めた。見るからに悪漢のような男たちだった。辺境に暮らすこういう男たちは危険な仕事をしているか、悪さを働いているかのどちらかだ。ピンカートンはダンディーの町に戻ると、保安官のルーサー・ディアボーンに通報した。

調べてみると、この謎の男たち、なんと硬貨を偽造する贋金作りの一味。それから数日後の夜、保安官は町の男たちを率いて、ピンカートンの案内で現場を襲い、悪者どもを全員逮捕する手柄を立てた。現場で保安官は一味の贋金づくりの道具一式の入ったバッグと偽造硬貨を押収。以来、フォックス川のこの中島は「贋金島《ボーガス・アイランド》」と呼ばれるようになった。

ピンカートンにとってこれは人生の転機となる事件だった。贋金づくりの一味の摘発に成功したことで、地域の人々はもちろんピンカートン自身も、自分には探偵に向いた頭脳と忍耐力と好奇心が備わっているのではないか、と思い始めた。ピンカートンの世界一の大探偵への歩みは、自分の名前を冠した探偵会社の設立に至る道は、今もって存続する、大会社のために情報を提供する、彼が築いた民間諜報ビジネスは、この時始まったのだ。(原注8)

ピンカートンはこの「贋金島」の一件で、すっかり有名人になってしまった。噂好きな連中が武勇伝を聞くためにピンカートンの樽屋に立ち寄るようになった。噂はすぐダンディーの万屋《よろずや》の経営者、ヘンリー・ハントの耳にも届いた。

ヘンリー・ハントと、もう一人の万屋の経営者、インクリース・ボスワースという男は、地元で「偽札」が出回っていることに神経を尖らせていた。偽札のおかげで地域の商業者が打撃を受けていたからだ。二人は偽札づくりをしている連中を突き止めてくれとピンカートンに依頼した。「探偵線《ディテクティブ・ライン》」を張ってくれ、という言い方で摘発を頼んだ。

ピンカートンが引き受けると、二人は最新の情報をピンカートンに提供した。それによると、偽十ドル札を使った男がついさっき、近くの馬具屋で鞍の修理をしていたという。そこでピンカートンは樽作りの作業着のまま早速、馬具屋に向かった。馬具屋のオーナーからその男の特徴を聞き込んだピンカートンは、通りにいた男を見つけ、「いい馬に乗ってますね」と言って、さも感心したふりして近づいた。灰色の髪、灰色の目をした男だった。年齢は六十五歳ほど。左手に金の指輪をはめていた。人相、風体を見て取ったピンカートンは、男と話を弾ませた。いかにも偽札グループの仲間に入りそうなワルのふりをして……。話に乗せられた男は、町から出て周りに誰もいないところで話をしようじゃないかとピンカートンを誘った。男はバーモントから来たジョン・クレイグと名乗った。それからピンカートンのことを根掘り葉掘り尋ねた。ピンカートンを使える男だと思ったクレイグは、本物のドルを百二十五ドル持ってきたら、偽の十ドル札、五十枚（「五百ドル」相当）に替えてやるから持ってきな、と言った。

　ピンカートンは早速、町に戻って、依頼人の万屋経営者二人から百二十五ドルをもらってクレイグのところへ引き返し、手渡した。クレイグは、岩の下に偽札を隠しておくから、あとで取りに来いとピンカートンに言った。後で岩の下を覗くと、そこに偽札の札束があった。

　偽札づくりのグループはたしかに存在していた。また、本物札との交換レートは四対一……これだけは確認できたが、クレイグを逮捕するには、偽札を保持している現場を押さえなければならない。そこでピンカートンは、こんどは四千ドル分、偽札を購入するという罠を仕掛け、クレイグに持ちかけた。取引場所はシカゴの「ソウガナッシュ・ホテル」(原注9)のロビー。クレイグがロビーに姿を見せた時、ピンカートンの合図でシカゴを管轄するクック郡の保安官が現れ、クレイグを取り押さえた。

　偽札グループを追い詰めた隠密捜査と逮捕劇の噂はすぐに広がり、ピンカートンはダンディーを管轄するケイン郡の保安官代理に任命された。樽作りの仕事をしながら、パートで治安活動に従事す

原注8　ピンカートンについては、ジェームズ・マッケイ（James Mackay）による伝記、『アラン・ピンカートン──最初の私立探偵（*Allan Pinkerton: The First Private Eye*）』（エジンバラ、Mainstream社）に活写されている。このマッケイの伝記は、数あるピンカートン伝の中で最も包括的なものであり、本書の記述もマッケイの本にかなり依拠している。

原注9　この十年近く前、同じ「ソウガナッシュ・ホテル」で、選挙で選ばれたシカゴ市の評議員の最初の会議が開かれている。このホテルはつまり、シカゴ市政が始まった場所でもある。

るようになった。しかし本職の樽作りに精を出していられる時間は長くはなかった。シカゴを管轄するクック郡の保安官、ウィリアム・チャーチからピンカートンに、こっちに来て保安官代理になるよう申し出があったのだ。一八四七年のことだった。保安官代理に任命されたアラン・ピンカートンは妻のジョアンとともに急激に発展する新興都市、シカゴに移った。

ピンカートンはシカゴで、さらに成功を収めた。数千人単位でヨーロッパ移民が流れ込むこの新興都市は、イースト・コーストの市街地を急激に広げていた。ミシガン湖岸の風景は、どんどん変わっていた。シカゴに来て三年もすると、ピンカートンは街で最も有名な伝説のシェリフになっていた。一八四九年、シカゴのレヴィ・ブーン市長がピンカートンを初代の——結局はピンカートン一代限りに終わった——「シカゴ市探偵長」に任命した。

シカゴの街は当時すでに治安が乱れ、荒れた世界だった。現場に急行した警察官は鉄拳を使い、ブーツで蹴飛ばして取り押さえなければならなかった。シカゴは手荒な取り締まりをして、ようやくストリートの治安が保たれる街だった。

ピンカートンはシカゴの治安担当の仕事に続いて連邦政府の郵便局の監察ポストに就いた。局内のコソ泥を摘発するメール・エージェントの仕事だった。郵便の仕分けの現場に紛れ込み、封書から現金を盗む局員がいないか目を光らせた。そうして総額三千七百三十八ドルもの現金を抜き取っていた局員の摘発に成功した。犯人の局員とその片棒を担いでいた男は兄弟で、なんとシカゴの郵便局長の甥と分かって大変なスキャンダルになった。新聞の報道でピンカートンは一躍、「アメリカ一の探偵」と誉めそやされるようになった。

新聞報道というものは時に、人の人生を変えるものである。ピンカートンの場合もそうだった。一八五〇年、ピンカートンは連邦郵便局を離れ、弁護士をパートナーとする探偵会社を立ち上げた。社名は「ノースウェスタン探偵局《ディテクティブ・エージェンシー》」。シカゴの中心部、ワシントン大通りとディアボーン通りの角に小さな事務所を構えた。立ち上がりはうまく行かず、トラブルが続いた。歴史家によれば、ピンカートンはパートナーの弁護士、エドワード・ラッカーを一年も経たないうちに追い出している。しかし、やがて業績は好転し、ピンカートンの探偵局は大きく成長した。そして社名を「ピンカートン全国探偵局《ナショナル・ディテクティブ・エージェンシー》」に改める。

ピンカートンの探偵会社は、シカゴのローカルの地位に甘んじるものではなかった。新社名が示すようにピンカートンには全米に雄飛する、さらなる野望があった。

一八五〇年代のアメリカには、法律は各州の州法しかなかった。FBI（連邦捜査局）も存在せず、連邦政府が州を超えて逃げる犯人を捕まえようとしても限度があった。(原注10)拡大する西部のフロンティアは、あらゆる悪漢、悪党どもを引き寄せる、悪事の働き場所となっていた。交通網の発達に合わせ、西へ向かいながら犯罪を重ねることも可能だった。警察力がなんとしても必要な時代だった。その警察力を担ったのがピンカートンの探偵局だった。

しかしピンカートンの探偵局は納税者のためのものではなかった。顧客の企業、もしくはリッチ

原注10　FBIを生み出す種が撒かれたのは、一九〇八年になってからのことだ。当時のセオドア・ルーズベルト大統領が、司法長官の下で動く特別捜査官（スペシャル・エージェント）の創設を認可した。新設された捜査機関は「捜査局（ビューロー・オブ・インベスティゲーション）」と名付けられた。

な個人のために動く探偵局だった。ピンカートンは特に、当時の大企業、鉄道、鉱業、電信の各社に損害を与えた者を追跡したのだった。つまりピンカートンの関心を占めていたのは一般の人々に対する犯罪ではなく、あくまでも「資産」に対する犯罪だった。

ピンカートンは、人間の「目」の上に「われわれは決して眠らない《ウィー・ネヴァー・スリープ》」のスローガンを置いたロゴ・マークをつくった。そのロゴは今なお使われているものだが、ここから「私立探偵」を意味する「プライベート・アイ」という言葉が生まれた。

「ピンカートン」の名前はやがて、顧客の大企業並みにアメリカ中で知られるようになる。

ピンカートンはまず「アメリカン・エキスプレス」の仕事を引き受けた。「アメリカン・エキスプレス」は当時、特別仕立ての急行列車で貴重品の小包を運ぶビジネスを始めたところだった。ピンカートンはまた「ペンシルバニア鉄道」など鉄道会社のためにも仕事をするようになった。おかげで「ピンカートン」の名も鉄道網に乗って全米で知られるようになった。ピンカートンはさらに、全米に電信局を展開し始めていた「ウェスタン・ユニオン」の仕事も手がけるようになった。

運送会社の顧客のため、ピンカートンは「消えた荷物」と「盗んだ者」を探し出した。鉄道会社のため、ピストル強盗の西部の無法者を狩り込んだ。電信会社のため、インサイダー取引でのボロ儲けを狙って電報で偽情報を発信したホワイトカラーの犯罪者を摘発した。

一八七一年になると、連邦政府の司法省がピンカートンに対して、捜査を五万ドルで下請けするようになった。ピンカートンの探偵局はその捜査力、組織力において多大な評価と成功を収めた。やがてピンカートンをお手本に、連邦政府の「シークレット・サービス」やＦＢＩが生まれることになった。

ピンカートンの男たちは、積極的に新たな捜査テクニックを切り拓いた。情報の中央集積管理システムを開発したのも彼らだった。写真術は一八四〇年に発明されていたものだが、ピンカートンはいち早く犯罪捜査に活用した。「顔写真《マグショット》」を考案したのも彼だった。ピンカートンのエージェントたちは、全米の悪漢どもの「写真」を集めた。こんなこともあった。ある悪名高きギャングがバーで酒を飲み、酔っ払っていた。バーテンダーがカメラを向けると、カウンターでだらしなくポーズをとり、ニタっと笑った。バーテンダーはもちろんピンカートンの配下の者だった。その写真が手配写真に変わり、男の特定に使われたことは言うまでもない。

ピンカートンは電信の威力も知っていた。だから電報を暗号化して受・発信していた。しかし電信の威力を、新たなボロ儲けの手段として使えることに気付いた輩もいた。(原注11)こうして電信テクノロジーの威力を見せつける、ある事件が起きることになる。

巨額な不正取引を狙った事件だった。一八六四年のことだ。カリフォルニアの株のブローカーが逮捕された。株価を動かす電信情報を傍受し、それがニュースとなって市場に広がる前に、インサイ

原注11　新聞記者もまた、盗聴の誘惑に駆られていたようだ。サム・ダッシュが書いた『盗聴者たち（*Eaves-droppers*）』（一九五九年の刊）によると、一八九九年、「サンフランシスコ・コール」紙の記者たちは、ライバル紙「サンフランシスコ・エグザミナー」の記者たちが電話を盗聴して、スクープ記事を横取りしていると言って非難した。

ダー情報としてボロ儲けに使おうとして捕まったのだ。地元紙の「サクラメント・デイリー・ユニオン」は同年八月十二日付の紙面に「株操作で電信を盗聴」との記事を掲げ、事件を詳報した。

その夏の初めのこと。株のブローカーで知られたD・C・ウィリアムズという男が、ゴールドラッシュで沸騰するカリフォルニアの町、プレイサーヴィルのホテルにチェックインした。電信のエキスパートでもあったウィリアムズのターゲットはもちろん、そのホテルに「ステート電信会社」が開設していた電信局だった。簡単なことだった。電信機の発信音を聴き取って、頭の中で文章に再生すればいいだけのことだった。この電信の盗み聞きでウィリアムズは、この金鉱の町で何が起きているか、いち早く情報を入手したのだ。そしてその事前情報を、株価の変動予測に使った。たったそれだけのことで、ウィリアムズはインサイダー取引を通じボロ儲けをしていたのである。

ウィリアムズはさらに大胆なことを考え、実行に移した。当時のネバダ準州で続いていた、ある鉱山会社をめぐる重大訴訟の結果（判決）を伝える電信の流れを、電信局のオペレーターを買収してコントロールし、ボロ儲けを企んだのだ。

判決を伝える電信が発信されたら、それを途中で押さえ、裁判の結果を――どちらの会社の株が上がるか――をいち早く知る。そうしておいて誰も裁判の結果を知らないうちに、サンフランシスコの株式市場で値上がりする株を買い、値下がりする株を売ってしまう。その上で電信を流す――。場合によっては、偽の情報も流す。

買収した電信局のオペレーターにはサンフランシスコへの電信だけでなく、東部への電信も押さえさせる入念な工作だった。ウィリアムズは買収したオペレーターにボーナスさえ提示していた。計画がうまく行ったら七百ドルから千ドル、うまく行かなかった時でも三百ドル支払うというものだった。成功ボーナスの千ドルは、今の二万ドルにも相当するもので大変な額だった。

しかしウィリアムズにとって不運なことに、買収しようとした電信局のオペレーターは正直者だった。ウィリアムズの陰謀を上司に通報したことで、事件は未遂に終わった。警察が捜査に乗り出した。ウィリアムズがサンフランシスコとネバダのバージニア・シティーの仲間に出した手紙を押収していた。手紙の中でウィリアムズは、八万ドル以上ボロ儲けできる、と吹いていた。現在の貨幣価値で百六十万ドルもの巨額な金を、濡れ手に粟でつかむつもりでいたのだ。

「この一回の犯行で何年か寝て暮らせるだけ稼げる」と皮算用したウィリアムズだが、その一回だけで足を洗うどころか、何度も犯行を繰り返す気でいた。「鉱山会社がらみの裁判ならアメリカ中どこへでも行ってボロ儲けしてやる」と、全米を股にかけインサイダー取引で稼ぎまくる計画でいたのだ。

逮捕されたウィリアムズは二千ドルの保釈金を支払うことができず、そのまま獄につながれた。(原注12)

しかしこのウィリアムズの逮捕劇は、地元の警察が幸運にも摘発に成功した稀なケースだった。全米を舞台とした新しいタイプの企業犯罪、金融犯罪の摘発は、実はピンカートンの得意とするところだった。地元の警察は大抵、複雑で巧妙な企業犯罪を前に手を拱《こまぬ》いているしかなかった。そもそも管轄区域を越える犯罪に太刀打ちできなかったのである。

原注12 「サクラメント・デイリー・ユニオン」紙、一八六四年八月十二日付、「株操作で電報を盗聴」

鉄道会社の仕事をしていたのでピンカートンには鉄道を使って、どこへでも行ける強みがあった。北米大陸のどこへでも鉄道で行ける――これは、かつてどんな権力者もできなかったことだ。ピンカートンはまた当時としては画期的なことに、女性の探偵も雇って社交サロンに送り込んだ。ガサツな男の探偵が入り込めない場所だった。ピンカートンはさらに自分たちが扱った犯罪者たち一人ひとりのファイルを作成した。人相風体から習慣、生活態度など細大漏らさず記録したファイルだった。このファイリング・システムは実に詳細なもので、記録した犯罪者の数も多かったから、犯行の目撃者の証言を元にクロスチェックで容疑者をリストアップすることも可能だった。ピンカートンのファイルは創業当時から現代に至る一八五三年から一九九九年までの分がワシントンの連邦議会図書館に収められているが、その数、実に六万三千件に及んでいる。

ピンカートンはまた、探偵局として独自の倫理規定を設けていた。ピンカートン探偵局としてどこまでやれるか、許される範囲を限定していた。金になるなら誰のためにでも働くわけでもなかった。倫理規定を設けることでピンカートンは、ジレンマから逃れようとしたのだが、その悩みは諜報産業の中で、今なお続いていることである。

一八五〇年代にピンカートン自身が書いた、「一般原則」という名の倫理規定は、同社の探偵の役割を「高貴で名誉ある天職」に基づくものと定め、以下の具体的なルールを挙げている。

ピンカートン探偵局は検察官の同意なしに、または検察官の知らないところで、刑事犯の被告の代理人になってはならない。また裁判の陪審や役人の仕事ぶりについて調査はしない。合法的な活動を続ける労働組合のメンバーについても調べない。敵対する政党間の一方の側に雇われてはならない。組合の集会は、それが一般に公開されたものでないかぎり、その模様を報告してはならない。成功報酬や感謝のしるし、その他の謝礼を受け取ってはならない。ピンカートン探偵局は犯罪と無関係な女性の道徳について一切、調査することはない。離婚やスキャンダルも一切、扱わない。

ピンカートンはこれほど厳しい縛りを自らに課していたわけだが、その後継者である現代の諜報業界は、そのほとんどを破り去っている。このピンカートンのルールは、ピンカートン探偵局自体にとっても遵守が難しいものだった。労働組合に関する縛りは特にそうだった。この結果、ピンカートン探偵局は、「労組寄り」の縛りがあるにもかかわらず、一九世紀の終わりの労働と資本の歴史的な闘いにおいて、経営側に付いて戦闘的な役割を果たすことになる。「ピンカートン」は、アメリカの「労働運動の敵」とみなされるようになるのだ。

アラン・ピンカートンは顧客の企業・個人のため捜査活動を続ける中で、あらゆるタイプの犯罪に通じたエキスパートになっていった。ピンカートンは一八八四年に出した、『探偵三十年（*Thirty Years a Detective*）』という回想[原注13]の中で、彼が捜査にあたった犯罪を、「社会的な窃盗」「ホテル泥棒」「蒸気船の工作員」「機密と脅迫」などと分類・章立てして書いている。中でも「騙しのゲーム《ブードル》」という一章は興味深い。狙いをつけた相手に匿名の手紙を送りつけ、濡れ手に粟のボロ儲け話の罠を仕掛ける犯罪が、もう当時からあったのだ。（原注14）今日の「ナイジェリアのメール」詐欺*の先駆けが、ピンカートンの時代に存在していたのだ。騙されたと気付いた時には後の祭り。自分も悪だくみに乗ったものだから、なかなか警察に通報できず、ピンカートンに救いを求めるケースも多かったわけだ。

さてピンカートン探偵局は会社を狙った泥棒や銀行強盗と戦い、大西部を舞台に、ブッチ・キャシディーやサンダンス・キッド、あるいはジェシー・ジェイムズのギャング*どもを追っかけ回していたが、南北戦争ではリンカーン大統領の暗殺計画を未然に防いだこともあった。南軍にスパイを潜入させ、軍事力、政治的な動きを窺ったりもしていた。ピンカートンの工作員の一人、ティモシー・ウェブスターは北軍のスパイだったことが発覚、一八六二年、リッチモンドで絞首刑に処せられている。アメリカで最初にスパイ行為で処刑された男、それがピンカートン配下のウェブスターだった。

ピンカートンが鉄道輸送会社の「アダムズ・エキスプレス」の依頼で、同社の南部アラバマ州モンゴメリーの支店に工作員を送り込んだのは、彼がすでに名声の頂点を極めていた一八五〇年代のことだった。同社モンゴメリー支店の支店長、ネイサン・マローニーの尻尾をつかまえようとしたのだ。

「アダムズ」社の役員、エドワード・サンフォードからの依頼の手紙が発端だった。ピンカートン宛の手紙によれば、モンゴメリーとオーガスタ（ジョージア州）間の車中で、同社の収納袋から現金四万ドルが消えた。しかし、不思議なことに、現金が消えた皮製の収納袋は鍵がかかったままだった。そんな事件の捜査を求める手紙だった。

ピンカートンが犯人として目星をつけたのが、同社モンゴメリー支店のマローニーだった。収納袋の鍵を保管していたのがマローニーだったからだ。ピンカートンはサンフォード宛の返信で自分の推理を書き送った。

原注13　ピンカートンは十五冊を超える本を出している。自分の手柄話の本のほかに、安手の探偵小説もある。こうした本の出版のために、ゴーストライターのグループを雇っていたとも言われている。これでもって「ピンカートン」のイメージが創られたわけだ。ピンカートンの本に出て来る「探偵」はもちろん、ヒーローとして描かれていた。「犯罪者」は悪漢で、「依頼人」は純情な犠牲者だった。主なタイトルを紹介すると、『罷業者たち（*Strikers*）』『共産主義者たち（*Communists*）』『無宿者たち（*Tramps*）』『探偵たち（*Detectives*）』（以上、一八七八年）、『反乱のスパイ（*The Spy of The Rebellion*）』（一八八四年）、『絶対絶命——ある探偵物語（*Cornered at Last: A Detective Story*）』（一八九二年）。

原注14　ハードボイルドの作家として有名なダシール・ハメットはピンカートン探偵局で一九一五年から一九二一年までエージェントをしていた。代表作『マルタの鷹』の伝説の私立探偵、「サム・スペード」は、ハメットのピンカートンでの経験の中から生み出されたものだ。「サム・スペード」は『マルタの鷹』がハンフリー・ボガードの主演で映画化されたことで一躍、銀幕のヒーローになったが、キャラクターのルーツはピンカートンにある。しかし、ハメットはピンカートンに長く留まらなかった。それはハメットがピンカートンのスト破りを見て幻滅したからである。ハメットは失望してピンカートン探偵局を去った。

＊「ナイジェリアのメール」詐欺　主にアフリカのナイジェリアを舞台にしたものであることから、この名がついた、一連の国際的な詐欺事件を指す。「わたしはナイジェリアの人間。今ここに、いわく因縁つきの、巨額な手持ち資金がある。運用したいので、あなたの銀行口座で一時的に保管してくれないか？」と匿名のメールで誘って口座番号を聞き出し、口座の預金を引き出す。「産油国のナイジェリアなら、不正に蓄財された巨額資産が眠っているかも……。口座を貸すだけで、巨額な謝礼がもらえるなら」と相手に思い込ませて引っかける。

＊西部の無法者、ブッチ・キャシディー（本名・ロバート・パーカー）は、同じアウトローのサンダンス・キッド（本名・ハリー・ロンブボウ）とともに、「ワイルド・バンチ」という強盗団を結成し、暴れまくった。二人はボリビアに逃げたが、隠れ家を突き止められ、一九〇八年、銃撃戦の末、死亡した。映画、『明日に向かって撃て』は、この二人をモデルにしている。ジェシー・ジェイムズも、銀行強盗を繰り返した有名なギャング。

サンフォードの求めでピンカートンがアラバマの「アダムズ」の本社に出向くと、すでにマローニーは会社からの通報で、窃盗の疑いで警察に逮捕されていた。しかしマローニーの容疑はあくまでも状況証拠に基づくもので、モンゴメリーの有力者の間に「不当逮捕」されたマローニーを救援する動きが広がっていた。

南北戦争前夜のことだった。「アダムズ・カンパニー」は「北」の会社で、マローニーは地元の「南」の男。マローニーに地元の同情が集まるのは当然のことだった。マローニーが保釈されたことで、「アダムズ」社は窮地に立たされていた。

ピンカートンは早速、五人のエージェントを送り込んだ。その中の一人が、アメリカ最初の女性探偵と知られるケイト・ウォーン(原注15)だった。エージェントたちは、マローニーがほとぼりの冷めるまで盗んだ金をどこかに寝かせている、と見当を付けていた。現金の隠し場所の割り出しと犯行の立証――それがエージェントたちの任務だった。早速、マローニーの夫人の尾行を開始した。その結果、夫人がフィラデルフィアに手紙を出したことが分かった。そのあたりに親類がいるらしかった。

夫人は間もなく、単身フィラデルフィア郊外のジェンキンズタウンに引っ越した。夫人の後を、エージェントたちが追った。時計の修理屋を開いて彼女の動向に目を光らせた。

ケイト・ウォーンも現地に派遣された一人だった。ケイトは社交好きな妻の役を演じることになった。きらびやかなドレスを身につけた彼女は見事、マローニー夫人に接近して言葉を交わすようになる。会話の中でケイトはマローニー夫人を信用したふりをして、自分の旦那が偽札づくりでボロ儲けしたことを打ち明けたりもした。

この間、ピンカートンはモンゴメリーの当局を動かして、マローニーの再逮捕に成功すると、監獄のマローニーの房にエージェントのジョン・ホワイトを送り込んだ。偽札をつくって捕まった、という触れ込みだった。

ピンカートンは、この哀れなマローニーに巧妙な心理戦を仕掛けた。ピンカートン配下の男のエージェントが、ジェンキンズタウンのマローニー夫人に言い寄ったのだ。そして、ねんごろな二人の姿を町の人々に見せつける。そうしておいて、アラバマの獄につながれたマローニーに対して匿名の手紙を送りつけたのだ。「あなたの奥さん、浮気してますよ」と。

夫人が次に面会に来た時、マローニーが責め立てると、夫人は知らない男と一緒にいたことだけは認めた。それがマローニーの暗い猜疑心をさらに刺激した。

そんなマローニーと同じ房で、横に座っていたのが、囮エージェントのジョン・ホワイトだった。「女房が浮気? オレの肩を貸してやるから、好きなだけ泣くんだな」とも言いたげな、慰め顔のホワイトだった。看守に賄賂をつかませれば、すぐにでも出られるぞ、と唆《そそのか》すホワイトだった。

原注15　ケイト・ウォーンは魅力的な未亡人だったことから、ピンカートンと恋愛関係があるのではないか、との噂が流れた。しかし、二人のロマンスを証拠立てるものはない。事実として言えることは、彼女がピンカートンの雇った最初の女性探偵であることと、彼女がピンカートンと一緒に全米各地を出張で旅行していたことだ。旅行の間、ピンカートンの妻子がシカゴに残されていたことも事実である。ピンカートンは彼女のことを、最高の探偵の一人だと言って称賛した。「彼女には一度も失望させられたことはない」と。彼女が亡くなった時、ピンカートンは自分の墓所に遺体を埋葬した。ピンカートン自身の墓は、そのすぐそばに建てられた。

別のエージェントが扮する、「看守に賄賂をつかませた弁護士」がホワイトの身柄を「引き取り」に、タイミングよく現れた。

マローニーは餌に食いついた。「金はいくらでも出すから、ここから出してほしい」

夫人に会いたくて仕方なかったのだ。ホワイトが「賄賂に使う金が必要だと女房に言いな。オレが取りに行くから」と唆すと、マローニーは早速、女房に、金を隠し場所から掘り出し、ホワイトに渡すようメッセージを送った。ホワイトがその金を持って、モンゴメリーまで引き返し、拘置所から出してくれるものと信じて。

マローニー夫人は旦那のメッセージを受け取った時、さすがに大丈夫かなと不安に思った。旦那はだいいち窃盗の容疑で捕まっている。それなのに現ナマを賄賂に使えば、罪を自分から認めるようなもの……。しかしピンカートンは一枚、役者が上だった。夫人が二の足を踏むことをちゃんと見越していたのだ。夫人は最近知り合った女友だちに、他の人には言えない相談をしたのだ。ケイト・ウォーンに対して相談したのだ。ケイトのアドバイスは、こうだった。「その男に金を渡して、旦那を刑務所から出してあげるのが一番。残りの金を持って、二人で西部に高飛びすればいい。アラバマの警察も、そこまで追って行かないから」

マローニー夫人がホワイトに隠していた金を渡した時、四万ドルのうち、たった四百ドルが使い込まれていただけだった。

マローニーは一八五五年、モンゴメリーの法廷に立たされた。頼みのホワイトは、遂に助けに帰って来なかったのだ。その「ホワイト」が検察側の証人として証言台に立った時、マローニーは腰を抜かさんばかりに驚いた。嵌められたことが分かったのだ。自分の方から証拠まで差し出したことに気付いたのだ。マローニーは罪状認否で有罪を認め、十年の判決を受けた。

こうしてピンカートン探偵局は「アダムズ」社から顧問契約を取り付け、この一件でさらなる飛躍を遂げたわけである。

ピンカートンの探偵局は、アメリカが南北戦争へと雪崩れ込む頃には、押しも押されもせぬ圧倒的な地位を確立していた。全米にエージェント網を張り巡らし、他を寄せ付けない諜報テクニックを身につけていた。

ピンカートンは奴隷制の廃止論者で、カナダへ逃れて行く黒人たちの支援活動にも従事していた。反奴隷制の扇動家で、武装蜂起して捕まったジョン・ブラウン*の救出のため、裁判費用の募金運動にも携わった。南北戦争が勃発した一八六一年、ピンカートンは「北」の側に立った。北軍の支援に立ち上がった。ピンカートンはリンカーン大統領を個人的にも知っていたのだ。これはリンカーンが大統領になる前のことだが、ピンカートンが一八五五年に「イリノイ・セントラル鉄道」と契約を結んだ際、弁護士として契約書を作成したのがリンカーンだった。

そしてその「イリノイ・セントラル鉄道」で副社長を務めていたのが、ピンカートンを南北戦争に引きずり込んだ、ジョージ・マクレラン*。ピンカートンは、このエネルギッシュな鉄道事業家のマク

*ジョン・ブラウン　米国の戦闘的な奴隷解放運動家（一八〇〇～五九年）。バージニア州ハーパーズ・フェリーの武器庫を襲ったが、捕えられ処刑された。この事件は南北戦争のひとつのキッカケとなった、とも言われている。

レランとも親しくしていたのだった。

マクレラン（陸軍士官学校の卒業生）は南北戦争で北軍のオハイオ義勇軍を率いる軍務に復帰した際、ピンカートンを自分の軍の「諜報機関《シークレット・サービス》」の長として召喚した。当時はまだ、独立した諜報機関は軍に存在せず、各司令官がそれぞれ、軍事的・政治的な情報を集めていた時代だった。ピンカートンは「E・J・アレン」の偽名で軍務に就いた。「ピンカートン」の名は、すでに有名すぎるほど有名になっていて、諜報の妨げになりかねないからだった。「大探偵」の軍事諜報活動は、こうして始まったのである。

ピンカートンがアメリカの愛国者であり、北軍の掲げる理念に心底、奉じていたことは間違いないことだ。黒人奴隷を逃亡させる活動に、自分の命と自分のキャリアを賭けたことも一度ならずあった。しかしピンカートンは、現代の諜報企業と同様、諜報活動を金になるビジネスと見なす人間でもあった。ピンカートンの伝記、『その目は眠らない（*The Eye That Never Sleeps*）』（一九八二年）を書いたフランク・モーン（Frank Morn）によれば、南北戦争開戦半年後の一八六一年九月から翌六二年十一月までの間に、ピンカートンは政府から三万八千五百六十七ドルを受け取っている。

ピンカートンは一八六五年の戦争終結後、息子に宛てた手紙にこう書いている。南北戦争が起きるまでは、どちらかというと貧乏だったが、戦争のおかげで「ずいぶんと儲け、それを全てシカゴの不動産投資に充てることができた」と。

戦争を継続する政府に諜報サービスを売りつけることは、今もなお旨味のあるビジネスである。

現在のアメリカの諜報業界は「政府＝軍」を中心に動いている、といってもいいほどだ。そんな諜報企業の多くが、ワシントンを取り囲むように本拠を構えている。「首都環状線の追い剥ぎ《ベルトウェー・バンディット》」と呼ばれる、連邦政府機関相手のコンサルタント企業とともに軒を連ねているのだ。

アメリカの連邦政府が委託契約を結んでいる諜報企業で有名なのは、たとえば「ブーズ・アレン・ハミルトン（Booz Allen Hamilton）」社である。従業員総数一万九千人、年に四十億ドルもの売り上げを誇る同社は、米政府の諜報機関コミュニティーのためのコンサルタント会社だ。

より小規模なものを挙げれば、「アブラクサス（Abraxas）」社。ロサンゼルス・タイムズが二〇〇六年に報じたところでは、世界各地で活動するＣＩＡの工作員のために偽の身分証明書やダミー会社を供給しているところだそうだ。

ただ、こうした政府委託の諜報企業の中には、トラブルを起こしているものもある。「ＭＺＭ」という得体の知れない諜報企業の場合、ＣＥＯ（最高経営責任者）が機密プロジェクトの受託と引き換えに、さる有力な下院議員に対し百万ドルもの賄賂を贈ったことが二〇〇五年に明るみに出ている。

また軍事下請警備企業の「ブラックウォーター（Blackwater）」社が、下院の公聴会に呼ばれ、注目を集めたのは二〇〇七年のこと。同社の社員が、罪もないイラクの民間人を殺害したことで追及されたのだ。

＊ジョージ・マクレラン　米国の鉄道事業家、軍人（一八二六〜八五年）。北軍の最高司令官も務めたが、リンカーンに解任された。

しかし良いも悪いもこうした全ての出発点にいた男とは——それはもちろんピンカートンその人だった。

　リンカーンが大統領に選ばれた一八六〇年十一月、地元のイリノイ州から首都ワシントンに向け、「勝利行」が計画された。鉄道沿線の各都市からリンカーンに、途中下車して、熱狂する市民のため演説するよう依頼が殺到した。そしてその鉄道を使った「勝利行」のルートに含まれていたのが、フィラデルフィアからメリーランド州ボルチモアに入る旅程だった。ボルチモアには当時、数千人もの「南部びいき《コッパーヘッド》」がいた。しかもメリーランドの州都、アナポリスでは、南につくか北につくかで激論が交わされていた。リンカーンはどう転がるか分からない危険な政治状況の中へ突き進まなければならなかったわけだ。

　この時、リンカーンの「勝利行」の裏方を担当したのが、「ペンシルバニア・セントラル鉄道」のサミュエル・モース・フェルトンだった。大統領専用列車を仕立て、スケジュールを立てるのがフェルトンの役目だった。フェルトンは早速、ピンカートンに相談した。アナポリスのメリーランド州議会が「北」連邦に留まる議決をしたら、「北」からの脱退を叫ぶ南部分離派*たちは「暴動を起こす」と言っている、どうしたらいいだろう——とピンカートンに助けを求めたのだ。

　早速、ピンカートンは新大統領を守る秘策を練った。『アラン・ピンカートン——最初の私立探偵（*Allan Pinkerton: The First Private Eye*）』を書いたジェームズ・マッケイによると、警備計画は事細かなものだった。ピンカートンの指示で、「ペンシルバニア鉄道」は鉄道員たちに軍事訓練を施し、鉄道守備隊を組織した。列車の通る橋が放火されることも考えられることから、防火ペンキを塗るまでした。フェルトンは「メリーランド民兵」に社員を潜り込ませ、どの部隊が南部に走りそうか見当をつけた。

この間、ピンカートンはエース級の腕利きたちをメリーランドに送り込んだ。ティモシー・ウェブスター*、ハッティー・ロートン*、さらにはピンカートンの片腕のハリー・デイビーズら錚々たる顔ぶれだった。ピンカートン自身も、「サウス・カロライナのチャールストンから来たJ・H・ハチンソン」を名乗って、ボルチモアの酒場を飲み歩いた。南部分離派の頭目とその追随者を割り出すためだった。

ピンカートンが酒場を飲み歩いていた頃、彼の片腕のデイビーズは同じボルチモアの売春宿、「アン・トラヴィスの家」で、ある南部男と意気投合し、大酒を飲んでいた。南部からボルチモアに潜入していたこの男は、デイビーズに対して、もう一人の仲間とともに、近々、リンカーンを暗殺する自慢げに吹いた。列車がボルチモアを通過する時に狙う計画だった。

＊ティモシー・ウェブスター　ピンカートンの工作員（一八二二〜六二年）。南北戦争で活躍、南軍に捕われ処刑された。

＊ハッティー・ロートン　ピンカートンの女性工作員。ティモシー・ウェブスターと行動をともにし、南軍に逮捕され投獄された。

＊南部分離派　南北戦争の際、「北」の合衆国から分離・離脱し、「南」（アメリカ連合国）に合流しようとした人々を指す。南北戦争の間、「北」にとどまったメリーランド州では、南部分離派がこれに反発、州民は南北両派に分かれ、反目し合った。

その頃、もう一人の片腕、ティモシー・ウェブスターは南部の民兵の部隊に潜り込んでいた。暗殺計画が進行中であることを聞き込んでいた。

最早、明らかだった。暗殺の危険は、リンカーンの列車が通過するボルチモアで待ち構えていた。ピンカートンのチームは、暗殺計画の詳細をすぐ探り出した。ボルチモアのカルバート通りの駅にリンカーンの列車が着いた時、少人数の男たちで襲撃する計画だった。

暗殺者がボルチモアで待ち構えているという噂は、リンカーンの耳にも届いていた。司法当局の密偵からの連絡だった。ペンシルバニアのハリスバーグからワシントンに向かう途中、予定通りボルチモアを通過すべきか、それとも迂回すべきか、迷い始めていた。

「リンカーンの列車」がハリスバーグの駅を出発した時、「アメリカン電信会社」は、ハリスバーグ発の電信を全て封鎖することになっていた。市外への発信ばかりか、市外からの受信もできなくする。南部のスパイたちがボルチモアやフィラデルフィアの仲間に、「リンカーンが出発した」ことを通報できなくする措置だった。

「リンカーンの列車」が格好の標的になり、暗殺者たちを引き寄せることは、もちろんピンカートンも承知のことだった。ピンカートンの決断は、こうだった。リンカーンを「特別列車」に乗せず、事前に普通の列車に乗せてワシントンに送り込んでしまう――。つまり、「リンカーンの列車」を囮として走らせる決断をしたのだ。そして驚くべきことにピンカートンは、リンカーンのメアリー夫人と息子たちだけは予定通り、「リンカーンの列車」に乗せることにした。いかにもそれらしく見せかける作戦だったのだろうが、当時はまだ、いくら暗殺者でも女こどもにまでは手出しはすまい、と考えられていた時代だったからかも知れない。

　西フィラデルフィア駅からワシントンまでの寝台車両の普通列車の切符を、旅行代理店で買い求めたのは、ピンカートンの女性エージェントのケイト・ウォーンだった。身体の不自由な兄弟のためと言って購入した、新大統領のための切符だった。ピンカートンとフェルトンは警護の工作員たちとともに、リンカーンを寝台キャビンに乗り込ませ、列車内で配置に就いた。ピンカートン自身がリンカーンのキャビンのドアの前に立った。検札に来た車掌に切符を見せたのもピンカートンだった。車掌はキャビンの乗客を見ないで通り過ぎた。

　ピンカートンは沿線に工作員を配備していた。列車の爆破を警戒してのことだった。工作員たちは持ち場で、カンテラを持って待機していた。カンテラの光で、安全を知らせるためだった。ピンカートンは列車の後部のデッキに立って、列車がどこまで安全に来ているか確かめた。深夜、フィラデルフィアを出たリンカーンを乗せた列車はボルチモアに午前三時半に到着し、しばらく停車した。この停車中が最も危険な時間帯だった。乗降客とリンカーンを隔てているのは、拳銃を携行したピンカートンと数人の工作員だけだった。

　駅のプラットホームで、酔っ払いが南部の行進歌、「ディキシー」を大声で歌っている。緊張の停車時間がジリジリと過ぎて行く……リンカーンの列車がワシントンに着いたのは、午前六時のことだった。

　それから暫くして、ボルチモアの駅に囮の「リンカーンの列車」が到着した。数千人の群集が取り囲み、ジェファーソン・デイビス*と南部連合を支持する歓声を上げた。しかし、威嚇の叫び声を上げ

ることしかできなかった。（原注16）

ピンカートンは南北戦争が続く間、「北」の連邦政府のためにシカゴを本拠として活動を続けた。民間の諜報企業が政府の仕事を請け負うという、ピンカートンのつくったこの先例は、今日なお続いていることである。

前述のようにピンカートンは当初、マクレランの「オハイオ義勇軍」の諜報機関の長として活動を開始したのだが、その時の階級は少佐だった。ピンカートンは最も信頼するティモシー・ウェブスターを南軍に潜入させた。子どもの頃、親に連れられ英国から移民して来たウェブスターが、ピンカートン探偵局で働き始めたのは、一八五三年のことだった。ウェブスターは英国の旧式の軍服姿で、反逆好きな南部分離派を気取ってみせた。英国政府はこの時点ではまだ、南部諸州による「アメリカ連合国」と全面的な外交関係を結ぶ方向に動いていた。それが実現すれば、南北の和解は絶望的なものになるはずだった。

ウェブスターはボルチモアに腰を据えると、南部分離派との接触を開始した。間もなく彼は、「自由の息子たち」を名乗る秘密結社のメンバーと知り合うようになる。そして「自由の息子たち」がメリーランドで騒乱を起こそうとしていることを察知する。ウェブスターの情報をもとにピンカートンのエージェントたちが、分離派の大集会の日時、場所を特定。それを受けて連邦軍の兵士たちが集会の会場に踏み込んだ。ウェブスターら演者たちが、南部独立へ向けた熱弁をふるっているその場へ。反乱を企てていた指導者たちを一網打尽にしたことは言うまでもない。

ウェブスターはその後、ボルチモアを離れ、「南」の「アメリカ連合国」政府の中枢に潜り込んだ。北軍に関する情報を提供すると触れ込んでの潜入だった。ウェブスターは起用され、南軍政府の上層部の幹部らと自由に接触し、すべての南軍の基地に自由に立ち入りできる立場を獲得した。

ウェブスターは今や、ダブル・エージェントになっていた。彼は北軍のため、その目で確かめた南軍の軍事施設について詳細な報告書を書き始めるようになった。その中には、チェサピーク湾の南端に位置するバージニアの戦略的要衝、ヨークタウンも含まれていた。北軍が「南」の首都、リッチモンド攻略の近道としてヨークタウンを選び、海側から敵前上陸できたのもウェブスターからの情報がモノを言ったせいかも知れない。ウェブスターは報告書の中で、ヨークタウンの砦の状況を、「松の丸太を組んだ防壁があるだけ。大砲は、一八〇度の方向に発射可能な、六十四ポンド砲が一門あるだけ」と書き、「ヨークタウンの町は海岸から五フィートの高さの傾斜地の上に広がり、その向こうは丘になっている」と地形を連絡している。ウェブスターはまたヨークタウンの街の物価についても報告、北軍の指導部にその町の困窮した経済状況を知らせてもいた。

ウェブスターはまさに命がけで、こうした詳細、かつ正確な情報を北軍に送り続けていたのだが、歴史家の多くはウェブスターのある失敗をあげつらい、ピンカートンの重大な失敗だと決め付けてい

＊ジェファーソン・デイビス　米国・南部の政治家（一八〇八～八九年）。南部諸州が建国した「アメリカ連合国」の初代大統領に選ばれた。

原注16　ピンカートンがリンカーンと交わした警備契約の期間は長くはなかった。リンカーンが暗殺犯に銃撃された当日（一八六五年四月十四日）、ピンカートンにリンカーンを警護する任務は与えられていなかった。

る。その失敗とはウェブスターがリッチモンド方面の南軍の兵力を「過剰に」報告したことだ。実際は四万人以下なのに十一万六千四百三十人と過大に評価してしまったのだ。おかげでマクレラン将軍は攻撃をためらい、それがマクレランと、南軍陣地に対し総攻撃を仕掛けようとしていたリンカーンとの間の政治的な対立を増幅させる結果を招いた。

しかしそうは言ってもウェブスターの勇敢さは疑いようのないものだった。ウェブスターはその後も詳細な報告を北軍に送り続けたが、南軍に捕まった他の北軍の密偵が、ウェブスターはピンカートンのエージェントだと告げたことで逮捕された。ウェブスターがリッチモンドの広場で絞首刑に処されたのは、一八六二年四月二十八日のこと。数千人がスパイの処刑を見守った。

逮捕され、獄につながれたウェブスターは、面会に来たピンカートンの女性エージェントに、こう言ったそうだ。「(ピンカートン)少佐に伝えてくれ。勇敢な心と澄んだ良心でもって死に立ち向かう準備ができていると」(原注17)

南北戦争が終わった後、工業化に突き進んだ北部は、企業諜報に格好の活躍の場を提供した。ピンカートン探偵局は一八七〇年代の終わりに、密偵を潜入させる諜報活動を再開する。それは南北戦争でティモシー・ウェブスターが直面したものと変わらない危険な任務だった。

南北戦争の終わりは、ペンシルバニアの無煙炭の炭鉱地帯における騒乱の時代の始まりだった。子どもたちが現場で働く時代だった。労働条件も劣悪で、危険な労働環境で働かされていた。それに一八七〇年代半ばの経済不況が追い討ちをかけた。炭鉱労働者たちはストライキで実力行使し、経営側が情け容赦のない報復に出ていた。英語のできない、貧困の淵にのたうつ移民の労働者たちが炭鉱の仕事に殺到した。出身国別に労働組合が組織されるようになった。

そうした混乱した状況の中で、アイルランド系カトリックの移民炭鉱労働者たちが密かに結成したのが、「モリー・マクガイアズ」（略称・モリーズ）と呼ばれる秘密結社だった。その名前がどこから来たものなのか、歴史家たちも首を捻るばかりだが、祖国アイルランドの貧しい小作農が英国の土地所有者に対して反抗した際の秘密結社に由来するものらしい。中には、「モリーズ」は実は存在しなかったとする歴史家もいる。文書による記録がほとんど何も残っていないので、そういう見方も生まれるわけだが、その一方で、「モリー・マクガイア」という寡婦がいて、その主義主張に周囲の労働者たちが従ったのが事の始まり、とする伝説もある。さらには、昔、アイルランドに富裕な地主に夜襲をかけた勇敢で敬虔な少女がいて、その子がモリー・マクガイアという名前だったという説も。つまり諸説入り乱れて、ほんとうのことは誰も知らないわけだ。

ペンシルバニアの炭鉱地帯で「モリーズ」らは暴力に訴え、血の報復に出るギャング団になっていった。犯罪を平気で犯す冷酷さと階級的な闘いに立ち上がる情熱が、ない交ぜになって彼らを駆り立てていた。『ピンカートン物語（*The Pinkerton Story*）』を書いた、ジェームズ・ホランとハワード・スウィガードによれば、「モリーズ」は、同地域における、さまざま犯罪に関与したとみられている。

原注17　南北戦争が終わるとピンカートンはウェブスターの遺体をリッチモンドの墓地から掘り起こし、北部の土に埋葬し直した。ピンカートンは自分の墓地に、ウェブスターを記念する碑を建てた。

たとえば一八七〇年のわずか二ヵ月間の間に、「モリーズ」は炭鉱夫の親方を襲撃し、商人に銃撃を加え、橋の見張り人を叩きのめし、炭鉱の監督を殴りつけ、炭鉱の経営者を殺害さえしたという。

当時、現地で「フィラデルフィア・リーディング鉄道」と「フィラデルフィア・リーディング石炭・製鉄」の両社を経営していたのは、フランクリン・ゴーウェンという実業家だった。「モリーズ」たちの所業に堪りかねたゴーウェンは、ピンカートンに手紙を書き、ペンシルバニアに来て助けて欲しいと頼み込んだ。むろん労使紛争で死者が出ていることよりも、自分が立ち上げた事業の先行きを心配してのことだった。ゴーウェンは鉄道業から石炭業に進出し、事業をさらに拡大しようとしていた。土地を買収して鉄道を敷設し、石炭を積み出そうとするゴーウェンにとって、「モリーズ」は厄介な存在だった。ゴーウェンはピンカートンに頼み込んだ。「モリーズ」を潰してくれ、と。

ピンカートンはこれに注文をつけた。これをやるには極秘も極秘、徹底した情報管理が必要だ、と。ピンカートンは、ゴーウェン以外の者はピンカートンからの報告書を読んではならない、との条件を出した。ピンカートンとの関係を記した、いかなる社内文書も残してはならないと釘をさしたのだ。ゴーウェンの社内にも必ず「モリーズ」の手の者が潜んでいるはずだった。ゴーウェンの手元の書類さえ、誰かに見られている可能性があった。

ピンカートンは「モリーズ」に、どうやってエージェントを潜入させるか計画を練り始めた。「モリーズ」に潜るスパイは、アイルランド系カトリックの移民以外、考えられなかった。それも炭鉱夫の勤まる男でなければならなかった。命がけの任務だった。それに耐えられる者でなければならなかった。ピンカートンが白羽の矢を立てたのは、ジェームズ・マクパーランドという、痩せた赤毛の男だった。ピンカートンで探偵として働き始めたばかり。アイルランドのアルスターから渡って来たばかりの二十九歳の男だった。

ピンカートンはマクパーランドに、「嫌なら断っても構わない。そんなことで人事考課はしない」と言って話を持ちかけた。マクパーランドはしかし、その危険な任務を断らなかった。任務を極秘裏に進めるため、マクパーランドはピンカートン探偵局を「退職」し、「ジェームズ・マッケンナ」という偽名でもって潜入工作を開始した。仕事にあぶれた移民のふりをして、炭鉱地帯に入り込んだ。酒場に足繁く通い出し、大酒をくらって大声で英国人地主たちを罵り、さんざんに扱き下ろした。ペンシルバニア州のポッツヴィルという炭鉱町の「シェリダン・ハウス」という酒場でトグロを巻き、客と酒を酌み交わし、自慢のノドとダンスの技で周囲を魅了した。

酒場の主人も、「ジェームズ・マッケンナ」の歌と踊りに魅了された一人だった。「マッケンナ」ことマクパーランドのために、マフ・ロウラーという男への紹介状を書いてくれた。このマフ・ロウラーこそ、ポッツヴィルのあるシャナンドー地区の「モリーズ」のリーダーだった。「モリーズ」の世界で、「ボディー・マスター」と呼ばれる指導者だった。

マクパーランドはロウラーとその手下たちに、今はもう切れているけれど、アイルランドにいた頃、ある秘密結社に属していたと吹き込んだ。ニューヨークのバッファローで人を殺して、その時、奪った現ナマを、ある場所に隠していると、作り話を吹き込んだ。そして、ピンカートンと連絡をとるため時々、町を離れなければならない口実に、自分は実は偽札づくりのグループの一員で時々、連絡を取りに出かけなければならない、と打ち明けてみせた。そしてほんものの札をかざして、「どうだ、偽札と分かるか？　分かるなら、どこで分かるか言ってみな」と言って相手を煙に巻いたのだった。

採炭の仕事にありついたマクパーランドは、一日十時間働き、毎日二十トンの石炭を掘り出すようになった。そうして待つうち、ついに待望のその日がやって来た。一八七四年四月十四日のこと――マクパーランドは「モリー・マクガイアズ」への入会儀式に臨むことになった。会場はマフ・ロウラーの自宅。そこに地元の秘密結社のメンバーが集まった。マクパーランドは、「モリーズ」のメンバーの監視の目に晒されながら、階下で結論を待った。本当に入会を許されるか不安だった。もしも「モリーズ」にスパイであることを見破られていたらどうしよう……。ピンカートン探偵局の中に、「モリーズ」が逆スパイを送り込んでいたらどうしよう……。確かめようのない不安がマクパーランドを襲った。そして間もなく――マクパーランドは階上の部屋へ呼び込まれた。跪かされ、誓いの言葉を言わされ、十字を切らされた。入会費として三ドルを納め、マクパーランドは晴れて「モリーズ」の人間になった。

マクパーランドは「モリーズ」で活動を続け、一八七五年には地元の支部の責任者に選ばれた。人殺しなど犯罪に手を染めなければならない場面もあったが、うまくかわし続けた。スパイであることが、あやうくバレそうになったこともあった。ピンカートンのスパイと知れたら、その場で消されていたことだろう。

炭鉱をめぐる緊張は、会社側がスト破りの非組合員を送り込んだことで高まっていた。「モリーズ」の間で、サスケナハン川にかかる鉄道橋の爆破計画がささやかれていた。それをマクパーランドはなんとか説得して阻もうとした。しかし彼の懸命な説得にもかかわらず、「モリーズ」の扇動者たちは、電信局の爆破や貨車の脱線計画を進めようとしていた。マクパーランドは現場を密かに離れ、ピンカートン探偵局の上司に接触し、警官隊の派遣を求めた。

その頃すでに、マクパーランドの命を狙う者も現れていた。マクパーランドはピンカートン探偵局に身の安全のためその男を捕まえるよう求めてもいた。

シカゴまで戻り、ピンカートン自身に直接、状況を説明したこともあった。潜入作戦はすでに一年半の長きに及んでいた。

しかしマクパーランドは「モリーズ」がますます過激化するのを食い止められなかった。「殺し」の提案のいくつかに反対意見を述べることはできても、「モリーズ」のあらゆる計画に反対することはできなかった。いちいち反対することは、仲間の疑惑を招くことだった。

「モリーズ」のガンマンは、厩舎で馬の世話をしていたバリー・ビル・トーマスという男に銃撃を加えた。狙いは外れ、トーマスは危うく難を逃れた。次に「モリーズ」のガンマンらが狙ったのは、ベンジャミン・ヨストという男だった。「モリーズ」のメンバーをささいなことで捕まえ、恨みを買っていた男だった。「モリーズ」のガンマン三人組は物陰に隠れ、ベンジャミン・ヨストが現れるのを待ち構えていた。午前二時――。ヨストはいつものように家のドアから現れ、通りの街路灯にハシゴで登って街路灯を消そうとした。街路灯が消えた暗闇の中でガンマンの一人、ヒュー・マッゲハンが拳銃の引き鉄を引いた。弾丸は命中し、ヨークは路上に崩れ落ちた。近くで仕事をしていた男が駆け寄った。ヨストは、「アイルランドの奴らに殺られた。前の晩の早いうちに酒場で見かけた連中だった」とだけ言って、午前九時に息を引き取った。亡くなる前、ヨストの同僚が「撃ったのは、こいつか」と数人の名前を挙げたが、首を振って否定するばかりだった。

マクパーランドも誰が撃ったか分からなかった。しかし割り出せるかも知れないと思い、早速、慎重に証拠集めにかかった。殺害に使われた拳銃と同口径のものを借り受け、その目で確かめた。そうしてヨーク殺しの現場にいたとみられる連中の情報を少しずつ繋ぎ合わせて行った。そんな調べを進めるうち、新たな暗殺計画を耳にはさんだ。こんどは炭鉱経営者のJ・P・ジョーンズの殺害計画だった。これを聞き込んだマクパーランドは早速ピンカートンに通報した。ジョーンズにすぐ町を離れ、危機が過ぎるのを待つよう警告してほしい、との伝言だった。

「モリーズ」のガンマンたちは消防士たちのピクニックを襲って一人を射殺し、ほかにもう一件、銃撃事件を起こしていた。その間、マクパーランドは神経を研ぎ澄まし、情報収集を続けていた。間もなく「モリーズ」が、もう一人の炭鉱経営者、トム・サンガーの殺害計画を練っていることを耳にした。

しかし「ジェームズ・マッケンナ」の偽名で潜入活動を続けるマクパーランドに、すべての事件を阻止する力はなかった。サンガー暗殺計画をピンカートン側になんとか通報しようとしているうちに、サンガーは殺されてしまった。J・P・ジョーンズもまたサンガー同様、結局は暗殺者の魔手を逃れることはできなかった。命の危険は過ぎ去ったと判断し、町に舞い戻ったジョーンズを、「モリーズ」のガンマン三人組が襲った。百人もが見ている前で撃たれて死んだ。駅のプラットホームでのことだった。三人組はそのまま逃走し行方をくらました。

マクパーランドは「モリーズ」による殺人事件の詳細をピンカートン側に報告していた。報告書には実行犯、共犯者の名前がリストアップされていた。マクパーランドは、自分は正しいことをしているのだと確信していた。彼の報告書は最終的に、殺人事件の法廷に証拠として提出されるものだった。

そんな中、シカゴから指揮をとっていたアラン・ピンカートンは焦燥感に囚われていた。問題の炭鉱地帯は、「モリーズ」に共感する、アイルランド系カトリックの住民が圧倒的な多数を占める地域。地元の当局に、「モリーズ」を訴追する力があるとは思えなかったからだ。ピンカートンはペンシルバニアの現地に派遣した部下の幹部エージェントたちに、自警団を組織し、「モリーズ」のメンバーを始末してはどうか、とのアドバイスを書き送った。トップ直々の指示とはいえ、あまりにも、あからさまなやり方だった。地元に展開したピンカートンのエージェントたちはこれを採用せず、代わりに「モリーズ」の容疑者三百七十四人の名前を刷ったビラを地域にばら撒く作戦に出た。

そして間もなく、その年の暮れ、十二月十日のことだった。覆面をした者どもが、「モリーズ」のチャールズ・オドネルの家に押し入り、銃弾を撃ち込んだ。チャールズ・オドネルが殺され、その妹のエレン・マカリスターも巻き込まれて死んだ。他の二人も負傷したが、逃げのびることができた。ビラをばら撒いたピンカートンのエージェントたちが、「モリーズ」を殺す者が現れることを期待していたことは間違いなかった。しかし彼らが「モリーズ」殺害計画をアレンジしたかどうかは明らかではない。

マクパーランド自身、これらの事実の詳細を知り尽くしていたとは思えないが、ピンカートンが「モリーズ」殺しを煽っていたことは分かっていたはずだ。マクパーランドは、エレン・マカリスターという「モリーズ」とは無関係な女性まで殺されたことに衝撃を受けた。彼の諜報活動が、そこまで行き着いてしまったからだ。マクパーランドはピンカートンに対し、怒りの手紙を送りつけた。「オドネルの件で私は、彼らがそれにふさわしい報復を受けたことに満足しております。彼らについて報告していたのは、この私であるわけですから……私は今朝、目を覚まして、知ったのです。私は、マカリスターという未婚の女性の殺害者になってしまっていた。あの女性は、（モリーズに）無関係ではありませんか」。そう言ってマクパーランドは、ピンカートンからの即時退社を通告した。「私は、女子ども殺しのアクセサリーになるつもりはありません」と。

これに対してピンカートンは、この大切な潜入工作員に対して、探偵局としては一連の「モリーズ」殺しに、一切関与していないと言明し、このまま諜報活動を続けるよう説得することに成功した。

「モリーズ」の間で、裏切り者がいるに違いないとの疑念が一気に噴き出した。誰がチラシをばら撒いたか、誰が三百七十四人の名前をバラしたか、突き止めようとする動きが広がった。「モリーズ」の指導部の中に裏切り者がいるに違いない、という見方が強まった。マクパーランドを名指しする者が遂に現れた。マクパーランドは、自分の無実は前にも立証されたことではないか、徹底した調査と公正な裁判を要求する、と言って、こんどもまた何とか言い逃れることに成功した。

マクパーランドは自分を刺したのは地元の神父だと分かると、教会に乗り込んでいって対決した。しかし「モリーズ」はマクパーランドの監視を続け、武装した尾行を常時、つけるようになった。マクパーランドの耳に、「モリーズ」の指導部が、彼の殺害を指示した、との噂が届いた。もうこれ以上、言い逃れることはできない——そう悟ったマクパーランドは逃走を決意、一八七六年三月七日、北に向かう列車に飛び乗った。ピンカートンの幹部エージェントが一人、同じ列車に乗り組み、警戒の目を光らせた。脱出は成功した。秘密結社、「モリー・マクガイアズ」への入会の儀式に臨んでから、かれこれ二年近い月日が過ぎていた。

「モリーズ」を潰すマクパーランドの任務は、それで終わったわけではなかった。ピンカートンから、証人として法廷に立つよう求められた。法廷に立つ、ということは、自分の正体と、自分の本名を明らかにすることでもある。「モリーズ」の報復も覚悟しなければならないことだった。ピンカートンから説得され——マクパーランドは公判での証言に同意した。

マクパーランドが最初に、法廷に立ったのは、「ヨスト殺し」の公判の場だった。その時、「モリーズ」側は、自分たちがどれだけ深く食い込まれていたか、初めて知った。酔っ払いのならず者、「ジェームズ・マッケンナ」が、髭をきれいに剃り上げ、身だしなみを整えた「ピンカートンの探偵」に「変身」して現れたわけだから。

その時の「モリーズ」被告たちの驚きを、当時の新聞はこう伝えている。「まるで雷に打たれたようだった。ブルブル震える被告もいた。検察官が密偵の『ジェームズ・マッケンナ』に対する被告らの告白を全面的に開示し、証拠として提出した時のことだ」。

この結果、最終的に二十人の「モリーズ」が絞首刑に処せられた。マクパーランドの証言が、このギャング集団の背骨を折ることになった。

マクパーランドはその後もエージェントとして活動を続け、ピンカートン伝説の一員として長寿を全うすることになる。一九〇六年には、アイダホ州での鉱山の騒擾事件も解決している。一方、ピンカートンを「モリーズ」対策で呼び込んだフランクリン・ゴーウェンは、その後、数奇な運命を辿ることになる。鉄道会社の経営に失敗したゴーウェンはポストを追われ、弁護士になった。一八八九年、スタンダード石油に対する連邦議会での公聴会のため、ワシントンに呼び出されたゴーウェンは、ホテルの一室で「ピストル自殺」を遂げる。

「自殺」ではないと判断したピンカートンは、「モリーズ」の手によるものと見て捜査に乗り出したが、結局、証拠をつかむには至らなかった。一人のあわれな男が拳銃を手に、出張先のホテルの一室で最後の時間を過ごしていた……それだけは確かなことだった。

犠牲者はもちろん、顧客のために危険な戦いを続けるピンカートン探偵局の側にも出ていた。鉄道輸送会社の「アダムズ・エキスプレス」社も、ピンカートンを雇った顧客のひとつだった。ジェシー・ジェイムズ率いるアウトローのギャング団を追い詰めてほしいとの依頼だった。ジェシー・ジェイムズの一味は南軍の兵士崩れで、ミズーリなど米国の中部を舞台に列車強盗や銀行襲撃を繰り返していた。一味を追っていたピンカートンの探偵二人——ルイス・ルルとジョセフ・ウィンターが殺害されたのは、一八七四年のことだった。惨たらしい処刑スタイルでの殺され方だった。これを知ってピンカートンは、怒りを抑えきれず、部下にこんな手紙を書き送った。「あのジェイムズ・ヤンガーズ*（ヤンガーズ四兄弟は、ジェシーの実兄、フランクとともに、ギャング団の中核を形成していた）の奴らは、もうどうしようもない、手のつけられない連中だ。連中と立ち向かう時は、向こうが死ぬか、こっちが死ぬか、相撃ちでどっちも死んでしまうしかない……私の部下の血が流れた。奴らに償ってもらう。問答無用だ。奴らは死ぬしかない」

ピンカートンはジェシー・ジェイムズのギャング団狩りの私兵部隊を配備し、ジェイムズ兄弟をミズーリ州の彼らの農場へと追い込んだ。地元の人たちが「ジェイムズ城」と呼ぶ農場だった。農場を包囲したピンカートンの私兵部隊は早速、攻撃準備を始めた。しかしその私兵部隊は、重装備した自分たちの動きがジェイムズ兄弟にすでに察知されていたことに気付かなかった。ジェイムズ兄弟はすでに農場を脱出していた。残っていたのは、母親のゼルダとその新しい夫（ジェイムズ兄弟は違う父親から生まれた）、そして異父兄弟関係にある二人の子どもだけだった。

農場を包囲したピンカートンの私兵の中から――誰なのか手がかりすら残されていない――、母屋の居間に、手榴弾が投げ込まれた。それをゼルダの夫が、すばやく暖炉に投げ込んだ。手榴弾は爆発、ゼルダの腕を切り裂き、ジェイムズ兄弟の八歳になる「弟」は重傷を負い、間もなく死亡した。

この事件を境に、「ピンカートン」は一般公衆の目に「悪漢」と映るようになった。「南部」の人々は「ピンカートン」は、鉄道や銀行を経営する「北部」の富豪の、有無を言わせぬ手先と見るようになった。元々、ジェシー・ジェイムズのギャング団は、襲撃のターゲットを有力な企業などに絞って個人を狙うことは滅多になく、南部の民衆の心をつかんでいたのだ。地元の新聞はピンカートンのやり口を非難し、大衆小説はジェイムズ兄弟の大活躍を囃し立てた。結局ピンカートンは、ジェシー・ジ

＊ジェシー・ジェイムズのギャング団は、ジェイムズ兄弟とヤンガーズ四兄弟（コール、ジム、ジョン、ボブ）を軸に形成されていたことから、一括してこう呼ばれている。

エイムズのギャング団を追い詰めることはできなかった。ジェシー・ジェイムズは一八八二年に殺されるが、内輪の裏切り者の仕業だった。兄のフランク・ジェイムズはその数ヵ月後、当局に投降。七十歳台まで生きて、一九一五年に亡くなっている。

アラン・ピンカートンはジェシー・ジェイムズよりも先まで生きたが、たった二年、長生きしただけだった。一八八四年、ピンカートンは舌の炎症のせいで死亡する。アラン・ピンカートンの死で、「ピンカートン探偵局」は、息子のロバートとウィリアムの手に委ねられた。

息子たちの採った手法は、父親とは違ったものだった。父親はアメリカへの移民者だった。しかし、息子たちはアメリカ生まれ、アメリカ育ちの最初の世代の「アメリカ人」だった。父親は貧困の中で育ったが、息子たちは裕福な家で育っていた。父親は裸一貫で会社を立ち上げたが、息子たちは相続しただけだった。息子たちの代になって間もなく、「ピンカートン」は、創始者である亡き父親が定めた「倫理指針」を大きく逸脱し、労働組合潰しにおおっぴらに関わるようになった。

息子たちへの試練の時は間もなくやって来た。一八九二年のことだった。ペンシルバニア州ピッツバーグ郊外、ホームステッドの製鉄所で労働争議が勃発したのだ。この時、ホームステッドの製鉄所を所有していたのは、カーネギー家と提携し、フィリップス鉄鋼会社を経営していた、ヘンリー・クレイ・フリック(原注18)。フリックは地元警察に争議の取り締まりを依頼する代わりに、「ピンカートン」に泣き付いた。フリックの頼みに応え、「ピンカートン」は現地を流れるオハイオ川を使って、三百人のエージェントを艀で送り込んだ。エージェントらが河岸に上陸しようとした時、武装したストライキの労働者たちから銃撃が加えられた。艀の上に釘付けにされたエージェント側も銃で応戦、激しい銃撃戦が展開された。銃撃戦は実に十二時間も続いた。この間、「ピンカートン」側に三人、スト側に十人もの犠牲者が出た。銃撃戦は疲れ果て、撤退もままならない「ピンカートン」のエージェント側が降伏したことで終わった。

これが米国の労働運動の高揚に火をつけた。労働側は「ピンカートン」を「殺し屋」と叫び、銃撃戦を「ホームステッドの虐殺」と呼んで非難した。連邦議会も公聴会を開き、「ピンカートン」のような私企業が政府の監督なしに、警察的な権限を行使できるかどうか検討に入った。武装した一団が州境を超えて移動することができるかどうかも問題になった。「ピンカートン」とは、独立戦争の際、英国が雇ったドイツ人の傭兵部隊の再来ではないか、という批判も湧き上がった。アメリカの国の主権が侵されているという指摘だった。

しかし「ピンカートン」側は、自分たちこそ被害者だと言い張った。一八九二年七月、連邦下院の司法委員会の公聴会で、「ピンカートン」の二代目、ロバートとウィリアムズは証言を行ない、自らの行動を合法的なものと主張した。事前に用意された証言テキストによれば、アラン・ピンカートン

原注18　ヘンリー・クレイ・フリックのカーネギーとの提携は、ホームステッド製鉄所の大争議後、解消されるが、カーネギーと手を組んだことでフリックは巨大な富を手にした。この「スト破り」で名高い事業家はニューヨークの五番街に広壮な邸宅を建てた。それが、レンブラントやゴヤ、ティツィアーノの名作を集めた、現在の「フリック・コレクション」美術館の建物である。〔ヘンリー・クレイ・フリック（**Henry Clay Frick**）米国の実業家（一八四九～一九一九年）。製鉄の欠かせないコークスを製造していた関係で、「鉄鋼王」、アンドリュー・カーネギーと手を組んで経営を拡大した。ホームステッド製鉄所の争議を潰したことで、「アメリカで最も憎まれた男」とも呼ばれた〕

の息子たちはこんな弁明をした。

われわれのエージェントが全員、降伏した後のことです。負傷者や重態の者がいるにもかかわらず、ストの労働者たちに残酷に殴打され、ものを奪われたのです。ストの指導者たちは、われわれのエージェントを守ろうと、具体的かつ真剣な努力をしませんでした。われわれのエージェントは、時計を、現金を、衣服を、何から何まで奪われました。そして情け容赦なく棒で叩かれ、石を投げつけられたのです。コナーズというエージェントは動けなくなり、自分の身を守ることもできなくなっていたのですが、それなのに銃で撃たれ、殴打されたのです。負傷して動けなくなっていたエドワーズというエージェントも、銃把で殴打されました。二人とも死亡しました。それを見ていた別の一人は発狂し、自殺を企てました。降伏したあとに待ち受ける、恐ろしい殴打を思って、そうしたのです。エージェントは程度の差こそあれ、全員、負傷しました。ストライキの労働者たちによる、われわれのエージェントが降伏した後の行為は、野蛮人のように不名誉なものです。にもかかわらず、アメリカの組織労働の名の下に行なわれたがゆえに、その行為に対して、一部の報道機関や政治的なデマゴーグによって、奨励とまではいかないにせよ、同情が寄せられているのです。(原注19)

「ピンカートン」の二人の息子たちによるこの弁明は、連邦議会の議員たちの同情を勝ち取ることはできなかった。一八九三年、連邦議会は「反《アンチ》ピンカートン法」を可決――。これが、アメリカ民衆の想像力の中での「ピンカートン」イメージの、長い没落過程の始まりとなった。英雄的な探偵から、働く者の抑圧者へ……。「反ピンカートン法」は今なお連邦法として効力を保っている。その法律の条文には、こうある。

ピンカートン探偵局、あるいは類似した機関は、連邦政府あるいはワシントンＤＣに雇用されてはならない。

この「反ピンカートン法」の条文はしかし、今になって新たな意味合いを持つものになった。米連邦政府がイラクで、「ブラックウォーター」（社名をその後、「Ｘｅ」に変更）「カスター・バトル」「トリプル・カノピー」といった軍事下請け企業と契約していることが問題になる中で、反対派がこの条文を引用するようになったのだ。

「ピンカートン探偵局」は、「ホームステッド」での大失態にもかかわらず、命脈を保った。アラン・ピンカートンの二人の息子(原注20)によって、経営的には成功を続けた。一九世紀から二〇世紀への世紀の変わり目に、「ピンカートン」は経営側のために労働組合に浸透することで利益を上げた。若い

原注19　ピンカートンの「ホームステッド」争議に関する声明は、オンラインで閲覧できる。www.explorepa-history.com/~expa/cms/pbfi1es/Project1/Scheme40/ExplorePAHistory-aOj7g3-a_707.doc.

原注20　アラン・ピンカートンの息子たちは、父親ほどリベラルではなかった。しかし息子たちは少なくとも、以下の一点では父親譲りのリベラルを通した。女性の探偵の雇用を、息子たちは止めなかったのである。

頃、あの「モリーズ」に対し、見事な潜行を果たしたジェームズ・マクパーランドは、今や「ピンカートン探偵局」のデンバー支局長の立場にあった。マクパーランドはコロラドの支局長として、エージェントを労組に潜り込ませる工作に当たった。コロラドだけでなく、アメリカの西部全域が彼の統率下にあった。そうしたマクパーランドについて、批判者たちの中には、彼が狡猾な工作に従事していたと非難する者もいる。マクパーランドは手下のスパイを、地域の鉱山労組の指導部に潜入させていた、というのだ。それを通じて労働組合の動きをめぐる情報を入手する一方、スパイを通じて労働組合の闘いを煽り、それによって鉱山の経営者側から、よりうまみのある契約を引き出していた、と。

その頃にはすでに、大型の蒸気客船の出現で、簡単に大洋を渡ることのできる時代が到来していた。「ピンカートン」の兄弟は工作員をグローバルに配置し、顧客のためにロンドンやパリなどヨーロッパ各地で、ターゲットを追い詰める活動にも従事していた。「ピンカートン」兄弟のロバートの息子――創業者の孫にあたるアラン・ピンカートン二世は第一次世界大戦で、軍務に服したあと、一九二三年に会社の経営を父親から引き継いだ。そのアラン・ピンカートン二世の息子、ロバートがさらに「ピンカートン」を引き継いだのは、一九三〇年のこと。この四代目、ロバートの代に――一九三〇年代に「ピンカートン」は連邦議会公聴会で厳しい批判に曝され、労働組合の破壊工作から一切、手を引くことになる。会社の株を公開したのも、この四代目のロバートの代でのことだ。このロバートは一九六五年十月十一日に死去するが、この時、経営を引き継いだのは、ピンカートン家に無関係な人間だった。創業してから百年以上が過ぎて、初めてピンカートン家以外の者が経営に携わることになった。

「ピンカートン探偵局」の名は二〇世紀を通じ、アメリカ国民の意識の中で、しだいに存在感を失って行った。同業の競争相手が現れていた。そのうちのひとつ、「シール探偵局」は、「ピンカートン」の元エージェント、ジョージ・H・シールが創立したもので、「ピンカートン」のシェアを食い始めた。だから「ピンカートン」側は、シールを決して許そうとしなかった。「ピンカートン」にとって、もうひとつの手ごわい競争相手は、「ウィリアム・バーンズ国際探偵局」だった。これらの民間の諜報企業は多かれ少なかれ、労働組合潰しに手を染めたものだが、一九三〇年代以降は手を引くようになる。

一九九九年、アラン・ピンカートンが創業した由緒ある「ピンカートン探偵局」が、ついに身売りした。買収したのは、スウェーデンのストックホルムに本拠を置く、「セキュリタスAB」社だった。「セキュリタスAB」は二十五万人もの社員を擁し、世界的に展開する国際的な警備会社。「ピンカートン」は今や、このスウェーデンの巨大企業の子会社になってしまった。社名も「ピンカートン・コンサルティング&インヴェスティゲーション」に。

あの「贋金島」から始まった「ピンカートン」の長い物語の結末だった。

第3章　すべては金のため

二〇世紀が始まった頃、アメリカ連邦政府の司法省は自前の捜査官を持ち合わせていなかった。恥ずかしいことに、捜査しなければならない度に、「シークレット・サービス*」からエージェントを借り受けるありさまだった。全米をカバーする警察力も、まだ整備されずにいた。連邦捜査局をつくろうという動きもあったが、議論が分かれて立ち往生していた。そうした連邦政府の「無力」を埋めたのが、「ピンカートン」だった。それでも連邦議会の議員たちは、平気だった。一九〇〇年代の初め、アメリカの政治家たちは、諜報捜査活動というものに疑念を抱いていた。世界の各国が、自国民の監視のため設けていた秘密の諜報捜査機関を、当時のアメリカは「闇の内閣《ブラック・キャビネット》」と蔑んでいた。

責任の一端は「シークレット・サービス」の活動自体にもあった。既婚女性と駆け落ちした海軍士官学校の生徒に対して、捜査活動を行なったことが分かり、連邦議会の反発を招いたのだ。連邦政府が捜査機関を「道徳警察」のように使っていることが非難の嵐を巻き起こした。

そんな風向きが変わり出したのは、一九〇六年になってからのことだ。司法長官のチャールズ・

ボナパルトが、司法省直属の警察力を設ける決断を下した。この年、司法省が「シークレット・サービス」から借り受けた捜査員は六十人。翌年は六十五人に増えた。この借り受けの費用が、しだいに重い負担になっていたのだ。借り受けた捜査員が意のままに動かないことも、ボナパルト長官を苛立たせた。長官は連邦議会に書簡を送り、「司法省の直接指揮下に、捜査力が常設されていない異常さ」に対し危機感を表明した。

こうした論争に飛びついたのが、己の権限拡大に躍起となっていたセオドア・ルーズベルト大統領だった。市民的な自由が侵害されると言い立てる連邦議会の議員らに書簡を送り、「これをスパイ呼ばわりするくらい馬鹿げたことはない。捜査員を恐れるのは、犯罪者だけで十分だ」と非難した。セオドア・ルーズベルトは露骨に言ってのけたのだ。連邦議会の議員たちが捜査機関の創設を嫌がるのは、自分たちが捜査のターゲットになりたくないせいだ、と。連邦議会のメンバーにとって、すんなり受け容れるわけにはいかないセオドア・ルーズベルトの非難だった。

ボナパルト司法長官は一九〇八年七月、具体的に動き出す。省内の人員を再配置し、主任調査官のスタンレー・W・フィンチを、少人数の特別捜査官チームのトップに据えたのだ。連邦議会の多数派の意向に反する動きだったが、議会の激しい反発を乗り越え、チームはどうにか生き残りに成功する。この少人数の特別捜査官のチームこそ、FBI（連邦捜査局）の母体になったものだ。[原注21]

＊シークレット・サービス　当初、偽札を摘発する財務省管轄の機関として発足。その後、大統領の警護を担当するようになった。

ＦＢＩが全米的な警察力として拡大して行くにつれ、民間の諜報業界は後退を余儀なくされた。事業の整理に追い込まれたのは、「ピンカートン探偵局」も同じで、活動分野の新規開拓を余儀なくされた。競馬場での不正行為の摘発、宝石泥棒の追跡、工場への制服ガードの配備がそれだった。二つの世界大戦と、その後の冷戦開始の時期は、あのサム・スペード*のようなヒーローが活躍する探偵小説の全盛期だったが、実際は連邦政府の管轄下、中央集権的な捜査・諜報能力が拡大しただけで、民間の諜報業界はしだいに日陰の存在になって行った。連邦政府はＦＢＩの創設に続いて一九四六年にはＣＩＡ（翌一九四七年、創設）の前身になった「中央情報団《セントラル・インテリジェンス・グループ》」を立ち上げ、強大な捜査・諜報力をその手に収める。

私立探偵が一匹狼のイメージを持ったのも、この時代でのことだ。司法当局から忌み嫌われる存在になった。社会的に認められていないやり方で事件を片付けるものと思われるようになった。行方不明者探しや保険金詐欺、離婚をめぐる調査活動――私立探偵が追いかける事件は、みみっちいものが多くなった。

こうして一般の企業もまた、犯罪からの企業防衛を政府機関に頼るようになったわけだが、企業が持つ「攻撃性」まで失くなったわけではなかった。競争相手に対する情報収集活動の重要性は手付かずに残った。企業諜報活動は、決して活動を停止することはなかった。見えない部分に潜り込んだだけだった。

企業諜報活動はテクノロジーの進展に伴い、より巧妙なものになって行った。事件捜査で有名なサム（サミュエル）・ダッシュ（原注22）は、この分野の古典ともいうべき『盗聴者たち（*The Eavesdroppers*）』という自著の中で、二〇世紀初めにおける、盗聴技術を駆使した企業諜報活動の拡大の跡を辿っている。サム・ダッシュによれば、その頃にはもう、首都ワシントンばかりか地方の小都市でも諜報企業が活動していたという。たとえば、オハイオ州トレドでは一九三二年、農業団体「農業生産者連盟」の入居するホテルの部屋の隣室に盗聴装置が仕掛けられているのを、諜報企業のエージェントが発見する事件が起きている。この団体は乳価の引き上げを談合しており、盗聴はそれを狙ったもの。盗聴装置が発見されるまで、数日間にわたって盗聴が行なわれていた証拠もあるという。つまり、何者かが乳価引き上げの事前情報を得ていたわけだが、黒幕は誰か、ついに分からずじまいだった（商品取引のトレーダーは今や、市場価格を事前に見通すため、人工衛星による撮影といった高度な情報収集テクニックを駆使するところまで進んでいる。これについては後述）。

またサム・ダッシュによれば、その頃、ワシントンで、こんなこともあった。一九三五、六年の

原注21ジョン・フォックス著、『FBIの誕生（*The Birth of the Federal Bureau of Investigation*）』、二〇〇三年七月、公共・議会問題・連邦捜査局（Federal Bureau of Investigation Office of Public/Congressional Affairs）刊。このFBIの公式史は、オンラインでも閲覧可。 www.fbi.gov/libref/historic/history/artspies/artspies.htm#_ftn8.

＊サム・スペード　アメリカの作家、ダシール・ハメットの探偵小説の主人公。

原注22　このサム（サミュエル）・ダッシュが上院ウォーターゲート特別委員会の主席顧問を務めるのは、彼がこの本を書いてから、二十年近く後のことである。〔サム・ダッシュ　米国の法律家（一九二五〜二〇〇四年）。ジョージタウン大学教授。クリントン大統領に対する女性スキャンダルの弾劾裁判でも、スター特別検察官の倫理顧問を務めたが、同検察官の攻撃的な姿勢に抗議して辞任した〕

こと、連邦通信委員会（ＦＣＣ）が通報を元に、新築間もない連邦最高裁の隣のビルに、「急襲チーム」による家宅捜索をかけたのだ。そして、ビル内において盗聴装置を発見する。盗聴装置は、最高裁の判事の電話回線に仕掛けられていた。誰の仕業か、この時も突き止めることはできなかった。当然のことながらＦＣＣの元へ、盗聴装置を返してくれ、と言って来る者もいなかった。ＦＣＣの調査員の結論は、こうだった。最高裁で係争中の裁判に係わりのある「民間の大企業」に雇われた者の仕業に違いない、と。

サム・ダッシュによれば、連邦最高裁の建物と通りひとつ挟んだ連邦議会の議員たちもスパイのターゲットにされていた。当時、ワシントンの警察で警部補をしていたジョセフ・シモンという男がいた。その警部補が、ノースカロライナ州選出の上院議員、ジョシュア・ベイリーの電話を盗聴していたことが、上院の調査で明るみに出た。民主党のベイリー議員は「通商委員会」の委員長。そんなベイリー議員を、ジョセフ・シモンという警部補はなぜ盗聴しなければならなかったか？　調査に当たった連邦議会上院の当局者は首をかしげた。

シモン警部補はワシントンの首都警察のために盗聴を行なっていたわけではなかったのだ。彼独自に盗聴活動を続けていたのである。シモンは警察内で特異な職務に就いていた。毎朝、警察署に出て勤務を始めるが、日中のほとんどの時間を、ワシントンＤＣ（特別区）の連邦地方検事指揮下の特別捜査班で過ごしていた。つまり、シモン警部補を常時、監督する上司はいなかったわけだ。だから警察の同僚も、シモンが一体、どんな捜査に携わっているか知らなかった。その立場を利用し、シモン警部補は一九四六年までの四年近い「捜査時間」を自分の好きなように使っていたのである。

シモンはこの余暇を金儲けに使っていた。顧客から報酬を受け取って、フリーランスのスパイ活動を続けていた――これが議会上院の調査活動の「結論」だった。

このシモンの諜報活動のややこしい背景はさておき、ここで理解しておくべきことは、実はそこに幾層もの、企業利益と政治利益をめぐる陰謀が存在していたことだ。ある種の情報のカケラが、ある種の企業活動において、どれだけ貴重なものになるのか、その重要性がここでも裏付けられた。狙いをつけた場所に盗聴装置をしかけ、ドンピシャのタイミングで盗み聴きし、そこで得たたったひとつの情報が数十億ドルもの利益を生み出す……こうなると、盗聴のために喜んで金を払う者が出るのも、金のために喜んで盗聴する者が出るのも当然のことだった。そしてそれは、それ以後もそうであり続けることだった。

ベイリー上院議員の通商委員会が、「オールアメリカン航空会社法」をめぐり公聴会を開いたのは、一九四五年のことだった。この法案は、米国内の全航空会社をひとつのエアラインに統合しようというものだった。航空各社の中でも特に「パンアメリカン航空」の経営陣は、この公聴会の成否に神経を尖らせ、情報を入手しようと必死になっていた。というのもこの「パンナム」こそ、その法案の推進者だったからだ。この法案が通れば、世界で最も儲かる航空マーケット、「アメリカの空」をコントロールすることも夢ではない、と踏んでいたのだ。

億万長者、ハワード・ヒューズ率いる「TWA（トランスワールド航空）」は、この法案に反対していた。「パンナム」と「TWA」が真正面から激突した。「パンナム」は「TWA」が通商委員会にどれだけ食い込み、どれほど影響力を広げているか摑もうと懸命になっていた。知りたいことは山ほどあった。委員長のベイリーはどう動くつもりなのか？　ベイリーは誰と話し合っている？　法案成立の見通しは？

「パンナム」の副社長、サム・プライヤーに雇われ、この件に首を突っ込んだのが、実は警察官でありながら私立探偵をしていた、あのシモン警部補だった。シモン警部補は実質的に、「パンナム」のワシントンでのロビー活動における諜報部門を担当していたわけである。

シモン警部補は盗聴活動に警察の部下まで動員していた。盗聴とは人手と根気のいる仕事だった。誰かが必ず、そこに座ってモニターし続けなければならない仕事だった。シモン警部補は部下を数人、投入し、交代で盗聴を続けた。上院の議会活動に対する極秘捜査のための盗聴だと偽って。

シモン警部補の「捜査班」は、ワシントンのジョージタウン地区にあるベイリー議員のマンションにも盗聴器を仕掛けた。マンションの建物の駐車場から侵入、地下室に「盗聴小屋」を設け、そこに篭って長時間、聞き耳を立て続けた。退屈な任務だった。「捜査班」の一人が気晴らしに、いいことを思いついた。「若いレディー」を「お仲間」として地下室に呼び込み、楽しい時間を過ごす作戦だった。

「シモンの極秘捜査班」はワシントンの高級ホテル、「オクシデンタル・ホテル」にも盗聴器を仕掛けた。ホテルには議会での公聴会対策で「ＴＷＡ」の弁護士が宿泊しており、その弁護士の「通話」に耳を澄ませた。弁護士はホテルの電話を使って議会対策を調整していた。その盗聴記録を分析すれば、「ＴＷＡ」側の動きを事前に察知することが可能だった。「パンナム」は今や、ライバルの「ＴＷＡ」が何を考えているか、見通すことのできる有利さを手にしていた。上院通商委員会のベイリー委員長の考えも知ることができる立場にあった。

しかし、できたのは、そこまで──。結局、「パンナム」は流れを変えることができず、「オールアメリカン航空会社法（案）」は通商委員会で「否決」されてしまった。（原注23）

それから、二年後──シモン警部補はまたも「大事件」に取り組むことになる。メイン州選出の共和党の上院議員のオーウェン・ブリュースターが、自分が委員長を務める上院軍事調査委員会を使って、ハワード・ヒューズに対して攻撃を仕掛けたのだ。ヒューズの経営する会社が新型機の原型を開発すると言って、政府から四千万ドルもの資金を引き出しながら、何も製作していないのは詐欺にあたるという非難だった。こうしてブリュースター委員長は公聴会にハワード・ヒューズを召喚し、弁明を求めたのだった。

ヒューズの公聴会での証言は、たいへんな騒ぎを巻き起こした。ヒューズがブリュースター議員と議会の場で対決する──そのドラマチックな場面を、全米ネットのテレビが映し出した。ヒューズは反撃に出た。ブリュースターがヒューズに、もしも「TWA」が「パンナム」との合併に同意すれば軍事調査委での訴追は取り下げてやると持ちかけていたことを「暴露」したのだ。（原注24）

原注23　「パンナム」と「TWA」の統合の動きは、その後もくすぶり続け、一九六二年と一九九〇年にも表面化したが、「パンナム」が一九九一年に倒産したことで終止符を打った。

原注24　この場面は、二〇〇四年に公開されたアメリカ映画、『アビエイター』のクライマックス・シーンで描かれている。レオナルド・ディカプリオがハワード・ヒューズ役を、アラン・アルダがブリュースター上院議員役を演じた映画だ。

テレビで壮大な「花火」の打ち上げが続く中、ひそかに動き出したチームがいた。「シモンの極秘捜査班」だった。ワシントンのカールトン、メイフラワーの両ホテルに陣取る、ヒューズ側、「TWA」の弁護士たちの電話を盗聴し続けていたのである。「パンナム」の経営陣はまたも、ライバルの「TWA」の対策を手中に収めることができた。そして、そこまでしていながら「パンナム」は、またも「TWA」に揺さぶりをかけ、合併に追い込むことはできなかった。

上院軍事調査委員会の公聴会が終わる頃には、ハワード・ヒューズは「腐敗したワシントンのエリートと闘う、正直なビジネスマン」のイメージでもって、全米の人々から見られるようになっていた。逆にブリュースターの評判は地に堕ち、落ち目の一途を辿ることになる。

ヒューズがブリュースターに復讐を果たしたのは、それから数年後の上院議員選挙でのこと。同じ共和党の新人候補の選挙キャンペーンを支援し、ブリュースターの追い落としに成功した。

ブリュースターは一九六一年に他界するが、ヒューズは一九七六年まで生きながらえた。ヒューズは自分自身に対するスパイ活動に悩まされ、猜疑心を高ぶらせるようになる。猜疑心は架空の疑惑を呼ぶものになり、遂にヒューズは一九五〇年以降、人目を避け、隠遁生活に入ることになるのだ。*

一方、シモン警部補はどうなったかというと、一九五〇年に、手ぐすね引いて待ち構える上院調査委員会から呼び出しを受けた。シモン警部補は委員会で開き直り、盗聴なんかしていないとシラを切った。これに対して、シモンに使われた「部下」の警察官が公聴会の場で、盗聴活動について詳しい証言をした。このため連邦大陪審は一九五〇年、シモンに対する捜査を開始するが、なぜかシモンは訴追を免れた。それどころか、こんな経歴があるにもかかわらず、シモンはその後も出世を続け、

一九六〇年までに二度昇進し、遂にはワシントンの警察の総監にまで昇り詰めた。(原注25)

シモン警部補による「盗聴ドラマ」はまさに劇的なものだったが、「盗聴」それ自体は当時、すでに普通の、ありふれたものになっていた。シモン警部補とその部下は、ただ単に地下室に忍び込んで、電話設備の盗聴装置を仕掛けただけのことだった。問題は、「どのケーブルに装置を設置するか」だけ。電話の修理業者のふりをして電話局に電話をかけ、ケーブルを特定すればいいだけだった。電話局の親切な担当者はいつも親切に教えてくれるので、簡単に盗聴することができた。

単純な「盗聴」技術と比べ、「盗聴」する側が実行に移す「作戦行動」はますます大がかりなものになって行った。一九五五年二月十一日、ニューヨークの中心部の住居ビルの一室のドアを、捜査員のチームがノックした、ニューヨーク市警、電話会社の監察官、各二人のチームだった。捜査チームが踏み込んだその部屋で行なわれていたのは……近隣の電話十万回線のどれに対しても自由にアクセ

＊米国の大富豪、ハワード・ヒューズ（一九〇五〜七六年）は実業家として航空会社や航空機製造会社の経営に携わる一方、ハリウッドで映画を制作するなど夢を追いかけた人物だったが、後半生は強迫障害にさいなまれ、高級ホテルの最上階に閉じこもるなど、孤独のうちに生涯を閉じた。

原注25　シモン警部補はこれで私的な盗聴活動を止めたわけではなかった。一九六二年に彼は、メイフラワー・ホテルに宿泊中の弁護士の部屋に盗聴器を仕掛けたことが発覚し、訴追される。一審では有罪判決を受けたが、二審で無罪となった。ただし、シモンは、これにかかわる二件の微罪については認めているそうだ。以上は、エドワード・V・ロング上院議員が、上院調査委員会での不法な盗聴に対する調査活動をもとに、一九六七年に出版した『侵入者たち（*The Intruders*）』の記述による。

スできる、一大盗聴オペレーションが、そこで進行中だった。この露見による衝撃波は、その地域に集中するアメリカの大企業、大富豪の間に、やがて一気に広がることになる。

問題の住居ビルは電話局の角を曲がった隣に位置していた。盗聴者たちは電話局と住居ビルの間をケーブルでつないでいた。(原注26) 電話会社の社員、ウォルター・アスマン（二十九歳、当時、流行していたオールバックの髪形をしていたそうだ）の手引きで、電話回線十回線を引き込んでいたのだ（住居ビルの名は「4W」。東五五丁目三六〇番地にあった）。盗聴者たちは、一度に十の電話番号を自由に盗聴することができた。警察の捜査員らが踏み込んだ時、部屋の中では盗聴装置に接続された自動録音機が回っていた。盗聴装置を操作していたのは、男女各二人の四人組。一味は当時、「マレー・ヒル8」や「エルドラド5」といった名前で知られていた、マンハッタンの中心街各地にある電話交換所にもアクセスし、盗聴を続けていた。

盗聴者たちがカバーしていたエリアは、サム・ダッシュの著書によれば、以下のような地域だった。「大法律事務所や大企業、大銀行の社屋、大出版社、さらには大金持ちの有名人が集う超高級ホテル、洒落たマンションがあり、そうした電話加入者が電話でビジネスを決断し、計画し、契約を取り決めている地域だった。そこから得られた情報は、利害相反する競争相手や敵対者にとって測り知れない価値を持つものだった」(原注27)

おまけに、なんとその場所での盗聴録音は、すでに何年もの間続いていた。

せっかく現場を押さえたのに、捜査員たちは当初、追及に二の足を踏み、盗聴者たちに装置の取り外しを命じただけだった。当時の警察はそれ自身、合法性に疑問符のついた盗聴活動に大きく依存しており、自分たちの活動まで露見することを恐れたのだ。電話会社もまた、盗聴がどれほど簡単にできるものなのか、一般に知られることを恐れ、立件されるのを渋った。部屋に踏み込んだ捜査員らは、盗聴者たちに、こう言ったそうだ。「明日、また来るから、盗聴装置を全部、始末しておけよ」と。(原注28) まるで盗聴装置を持って逃げてくださいと言わんばかりの態度だった。

しかし、事件をもみ消すことはできなかった。犯罪と闘う市民団体、「ニューヨーク市犯罪対策委員会」に匿名の通報があったことで秘密の蓋が外れた。同委員会はこれをニューヨーク州議会に連絡、これをメディアが嗅ぎつけて「4W」ビルでの盗聴事件に対し本格捜査を開始するよう当局者に迫り出したのだ。

その結果、住居ビル「4W」の問題の部屋を借りていたのは、ウォーレン・シャノンという三十歳になる男であることが分かった。電話会社に勤めるカール・ルーという男（これまた三十歳）も盗聴に加わっていた。しかし、この若い二人は下っ端に過ぎなかった。二人は盗聴結果を、ごつい体をした強面の弁護士兼私立探偵、当年五十歳になるジョン・ブローディーに報告していた。二人はブローディーに雇われ、盗聴を続けていたのだ。(原注29) ブローディーは札付きの男で、一九四〇年代に二度、盗聴事

原注26　ニューヨーク電話会社の電話局は、東五六丁目二二八番地にあった。そのビルには現在、「ヴェリゾン・テレコム」の施設が入居している。
原注27　サム・ダッシュ（Sam Dash）著、『盗聴者たち（*Eavesdroppers*）』（一九五九年）、八六頁。
原注28　エドワード・V・ロング（Edward V. Long）著、『不法侵入者たち——政府と民間企業によるプライバシーの侵害（*The Intruders: The Invasion of Privacy by Government and Industry*）』（一九六七年）、一九三頁。

件を起こして裁判にかけられていた。フェルト製のソフト帽がトレードマークのこの男、「弁護士・ブローディー」が二〇世紀のアメリカで最も有名な、伝説の盗聴者の地位を獲得するのは、この「4W」ビルでの盗聴事件でのことだった。

さて、本格的な捜査の結果、製薬会社「E・R・スクイブ&ソンズ」（現在の「ブリストル・マイヤーズ・スクイブ」社の前身）の経営陣の五つの電話回線に対して盗聴器が仕掛けられていたことが分かった。誰のための盗聴か、最早明らかだった。「状況証拠がハッキリ示しているように、事件の背後には企業諜報活動がある」[原注30]――市民団体「ニューヨーク市犯罪対策委員会」のウィリアム・キーティング顧問は、ニューヨーク・タイムズの記者にこう語った

法廷での証言で、ブローディーの最大の顧客が、「チャールズ・ファイザー&カンパニー」だったことが明らかになった。製薬会社の巨人、あの「ファイザー」社の母体となった会社だ。

「チャールズ・ファイザー&カンパニー」の経営陣は、企業秘密が競争相手に流出しているのではないか、と懸念を抱いていた。そこでブローディーに六万ドル（当時としてはたんへんな額）を支払って、自社の社員数人に対する盗聴を頼んでいた。

ブローディーはファイザー側の顧問弁護士と連携して盗聴活動を続ける中で、ファイザーが苦闘しているのは、淋病から痤瘡にまで効く最先端の抗生物質、「テトラサイクリン」の特許防護問題だということに気付いた。この抗生物質の開発は画期的なものだったが、ファイザーの特許手続きはなぜか停滞していた。ファイザーの経営陣は漠然と、こんな疑いを持った。ライバルの「スクイブ」社が妨害しているに違いない。「テトラサイクリン」を不正に製造し、「スクイブ」社を通じて売ってい

るに違いない――と。

　さっそくブローディーは「スクイブ」社の電話の盗聴を開始した。ファイザーの特許申請をどんなやり方で妨害しているか摑むためだった。ブローディーはまた仲間を使って、ニューヨークからシラキュースまでの長距離電話の盗聴も始めた。「スクイブ」の本社は、ニューヨーク州のシラキュースにあった。

　スパイ活動が進展して行く中で、ブローディーとファイザーの顧問弁護士は週に一度、ハドソン川の下をくぐる「ホランド・トンネル」の入り口付近で密会を続けるようになった。顧問弁護士が車の渋滞する入り口付近で、疑わしい社員を五十人ほどリストアップしたものを手渡し、生活状態や交友関係、勤務中の動向を探るようブローディーに依頼したのも、そんな密会でのことだ。これは後で当局の調べによって確認されたことだが、この依頼に対するブローディーの報告書は詳細をきわめたものだった。ファイザーの経営陣が全部、目を通せないほどの詳しさ。ポイントだけまとめた短縮版をつくるよう、ブローディーに求めたほどだった(原注31)。

　ブローディーが盗聴で何を突き止めていたかは分っていない。しかし、ファイザー側が「テトラサ

原注29　その後の裁判の中で、ブローディーの弁護人は、盗聴のほんとうの黒幕は、チャールズ・ギブスという名の私立探偵だと言い張った。
原注30　前述のエドワード・ロングの著書、『不法侵入者たち』によれば、ブローディーはこのほか、「セント・ジョセフ・リード・カンパニー」(鉛鉱山を経営。現在の「セント・ジョー・ミネラル」社の前身)、「ノードラー画廊」、「ペプシ・コーラ」の会長、著名な弁護士、及びある出版社に対して盗聴を続けていた。ニューヨーク・タイムズ、一九五五年二月二十日付。

イクリン」の特許をめぐる闘いに勝利を収めたことは確かなことである。同社が念願の特許を獲得したのは、一九五五年一月十一日のこと――ブローディーの盗聴工作が発覚する、ちょうど一ヵ月前のことだった。(原注32)

しかし一連の特許紛争の幕は、ファイザー側にとってよくない形で下りることになった。盗聴問題とは関係のないところで、連邦政府が決定を下したのだ。ファイザーが連邦特許商標局に特許を申請した際、誤った、紛らわしい申請をしたと決めつけたのだ。そして、ファイザー側が他の五つの抗生物質メーカーと共謀し、市場の独占支配を狙って競争相手の排除にかかっていた、と認定したのである。

このため独占禁止法を運用する連邦取引委員会(FTC)は、ファイザーともう一社に対して、テトラサイクリンを販売しようと求めるどんなアメリカの企業に対しても、一定の特許権使用料で非排他的なライセンスを与えるよう命令を下した。

こんな決定を下したものだから、「テトラサイクリン業界」は各社入り乱れる状況を呈し、FTCは一九五〇年代の終わりに再調査を迫られることになる。紛争はそれでも収まらず、その十年後には連邦司法省が調査に乗り出す騒ぎになった。(原注33)

ブローディーが請け負っていた仕事は、時代の最先端を行く製品開発をめぐる企業諜報活動ばかりではなかった。

これは百万長者のジョン・ジェイコブ・アスターが自分の離婚訴訟の法廷で証言したことだが、ブローディーはアスターの依頼で一九五〇年代の初め、マンハッタンの五番街五九八番地にある彼の豪華マンションに盗聴器を仕掛けたことがある。アスターは、二番目の妻と離婚するための「証拠」を必要としていた（ちなみに、アスターの父親は一九一二年、「タイタニック」号とともに海底に沈んでいた）。ブローディーはアスターの求めで、五番街の自宅マンションばかりか、妻が離婚訴訟中に雇った私立探偵事務所の盗聴さえ行なっていた。アスターの離婚は一九五四年、遂に成立した。

ブローディーはしかし、金の生《な》る「美味しい秘密」を手に入れようと、自分でも盗聴を仕掛けていた。その「秘密」をネタに離婚騒動を煽り、金儲けをしていたのだ。たとえば、ボードビルの有名なストリップ・ダンサー、アン・コリオ（原注34）の部屋の電話にも盗聴器を仕掛けた。彼女の寝室の「お相手」を割り出すためだった。その情報を、哀れなその「お相手」の妻に売り渡していた。

さてブローディーは自分の裁判で、盗聴に自分は全く関係していないと言い張った。住居ビルの部屋を借りていたのも、全く別の目的のためだと言い張った。彼が捏ね上げたストーリーは、こうい

原注31　前掲、ロング、『不法侵入者たち』、一九五頁。

原注32　特許番号二、六九九、〇五四。この特許に関する記録はオンラインで閲覧可。www.pat2pdf.org/patents/patz699054.pdf.

原注33　連邦取引委員会（Federal Trade Commission）報告書、『二一世紀を予期して——新ハイテク・グローバル市場における競争政策（*Anticipating the 21st Century: Competition Policy in the New High Tech Global Marketplace*）』、一九九六年五月。オンライン閲覧可。www.ftc.gov/opp/global/report/gc_v1.pdf

原注34　アン・コリオ（Ann Corio）はブロードウェーとB級映画を舞台に、長いこと活躍した。女優としては、『沼の女（*Swamp Woman*）』といった〔肌の露出を売り物とする〕映画にも出ている。映画批評家も彼女自身も、彼女の映画出演をまじめに考えてはいなかった。彼女は、こんな言い方さえしている。「私は早撃ちの女王。私の映画はね、封切りするんじゃないの。〔早漏の〕お漏らしなの」

うものだった。実は、中華民国政府から七百万ドルを持ち逃げした中国の空軍の将軍に対する秘密の捜査活動に従事していた――と。

証言台でブローディーは、ワッと泣き出した。命を狙われている。仲間の一人はすでに中国人に殺されている……。「殴り殺されたくないんです。仲間がやられたような目に遭いたくない。私には、妻も子どももいます」(原注35)

裁判の陪審は、残念ながら彼の涙の主張を冷たく退けた。ニューヨーク州の刑務所で四年の刑に服する実刑判決が出た。私立探偵のライセンスは剥奪され、弁護士資格も奪われた――(原注36)。

もしもブローディーがアメリカ東海岸を代表する、二〇世紀半ばに活躍した典型的な私立探偵だとしたら、西海岸を代表する最高の私立探偵はハル・リプセットである。ブローディーがニューヨークでヘマを仕出かしたあと、ハル・リプセットは、サンフランシスコを拠点に、その後数十年の長きにわたって華々しく活動を続けた。

彼――ハル・リプセットの仕事はいまだに忘れ去られていない。現在、企業諜報で活躍する立役者の一人は、私にこう言ったものだ。「この業界のほんとのことを知りたいなら、ハル・リプセットのことを調べたらいい。私たち後輩は、リプセットの真似をしているだけなんだよ」

ハル・リプセットの貢献のひとつは、盗聴に新しいテクノロジーを導入したことだ。電話回線を「盗み聴き」したり、固定マイクロフォンを仕掛けたりする代わりに、小型無線テクノロジーを使ったワイアレスのマイクロフォンを好きな場所に仕掛けて盗聴する新たな時代を切り拓いた。

しかし、それ以上に重要なことは、リプセットが「秘密録音」を正当化する論理を展開したことだった。彼にとって「秘密録音」はプライバシーの侵害ではなかった。あくまでも善良な市民が詐欺のような犯罪や政府の権力の濫用から身を守るための手段だった。

ハル・リプセットは成功した私立探偵であり、偉大な物語の語り部であり、かなりのショーマンでもあった。そしてその土台には、あくまでも「プロの私立探偵」であり続ける一徹なところがあった。自分たちの調査活動が司法との関連でどんな「結果」を生み出そうと、それは自分たちの活動に関係のないことだった。リプセットは部下のエージェントたちにこう訓示した。「審判をするのは法廷。われわれの仕事は報酬を受け取ること（原注37）」。

そんな言葉とは裏腹に、リプセットには私立探偵につきもののハードボイルドなところはカケラもなかった。とくに晩年は額が広がって、攻撃的な諜報エージェントというより、分厚い眼鏡をかけた好々爺といった感じだった。

一九六〇年代半ば、連邦議会は企業諜報に対し、ますます疑念を深めていた。盗聴は産業化し、全米各地で行なわれるようになっていた。ミズーリ州選出の上院議員、エドワード・V・ロングが調

原注35　ニューヨーク・タイムズ、一九五五年十二月七日付、二三頁。
原注36　同、一九五六年一月十四日付、三八頁。
原注37　パトリシア・ホルト（Patricia Holt）著、『マティーニのオリーブの中の盗聴器と私立探偵、ハル・リプセットの事件ファイルの物語（*The Bug in the Martini Olive: And Other True Cases from the Files of Hal Lipset, Private Eye*）』一九九一年、一一頁。

査を開始したのは、そんな時のことだった。アメリカ人の私的な権利が、新しい盗聴テクノロジーによって踏み潰されていないかどうか、突き止める調査だった。そのために、ロング上院議員が公聴会に召喚したのが、リプセットだった。ロング委員会への証人としての招待に、リプセットは応じた。

リプセットは、盗聴テクノロジーのことをみなさん、不安がっておいでのようだが、実はそれほど大したものじゃない、そんなに心配しないでいいですよ——と説得できるものと思い込んでいた。リプセットは分かっていなかったのだ。アメリカの一般大衆が盗聴テクノロジーの進展具合を知ったなら、どれほど恐怖を覚えるものなのか理解できていなかった。

一九六五年二月十八日午前十時過ぎ、ロングが召集した公聴会が、現在、「ラッセル・ビル」と呼ばれる連邦議会上院の一室で始まった。開会を前に、委員会付きの弁護士がリプセットに対し、公聴会に関する説明を行ない、聴聞が開始された。

リプセットは冒頭、第二次世界大戦では米陸軍の戦争犯罪捜査部門に属し、青銅星章を受勲したことなど自己紹介を行ない、証言を開始した。リプセットはテーブルに、私立探偵なら誰でも使う七つ道具だと言って、盗聴機器をいくつか広げて見せた。タバコの箱の中に仕掛けたマイクロフォン、腕時計型のマイクロフォン、ネクタイピンに仕込んだマイクロフォン……。

リプセットは次に、カクテルのマティーニ用のグラスを取り出して見せた。「でも、何か足りませんね……そう、オリーブの実が……そう、〔ロング委員長に向かって〕そこのロング議員さんが今、持ってらっしゃる」。

リプセットはロング委員長の方を向いたあと、こんな説明を加えた。「そこにあるオリーブの実、実は発信装置なのです。そして、ここにあるこの爪楊枝はアンテナ。発信装置はマティーニの液体の中でも作動する完璧な発信器なわけです」

この説明には委員会の議員たちも驚いた。中には「マティーニ」を飲まない委員会のメンバーもいたが、オリーブの発信器を知る議員はひとりもいなかった。

ロング委員長が訊いた。「電波はどのくらいまで届くのですか?」

「通りの一画くらいの距離は楽々と……」。それがリプセットの答えだった。(原注38)

「ところで」と言って、リプセットは話題を変えた。この公聴会での委員会の皆さんの発言を実は盗聴していました、と言ったのだ。盗聴マイクは委員たちが居並ぶ演壇に置かれた薔薇の小鉢の中に仕掛けてある、と。

「ロング委員長の目の前の赤い薔薇の花の中にも、マイクを仕込んであります。あなたが開会の挨拶を始めた時、私たちは盗聴を開始しました。録音してありますので、開会の挨拶の最初の部分だけを再生します。お確かめになってください」

録音を聞き終えたロング委員長は、ことさら驚いた様子で言った。「これは確かに、私が読み上げた開会の挨拶に間違いない!」

実験の効果は絶大だった。科学技術の奇跡――それは功罪半ばするものだったが――のおかげで、

原注38 連邦議会上院・行政運営・手続きに関する小委員会での聴聞会トランスクリプト、一九六五年二月十八日、一八頁。

今や無線で可能となった会話の傍受。それをいとも簡単にやってのけている私立探偵や企業スパイたち！

会話は今や、一区画離れた遠くからも盗聴することができるのだ。どんなところの、どんな会話でも、ほとんど漏らすことなく録音できる！

メディアの人間も驚きを隠せなかった。新たな盗聴テクノロジーがその正体を明らかにしたことで、報道界も騒然となった。サンフランシスコ・クロニクル紙の看板ユーモア記者、アート・ホッペは、こう書いた。「マティーニを飲むって、悩める男の気晴らしと慰めのはずだったけど、今じゃ、盗聴を心配しながら飲まなくちゃならないんだね」。ニューヨーク・タイムズのコラムニスト、ラッセル・ベイカーも皮肉を効かせて書いた。「なんて素敵な技術の発達！　カクテル・パーティーでの不謹慎な声をエージェントの耳に届けるオリーブの実よ（原注39）」

一九七四年に公開されたジーン・ハックマン主演の映画、『カンバセーション…盗聴…』に出て来る、恐怖に取りつかれた盗聴者、「ハリー・コール」のキャラクターは、このリプセットを下敷きに作られたものだ。リプセットは議会の公聴会の場で、アメリカの一般大衆が盗聴に恐怖を抱かないよう説得するのに失敗したが（原注40）、「盗聴」の映画化では大きな役割を果たした。リプセットはフランシス・フォード・コッポラ監督の依頼で、この映画の制作コンサルタントになっていたのである。

ところでリプセットが諜報の道に入ったのも、実は連邦政府のおかげだった。政府機関で諜報のノウハウを身につけ、民間で生かすこのパターンは今なお続いているものだが、リプセットの場合は、米陸軍での経験が生きた。

第二次世界大戦中、リプセットは欧州戦線の前線、及び占領地域で、米兵による不法行為を根絶する任務にあたっていた。民間人の虐殺、村人に対する略奪行為――リプセットの任務は、こうした戦争犯罪を犯した米兵の摘発だった。リプセットによれば、こんな事件があったそうだ。米兵二人組にレイプされかかった二十歳の女性が、逃げようとして二階の窓から地面に飛び降りた。二人の米兵はなんとその女性を、飛び降りたその場で射殺した……。

もう一件、これはリプセットの伝記を書いたパトリシア・ホルトに彼が語っていることだが、米陸軍の犯罪者たちは、抜け目のない狡猾な知能犯ではなかったけれど、残忍さという点では相当なものだったそうだ。

原注39　ホルト。前掲書、六九頁。
原注40　聴聞会は、ロング上院議員にも芳しくない結果を生むことになった。ロング議員は長年にわたって盗聴問題を追及して来た人だった。しかし、それがFBIを動かしていた、あのJ・エドガー・フーヴァー局長の神経を逆撫でしていた――とは、多くの人々が語るところだ。フーヴァー局長は盗聴テクノロジーに機密の蓋をしたがっていたのだ。フーヴァー自身が漏らしたかどうかは不明だが、間もなく、メディアがロング議員の追及を始めた。当時、投獄されていた「チームスター労組（全米トラック運転組合）」のボス、ジミー・ホッファとつながる弁護士から、ロング議員が数万ドルの献金を受けていた、との疑惑の追及だった。『ライフ』誌は一九六七年、ロング議員が盗聴問題で公聴会を開いたのは、ホッファが一九六四年に、陪審に対し賄賂を贈ったとして受けた有罪判決を覆す証拠集めのためだった、と報じている。ロングは一九六七年十二月二十七日の上院選の予備選で敗れ、政界を引退した。

ベルギーでのこと。夫婦が肩を寄せ合ったまま、ベッドに座って死んでいるのが発見された。妻の右腕から入った自動小銃の弾丸は彼女の肩と首と貫通し、夫の肩と首、左の腕を抜けていた。GIたちが宝石探しをしている際、夫婦は殺された。GIたちは隣に住む宝石商と間違えたのだ。嘘を言っていると思い込んだGIたちは夫婦を殺害し、妻の先祖代々伝わる宝石を奪っていた。その宝石を、われわれ〔リプセットたち〕はあとで発見した。強奪した米兵の背嚢に縫い込まれていたのだ。（原注41）

リプセットが第二次世界大戦で目の当たりにした戦争犯罪は、彼の心に深い衝撃を与えた。以来、リプセットは自分が取り扱ったあらゆる犯罪の資料を記録として残すようになる。サンフランシスコの自宅の屋根裏には、切り刻まれた死体など惨たらしい写真を含む、ありとあらゆる犯罪記録が山と積まれていた。

そんなリプセットに、第二次世界大戦は厳しい訓練の場を提供してくれた。軍の官僚制や将校の汚職には辟易したが、そこで捜査方法や細かな観察力を身につけることができた。私立探偵になってからリプセットが続けた「記録システム」は、実は陸軍で身につけたもの。報告書の書き方も陸軍式にちょっと手を加えたものだった。

陸軍はリプセットに私立探偵として独り立ちできるだけのものを教え込んでくれた。現場で証拠保全をしながら行なう鑑識活動、あるいは尋問法、証拠書類の分析法など、全ては陸軍時代に教わったものだ。厳格な陸軍の指導官のおかげでリプセットは、血液鑑定でのエチル・アルコールの使い方、指紋採取法、銃撃に伴う表層火傷の確認法、プラスチックを使ったタイヤ痕の再生法などをマスターすることができた。

陸軍ではこんな訓練も受けた。三十秒間、店内を覗き、回れ右して、指導官の質問に答え、店内の様子を事細かに再現する実地訓練だった。店内にどんなものがあったか？　どれだけ離れて置いてあったか？　背景は何色だったか？――観察力を養う訓練だった。

リプセットはチームを組んでターゲットを監視する訓練も受けた。ターゲットを抜きつ抜かれつしてマークしたり、前後からサンドイッチにして監視する訓練だった。その際、どこに目をつけなければならないか徹底的に叩き込まれた。

戦後も一九七〇年代になると、リプセットは私立探偵として成功し、リッチな生活を送るようになっていた。サンフランシスコの一流法律事務所や金融機関が顧客だった。そんなリプセットが探偵として絶頂を極めたのは、伝記作家のパトリシア・ホルトが「失踪事業家」事件と呼んだ一件でのことだった。

一九七三年のことだ。リプセットの事務所に、相談の電話が入った。ニューヨークに本拠を置くベンチャー・キャピタル、「クリエイティブ・キャピタル」からの、助けを求める電話だった。投資先のトラブルを解決する手助けをして欲しいという電話だった。

「クリエイティブ・キャピタル」は、サンフランシスコの衣料品製造業、「アルヴィン・ダスキン」

原注41　ホルト、前掲書、七九頁。

社に三百五十万ドルを投資し、同社を買収していた。その買収に一枚かんでいたのが、「ポール・マリス」という名の事業家だった。「マリス」は「アルヴィン・ダスキン」社のCEO（最高経営責任者）に就任していた。黒髪、粋な着こなしの、当年、三十五歳の若いCEOだった。「マリス」はしかし、会社の借入金をきちんと返済せず、会社の経費をやたら使い始めた。自分の身内に「給料」を払わせ、部下の役員らにはメルセデスやマセラティ、フェラーリといった高級車を買い与える大盤振る舞いを始めた。このため「クリエイティブ・キャピタル」側は「マリス」の登用は失敗だったと判断し、社から放逐しようと図り、一度は役員会で解任を提案したものの、「マリス」の「貴様ら、ぶん殴られたいのか」の一言でおしまいになっていた。

そこで「クリエイティブ・キャピタル」は裁判所から差し止め命令を受けるべく法律事務所に手続きを依頼する一方、実力行使に備えてリプセットの事務所に応援を依頼したのだった。

「マリス」を追い出すためにリプセットはエージェントを二十人雇い入れ、具体的な追放計画を練り始めた。「クリエイティブ・キャピタル」のCEOが「マリス」と直接対決する時に備えて、二メートル近い大男のボディーガードを雇いもした。リプセットは、伝記作家のホルトに対して、当時をこう振り返っている。

「ドレスを縫製していた会社でしたね。工場付きの本社ビルは六階建てでした。これをまるごと差し押さえするわけですから、社員の出入りを抑え、電話の発信を封じなければなりません。ビルをそっくり封印する……軍隊や警官隊のやるようなことをしたわけです」

リプセットは差し押さえ決行の日を木曜日と決めた。その木曜の朝、リプセットは「アルヴィン・

ダスキン」社の構内に立ち入り、ビルの背後にある駐車場にエージェントらを配備した。駐車場にある社有車に社員を乗り込ませないための配備だった。ビルの正面玄関、各階のエレベーター・階段前にもエージェントを張り付けた。社員の移動を封じるためだった。コンピューター室にもエージェントを置いた。「マリス」とその部下に、記録を破壊させないためだった。

リプセットは役員室の階のエレベーターを降りると、電話のオペレーターに席を明け渡すよう求めた。代わってエージェントがその日一日、社外からかかって来る電話を処理した。リプセットとエージェントたちは役員室に次々に立ち入り、裁判所の命令書を示して退出させた。同行した「クリエイティブ・キャピタル」の人間が、新たな役員として部屋を占領した。「マリス」の乱脈経営を追及していた「クリエイティブ・キャピタル」の社員たちだった。

リプセットらが最後に踏み込んだのは、「マリス」のいるCEO室だった。不意打ちを食らった「マリス」がリプセットに食ってかかった。

「どういうつもりなんだ、これは?」

リプセットが押し殺した声で言った。「ポール・マリスだな。裁判所の命令を執行する」

「脅そうとしたってだめだぜ。おい、やるならやれよ。こっちにはシスコで最高の法律事務所がついてるんだ。さあ、やってみな」。開き直った「マリス」に向かってリプセットは言った。「マリスさん。私はあなたを放逐する裁判所の命令書を持って、ここにいるわけです。この会社は『クリエイティブ・キャピタル』が今度、運営することになりました。裁判所の命令で、あなたは会社の財産を何も持たずに退出しなければなりません。退出の際、会社の車を使用してはなりません。この部屋から書類を持ち出すこともできません。コンピューター室のプリントアウトを持ち出すこともできません。見本の商品の持ち出しも禁じられています。それから命令書の第十六条にあるように、あなたはこの問題を、法廷が開かれるまで社員と話し合うことも禁じられています(原注42)」

私物の持ち出しをめぐる言い争いのあと、「マリス」はおとなしく部屋を出て行った。「ぶん殴られたいか?」の捨て台詞もなかった。

「クリエイティブ・キャピタル」はリプセットに「後始末」も依頼した。「マリス」が裁判所の命令を無視して会社の従業員に会っていたり、会社の物品を持ち出していないか確認を依頼したのだ。リプセットは女性エージェントを「マリス」の尾行につけた。「マリス」は、シスコの豪華な「ノブ・ヒル」地区に立つ「スタンフォード・コート・ホテル」に入った。シスコ名物のケーブルカーの音が聞こえるそのホテルで、女性エージェントは「マリス」が何者かと会っている場面の隠し撮りに、ひとまず成功する……が、その後がよくなかった。「マリス」らに気付かれ、取り囲まれ、腕をつかまれ、カメラを奪われてしまったのだ。「マリス」らはフィルムをカメラから取り出し、その場で感光してしまった。

そんなドジを踏んで間もなく、リプセットはまたも反撃を食らった。「マリス」がリプセットを相手取って、五百万ドルもの賠償訴訟を起こしたのだ。

徹底的に戦うしかないと思ったリプセットは、「クリエイティブ・キャピタル」側に、「マリス」に関する手持ちの情報を全部見せてほしいと頼んだ。「クリエイティブ・キャピタル」側が言うには、FBIの元エージェントが創設した、東海岸の有名な諜報企業、「プラウドフット・リポーツ」に「マリス」の身元を洗ってもらったけれど何の問題もない、と知らされた——とのことだった。リプセットは調査報告書を自分の目で確かめるため、コピーを送ってもらった。

「プラウドフット」の調査報告書を読んで、リプセットは何か引っかかるものを感じた。たとえば、調査報告書には「マリス」の米陸軍での軍歴は記載されているものの、所属部隊名は抜け落ちていた。「マリス」の所有株式も記載されているが、全てが未公開株で、会社の住所の記載もない……。報告書には「マリス」の「学歴」も載っていて、「プラウドフット」の調査で「確認」済み、とされていたが、「プラウドフット」の調査員が確認したはずの「マリス」の出身校の担当者の名前は記載されていなかった。リプセットのエージェントなら、絶対ありえない手の抜きようだった。

最早、明らかだった。「マリス」と名乗る男は「マリス」ではない——。リプセットは「クリエイティブ・キャピタル」側に、「マリス」の洗い直しを申し出た。

しかし、「クリエイティブ・キャピタル」のＣＥＯ（最高経営責任者）はこれを一蹴した。ＣＥＯが雇った「プラウドフット」の調査員たちは、最優秀の折り紙つきの男たちだ。彼らが出した結論を疑って、最初から身元調査をやり直すだなんて……リプセットは報酬の上積みを狙っているだけのことではないか？……ＣＥＯとリプセットの話し合いは結局、怒鳴り合いの中で決裂してしまった。二人とも、「マリス」側からの提訴でストレスを抱え込んでいたのだ。リプセットはそれなら自分一人で「マリス」を洗い直すと宣言し、ＣＥＯの部屋を飛び出した。

原注42　ホルト、前掲書、一五四頁。

このまま黙っていたら「マリス」に五百万ドルを請求される……調査の金をけちっている場面ではなかった。エージェントたちを総動員し、「マリス」の正体を暴き出す網の目を広げた。最初の狙いは、「マリス」の出生地とされる、フィラデルフィアだった。「マリス」の「履歴書」には、生年月日や学歴が記載されていた。それによれば、「マリス」はフィラデルフィアの「ジョン・バートラム高校」から、オハイオの「ワラス・カレッジ」に進んだことになっていた。リプセットはエージェントを両キャンパスに送り込んだ。ワシントンではリプセットのエージェントが、「マリス」の軍歴の洗い出しに掛かった。

ジョン・バートラム高校にもワレス・カレッジにも、「マリス」の記録はなかった。マリスのフィラデルフィアの「出生地」を訪ねると、そこは黒人居住区の空き地だった。白人の「マリス」が生まれたはずのない場所だった。ワシントンでの軍歴調査も「空振り」に終わった。そもそも「マリス」は、軍隊に所属したことなどなかったのだ。

奇妙なことは、それだけではなかった。「マリス」とその妻の「リリアン」、そして「マリスの父親」の「社会保障番号《ソーシャル・セキュリティー・ナンバー》」が続きの番号だった。ありえないことだった。

今や「マリス」に対する疑惑は確定的なものになった。しかし、ここまで来てもまだ、「マリス」が何者なのか、皆目見当が付かなかった。リプセットのエージェントたちは、こんな仮説まで考え出した。「マリス」は、「マレーシュ」とか「マリスカル」といった、アメリカ人には耳障りな、エスニックな名前を変えたものではないか、という仮説だった。

そこでリプセットは「プラウドフット」を立ち上げた元FBIエージェントのパトリック・マー

フィーに直接電話をかけ、探りを入れた。マーフィーは言った。「マリス」のことはよく覚えている、「マリス」をチェックしたのは自分だし、「マリス」に裏はない、あいつは「シロ」だ――と。

リプセットは決め手になる質問を放った。「マリス」の学歴はチェックしたか、と訊いたのだ。

自分が直接、学校の担当者から、「マリス」の入学の日付を聞き込んだ――これがマーフィーの答えだった。

最早、明らかだった。「プラウドフット」のマーフィーは嘘をついている……。

「マリス」の「学歴」は詐称されたものなのに、マーフィーというFBIあがりの私立探偵は、それがほんとうであると嘘をついている……。なぜ？――それは、リプセットの理解を超えた謎だった。

その謎を解いたのは、リプセットが「クリエイティブ・キャピタル」のCEOのボディーガードについていた、二メートル近い大男だった。エドというその大男は、元麻薬取締官で、ビジネスのセンスも持ち合わせた男だった。エドは「マリス」の正体を知っていて、これは金になると考え、「クリエイティブ・キャピタル」側に持ちかけて来たのだ。俺は「マリス」の正体を知っている、数千ドル、払ってくれれば教えてやる、と。

「クリエイティブ・キャピタル」側が取引に応じたのは言うまでもない。エドは連邦保安官事務所の仲間から聞いた話だとして、「マリス」の正体を暴露した。なんと「マリス」は、ニュージャージーから流れて来たギャング。何年か前、裁判でマフィアに不利な証言を行ない、それ以来、連邦政府の保護下に置かれている――という話だった。

「マリス」とはつまり、FBIがそのギャングに与えた偽名であり、新しいアイデンティティーだった。

このエドの情報をもとにリプセットは、「マリス」の本名の割り出しに成功する。「マリス」のほんとうの名は、ジェラルド・ゼルマノヴィッツ。その首に、マフィアは懸賞金を掛けていた。

ゼルマノヴィッツは、実はニューヨークのブルックリンの生まれ。裁判でマフィアの大物、アンジェロ（ジップ）・デカルロを有罪に追い込む証言を行なった裏切り者だった。おかげでデカルロは一九七〇年に獄につながれることになった。(原注43) 法廷でゼルマノヴィッツは、自分は「証券アナリスト」であると偽り、デカルロの子分たちが、借金返済が滞った保険のブローカーを痛めつける場面を目撃した、と証言したのだった。保険のブローカーはその後、不審な死を遂げ、当局はそれを殺人によるものではないかと見て、デカルロを裁判にかけていたのだ。デカルロの有罪の決め手のひとつが、ゼルマノヴィッツの目撃証言だった。

マフィアの大物、デカルロを塀の内側に送り込むことができるか——注目の裁判はニュージャージー州ニューワークの連邦裁判所で開かれた。「重要証人」であるゼルマノヴィッツを、ＦＢＩは徹底してガードした。法廷に出入りするゼルマノヴィッツの周りを四人の捜査官で囲むものものしさだった。傍聴人がみな、金属探知機によるチェックを受けた。金属探知機の法廷への登場は、当時としては珍しいことで、新聞が書き立てる騒ぎになった。(原注44)

証言台に立ったゼルマノヴィッツは妙に自信を漲らせていた。ベテラン詐欺師のように自信たっぷり証言を行なった。反対尋問に対して、ゼルマノヴィッツは、なんとこう言ってのけた。マフィアが仕組んだ株取引で、自分はこれまで五年間に百万ドル儲けた、と証言したのだ。たしかに派手な暮らしをしていた男だった。夫婦一台ずつ、新車のキャデラックを乗り回していた。家には高級な家具を買い込んでいた。スイスの銀行の秘密預金口座に入金するため、定期的にヨーロッパに飛んでいた男でもあった。

ゼルマノヴィッツは証言で自分は税金の還付申請をしたこともなければ、不法な所得で税金を払ったこともない、と認めさえした。なぜ、税金を払わなかったか訊かれて、軽くこう答えた。「盗んだ金なんだよ。それに無職だし。どこで稼いだか、言えるわけ、ないだろう?」

マフィアの大物、デカルロとその手下たちはゼルマノヴィッツの裏切りを決して忘れなかった。しかしゼルマノヴィッツの居所は、杳《よう》としてつかめなかった。ゼルマノヴィッツは「マリス」に成りすまし、マフィアの影に怯えながら東海岸に身を潜めて暮らしていたのだ。サンフランシスコのホテルのロビーで、リプセットの女性エージェントに写真を撮られた時、ゼルマノヴィッツが激怒したのは、そのためだった。「プラウドフット」の元FBIエージェント、パトリック・マーフィーが、「マリス」の身元調査の報告書を「漂白」して作成したのも、そのためだった。古巣のFBIがゼルマノヴィッツのためにこしらえた「新たな身元」を守るためだった。「マリス」の正体を暴露したら、マフィアに殺される可能性があったからだ。(原注45)

最終的に「クリエイティブ・キャピタル」は「アルヴィン・ダスキン」社を取り戻し、リプセット

原注43 『タイム(Time)』誌、一九七七年九月十二日号。
原注44 ニューヨーク・タイムズ、一九七〇年一月二十二日付。

も訴訟を逃れることができた。リプセットが「マリス」の身元を洗い直した調査費用は、「クリエイティブ・キャピタル」が支払うことになった。

しかし「マリス」はまたも「消えた」。一九七三年、ゼルマノヴィッツは人々の前から、またも失踪を遂げたのだった。こんどもＦＢＩが彼のために新たな「身元」をこしらえたのだ。マフィアの手の届かない、知らないどこかで生きるための……。

一度「逃走」中のゼルマノヴィッツから、ある新聞記者に電話がかかって来たことがあった。「いま、どこに？」の質問に、ゼルマノヴィッツは答えなかった。

新聞記者に、ゼルマノヴィッツはしかし、こう言い残した。「俺の隠れ蓑は木っ端微塵にされてしまった。ただいまこの瞬間、俺はね、遠く離れたところを、全力疾走で逃げているのさ」

リプセットによれば、ゼルマノヴィッツは、「新しい身元の防護を怠った」としてＦＢＩを相手取り、千二百万ドルの損害賠償を求める訴訟を提起したという。ゼルマノヴィッツはかつてリプセットに負けたように、この裁判でも負けた。

「クリエイティブ・キャピタル」の一件でリプセットは、被害者の立場にある顧客を救う立ち回りをしたわけだが、全ての顧客がそうだったわけではない。今の諜報企業の多くがそうであるように、リプセットは金になることなら喜んで依頼に応えていた。これはリプセット自身が言っていることだが、あの悪名高い、サンフランシスコの宗教カルト、「人民寺院《ピープルズ・テンプル》」の教祖、ジム・ジョーンズから依頼があった時も躊躇しないで引き受けたそうだ。ジョーンズがまだキリスト教の牧師として振舞っていた頃のことだが、当時すでに、信者が監禁されているという噂が広がり出していた。

「人民寺院」はその後、悲劇的な結末を迎えることになる。一九七八年、信者たちは、狂ったジョーンズの命令で南米・ガイアナに向かい、毒液で集団自殺を遂げたのだ。子どもを含む九百人以上の信者がガイアナのジャングルで亡くなった。

レオ・ライアン下院議員とジャーナリストたちの一行がガイアナのジャングルにある「人民寺院」の入植地を視察した。視察を終えた一行が空港に到着し、飛行機で帰ろうとしたところを、ジョーンズの部下たちが襲い、ライアン議員を含む五人を殺害した。集団自殺が進行中の事件だった。(原注46)

恐るべき悲劇に終わった「人民寺院」の一件も、リプセットを良心の呵責に追い込むものではなかった。伝記作者のパトリシア・ホルトのインタビューに応え、リプセットはジム・ジョーンズとの関わりを、こう述べている。

リプセットがジョーンズの依頼を受けたのは、一九六〇年代の終わり。ジョーンズが身の危険を感じ始めていた頃のことだ。リプセットは当時、カリフォルニア州の北西部、ユカイアにあったジョ

原注45　パトリック・マーフィーは後日、ニューヨーク・タイムズ記者から、顧客（「クリエイティブ・キャピタル」）を故意にミスリードしたのではないかと訊かれた際、直接的な答えを拒否している。マーフィーはしかし、こう弁明した。「連邦政府が仮に誰かの身の安全を図ろうと決めた時、その人間を水の中から引き揚げる役を引き受けようとは思いませんね」

原注46　私（著者）の父、ロン・ジャヴェールズは、当時、「サンフランシスコ・クロニクル」紙の記者をしており、レオ・ライアン議員のガイアナ入りを同行取材した。父もまた空港でカルト教団の銃撃を受け、負傷した一人だ。父はその後、『自殺教団――人民寺院とガイアナ虐殺事件の内幕（*The Suicide Cult : The Inside Story of the Peoples Temple Sect and the Massacre in Guyana* ）』というノンフィクションを、共著者の一人として出版した。

ーンズの教会に出向き、警備のアドバイスをした。教会の周囲への防御線の築き方を指導し、「同じ道路を続けて通らない」「同じ行動を繰り返さない」といったアドバイスをした。全周囲、三六〇度のアングルの監視をボディーガードにどう割り振り、常時、全方向に警戒の目を光らせるか、といった警備の基本技も、その場で伝授した。当時のジョーンズは狂ったようには見えなかったという。

ジョーンズはその後、信者の自由を奪い、いかがわしい性的行為を強制し、信者の金を奪ったとして訴えられた男だが、そういう男のために仕事をしたことを、いいことと思うか、悪いことと考えるか、リプセットはインタビューの中でパトリシア・ホルトに問い詰められた。リプセットは、「ジョーンズ」を「米陸軍」や「カトリック教会」と同列に並べることはできないと言って、彼女の質問を軽く一蹴した。

もしジョーンズの教団の信者たちが選択する判断力を失っていると知っていたら、教団のために動いたかどうかと彼女に訊かれ、リプセットはこう答えている。

程度の問題じゃないかね。選択を自分から、毎日放棄している人はたくさんいる……陸軍の兵士なら、もっと自由を放棄しなくちゃならない。陸軍に入隊した時、それでも構わないと思ったわけだから。そこで決断したわけだから。それはその人の問題だ。私の問題じゃない。

そう答えることができたからこそ、リプセットは誰に対しても、自分が提供できるサービスを与えることができたわけだ。リプセットのこうした考え方は、諜報業界の間で、その後、当然の常識と化して行く。

ジム・ジョーンズのような極端な例は滅多にお目にかかれないことだが、今日の諜報業界のエージェントたちは政府機関で身につけた諜報の技を、相手が誰であれ、お構いなく売り渡しているのだ。腐敗した企業であれ、ロシアの金権の権力者であれ、中東の族長であれ、報酬を出すところなら誰でも構わない……。

リプセットはこれを、こんな一言で表現してみせた。

「すべては金のためだ」

第4章　あの男が消えた！

ハル・リプセットの諜報ビジネスはサンフランシスコの自宅の事務所で始まった。あの「ピンカートン」の事務所の構えと比べ物にならない、みすぼらしい出発だった。

しかしリプセットの次の世代、二〇世紀の終わりに勃興した一群の諜報企業は、「ピンカートン」を凌ぐ、巨大な「諜報帝国」を築くに至った。

米国の政府諜報機関と連携するところも現れた。危機に瀕した国家を助けるところも現れた。敵対国の側に回るところも現れた。道徳問題をさておくことで、巨額な報酬が転がり込む、驚くほどリッチな業界へと急成長を遂げたのである。

「ピンカートン」の伝説を継ぐ、最初の後継者として名乗りを上げたのは、「インターナショナル・インテリジェンス（International Intelligence）」社だった。「インターテル（Intertel）」とも呼ばれたこの諜報企業は、伝説の億万長者のハワード・ヒューズが隠遁先から操る、「ヒューズの私的なＣＩＡ」としても知られていた。

「インターテル」はニクソン政権を怯えさせたこともあった。ニクソンは「インターテル」がケネディ家のために、テッド・ケネディを大統領に据えようと画策しているのではないか、と恐れていたのだ。

「インターテル」はジョン・F・ケネディの弟のロバート・ケネディが司法長官だった頃の司法省の部下たちが旗揚げしたものだが、創立後、数年にしてハワード・ヒューズの王国にも、ケネディ家の世界にも手を伸ばすようになった。

それだけではなかった。「インターテル」はその一方で、あのウォーターゲート事件でドジを踏んだ「ニクソンの鉛管工グループ」とも、マフィアの連中とも、さらには秘密のヴェールに包まれたCIAとも関わりを持っていたのである。

そんなことがあるものだから、「インターテル」は「陰謀理論」を唱える者の格好の材料にされた。「インターテル」が関わったとする、さまざまな「陰謀」が捏造され、「世界」を支配しようとする特権層の卑劣な振る舞いが描き出された。それは空想や創作以外のなにものでもなかったが、「インターテル」が現に存在したことは紛れもない事実である。実際、「インターテル」は十年ほどの間、立て続けに、米国で起きた最高機密の事件のいくつかに関わることになる。

アメリカの大富豪、ハワード・ヒューズは父親譲りの石油探索機の特許で成り上った男だった。ハリウッドでは映画を制作し、飛行家としても鳴らした。テキサス、ラスベガス、カリブ諸島など世界各地の最高級ホテルが住まいだった。

ハワード・ヒューズについてはすでにさまざまことが語られているが、解明されざる謎がひとつ残っている。それを解く鍵は――最後の謎を解く鍵は、ハワード・ヒューズの派手な人生とはまるで関係のない場所に眠っていた。

フェアフィールドは、ペンシルバニア州の田舎町だ。「メイソン・ディクソン線*」のすぐ北側の農業地帯。四百エーカーの大豆畑のそばに、その農家はあった。茶色の母屋。サイロが二つ。そして納屋。そこに「インターテル」の創業者、ロバート・ドラン・ペロキンとその妻、ペギーが暮らしていた。

ペロキンはすでに八十歳近く。それでも堂々とした押し出しの人物だった。背が高く、握手も力強い。白髪を丁寧に撫で上げてある。南部マサチューセッツ訛りの太い声と温かな態度で私を歓迎してくれた。

ペロキンはインタビューに応え、昔を懐かしむように語ってくれた。ペロキンは元々、米政府の情報機関、「NSA《ナショナル・セキュリティー・エージェンシー》（国家安全保障局）」の諜報アナリストで、その後、司法省に移りマフィア狩りを担当していた。

「インターテル」を立ち上げて数年後のクリスマスの朝だった。ペロキンのもとに電話が入った。ハワード・ヒューズからの電話だった。詐欺師を捕まえてくれ、という依頼の電話だった。ペロキンは早速、スイスに飛んで詐欺師の所在を突き止めた……。

それ以来、ペロキンはヒューズに気に入られ、カリブ海に飛んで、ヒューズの仲間のマーブ・グリフィンと「二十の扉」のゲームで勝負したりするようになった。（グリフィンはエンターテイメント会社を経営する一方、自らトークショーのホストを務めた有名人。番組の「二十の扉」のネタはグリフィンの得

意とする「ハリウッド」ものが中心。だから、「ゲーム」に勝つのは、ゲストではなく、たいていグリフィンだった）

企業諜報の世界のかつての第一人者、伝説の男「ロバート・ペロキン」は、ハワード・ヒューズとの関わりの中で、こうして生まれたのである。

しかし、ペロキンの諜報員としてのキャリアの出発点となったのは、他の多くの諜報業界の人間がそうであるように、「軍」での経験だった。ペロキンはジョージタウン大学を卒業後、海軍に入った。朝鮮戦争が始まろうとする頃だった。陸軍だと泥の中を這いずり回らなければならないから、それよりはましだろうと海軍を選んだ。しかし、ロードアイランド州ニューポートの海軍士官学校を出て配属された先は、バージニア州ノフォークの海軍上陸部隊の基地だった。「ビーチ・マスター」と呼ばれるこの海軍部隊は、水陸両用舟艇で先陣を切って敵前上陸を敢行、橋頭堡を確保し、兵站を最大限確保するのが任務だった。ペロキンには気に入らない、危険な任務を背負わされた部隊だった。朝鮮戦争の上陸作戦に投入される部隊だった。

司令官はピーターソンという、第二次世界大戦の英雄だった。数度にわたる戦傷を生き抜いた男だった。近くの海軍基地、「キャンプ・アレン」の営倉から隊員を集めていた。このまま海軍の刑務所で朽ち果てるか、それとも「ビーチ・マスター」に志願するか二者選択を迫り、リクルートしてい

＊メイソン・ディクソン線　ペンシルバニア州の南限（緯線）、及びデラウェア州の西限（経線）を示す線。これを一八世紀半ばに測量した二人の技師にちなんで、こう呼ばれている。アメリカの「北部」と「南部」の境界線でもある。

た。みすみす敵の大砲の餌食になるような部隊だった。どんな激戦にも部下を送り込んで平気な司令官に率いられた敵前上陸部隊だった。ペロキンは決断した。「こんなところにいたら、長生きできない」

どうやってこの敵前上陸部隊を抜け出るかが問題だった。この難問をペロキンは、彼の持つ二つの才能でもって解決した。その二つの才能とは、権限を持った上司に取り入る能力と、職業を転々としながら上昇して行く能力で、それは結局、ペロキンの人生を決定付けるものとなった。

司令官のピーターソンは悩みを抱えていた。それはペロキンだけが解決できる悩みだった。部隊には根っからの犯罪者や前科者がいっぱいいいて、軍法会議を驚くべき頻度で開かなければならなかった。当時は「軍事司法統一法典」という新たな軍規が制定され、新たな軍法会議の処罰手続きが導入されたばかり。それが昔の規定しか知らないピーターソンを困らせていた。どう手続きを進めていいか分からなかったのだ。そこでペロキンはピーターソンに、ニューポートの海軍法律学校に自分を派遣するよう求めて成功する。

ロードアイランドのニューポートは、朝鮮半島の最前線から遠く離れ、しばらくの間、身の安全が保証される場所だった。海軍法律学校を修了して部隊に戻ると、「未決」のまま滞貨していた軍法会議の山を次々に処理して行った。それ以来、ペロキンは、ピーターソン「お気に入りの側近」となった。

仁川への上陸作戦を比較的安全な場所から眺めることができたペロキンは、またも海軍の抜け道を使って、海軍の軍籍のままジョージタウン大学の法律大学院に入学することに成功する。それも大学院修了後、軍務に服する義務のない国内留学だった。ジョージタウンで平穏な学びの日々を過ごし、修了したペロキンのもとに海軍から赴任命令が届いた。ハワイの真珠湾にいる戦艦への乗務を求める命令だった。ペロキンは上司に抗議した。司法試験が数ヵ月後に控えているのに、どうしていま、ハワイくんだりに？　司法試験が終わるまで待ってくれないか、と。海軍の答えはつれないものだった。海軍は法律大学院を出た者に海軍で法律の仕事をしてもらいたいだけだ。だから司法試験に受かってもらう必要はない。それは海軍の関与しないこと。やりたいなら、自分の時間を使ってやり給え――と。ハワイに行く気になれないペロキンは結局、海軍を退役することになった。

ジョージタウンの法律大学院で学んでいる間、ペロキンは定期的にワシントンの海軍事務所に出頭し、報告を続けていた。その海軍の事務所のあるビルには、暗号を解読し、電子的な盗聴活動を続ける極秘の政府機関が入居していた。ＮＳＡ（国家安全保障局）だった。ＮＳＡは今なお厚い秘密のヴェールに覆われており、冗談めかしで「No Such Agency（そんなの、ない局）」と言われているようなところ。そのＮＳＡが、ペロキンが通うビルの同じフロアにたまたまあったのだ。ペロキンはそこでＮＳＡの人間と仲良くなった……

その時、培ったコネを生かし、ペロキンはＮＳＡへの就職に成功する。一九五四年のことだ。

ペロキンはＮＳＡの仕事に魅惑された。それは彼の、諜報の世界との最初の関わりだった。ペロキンはＮＳＡの警備部局で勤務を始めた。ソ連のスパイと思われる職員を調査する部局だった。ペロキンはここで、ウィリアム・マーティンとバーノン・ミッチェルの亡命事件に関わることになる。一九六〇年、米国の他国に対する空からの偵察活動に反対する、と言い残して、一緒にソ連に亡命したのがマーティンとミッチェルだった。

二人はペロキンらNSAの調査官らが嗅ぎ回っていることを知り、パニックに陥った。二人は長い間、NSAの暗号解読に関する情報をソ連に流していたからだ。捕まれば終身刑。早速、二人は逃亡を図った。空路、メキシコシティーに逃げ、そこからキューバに飛び、最終的にソ連に亡命した。銀行の貸金庫の中に、反米パンフレットを残しての亡命行だった。

慌てて米国を脱出したマーティンとミッチェルの二人組だったが、NSAの調査官たちは実は二人がソ連のスパイであるとは知らずに内偵を進めていた。二人は同性愛関係にあるのではないかと疑り、調べていたのだ。当時はまだ、「同性愛」が国家に対する忠誠を危うくするものとみられていた時代だった。だからソ連のスパイであるとは全く気付かず、二人が同性愛者であるとの噂を元に内偵を始めていた。マーティンとミッチェルの二人が逃亡を企てず、そのままNSAに留まっていたら、スパイではなく同性愛者として解雇されていたはずだ。

それから間もなく、ペロキンは新たな仕事に飛びついた。NSAの上司が司法省とつながりがあり、その推挙で司法省の警備部局で働くことになった。そしてそれを足場に、ペロキンは司法省の「組織犯罪対策」の部局に異動する。折しも一九六〇年代の初め、ジョン・F・ケネディが大統領に選ばれ、弟のロバートを司法長官に指名した頃のことだ。ロバート・ケネディは司法長官として「組織犯罪対策」に取り組んだ男。ペロキンはロバート・ケネディの側近の一人に成り上った。こうしてペロキンはその後、十年近くをマフィアの幹部狩りに過ごし、何人かを刑務所の塀の中に送り込むことになる。

そんなある日のこと。ペロキンがニューオーリンズで捜査に当たっていた時のことだ。ロバート・ケネディが捜査状況を確認するため、長官室から直々に電話をかけて来たのだ。「ボブ〔ロバートの愛称〕・ペロキンさんですか？　こちらはボビー〔同じくロバートの愛称〕・ケネディ。そちらの状況はどうですか？」

まさか司法長官がわざわざ電話を掛けて来るなんて、あり得ないと思ったペロキン、相棒のスピリッゾがイタズラ電話をかけて来たに違いないと思い込み、こう言い返した。

「こら、スピリッゾの糞っ垂れめが、いい加減にしな」

「違います。こちらはほんもののボビー・ケネディです」

それでも疑いが醒めないペロキン、椅子に座ったまま、首を伸ばして隣の部屋を覗くと、スピリッゾは電話を取っていない……。

ペロキンは一度に肝が縮む思いがした。慌てて謝った。でも、ボビー・ケネディはそんなこと、ちっとも気にしておらず、胸を撫で下ろした。

ロバート・ケネディは、ペロキンら司法省の捜査官やＦＢＩのエージェントらマフィアとの戦いに従事している第一線の男たちを夫人同伴で、ケネディ家がバージニア南部に所有する邸宅へ招待したことがあった。

招かれたペロキンは妻のペギーに、ボスの前でコレコレしかじかの話題を口にしてはならないと厳命した。「オレを困らせること、するんじゃないぞ！」。それだけ神経質になっていたわけだ。

立食パーティーで緊張のあまり失敗したのは、しかしペロキンの方だった。ローストビーフを床に落としてしまったのだ。床にポーンとローストビーフの切れ端が飛んだのを、目敏く見ていたものがいた。黒毛の大型犬、ニューファウンドランド・ドッグの「ブルマス」――ケネディ家の愛犬だった。「ブルマス」が巨体を揺すり、テーブルや椅子を弾き飛ばしながら、ローストビーフに向かって突進した。妻のペギーがペロキンにこう耳打ちした。「私を困らせること、しないでね！」。夫として生涯忘れられない屈辱だった。

ペロキンは司法省の勤務でもうひとつ、生涯忘れられないことを学んだ。捜査チームの編成法――だった。ペロキンの在任中、司法省はマフィア捜査チームの組織化を開始した。斬新なアイデアだった。内国歳入庁（ＩＲＳ）の査察官、麻薬取締官、ＦＢＩエージェント、国境警備隊など、マフィア対策に関係する機関の幹部を集めて「攻撃部隊《ストライク・フォース》」を編成する。新たに結成された「攻撃部隊」は、ある特定のマフィアのファミリーに狙いを定め、各機関の持てる力を結集して追い詰める作戦だった。

その最初の「攻撃部隊」の隊長に任命されたのが、ペロキンだった。ニューヨーク州のバッファローを縄張りとするマフィア、「マガディーノ一家」を撲滅する任務だった。カナダの騎馬警察と連携し、ペロキン率いるチームは、バッファローに君臨していた「マガディーノ一家」を壊滅に追い込む。幹部九人を刑務所にぶち込んだのだ。このペロキンのチームの成功を見て司法省は、同じような「攻撃部隊」の全米配備に着手する。

その当時、マフィアはさまざまな民間ビジネスへの「侵攻」を開始していた。マフィアのボスたちはラスベガスのギャンブル利権を足がかりに、もっと大がかりな舞台へと進出を目論んでいた。それがたとえばアメフトのプロリーグ、ＮＦＬ（全米フットボール・リーグ）だった。アメフトのチームのオーナーたちにとって、マフィアの息のかかった選手たちや審判が八百長ゲームを仕掛けることは、あってはならない悪夢だった。真剣勝負だとファンが信じているからこそ、オーナーたちの元へ数百万ドルの儲けが転がり込むのであって、八百長と分かればファンに見放される。NFLのコミッショナー、ピート・ロゼルは、リーグの将来のため何らかのディフェンスを講じなければならないと思い立ち、司法省のペロキンの上司のビル・ハンドレーに相談した。

そしてハンドレーとともに、ペロキンのNFL入りが決まった。法律顧問という立場でマフィアのアタックを跳ね返す、おもしろい仕事だった。

ペロキンのチームはここでも斬新な問題解決策を編み出した。八百長試合を仕組むことは違法だが、ゲームに賭けることも違法なことだった。しかし狙いはあくまで八百長封じ。ペロキンのチームは賭け屋《ブッキー》に渡りをつけるため賭博の世界に諜報網を広げた。

ペロキンはこう考えた。「この世で、アメフトのゲームに八百長が仕組まれるのを最も望まない者は誰か？　それはアメフトの賭け屋だ。なぜか？　八百長に目を光らせていなかったら、痛い目に遭うのは賭け屋だからだ」

ペロキンとしても、違法な八百長封じのため違法な賭け屋と共闘することに皮肉を感じないわけにはいかなかったが、賭け屋が最高の情報源であるという彼の目に狂いはなかった。特定のチームに、普通は考えられない巨額の金が賭けられことを真っ先に知るのは賭け屋であり、その賭け屋を情報源にしておけば、ペロキンの耳にも八百長情報は自然に入って来るからだ。

ペロキンとともに司法省を退職し、NFLのために活動し始めたビル・ハンドレーは、ニューヨ

ークのブルックリンの生まれ。司法省時代、「マフィア・ファイター」として鳴らした男だ。(原注47)

ペロキンにもハンドレーにも、NFL勤務のため平日をニューヨークで過ごし、週末だけ自宅のあるワシントンに帰る生活サイクルはしだいに重荷になって行った。二人とも家族持ちの子沢山(ともに、六人)。ワシントンに腰を据えながら、NFL以外にも顧客を開拓し、サービスを売って儲けることができないか考え始めた。

この時、ペロキンのキャリアをまたも引き上げてくれたのは、NFLのコミッショナーのピート・ロゼルだった。ペロキンとハンドレーのために、一緒に法律事務所をワシントンに開いてくれた。それまでのニューヨークでのホテル代も食事代も旅費もすべてロゼル持ちだった。それがこんどは法律事務所まで……ますます金のかかるペロキンたちだった。ロゼルは事務所の家賃も半年分、持ってくれた。秘書を一人雇えるだけの現金も出してくれた。電話代もロゼル持ち。こうしてペロキンとハンドレーの法律事務所がスタートした。

なんといってもNFLを顧客にしていることが、事務所のステータス・シンボルになった。すぐに新たな顧客ができた。『ライフ』誌がマフィアについて報じた記事をめぐって支援を依頼して来たのだ。『ライフ』誌がどこそこのマフィアのことを記事にすれば必ず、マフィアは無関係なのに書かれたと言い立て、名誉毀損訴訟がついて回っていた。『ライフ』誌の記事の正しさを証明する——それがペロキンとハンドレーの仕事になった。正しさを立証して、訴えを潰してしまう。司法省内にコネを持つ二人は、『ライフ』側の期待に応え切った。

司法省内の元情報筋からペロキンに電話がかかって来たのは、そんなある日の朝だった。「うちの事務所に来てくれ。是非とも会ってもらいたい人がいる。待たせているから」という話だった。

その事務所で待っていたのは、ジェームズ・クロスビーという男だった。「メアリー・カーター塗料会社」という会社を持っている男だった。

クロスビーはバハマ諸島の「ホグ島」の買収を済ませ、リゾート施設の建設を進めていた。島名も「パラダイス島」に改称していた。ホグ（豚）よりパラダイス（天国）の方が観光客を呼び寄せやすい、という判断だった。クロスビーは地元のバハマ政府から賭博のライセンスを取得していた。しかし賭博の世界はギャングやゴロツキの巣。マフィアと無関係なスタッフを雇い入れたいので、応募者を篩にかけてもらいたい――これがクロスビーの依頼だった。「ギャンブルのことは、ほんとに何も知らない」ペロキンだったがマフィアなら知っていた。早速、仕事を引き受けた。

「パラダイス島」でのプロジェクトのため、ペロキンは専従のスタッフを雇い入れた。あの司法省の対マフィア「攻撃部隊」の元の仲間たちに声をかけ、呼び込んだ。中に、連邦関税局の特捜部長から「攻撃部隊」の一員となった、堂々とした体格のペロキンの元部下が含まれていた。この特捜部長は関税局からの出向者の中で最上級の地位にあった人物だ。ペロキンはこの男を「パラダイス島」に常駐させ、カジノへの求職者の身元確認を任せた。米連邦政府のコネを使って、マフィアなど犯罪組

原注47　ビル・ハンドレーはその後、弁護士として華麗なキャリアを積んだ。ハンドレーは二〇〇六年に亡くなるが、その際、ニューヨーク・タイムズが掲載した訃報記事によれば、彼はニクソン大統領のほか、ウォーターゲート事件で訴追されたミッチェル司法長官、連邦議会の議員に賄賂を贈って起訴された韓国人、朴東宣、そしてヴァーノン・ジョーダン〔クリントン大統領の側近〕をめぐる裁判で弁護人を務めた。

織とのつながりの有無を確認する任務だった。

顧客のために、連邦政府のファイルと照合して身元調査を行なう――これはペロキンの諜報ビジネスの定番となったものだ。実入りのいい「ビジネス・モデル」だった。アメリカの納税者の全く知らない世界での話だった。カリブ海に浮かぶ「パラダイス島」のカジノのために、公金でもって蓄積された連邦政府のデータが使われていた。

連邦政府の治安ファイルは膨大なものだった。そのデータに――その収集には、ペロキンの顧客企業が納めた税金も、ほんの一部ながら使われていたはずだが――アクセスすることでペロキンは、顧客に情報を提供し、請求書を突きつけていた。ペロキンは言った。「私たちはね、民間の立場をフルに利用したわけだ。でも、頼りは政府の使用済みのファイル、だったけどね」

儲かるビジネスだった。ペロキンたちだけで、こっそりやり続けることができているうちは……。

しかしペロキンたちの真似をして、悪用するような者が出て来ないはずがなかった。その点について尋ねると、ペロキンは言った。「私は人のプライバシーを覗くような人間じゃないけど、好きな連中はいるね。考え方の違いじゃないかな。こういう仕事はね、いったん始めたら、自分のしていることが何なのか、分からなくなってしまうものなんだ。そうなったら、もうどうにもならないね」

それでもペロキンは、自分がその勃興の土台を築いた民間諜報産業を擁護することに躊躇しなかった。「正当なビジネスだと思うね。何の心配もない、安心して眠れるビジネスだと、確かに言えると思うよ」。

こうして一九七〇年、バハマ諸島の「パラダイス島」に「リゾート・インターナショナル・カジノ」が生まれた。その一九七〇年という年は、民間諜報という新たな産業が離陸を遂げた年でもあった。連邦政府が税金を使って集めた情報へのアクセスを企業に売る――本格的な諜報産業が生まれようとしていた。カジノの経営者のクロスビーは、ペロキンの仕事ぶりに感心し、事業家として、あるアイデアを思いついた。ワシントンの小さな法律事務所から脱皮し、本格的な諜報企業として再出発すべきではないか――と。

そんなクロスビーの資金援助で、ペロキンが立ち上げたのが、「インターテル」だった。スタッフは司法省の対マフィア攻撃部隊からリクルートして揃えた。「インターテル」が店開きした場所は、一七番通りとHストリートNWが交差する一等地だった。あの格式高い「メトロポリタン・クラブ・オブ・ワシントン」*は、通りを挟んだ向かいにあり、ペロキンらはこの閉鎖的な名門クラブにやがて入会を許され、足繁く通うようになる。ホワイトハウスまで三区画しか離れておらず、司法省も歩いてすぐ行ける距離。見た目はまるで連邦政府機関のような佇まいのそのビルで、諜報企業、「インターテル」の活動が密かに開始されたのだった。

そんな「インターテル」について、CIAのエージェントから作家に転じたジョージ・オトゥールは、一九七八年に出した『民間諜報界（*The Private Sector*）』という本の中でこう書いている。

＊「メトロポリタン・クラブ・オブ・ワシントン」　ワシントンで最も由緒のある社交クラブで、一八六三年につくられた。現在のクラブハウスは一九〇八年に建築されたもので、米国の「歴史建築物」に指定されている。メンバーは、内外の有力者たち。

「インターテル」を動かしている男たちは、ただ単に中途退職して第二の人生に踏み出した元取締官というわけではない。仕立てのいい、三つ揃いの背広の肩口には、階級を表す記章はついていない。彼らのアタッシュケースには、殴り合い用の、コブシに巻く金属バックルや手錠はもう、たぶん入っていない。プリンターで取り出したコンピューターのデータが入っているだけだ。彼らの顧客は、小売店の旦那や、配偶者の浮気に嫉妬する妻や夫たちではない。世界の数十ヵ国のさまざまな法律が交差し、気が変になりそうな複雑なビジネスを営む巨大多国籍企業を相手にしているのだ。(原注48)

発足間もない頃の「インターテル」に加わっていたのは、ペロキンとともに同社を立ち上げたFBIの元エージェント、ジョン・オコネルをはじめ、内国歳入庁(IRS)の元捜査官、ウィリアム・コラー、国家安全保障局で調査局長を務めたデイビッド・ベリスルといった錚々たる面々だった。この顔ぶれを、オトゥールはこんなふうに表現した。「民間セクターが収集した中で最大の、元政府高官のリサイクル・コレクション」だと。

ペロキンはコネクションというものの力を信じていた。だからペロキンはFBI局長のハーバート・フーヴァーの、たった一人の甥っ子を雇い入れたのだ。フーヴァーは結婚しなかった男だから、その甥っ子こそフーヴァーを継ぐものだった。「おかげでずいぶん、仕事が舞い込んだよ」とペロキンは言った。「それじゃぁ、フーヴァーの甥っ子を担当させましょう、と言うと、みんなビックリしたものだよ」

「インターテル」を始めて三ヵ月経った時のことだった。ペロキンの元に、チェスター・デイビスという男から電話が入った。大富豪、ハワード・ヒューズの最高顧問を務めている男だった。(原注49)ヒューズはベテランの側近、ロバート・マウというコンサルタントの解任を決めている。ついては、マウの監視の目からヒューズを解き放ちたい。協力してほしい——との依頼だった。

デイビスは当時、ハワード・ヒューズのもう一人の側近、ビル・ゲイと手を組んで、マウと権力闘争を繰り広げていた。デイビスとゲイは、マウがヒューズをあまりにもコントロールし過ぎている、との思いを抱いていた。ヒューズのビジネスは、TWA(トランス・ワールド航空)の航空事業からハリウッドでの映画制作、ラスベガスでのカジノ経営まで多角的なものになっていたが、そうしたヒューズの事業に対してもマウは口出しし過ぎると感じていた。ハワード・ヒューズはその頃、誇大妄想の恐怖症が進み、ラスベガスの最高級ホテル、「デザート・イン」の最上階の部屋に篭って姿を隠していた。カーテンを閉じ、日の光を遮った部屋からメモに要件を書き殴り、指示を出すありさま。大半の側近の面会さえ退けていた。

原注48　ジョージ・オトゥール(George O'Toole)著、『民間諜報界(*The Private Sector:Rent-a-Cops,Private Spies,and the Police-Industrial Complex*)』、一九七八年、四〇頁。

原注49　このチェスター・デイビスに、ペロキンのことを紹介したのは、ニクソン大統領の友人、フロリダの銀行家のチャールズ・G・〝ベーブ〟・ロボゾだった。それから数年後、ロボゾは連邦議会から査問される。ハワード・ヒューズからニクソン陣営に選挙資金として十万ドル、渡ったのではないか、との疑いが追及された。世間というものは狭いものだ。

髪は伸び放題、手足の指の爪は伸ばしっ放し。黄色く変色した長い爪は、巻き上がっているありさまだった。大量の鎮痛剤を服用する毎日。一九四六年の航空機墜落事故で背中を負傷して以来の中毒症状だった。ヒューズは当時、自社製の偵察機、「XF―11」の売り込みに必死で、自ら操縦して飛び回っていた。墜落場所は、ハリウッドのビバリーヒルズ。現場に駆けつけた海兵隊の軍曹の素早い動きのおかげで救出され一命を取り留めていた。(原注50)

この事故で鎮痛剤を服用し始めたことで、ヒューズは人間が変わってしまった。そんな状態のヒューズをコントロールすることは、マウにとっても、あるいはデイビスやゲイにとっても、アメリカ最大の企業帝国を仕切り、数百万ドルの報酬を手にすることを意味していた。

ヒューズの精神的な変調で、ヒューズの企業帝国に権力の真空状態が生まれていた。デイビスとゲイは、そのことを膚で感じていたようだ。一方のマウは、それまで何年にもわたって、ワシントンの自前の調査会社、「ロバート・A・マウ&アソシエイツ」の外部コンサルタントとして、ヒューズに仕えていた男だった。ヒューズは何でもマウに相談するようになっていた。外国の要人との関係づくりでも、自分の会社の役員の監視や調査でも、自分の身代わりで立たせた「そっくりな俳優」を見つける時でも、政治資金をばら撒く時でも、ヒューズが真っ直ぐ相談に行くのがマウだった。(原注51)

ヒューズはマウが一九五〇年代の初め以降、CIAの仕事を引き受けていたことを知っていた。マウの調査会社は、CIAの極秘活動のためのフロント企業の役割を果たしていた。権力欲にとりつかれたヒューズのような男にとって、マウは使いやすい男だった。

しかしヒューズがマウについて何よりも高く評価していたのは、マウがCIAのスパイとして極秘中の極秘活動に従事していたからだ。一九六〇年から六一年にかけ、マウはＣＩＡの窓口として闇の帝王、ジョニー・ロッセーリ*やマフィアのボス、サム・ジアンカーナ*と接触、あの惨憺たる結果に終わった「ピッグス湾」事件の前夜の、結局は失敗に終わったものの、キューバの指導者、フィデル・カストロを消す、有名な暗殺計画を練った男だった。

マウがロサンゼルスまで飛んで、ブラウン・ダービー・レストランで、ロッセーリと会ったのは、一九六〇年八月のこと。ハリウッドの映画会社の重役やスターたちでにぎわうそのレストランで、マウとロッセーリはカストロ暗殺計画を話し合った。

最初のうちロッセーリは、マウの話を疑った。「どうして、この俺が？　どうしてもＵＳ《アンクル・サム》のために働け、というわけかい？　ワシントンの奴ら、俺がどこに行っても尾行して来やがる。俺のシャツの仕立屋まで行って、俺が現金でちゃんと買ったかまで調べてやがる。服の仕立屋にも行って同じこ

原注50　墜落現場で燃え上がる機体の中からヒューズを助け出したのは、ウィリアム・ダーキンという海兵隊の軍曹だった。ペロキンによれば、「インターテル」での彼の仕事のひとつは、毎月数百ドル（当時としては相当な額）の小切手をダーキンに送ることだった。ダーキンへの送金は、生涯にわたって続けられたそうだが、ダーキンの遺族によれば、ヒューズからそんな金は一度も受け取っていないという。ダーキンは二〇〇六年に亡くなった。

原注51　ジム・ホーガン（Jim Hougan）著、『お化けたち：アメリカにつきまとうもの―民間における秘密諜報員の活用（*The Haunting of America-The Private Use of Secret Agents*）』、一九七八年、三三二頁。

＊ジョニー（ジョン）・ロッセーリ　マフィア組織「シカゴ・アウトフィット」の大物ボス（一九〇五～七六年）。ハリウッドを支配下に収めた。何者かに殺害され、バラバラの切断死体で発見された。

＊サム・ジアンカーナ　ロッセーリと同じく「シカゴ・アウトフィット」のボス（一九〇八～七五年）。自宅の地下室で何者かに殺害された。「ケネディ暗殺の黒幕」の一人とも言われる。

と訊いてやがる。おれのシッポをつかもうと、いつも嗅ぎまわっている。俺はそういう男なんだぜ。人違いじゃないかい?」(原注52)

そんなロッセーリに対して、マウは請け負った。「こんどのCIAのオファーはホンモノだ、間違いない」

「ただし」と、マウは言った。「ただし、条件がある。カストロを暗殺するため、連邦政府がマフィアと手を握ったことが知られたら困る。これは極秘事項だ。万が一、バレたら、こっちは、そんなことはない、と否定する。話を受けてくれたら、早速、仕事を始めてもらう」

マウの申し出に、マフィアの大物もさすがに躊躇《ためら》ったようだが、最後には「分かった」と言った。CIAとマフィアはこうして、ビジネス・パートナーとして正式に手を組むことになった。

さて翌年、一九六一年のことだ。マイアミの「フォンテーヌブロー・ホテル」で、CIAのマウ担当者《コントローラー》がマウに白封筒を手渡した。中に毒薬の錠剤が入っていた。マウが受けた指示は、こうだった。革命前から現地のカジノに飼っているコネを使って、カストロの周辺にいる誰かに毒薬を渡して、カストロの飲み物に混ぜて毒殺する……。

そんなマウに、わずらわしい問題がひとつあった。CIAのために動くマウとロッセーリを、FBIがマークし尾行していたのだ。FBIはとにかく、マフィアを挙げる捜査活動を、何年にもわたって続けていた。よりによって、マウが接触したロッセーリこそ、FBIの監視活動の焦点にある男だった。マウのようなCIAの手先が、どうしてまた急に、マフィアの周りでコソコソ動き回り始めたか?——FBIはその理由を知ろうとした。

ある夜、レストランでロッセーリと食事していたマウが、店内にFBIの尾行者が二人いるのに気付いた。ロッセーリがトイレに行った隙に、マウはFBIの二人をキッチンに引きずりこみ、この一件から手を引けと迫った。幸いロッセーリは二人の存在に気付いていなかったが、FBIに監視されていると知ったら、怯えて「カストロ暗殺」から身を引いていたところだった。ホテルの自室に戻ると、マウは部屋の電話を使ってCIAに電話を入れた。盗聴しているFBIのエージェントに聞かせるためだった。とにかく、しばらくの間は、ほっといてくれ、と。(原注53)

後日、マウはCIAからカストロ暗殺の実行命令は一度もなかった、と弁明した。しかしマフィアからは、準備万端、整ったとの報告を受けていた、と。

マウは「ピッグス湾」侵攻作戦が惨憺たる結果に終わったのを見て、この一件から身を引いた。マウは、それ以来、二度と、カストロ暗殺計画にかかわることはなかったと言っている。(原注54)

原注52　ロバート・マウ（Robert Maheu）、リチャード・ハック（Richard Hack）著、『ヒューズのそばにいて——最側近アドバイザーが見たハワード・ヒューズの権力と悲劇的没落（*Next to Hughes: Behind the Power and Tragic Downfall of Howard Hughes by His Closest Advisor*）』、一九九二年、一一五頁。

原注53　ロッセーリは一九七六年、マイアミで、マフィアの殺し屋たちによって殺害された。連邦議会上院で、カストロに対する陰謀について証言したばかりのことだった。議会証言にあたって、マフィアの親分連中の事前の許可をとっていなかったため、とも言われている。当時、ロッセーリは七十歳。その老人を「連中はヨットに乗せた。殺し屋がどこからともなく現れ、老人の鼻と口を塞いだ」と、マウは共著の自伝に書いている。「老人の彼には抵抗する力はなく、窒息してすぐ死んだ。死体となった老人を、奴らは切断した。足を口に突っ込みさえした。下肢を頭に巻きつけた。鉄のドラム缶に入れて海に沈めた」。サム・ジアンカーナもその一年前に殺されていた。カストロ暗殺未遂事件に関し上院で証言する直前のことだった。

マウ、ハックの前掲書、一二二頁。

こうしたカストロ暗殺計画に絡む闇の実話を、ハワード・ヒューズは知っていた。ヒューズがロサンゼルスに来るようマウを口説いていたちょうどその時、マウはフロリダにあって、マフィアと計画を練っていたからだ。

マウはヒューズの歓心を買おうと、通りの公衆電話を使って、ヒューズにこう告げた。今、カストロを殺すCIAの秘密の仕事でマイアミにいるから、すぐロスに飛ぶわけにはいかない、と。

そう言われてもヒューズは執拗だった。一日でも二日でもいいから、ロスに来て手伝ってほしいと、マウを口説き落とした。「カストロ暗殺」は成功しなかったものの、ヒューズはマウがその一件に足を突っ込んでいたことを高く評価し、それから十年というもの、マウのCIAとのコネを自分のビジネスに生かせないか、そればかり考えていた。

ヒューズ自身、CIAとつながっていた男だった。ヒューズがつくった会社の多くは、CIAの作戦の「フロント」の役割を果たしていた。

そんなヒューズとマウの関係に亀裂が走ったのは、一九七〇年のことだ。ヒューズの誇大妄想と狂気も原因の一つだが、両者が重要な問題でぶつかり合っていたことも事実だった。たとえばヒューズはCIAとより深く関係しようとしたが、マウはこれに反対した。

一九七一年、連邦議会上院でCIAの不法行為に関する極秘調査が行なわれた時、マウはヒューズについてこう証言した。

「ヒューズ氏は私との話し合いで何度も、自分の会社がかかわる、とてつもない《ヒュージ》——秘密の作戦活動を立ち上げるように私に迫りました」

上院議員の一人の「どうして？」との問いにマウは、こう答えた。「それと同じ質問を私はヒューズにしたのですが、彼の答えはこうでした。深刻な問題で米政府と関わることができれば、自分はもう、政府から訴追されることはない……」

マウはヒューズの求めを「頭から拒否」した——と証言した。

マウはまた、こんな事実も明らかにした。一九六八年のこと、ヒューズはマウに、こんなとんでもない陰謀を仕掛けるよう持ちかけたというのだ。「ベトナム戦争」を引き延ばす陰謀だった。ヒューズはその二年前から、自社製の偵察用軽ヘリコプター、「ＯＨ—６Ａ カユース」*を米陸軍に売り込んでいた。陸軍は第一回の発注分として一四六八機、購入を決めていた。(原注55) 儲かるはずのビジネスだった。しかし、ベトナム戦争が早期に終結してしまえば、投資を回収することもできない。「平和」は、軍事産業にとってはよろしくないものなのだ。

マウは上院での証言で言った。「ヒューズはベトナム戦争が終わるのを恐れていました。だから私

原注54　しかしマウはＣＩＡの他の作戦活動には積極的に関わり続けた。上院の調査に対してマウは、彼と彼の調査会社はＣＩＡに雇われて、世界中で作戦活動に従事したと証言している。マウは、一度も会ったことのない相手に、給与や経費を支払ったこともあるという。「そうした連中にはクレジットカードと身分証明書を持たせ、ロバート・Ａ・マウ&アソシエイツの人間だ、と言わせれば、それでＯＫだった」とマウは言った。秘密工作員を維持するのにかかる経費は、すべてＣＩＡからマウの元へ支払われていた。

＊「カユース(Cayuse)」とは北米西海岸に住む先住民族、米軍は軍用ヘリに先住民族の部族名をつける。先住民族にしたら、迷惑この上ないことだろう。

原注55　「ＯＨ—６Ａ カユース」ヘリの歴史については、以下のオンライン・サイトを参照。http://www.boeing.com/history/mdc/cayuse.htm.

に頼んだのです。戦争の引き延ばし策を考え出せ、と」

そしてマウは、こう続けた。「だから私はヒューズに言い返したのです。地獄に堕ちろ、と」

もちろん、マウが描いてみせたヒューズの陰謀が、ヒューズに解雇されたマウの自作自演の創作である可能性もないわけではない。しかし事実はどうあれ、ヒューズがマウを次第に遠ざけたことは確かなことだ。

しかしタイミングが悪過ぎた。ヒューズは狂気の中に滑り込んでおり、側近の「宮廷クーデター」に遭いやすかった……。

後年、マウはジャーナリストのジム・フーガンにこう語った。「ヒューズという老人は、完璧なカモだった。孤立していたんだ。ヒューズの宮廷をガードしていたのは、モルモン・マフィアだった（ヒューズと面会できる六人の側近のうちの大半が、モルモン教徒だった）。でも、彼らが何と言おうと、ヒューズは誰も信用していなかった。ヒューズも私も、連中が操作したがっていることを分かっていたからね」

こうしてマウはヒューズの顧問を続けていたわけだが、顧問の立場にありながら、その間、ヒューズと面と向かって話し合ったことは一度もなかったという。ヒューズとは電話で話し合うか、ビル・ゲイの側近が届けて来る、ヒューズの殴り書きのメモを見るかが通信の手段だった。つまりヒューズのオフィスからの通信は、すべてゲイのコントロール下にあり、それがマウとの権力闘争で、ゲイを有利な立場に立たせていたわけだ。ヒューズはゲイが認めた範囲内で情報や知識を得ていたのである。

そのゲイがデイビスと組んでマウの追い出しにかかった。彼らとして頼らなければならないのが、ペロキンの「インターテル」だった。

ペロキンの「インターテル」は当時、まだまだちっぽけな存在だった。ゲイとデイビスからの依頼は、発展の推進力となるものだった。大儲けが約束されていた。「ヒューズはいいお客だったね」と、ペロキンは振り返った。「月曜と木曜に請求書を送るんだよ。するとすぐ小切手が送られて来るんだ……金のことで気に病むことはなくなった」

そう言いながらペロキンは窓の外に広がる、広大な大豆畑を指差した。「この農場を手に入れることができたのも、そのおかげなんだ(原注56)」

さて、ヒューズはゲイらの圧力でマウの解雇に踏み切ったが、問題はどうやってヒューズをラスベガスから脱出させるか、だった。ヒューズがベガスにいる限り、マウの影響力から逃れることはできないからだ。

このヒューズの脱出作戦を仕切ったのが「インターテル」だった。感謝祭数日前のある夜のこと。ゲイとデイビスは突如、思い立った。マウも感謝祭のバカンスをとるはずだから、この機会に脱出させてしまおうと思い立ったのだ。

ペロキンは、それまでに練り上げていた入念な脱出計画を反故にし、エージェントを掻き集めて

原注56　冬になると、ペロキン夫妻はフロリダ州プランテーションにある別荘のマンションで暮らす。有名な「ラゴマー・カントリークラブ」は目と鼻の先だ。ペロキンは、あの「パラダイス島」のリゾートにも時々、出かける。「予約を頼める連中がいるかね」と言って、ペロキンは笑った。

ベガスに急派し、自ら陣頭指揮をするために現地に乗り込んだ。

ペロキンはホテルのロビーに陣取り、エージェントたちにガードを固めさせた。そんな中、病身のヒューズは椅子に座ったまま、側近の社員たちに担がれ、ホテルの裏階段から脱出に成功したのである。

「デザート・イン」のロビーに陣取っていたペロキンは、発覚を覚悟していた。マウが察知して、その場に乗り込んで来ることもあり得ないことではなかった。その場合、ペロキンができることと言えば、時間稼ぎをするくらいだった。ヒューズの暮らすホテルの警備は、マウの担当だった。しかし幸いにもマウのところへ、ヒューズが裏階段から消えたことを知らせる者はなかった。「インターテル」の脱出作戦は、俄仕立てながら完璧に行なわれたため、マウがようやく「ヒューズの脱出」に気付いたのは数日後のことだった。

ヒューズは鎮痛剤中毒で、誇大妄想の譫妄状態にあったから、この「ラスベガス脱出」が彼の意志によるものかどうか、真相を究明しようとするジャーナリストらの謎として残っていたが、ペロキンは「ヒューズは目覚め、自覚していた」と、私に証言した。ヒューズはこうしてラスベガスのホテルの最上階から、カリブ海の島へと向かったのである。

椅子に乗せられ、裏階段を下りたヒューズを、「インターテル」のエージェントたちが待ち受けていた。彼らはヒューズを車に乗せると、近くのマッカレン空港に向かった。空港にはヒューズの自家用機が待機していた。自家用機が向かったのは、バハマだった。

バハマの——あの「パラダイス島」だった。その高級リゾート・ホテル、「ブリタニア・ビーチ・ホテル」の九階が、新しいヒューズの隠れ家となった。

ヒューズはここで、その後の数年間を、「インターテル」に守られ、過ごすことになる。「インターテル」の武装したガードが張り付き、監視のテレビカメラが目を光らせ、盗聴装置が仕掛けられていないか、「掃除」が繰り返される厳戒態勢だった。「インターテル」のペロキンの下へ、莫大な報酬が小切手で転がり込んだ。

バハマのパラダイス島への脱出が成功した翌日――一九七〇年の感謝祭の日、マウはネバダ州チャールストン・ピークにある山荘で、久しぶりの休暇を楽しんでいた。

マウは山荘に、友人たちを招いていた。ヒューズの会社所有のヘリで呼び込んだ客だった。マウは自伝、『ヒューズの隣で（*Next to Hughes*）』の中で、その日の思い出を語っている。

ちょうどナイフを手に、十六キロもある七面鳥を切り分けているところに電話が入った。ラスベガスのヒューズの持ち株会社の警備責任者、ジャック・フーパーからの電話だった。「あの男が消えました！」

私は「あの男が消えた、だと？　どういうことだ」と、いささか興奮して訊き返しました。すぐ近くのテーブルにはゲストが揃っているので、私は叫び出したい思いをこらえて、説明を受けたのです。叫びをこらえるのは楽なことではありませんでした。（原注57）

原注57　マウ、ハック、前掲書、二一頁。

クーデターだった。してやられたマウは、ゲイとデイビスに雇われた「インターテル」がヒューズを誘拐したものと思い、早速、私立探偵のチームを雇って、ヒューズがなお自分の所有する企業群の経営権を握っているか、「インターテル」のエージェントらが実権を手にしているか、確認するよう命じた。

マウの依頼で、八人編成のエージェントのチームがバハマに向かった。しかし、それも手がかりさえつかめない空振りに終わった。「インターテル」側が、カウンター・インテリジェンスの防御策をとっていたからだった。たとえば、マウが送り込んだエージェントたちの会話や通信は、すべて「インターテル」側が傍受していた。マウのエージェントたちが、ヒューズの居所を突き止めようとしても、「インターテル」側の防諜線が張り巡らされていて、無駄な努力に終わった。(ただし、ペロキンは、「インターテル」では決して電話の盗聴や、その他、不法な活動は行なわなかった、と主張している。法を守ることは大事なことだと、常に思っていた、と)

マウのエージェントたちは、ヒューズが身を隠したホテルの八階に陣取って工作を始めた。天井にドリルで穴を開け、一階上のヒューズがいると思われるフロアにマイクロフォンを差し込もうとしたのだ。「インターテル」が予想していたことだった。早速、地元警察に通報し、マウのエージェントたちはその場で逮捕された。マウの側に回っていたとはいえ、彼らも同じエージェント仲間。ペロキンは地元警察に話をつけ、直ちにアメリカに帰ることを条件に、無罪放免させたそうだ。マウに雇われたエージェントたちは敗北感を抱きながら、バハマの空港から飛び立った。

ペロキンのバハマ暮らしは豪勢なものだった。肩で風をきり、億万長者や有名人と肩を並べて過ごす毎日だった。一九七〇年代の終わりごろのことだ。「パラダイス島」を開発したクロスビーが電話をかけて来た。イランで革命が起きて、パーレビ国王が追放された。ジミー・カーター大統領は米国への亡命を嫌っている。国王一家の面倒を見てくれないか？――との電話だった。ペロキンは早速、バハマ政府と受け入れ策を協議し、国王一家をクロスビーの邸宅に住まわせることになった。クロスビー邸のテニスコートで、パーレビ国王や、まだ十代の跡継ぎ、レザ・パーレビとゲームを楽しんだことを、ペロキンは懐かしげに語った。

しかしパーレビ国王一家の束の間の安息も長続きしなかった。ペロキンのもとに、バハマの首相、リンドン・オスカー・ピドリングのオフィスから電話が入った。パーレビのバハマ入りを認めたのは、取り乱した上でのことだった。とにかく国王に会いたいので会談をセットしてほしい――との依頼の電話だった。

依頼を受けたペロキンは、バハマ駐在の米国務省の担当者に、パーレビ国王に言って、バハマの首相と会談するよう頼んでくれ、と申し入れた。ところが、「この国務省の人間は、完全なアホ」で、ワシントンの本省は、パーレビ国王がバハマの首相と会見するのを許しませんよ、と言ったそうだ。なぜ、と聞き返すと、こんな返事。「パーレビ国王がニグロの首相と会いたがるはずないでしょう？」

ナンセンスなことを言う奴だとペロキンは思った。パーレビが人種差別主義者かどうかペロキンは知らなかったけれど、パーレビはアメリカに頼らざるを得ないから、アメリカ政府の勧めに従って誰にでも会うことくらいは知っていた。バハマの首相に会いさえすれば道は拓かれるかも知れないのに、米国務省の「アホ」はその道を塞いだのである。

会見の申し出を拒絶された元英植民地・バハマの初代黒人首相はバカにされたと思ったに違いない。「パーレビがバハマから追放されたのは、その二日後のことだった」とペロキンは言った。

「インターテル」のビジネスは、本拠のワシントンで飛躍を遂げようとしていた。何人ものお歴々が、まるでパレードをするかのように、さまざまな問題を抱えて「インターテル」のドアを潜るようになった。その中には、あの伝説の「自動車王」の孫息子――同名のヘンリー・フォードも含まれていた。その孫息子が相談に来ることになって、ペロキンの部下たちは色めき立ち、ペロキンの執務室の木製のドアをピカピカに磨き上げるなど、歓迎準備に慌しく取り掛かった。偉人の孫息子の用件は、カリブ海に浮かぶ島、サンマルタンにカジノを開く相談だった。ヘンリー・フォードいわく、ＦＢＩのＪ・エドガー・フーヴァー局長に相談に行ったら、それなら「インターテル」に頼むといい、とペロキンを推薦したという。例によって、早速、ペロキンのエージェントたちが、カジノ従業員たちの身元調査を始めた。マフィアと繋がっていないか、「身体検査」にかけたのだ。

ワシントンでその名を轟かしていたスーパー弁護士、エドワード・ベネット・ウィリアムズも「インターテル」のドアを潜った一人だ。十七丁目にあった「インターテル」のオフィスに、ウィリアムズは、依頼人を二人、連れて来た。ワシントン・ポスト紙の社主のキャサリン・グラハムと、編集局長のベン・ブラッドリーだった。ポスト紙を率いる二人は、ニクソンのホワイトハウスの腐敗を暴くウォーターゲート事件追及の渦中にあった。グラハムとブラッドリーは、ニクソンの手先が二人の執務室に盗聴器を仕掛けているのではないか、という不安に取り憑かれていた。早速、ペロキンのエージェントたちがポスト紙の社屋に送り込まれた。社主の部屋からも、編集局長室からも、盗聴器は発見されなかった。

さて、再び話をハワード・ヒューズに戻すと、一九七〇年代の初め以降、ヒューズはますます「インターテル」を頼りとするようになっていた。クリフォード・アーヴィングというライターが、自分はヒューズの共著者として、ヒューズの「自伝」を書き上げ、大手出版社のマグロウ・ヒル社から刊行する、と発表した。この時も、動いたのは「インターテル」だった。

アーヴィングはイカサマ師で、ヒューズが彼に「自伝」の執筆の許可を与えたことはなかった。出版社側が主張するように、「自伝」出版のコミッション料をヒューズが受け取ったこともなかった。アーヴィンが行なったとする「単独インタビュー」も「新資料」も、ヒューズの華麗な私生活にまつわる「エピソード」も、捏造されたか、さまざまな報道から取られたものだった(原注58)。

「ヒューズの側近のチェスター・デイビスも、完全なでっち上げだ、と怒っていた」と、ペロキンは思い出しながら語った。「ヒューズ本人も非常に腹を立てていたね。なにしろ頭がヘンなライターに自分の伝記を書かれてしまったわけだから」。

原注58　この「偽自伝」事件はハリウッドを大儲けさせた。この事件を下敷きに、二〇〇七年に制作された『The Hoax』(ラッセ・ハルストレム監督)が大ヒットしたのだ。この映画で主人公のクリフォード・アーヴィングを演じたのは、リチャード・ギアだった。

アーヴィングの書いた「ヒューズ自伝」がでっち上げだというニュースが、突如メディアを揺るがせた」のは、一九七二年一月のことだった。

ヒューズが電話会見を開いたのだ。ヒューズの電話会見の相手として、ハリウッドのホテルの会見室に集まったのは、隠遁生活に入る前のヒューズを知る七人の記者たち。ペロキンによれば、「遥か彼方から」電話で質問に応じたヒューズに対し、記者たちはストレートに、こう尋ねた。「アーヴィンという男を知っていますか?」。「知らない」——これがヒューズの答えだった。

電話会見でヒューズは束の間ながら、いつになくチャーミングな機知を飛ばした。「秘密の場所」から、亡霊のようなヒューズの声が届いた。「今も映画の制作を続けていればよかった気がするね。こんな〔アーヴィングが書いた「自伝」のような〕とんでもない台本にお目にかかったことはなかったからね。想像力の限りを尽くしたんだろうが、大法螺だと分かってしまってはね」(原注59)

しかし、この電話会見だけで「自伝」刊行の動きをひっくり返すことはできなかった。贋作だと分かる決定的な証拠が必要だった。ペロキンは司法省で犯罪捜査に携わっている元の同僚たちと話し合った。

その話し合いの中で、ペロキンにアイデアが閃いた。

マグロウ・ヒルから数十万ドル、支払われたというのは全くの嘘っぱちだから、ヒューズとしては、それに対する所得税をビタ一文たりとも支払うつもりはない……ということは……。

ペロキンの思い描いた戦略は、実にシンプルなものだった。所得税を徴収するIRS(内国歳入庁)の査察をすすんで受けようという戦略だった。IRSに、ヒューズはマグロウ・ヒル社からビタ一文、もらってはいないと証明させようとしたのだ。

ペロキンはしかし、IRSが査察に動き出す前、ちょっとした幸運に恵まれた。マグロウ・ヒル社の役員がテレビのショーに出演し、ヒューズに自伝の出版料を支払った証拠として、三枚の小切手を振りかざして見せたのだ。小切手はすでに現金化されていて、マグロウ・ヒル側にすれば、ヒューズ側から出版の同意を取り付けた動かぬ証拠だったわけだ。

その時のテレビ映像をカメラに収めた男がいた。それがヒューズの側近、チェスター・デイビスだった。映像を拡大すると、小切手が現金化されたのは、スイスの銀行であることが分かった。

デイビスは早速、ペロキンに電話した。「スイスに飛んでくれ」

ペロキンはすぐさま、チューリッヒに飛んだ。チューリッヒに陣取ったペロキンは、こんな時のために高額な報酬を支払い、「インターテル」の役員として迎え入れた元FBIの捜査官、ヴァジャ・カロムバトヴィックを使って、それまでの投資の回収を始めた。カロムバトヴィックの父親は、ユーゴスラビアから米国に亡命した男だった。そんな関係でカロムバトヴィック自身、十数ヵ国語を話す人間だったが、それ以上に重要だったのは、FBIの現地駐在としてフランス、スペイン、イタリアに勤務した彼の経歴だった。その間、カロムバトヴィックはヨーロッパのほとんどの国の警察と密接な関係を築いていた。(原注60)

ペロキンの指示でカロムバトヴィックが電話を入れた先はスイスの司法当局者だった。間もなく、

原注59　ニューヨーク・タイムズ、一九七二年一月十日付。

チューリッヒのホテルにいるペロキンを、スイスの警察官が訪ねて来た。「その警官に事情を話したんです。銀行を調べてほしい。一体、どういうことだったか知りたい。誰がヒューズ宛の小切手を現金化したか、突き止めてほしい、と」。ペロキンは、スイス官憲の力を借りようとしたのだ。

スイスの警官は、ここで待っていてくれ、と言い残して、ペロキンのホテルの部屋を出て行った。

スイスの警官が部屋に戻って来たのは四時間後のことだった。警官は、たどたどしい英語でこう言った。「あなたのヒューズさんの件、解決しましたよ」

案の定、小切手を現金化したのはハワード・ヒューズではなく、別人だった。「ヘルガ・ヒューズ」を名乗る女性が現金化していた。警官はペロキンを銀行に案内し、「ヘルガ・ヒューズ」のために現金化した担当者に紹介した。ペロキンはある女性の写真を取り出し、銀行の担当者に見せた。クリフォード・アーヴィングの妻、エディス・ゾマー・アーヴィングの写真だった。女優のジェーン・フォンダの若い頃を思わせる、長い金髪の美女だった。銀行の担当者は言った。「ええ、髪を黒く染めていましたけど。この方です」

ハワード・ヒューズが待ちに待った決定的な証拠が遂に浮上した。クリフォード・アーヴィングと妻のエディスはヒューズの回想録なるものを捏造し、マグロウ・ヒル社から数十万ドルもの大金を騙し取っていたのだ。

アーヴィンが捏ね上げたでっち上げ話は破綻し、彼自身、捏造を自白することになった。夫妻そろって刑務所に送られる結果に終わった。

事件が解決して、ヒューズが喜んだことは言うまでもない。「私もホッとしたよ。ヒューズと同じくらい、心配していたんだ」と、ペロキンは当時を振り返った。

ヒューズはペロキンに感謝し、個人的に会ってみたいと言うようになった。ほとんど誰にも会いたがらないヒューズにしては珍しいことだった。

クリスマスの日のことだった。ペロキンの自宅に、ヒューズのオフィスから電話が入った。ヒューズがカナダからロンドンに行くと言い出し、すでに機上の人となっている、というのだ。そして、パスポートとか入国審査の書類書きとか面倒なことはやりたくないと言っているのだという。ロンドンまで、あと数時間しかないが、正式の手続きなしに英国入りの手配をしてくれないか、との依頼の電話だった。

ここでも「インターテル」の人脈がものを言った。スコットランド・ヤード(ロンドン警視庁)の元長官、ラナルフ・ベイコン卿が、経営陣に名を連ねていたのだ。(原注61) 残された時間はごく僅か——ペロキンは大慌てでベイコン卿に電話を入れた。「ラナルフ、ハワード〔・ヒューズ〕をロンドンで迎え入れてくれ」

原注60　ヴァジャ・カロムバトヴィックには、「インターテル」にとって好都合な、もうひとつの重要な個人的なパイプがあった。第二次世界大戦で彼は、米陸軍の伍長として軍務に就いていた。その時の直接の上官が、ヘンリー・キッシンジャー軍曹だった。ニクソン政権で国務長官を務めた、あのヘンリー・キッシンジャーである。二人はワシントンのエリート社交場、「メトロポリタン・クラブ」で会った時、まるで兄弟のように抱き合ったという。二人の個人的な関係が、「インターテル」を連邦政府に深く食い込ませるものになったことは言うまでもない。

三十分後、ベイコン卿から電話が入った。「大丈夫、問題ない」。結局、ヒューズはパスポートなしに、英政府から温かく迎え入れられた。

この、どちらかというとマイナーな成功がペロキンにヒューズとのご対面の機会をもたらした。ペロキンに、すぐロンドンに来るよう電話があった。指示に従い、ワシントンのナショナル空港に駆けつけると、ヒューズの専用機が待っていた。たった一人の乗客だった。機内にはベッドもあり、夜間飛行中、眠ることもできた。ヒースロー空港に着陸してから目が覚めた。連れて行かれたホテルは、バッキンガム宮殿に近い高級ホテルだった。そこにヒューズの側近のビル・ゲイが待っていた。ゲイが言った。「ハワードが会いたいそうだ」

ペロキンは最悪の出会いを想定して覚悟を決めた。話に聞くヒューズの状態は最悪のものだった。ヒューズは英国でまたも負傷していた。ペロキンによれば、当時、ヒューズは七十歳になんなんとする頃。心身ともひどい状態にあった。ヒューズには英国人の飛行仲間がいて、その旧友からもう一度、英国の空を一緒に飛ぼうと誘いを受けたのだった。ヒューズは旧友の操縦する飛行機に乗り込み、たぶん、少しは自分でも操縦桿を握ったらしい。その飛行そのものは順調のうちに終わったが、機内から降りる時、災難が待ち受けていた。転落して腰の骨を折ってしまった。

ヒューズは入院を拒否したため、ホテルの部屋まで英国人の医師らが来て手術を行なった。手術はうまく行かず、ヒューズは新たな痛みにも耐えることになった。ヒューズの死去は、その三年後のことだった。

ペロキンがホテルのスイートで会ったヒューズは、意外にも親しみの持てるヒューズだった。精神状態もクリアなヒューズが、そこにいた。ペロキンは、ヒューズとのたった一回きりの会見を思い出しながら、言った。「そんな年には見えなかったよ。髪の毛は案の定、長かったけど、話し方はまともだった」

ヒューズは極端な黴菌恐怖症で、ペロキンと握手を交わすこともなかったが、そんな気まずさもその時だけ。一部で報じられていたように、膝の上からクリネックス・ティッシュの箱を離さない、などということもなかった。

ヒューズはしかし、薬のカクテルを毎日、飲むことで頑固な便秘に苦しんでいた。だから、長い時間をトイレで過ごさざるを得ない状態が続いていた。ペロキンによれば、ヒューズはこの面でも発明の才を発揮し、軍馬用の鞍を改造し、お尻の当たる部分に穴を開け、またがって用を足そうとしていたという。(原注62) これはその後のことだが、ヒューズは床ずれに苦しむようになると、褥創を悪化させな

原注61　ベイコン卿とペロキンがどこでどう結びついたかは、複雑きわまりない話だ。「インターテル」について書いた作家のオトゥールによれば、ペロキンは司法省勤務の現役の頃から、パラダイス島を開発したクロスビーと関係があったという（ペロキン自身は司法省を辞めてからのことだ、と言っている）。司法省で汚職摘発の職にあったペロキンは、バハマの賭博師たちの不正疑惑について調査を開始した。このペロキンの捜査はクロスビーにとって願ってもないこと。パラダイス島に対する脅威を取り除いてくれることであったからだ。当時、まだバハマを統治していた英政府がクロスビーの競争相手である賭博関係者の不正問題に調査のメスを入れ始めたのも、その頃のこと。その調査委員会の委員長を務めていたのがベイコン卿で、ペロキンから直接的な協力を受けながら調査を進めたという。その結果、クロスビーの競争相手になりそうな数人の賭博関係者が放逐されることになった。ペロキンがベイコン卿を「インターテル」の経営陣に迎え入れたのは、それからしばらく経ってからのことである。

いマットレスを自分で考案したという。

ペロキンの「インターテル」がヒューズ王国のため、最後の秘密作戦を行なったのは一九七六年四月、この狂気のビリオネーアが亡くなった時だった。ヒューズはメキシコのアカプルコの「プリンセス・ホテル」で人生最後の時を過ごしていた。至るところ床ずれで覆われた、ひょろひょろの裸の体をベッドに横たえ、死の訪れを待っていた。側近のビル・ゲイらはヒューズを帰国させようとした。彼らの説明では、ヒューズは米国に向かう専用機の機内で死亡した、という。ヒューズにとってその死は苦しみからの解放だったが、ヒューズ王国を延命しようとするゲイら側近らにとって、それは悪夢の始まりだった。早速、問題が持ち上がった。アカプルコにいたヒューズの部下たちが全員、メキシコの官憲に逮捕されたのだ。メキシコの医師たちはかねがね、ヒューズの心身状態のあまりのひどさに驚き、側近の者たちが何らかの意図で放っておいているせいではないか、と疑っていたのだ。

ビル・ゲイから急報を受けたペロキンは、ヒューズの部下たちを刑務所行きから救出するためにメキシコに飛んだ。同行者は、アリゾナの国境警備隊の元メンバーの「インターテル」のスタッフの一人。メキシコに向かう機内で、国境警備隊出身のスタッフが、ペロキンにこう尋ねた。「現金、どれだけ持ってます?」

「二千ドル」と答えると、国境警備隊出身者は「それ全部、私に下さい」と言って、ペロキンが取り出した札束を懐に入れた。(ペロキンはヒューズの依頼で動く時、常にまとまった現金を持ち歩いていたという)

メキシコに到着すると、国境警備隊出身者は現ナマを持って、どこかに消えた。ペロキンがホテルで待っていると、「二時間後、その元国境警備隊《ボーダー・パトロール》のエージェントが、捕まっていたヒューズのスタッフ全員を引き連れて現れた」。「全員、釈放された」のだった。ペロキンは「それがメキシコなんだ」とだけ語ったが、メキシコの当局者に賄賂をつかませるのも、「インターテル」の手の内だったらしい。最大の顧客であるヒューズ王国の依頼とあれば、そのくらいのことをやるのは当然、ということであったかも知れない。

アカプルコではペロキンと元国境警備隊員に、もうひとつ仕事が待っていた。ヒューズがいたホテルの部屋に、非合法の麻薬を含め、壜詰めの薬剤がダンボールで山のように残されていたのだ。ヒューズの側近や部下は皆、こんどは麻薬の不法所持でメキシコ官憲に逮捕されるかも知れない、と怯えて誰も動こうとしない。

この時も、問題の解決に動いたのが、ペロキンが連れて来た元国境警備隊員だった。元警備隊員はホテルの部屋を出て行くと、空のトラックを運転して戻って来た。ヒューズの部下たちに命じて、部屋に残っていた薬剤をトラックの荷台に積み込み、ペロキンと元警備隊員の二人でトラックを走らせた。行き先は、海岸のそばの砂漠。元国境警備隊員は、なんと現地にブルドーザーまで確保していたのだ。ヒューズが残した薬剤の山は、こうして地中深く、廃棄されたのである。

ペロキンは思い出し笑いをしながら言った。「あの海岸の魚たちは、きっとあの晩、ドラッグでハ

原注62　感謝祭の前夜、ラスベガスのホテル、「デザート・イン」からヒューズを脱出させた時、ヒューズの側近たちがこなさなければならなかった仕事が、このトイレ用の鞍の運び出しだった。穴の開いた鞍は、ホテルの裏階段を伝い、待ち受けた車に乗って、パラダイス島に向かった。

イになっていたんじゃないかな」
ヒューズの死後、数ヶ月間、ペロキンの「インターテル」は、ヒューズの遺書探しに明け暮れた。しかし遺書は結局——もちろんそれが、あったならばの話だが——どこからも出て来なかった。ヒューズ自身、ほとんど会ったこともないテキサスに住む従兄弟たちに、ヒューズの遺産は贈られることになった。

ペロキンは何にでも手を出すタイプの人間だったから、ヒューズだけが「インターテル」の顧客なわけがなかった。そんな大手の顧客の中には、テレコムの巨人、「ＩＴＴ」も名を連ねていた。「インターテル」は一九七二年、ワシントンを揺るがせたＩＴＴとニクソン政権をめぐるスキャンダル、「ディータ・ビアド事件*」に微妙な形で関わることになる。

この年、すっぱ抜きで有名な新聞コラムニストのジャック・アンダーソン*が、ＩＴＴの女性ロビイスト、ディータ・ビアドが書いた「社内メモ」を暴露して、大変な騒ぎになった。彼女の「メモ」が明らかになったことで、間もなくサンジエゴで開かれる、大統領候補指名の共和党全国大会の経費としてＩＴＴが四十万ドル、密かに献金する話と、米司法省によるＩＴＴに対する反トラスト法の訴追取り下げが取り引きされたのではないか、との疑いが急浮上し、ワシントンを揺るがせたのだ。ニクソンのホワイトハウスは大統領選の運動資金を得るために、政治を売り渡したのではないか、という疑惑の爆弾が炸裂したのである。

当事者たちは皆、一斉にダメージ・コントロールに入り、被害を最小限に食い止めようと必死になった。(原注63)ＩＴＴの主張は、「メモ」は捏造されたもの——だった。そしてＩＴＴは、ペロキンの「インターテル」の専門家チームに「メモ」の鑑定を依頼した。

「インターテル」の専門家チームの結論は、こうだった。「メモ」は恐らく、ロビイストのディータ・ビアドのオフィスにあるタイプライターで作成されたものだ。そうであれば、ホンモノに間違いない——。しかし、「インターテル」は、こうも結論づけたのだった。そのメモがビアド本人によってタイプで打たれたホンモノかどうか確かめることは不可能に近い、と。

＊ディータ・ビアド事件　ＩＴＴの女性ロビイスト、ディータ・ビアドが一九七一年六月に同社副社長宛に書いたとされる「社内メモ」が、翌七二年二月、ワシントンのコラムニスト、ジャック・アンダーソンによって暴露されたことで噴出した、政界と大企業をつなぐ大スキャンダル。この「社内メモ」は、ニクソン・サイドに四十万ドルを現金で渡すか、それ相当のサービス提供で贈るか、指示を求めたもの。当時、ニクソン政権は共和党の大統領候補を正式に決める全国大会をサンジエゴで開こうとしていたが、地元の市長が補助金の支出を渋り、スポンサーを求めていた。一方、ＩＴＴ側はテレコム関連の三つの企業を吸収したことから、米司法省により、反トラスト法違反の疑いで追及されていた。

＊ジャック・アンダーソン　米国の新聞コラムニスト（一九二二〜二〇〇五年）。ワシントン政界の内幕を暴露した名物コラム、「ワシントン・メリーゴーランド」はシンジケート化され、世界の各紙に掲載された。アメリカの調査報道の草分けの一人。

原注63『タイム』誌、一九七二年三月。『タイム』誌の「ディータ・ビアド事件」に関する記事は、以下のサイトに。　www.time.com/time/magazine/article/0,9171,903331-2,00.html　「上院ウォーターゲート報告（*The Senate Watergate Report*）」の二〇六頁にも、詳しく出ている。オンライン閲覧も以下で可。　http://books.google.com/books?id=x7nMs-JwAikC&pg=PA206&lpg=PA206&dq=dita+beard+affair&source=web&ots=-leJC8aX3C&sig=06FakbStYMUIUTfNsYOILnPTOE&hl=en&sa=X&oi=book_result&resnum=1&ct=result#PPA208,M1

この「インターテル」の鑑定結果は、それでもＩＴＴ側が白を切れる論拠になり得るものだった。メモが彼女によってタイプされたホンモノであると確証できない以上、ＩＴＴのニセモノであるとの主張は否定しきれないからだ。

ジャック・アンダーソンがその後、レポートしたところでは、ペロキン率いる「インターテル」は、彼の顔に泥を塗るために嗅ぎ回り、彼の取材活動を逸らそうとまでしていたという。また、これはジャック・アンダーソン自身が回想録に書いていることだが、「インターテル」は結局、ひとつもゴシップの種を見つけることができなかったそうだ。(原注64) これはたぶん、アンダーソンがモルモン教徒だったせいかも知れない。タバコも酒も、コーヒーさえも飲まず、個人的には人に呪いの言葉を投げかけることもない人柄が、アンダーソンを守ったわけだ。（ただし、ペロキンは、「インターテル」がアンダーソンの尻尾をつかもうとした事実を否定している。ペロキンは私にこう語った。「私はそんなバカじゃなかった。ジャック・アンダーソンに書かれたくなかったし、ね」）

「ディータ・ビアド事件」ではＩＴＴの側に立った「インターテル」だったが、「インターテル」がケネディ家とつながりのある、諜報企業であることを知って、ニクソン政権は背筋を凍らせた。ニクソンのホワイトハウスで書かれた秘密メモは警戒心もあらわに、こう指摘している。「われわれは特に、急成長を続ける、インターテルという新組織を警戒しなければならない……もしも、ケネディ一派《マフィア》が支配する、この『金で動く』諜報企業が、〔大統領選のある〕一九七二年に、われわれを狙って動くことになれば、危険かつ手ごわい仇敵になるだろう(原注65)」

実際のところ、一九七二年六月十七日に起きた、ワシントンの「ウォーターゲート」ビルにある民主党本部への侵入事件が、「インターテル」絡みの犯行だと見るジャーナリストは何人もいるのだ。侵入犯たちは、ハワード・ヒューズからニクソンの側近に支払われた不法な金の詳細を、「インターテル」が民主党に通報しているのではないかと恐れ、ニクソンに対する「ヒューズ・コネクション」を民主党全国委員会はどこまでつかんでいるか知ろうとして犯行を企てた――との見方が、現に存在しているのである。

この点についてペロキンに質《ただ》すと、「インターテル」として、〔民主党の〕ケネディ家のために動いたことは一切ない、と否定はしたが、共和党が「インターテル」とケネディ家の関係を恐れるのは無理もない、ということは認めた。

ペロキンによれば、当時、「インターテル」のワシントンの事務所に賊が入ったことがあったという。秘密の書類を入れた金庫にドリルで穴を開け、盗み出そうとしたのだ。幸い、分厚く頑丈な金庫だったので、何も盗られずに済んだが、この金庫破りの犯人たちも、ニクソンのホワイトハウスの回し者に違いない、とペロキンは固く信じている。

「連中はきっと、ニクソンの名前がヒューズの支払先名簿に乗っていることを、われわれにつかまれているに違いない、とビクビクしていたはずだよ」とペロキン。

で、実際はどうだったかというと、皮肉なことに「インターテル」は、そんな証拠など何処にも持

原注64　ジャック・アンダーソン（Jack Anderson）著、『平和・戦争・政治―目撃者の証言（*Peace, War, and Politics: An Eyewitness Account*）』、二〇〇〇年、二三〇頁。

原注65　ニューヨーク・タイムズ、一九七六年一月四日付。

ち合わせていなかったそうだ。ペロキン自身、たぶんそうではないかと睨んでいたものの、ニクソンがヒューズから賄賂をもらった証拠を手に入れることはなかった。ヒューズから「ニクソン自身、あるいはニクソンの兄弟に支払われていた可能性はある。しかし証拠はなかった」

一九八〇年代から九〇年代の初めにかけ、「インターテル」はそれほど目立たないものの着実な活動を続けていた。大企業を顧客に抱えて、多額の報酬を得ていた。「インターテル」の元副社長によれば、同社は一九八〇年代に、「マクドナルド」や「クラフト・フーズ」、「マーズ*」、「クロロックス・カンパニー*」のために活動していたという。

「インターテル」は一九八二年にシカゴで起きた、「毒入りタイレノール（頭痛薬）」事件でも、製造元の「ジョンソン・エンド・ジョンソン」のために動いている。司法当局者に対する、同社の窓口役を引き受けたのだ。しかし、「インターテル」自身、この事件の捜査に動くことはなかった。「タイレノール」のカプセルに何者かが青酸カリを混入、服用した七人が死亡したこの事件は、未解決のまま終わった。

ペロキンの「インターテル」は、規模を大幅に拡大することはなかった。最盛期にあっても、スタッフはせいぜい五十人止まり。それが世界中に散らばって活動していた。スタッフは皆、専門的なスキルの持ち主だった。一九八四年から一九九四年まで「インターテル」に所属していた元ＦＢＩのジム・ヒーリーによれば、当時の同僚のほとんど全てが、ＣＩＡやＩＲＳ、関税局の元当局者ら米政府の出身者だった。

「インターテル」が高解像度のＴＶ監視システムをカジノ用に開発したのも、その頃のことだった。

カジノの従業員のネコババや、客の不正行為をモニターするシステムだったが、監視カメラの解像度は抜群で、ジム・ヒーリーによれば、「客のホクロが付けボクロかホンモノのホクロか見て取れるものだった」。

こうして、あの「ピンカートン」をも凌ぐ活動を繰り広げた「インターテル」だったが、一九九四年に転機を迎える。

皮肉なことに、ほかならぬ「ピンカートン」に買収されたのだ。当時、「ピンカートン」は警備会社に変身し、工場や倉庫を見回りする武装ガードの派遣業を始めていたが、その経営陣は急成長する「企業諜報サービス」のマーケットに目を見張り、元々、「ピンカートン」が創設した分野への復帰を考え、「インターテル」に目を付けて買収した。

「ピンカートン」はしばらくの間、「インターテル」のブランドを活かして別会社として存続させ、その後、「ピンカートン」本体に吸収。それによって「インターテル」の名は、諜報ビジネスのシーンから消えることになる。

さて、ペロキン自身に戻るが、ペロキンは「インターテル」を経営する一方、パラダイス島を運営する「リゾート・インターナショナル」社の執行副社長も務めていた。同社のトップのクロスビーが死去すると、ニューヨークの不動産王、ドナルド・トランプが同社を買収する。こうしてペロキンは、

＊マーズ（Mras）米国の食品会社。お菓子やペットフードなど年間三百億ドルを売り上げる大企業。
＊クロロックス・カンパニー（Clorox Company）米国の化学製品、食品会社。漂白剤を主力商品としている。

ハワード・ヒューズとドナルド・トランプという稀代の風雲児、二人に直接仕えた、世界ただ一人の人間になった。

しかし、ペロキンはトランプとはうまく行かず、角を突き合わせた。トランプの口癖は、「お前ら、クズ野郎のくせに」だった。そう前置きして、「お前、俺の新しいヨット、まだ見ていないようだな」と、さんざんヨット自慢をした挙句、また「お前ら、クズ野郎のくせに」が始まるのだった。

ペロキンは、ヒューズとトランプの違いを、こんなふうに描いて見せた。「ヒューズは変わり者だった。薬物中毒者だった。トランプは中毒者ではなかったけど、薬の勢いで生まれて来たような男だったな。自己顕示欲のかたまりのような男だった」

「インターテル」が勢いを失くした直接的な理由は、中核を成していたメンバーが引退したせいだが、その「インターテル」に代わって、新たな諜報企業が一九七〇年代に出現、やがては「インターテル」を追い抜き、ピンカートン伝説の後継者の座に就くことになる。「クロール」社の躍進がそれである。

「クロール」は、ニューヨーク・マンハッタンの元次席検察官、ジュールズ・クロールが一九七二年に創設した。

小さなコンサルタント会社としてのスタート。企業の購買部門からの相談に乗っていた。

やがて「クロール」は、四千人近いスタッフを擁する一大諜報企業に成長する。民間で活躍しようとするFBIやCIAのエージェントたちの受け皿役を果たすようになる。

この「クロール」こそ、その後、数十年にわたる諜報産業の飛躍的な発展に、中心的な役割を果たしたものだ。その中でウォールストリートも、次第に諜報テクニックに頼るようになって行った。

こうした「クロール」のような新興の諜報企業が日常的な調査業務を続ける上で頼みとしているのが、特にFBIの元エージェントたちのつくる人的なネットワークだった。このネットワークを知るには、テキサス州ダラスの小さな出版社が毎年出している人名録を見ればよい。『トラップライン（罠道）』という名のガイドブックは、簡単なスパイラル綴じのペーパーバックだが、こうしたものが外部に知られることなく出回っているのだ。『トラップライン』には、諜報産業で働く元FBI職員全員の名が電話番号、住所とともにリストアップされている。この人名録に自分の名前を載せるには、元エージェント側が掲載料を支払わなければならない。それを出版社側が地域別に、その人間の得意分野を紹介して印刷する。

で、どんな得意分野が紹介されているかというと、「電子的対抗手段」や「捕虜解放交渉」、「心理的プロファイリング」といった具合だ。

私が見た二〇〇七年版の『トラップライン』は、三百二十六頁。名前が載ったFBIの元エージェントたちにだけ配られる。書店や通信販売で売られることはない。インターネットに内容が載ることもない。身の安全の問題もあり、ほとんどの人は外部の人間に売ったり手渡したりしない。（原注66）

原注66　私に二〇〇七年版の『トラップライン』を貸してくれたのは、その掲載者の一人で、すぐに返却するように、という条件付きだった。見てすぐ返却したことは言うまでもない。

この『トラップライン』を出版しているダラスの出版社の名は、トラップライン社。ジム・アボットという、これまたFBI出身の男がやっている。三十二歳。早めにFBIの現役を引退して出版社を始めた。この人名録のタイトルは、FBIが昔から使っている「トラップライン」という電話機器にちなみ、アボットが名付けた。電話をかける人間が自分の番号を隠そうとしても見破ることのできる電話機器だそうだ。アボットは、FBI元エージェントたちの大ネットワークの結び目にいることを誇りに思う人間だった。

電話に出たアボットは、丁寧で好感の持てる男だった。しかし、『トラップライン』を一冊、送ってほしいという申し込みは、キッパリ断られた。アボットはこちらの取材の意図を知ると、人名録にあたって、取材の助けになりそうな元エージェントらの名前と電話番号を教えてくれた。問題を抱えた人（依頼人）と問題を解決する人（元エージェント）をつなぐのも、アボットの仕事のうちだった。いわば身内の者だけが手にできる『トラップライン』は、そこに名前が載った元エージェントたちの個人営業の「店《ショップ》」と、「クロール」のような全国的・全世界的な大規模諜報企業とをつなぐ役割を果たしている。

トーマス・バラは二〇〇〇年に五十歳で、二十八年に及ぶFBI暮らしに終止符を打ち、ニュージャージー州ラボレットで、「バラ・ハットン・グループ」という自前の「店」を立ち上げた元エージェントだ。FBI時代、逃亡者の追跡、監視活動、組織犯罪対策、SWAT（特殊部隊）、対抗諜報活動などのキャリアを積み上げた人物。「FBIのエージェントになれたら、いいレストランで、マフィアの連中よりも美味いものを食べれると思って、ＦＢＩに入ったんだよ……」。そう言って愉快そうに笑った。「私の部屋の壁にはね、現役の頃の、『ザ・パーム（The Palm）』*での写真が飾ってあるんだ」

ＦＢＩを辞めて自前の「店」をスタートさせるに当たり、バラは慎重に振舞った。『トラップライン』にだけ自分の名前を載せ、他には一切、広告を出さなかったのだ。『トラップライン』のバラの項目には、彼の得意分野がその世界の「略語《アルファベット・スープ》」で記載されている。ＧＩＭ（一般調査マター）、ＭＶＡ（交通事故調査）、ＯＣ（組織犯罪対策）、ＰＨ（写真撮影）、ＰＰ（個人保護）、ＰＳＳ（身体安全調査）、ＳＣ（警備コンサルタント）、ＳＵ（監視活動）――。

バラは『トラップライン』にだけ広告を出したわけを、私にこう語った。「『トラップライン』を見て、誰かが私のところへ電話を掛けて来た――ということは、ちゃんとした仕事が来た、ということなんです。割の合わない仕事じゃなくてね。他にいろいろ広告、出していたら、壁にアルミフォイルを貼って、異星人からの電波を防いでいるような連中からも依頼の電話がかかって来て、大変なことになってしまうからね」

広告を『トラップライン』にだけ絞ったことで、バラのもとにまともな仕事の依頼が切れ目なく舞い込むようになった。バラは具体的なことは明かさなかったが、最近、ある製薬会社のために監視活

＊ザ・パーム　米国の高級ステーキ・レストラン。一九二〇年代、ニューヨークに開店、現在、全米各都市に店を展開している。

動を行なったと、私に打ち明けてくれた。その製薬会社の警備部門のトップがこれまたＦＢＩの元エージェントで、『トラップライン』でバラの名前を見て、依頼の電話をかけて来たのだそうだ。

バラはまた、以前、数年にわたってＧ　Ｅ《ジェネラル・エレクトリック》社の下請けとして、ある仕事を依頼され続けていた、と教えてくれた。そのＧＥでも警備部門のトップはＦＢＩの出身者だった。『トラップライン』とはつまり、ＦＢＩのＯＢたちの「元Ｇメン同窓会」のような役割を果たしているわけだ。それも、信頼のおけるＯＢたちだけの。

もしも、誰かが他のメンバーにとって好ましくないことを仕出かしたら、発行人のアボットの権限で、問題のメンバーをリストから除外することになっていた。『トラップライン』の序文に、アボットはこう書いている。

> リストに載った者に対し、三回以上の苦情が公式に持ち込まれ、その問題が他のメンバーの評判や業務、そして／あるいは経営状況に好ましくない影響をもたらすと判断された時に備え、このリストの発行人として、問題の当事者をリストから除去する権利を留保します。

言い方を換えれば、『トラップライン』は内部監査の取り締まり活動もしているわけだ。

一九九一年のソ連邦の崩壊で「冷戦」に終止符が打たれたのを合図に、米政府の各諜報機関から、数千人ものエージェントたちが洪水のように民間にあふれ出た。その結果として、民間の私企業の諜報的対応も大きく変わり始めた。こうした新しい世代の企業諜報のエージェントたちは、一般の企業（あるいは金融会社）によって配備され、敵対する企業が雇った諜報エージェントたちと張り合うようになった。これはピンカートンの古き良き時代にはなかったこと。一九八〇年代の企業乗っ取り戦争とともに始まったものだ。

こうした新世代の諜報企業のエージェントたちは今、かつてのように鉄道強盗を追いかけるのではなく、企業の裁判を有利に進める決定的な証拠集めにしのぎを削っている。贋金づくりに目を光らせるのではなく、企業の幹部らを監視下に置いている。しかし、その戦術に変わりはない。諜報、そして調査活動。その目的にも何ら変化はない。企業諜報の目的は常に、「利益《プロフィット》」であり続けている。

そして今、迎えた二一世紀。経済はグローバル化し、ヘッジ・ファンドと呼ばれるプライベート資金の貯水池は、企業諜報の一大マーケットを築くに至った。政府の諜報機関が開発し運用して来た、あらゆる技術、戦術、テクノロジーがいま、世界の諜報マーケットに売りに出されている。売値は高い。そしてそれに伴うリスクも高い。ハイリスク、ハイ・リターンのドラマが、そこに生まれている。

第5章　悪党バスターズ

「インターテル」を創設したロバート・ペロキンがそうだったように、「クロール」のジュールズ・クロールも一九六〇年代に、ロバート・ケネディのバージニア州の別邸、ヒッコリー・ヒルに出入りしていた。

クロールは上院議員だったロバート・ケネディのスタッフ助手として働きながら、ジョージタウン大学の法律大学院を卒業した男だ。

ロバート・ケネディは実兄のジョン・F・ケネディの政権で司法長官を務め、その任期を終えた一九六四年に上院議員になっていた。クロールがロバート・ケネディ上院議員のために働くようになったのは、議員がニューヨーク州から選出された直後のこと。クロール自身、コーネル大学を卒業したての二十三歳の時だった。

連邦議会上院という巨大な機構の最も下っ端に位置するクロールだったが、それでも仕事に追われ、息つく暇もない毎日だった。

クロールが数十人のボランティアとともにこなした仕事は、ロバート・ケネディへの手紙の山との格闘だった。上院選のキャンペーンの頃から溜まっていた未回答の手紙の山は、十五万通以上に達していた。クロールたちは手紙をトピック別に仕分け、返事を書く仕事を続けていた。手紙書きの合間に使い走りの役もこなしていた。

地味な仕事だったが、願ってもない役得があった。週末になると、ロバート・ケネディのヒッコリー・ヒルの別邸がスタッフのために開放されるのだった。ロバートと妻のエセルは、マサチューセッツ州のハイアニス・ポートにあるケネディ家の別荘で週末を過ごすのが普通だった。週末のヒッコリー・ヒルを仕切っていたのは、まだ三十代前半の年上のスタッフたちだった。それが別邸にいる唯一の「大人」たちだった。クロールや年少のスタッフたちにとって、ヒッコリー・ヒルは完璧な社交の場だった。リラックスした時間を過ごし、ロマンスを追い求めもした。そこで生まれた絆は生涯を通じるものとなった。

ヒッコリー・ヒルではロバート・ケネディ夫妻主催の正式なパーティーが開かれることもあった。そんなパーティーに呼ばれた者は、怖いものはもう何もないような幸運に酔ったものだ。十一人もいる夫妻の子どもたちのペットたち、犬やポニー、ウサギが、あたりをうろつき回っていた。来賓として、ビートルズのジョン・レノンが呼ばれて来たこともあった。女優のジュディー・ガーランドも来た。ロシアのダンサー、ルドルフ・ヌレエフも姿を見せた。その他大勢のセレブや政治家、軍人が一堂に集った。広々とした芝生の上で、テニスコートで、プルーサイドでワシントンのお偉方が飲みながら談笑し合うドラマチックな場面が見られた。

歴史家のアーサー・シュレジンジャー・ジュニアは、そんなパーティーでの体験談を書いている。ロバート・ケネディの妻、エセルが座っていたプール際の椅子が滑って、プールの中に椅子ごと落ちてしまったのだ。その場に居合わせたシュレジンジャーが助けに飛び込もうかどうか迷っていると、「助けに行きなさいよ」と、内務長官の妻のリー・ウダールに背中をド突かれ、正装のまま、プールに飛び込むことになったという。(原注67) 以来、プールへの突き落としは、カクテル・アワーの悪ふざけの定番になったそうだ。

こうした場面に立ち会うことは、ジュールズ・クロールにとって政治やビジネスの世界を学ぶ格好の場となった。ロバート・ケネディの影響でリベラルな理想主義者となったクロールは、自分も公僕として生きようと思った。クロールの父親は、「ブック・プリンターズ」という小さな会社を創設した実業家だったが、息子のクロールは家業を継ぎたくない、と思った。クロールにとって印刷業はみじめなビジネスで、自分は無関係でありたいと思った。

沿岸警備隊に入り、間もなく除隊して予備役となったクロールは、一九六七年、ニューヨーク州の司法試験に合格し、マンハッタンの地区検察官の事務所で働き出した。なのに、よりによって父親のハーマン・クロールがブドウ球菌に感染し、悪性の吹き出物で体中、覆われる症状を起こし、治療に専念せざるを得なくなった。歯医者に行って感染したものと後で分かったが、こうなると息子としてはいやでも家業の手伝いをしなければならず、印刷業に従事することになった。

一九六〇年代の印刷業界はしかし、マフィアに支配された腐敗した世界だった。クロールがそこで見たもの――それは、少しでも売り上げを伸ばそうと、しのぎを削り合う姿だった。リベート、上前をはねる取引、脅しが蔓延する世界だった。

当時をクロールはこう振り返った。「私は理想に燃えていたから、ほんとうにガッカリしましたね」

やはりこういう世界からは脱出しなければならないと考えた彼は、政治の世界への復帰を夢見るようになった。父親が長い闘病生活を終え、回復した。一家はこれを機に、印刷業を畳むことになった。一九七一年のこと。同じ年、ジュールズ・クロールは実業の世界からの逃亡を企てた。ニューヨーク市議会のクイーンズ区の選挙区で、民主党の地盤に根付いた「政治マシーン」を相手取り、新人として立候補することになった。しかし当時、三十五歳のクロールは所詮、アウトサイダー。同志と思った連中は結局、役に立たず、選挙運動は失敗に終わり、惨敗を喫した。破産、そして失業。クロールは車を売りに出した。

クロールの政治家への夢はその時、消えた。第二のロバート・ケネディになるという野心はその時、潰《つい》えた。実業の世界に戻るしかなかった。一九七二年、「J・クロール・アソシエイツ」という会社を設立した。

クロールの新会社は、彼の印刷業界と地区検察官事務所での経験を基にしたビジネスだった。印刷業界は腐敗し、自分で自分の首を絞めていた。コストが嵩《かさ》み、膨大な無駄が産み出されていた。そ

原注67　アーサー・マイヤー・シュレジンジャー（Arthur Meier Schlesinger）著、『ロバート・ケネディとその時代（*Robert Kennedy and His Times*）』、二〇〇二年、五八五頁。

んな無駄を回避するビジネスを、クロールは始めた。企業の購買部門に代わって、資材を調達するビジネスだった。

企業の購買部門が最高値の納入業者から買い取りがちなことは、印刷業界でもよくあることだった。最低価格での納入業者やベストの入札者からではなく、最高値で売ろうとする業者から買い込んでしまう……。窓口の者が、見返りとして旅行をプレゼントされたり、衣類や食べ物、ひいては現金まで握らされるから、そういう具合になってしまうのだ。クロールは気付いていた。まともな購買さえ続ければ、コストを削減できることに――。

彼の最初の顧客は、「ケイダンス・インダストリーズ」社だった。「マーヴェル・コミック」という、カタログ印刷とダイレクトメールの会社を傘下に収めていた。クロールが自分の会社を設立した最初の年、顧客はこの「ケイダンス」だけだった。しかし「ケイダンス」は世界的に事業展開する企業で、そこから入る手数料は家族を十分、養えるものだった。なによりも「ケイダンス」は、ニューヨークのレキシントン街にある本社内に、クロールのためにスペースを提供してくれた。

「ケイダンス」の調達コストの引き下げに成功したクロールは、新規の顧客開拓を始めた。取引の透明性を高め、競争入札を実施し、顧客の企業の社員に対して、不正は見逃さない、との強いメッセージを送った。業界の腐敗は蔓延していたから、クロールのビジネスが成功するのは当然のことだった。うまく行かなかったことは一度もなかった。

当時は前向きな時代だった。社会は変わろうとしていた。古いやり方を捨て去ろうとしていた。クロールは、新旧交代を求めるアメリカの強い流れの交差点に立っているような気がした。「他の時代だったら、私のようなビジネスが成功するチャンスは、ほとんどなかったでしょう」とクロールは言った。

クロールによれば、「ウォーターゲート事件が全てを変えた」。ニクソン大統領のスキャンダルを経験したアメリカは、社会のあらゆるレベルで腐敗に厳しい目を向けるようになった。ウォーターゲート事件を暴露したワシントン・ポスト紙の若き二人組、ウッドワード記者とバーンスタイン記者に続け、とばかりに、若い改革者の十字軍が時代の新たな潮流を生み出した。一九七〇年代の後半ともなると、社会不安、石油ショック、経済の減速が付け加わった。かつての利幅が大きかった時代は――それだけ無駄と腐敗を生み出した仕組みは、過去のものになっていた。このためクロールが売り込んでいた「業界改革」を、局外者の素人考えと見るものはなかった。ベルトを締め直さなければならない新しい時代に必要な戦略として受け容れられた。

一九七八年までに、クロールの会社はスタッフを三十人、抱えるまでになった。新しい事務所に移り、新たなビジネス・チャンスが彼の会社を発展させた。出版社とのジョイント・ベンチャーで、企業関係者向けのテキストを刊行するプロジェクトも始めた。『ビジネスに対する犯罪』とか『企業犯罪を予防・摘発する実践ガイド』といったテキストの出版だった。クロールは自分が目の当たりにした企業犯罪を解説記事にまとめるため、プロのライターを雇った。企業の贈賄、社有財産の盗み出し、反トラスト法違反、その他のテーマで記事をまとめるためだった。この出版プロジェクトを通じ、クロールはその分野の指導的な識者とも知り合うようになった。企業犯罪に関する彼なりの考えをまとめる時間を持てるようにもなった。それはまた、クロールが自分のビジネスの、新たな知的な枠組を生み出して行くことにもつながった。

彼の結論はこうだった。アメリカは今、再検証の時代に突入していて、透明性とか説明責任が、この国の未来にとって、かつてなく重要な問題になっている——。クロールはこの新たな時代の流れの中心に身を置き続けたいと思った。

クロールが大きくブレークしたキッカケは、「ジミー」こと、ジェームズ・ゴールドスミス卿との戦いの中で生まれた。

ヨーロッパでプレーボーイとして鳴らす、この億万長者は、企業の乗っ取り屋でもあった。豪華なヨットを所有し、贅沢な生活を続けていた。一六世紀のドイツにルーツを持つ富裕な一家の跡取り。ゴールドスミスはすでに、世界中の有名な企業を手中に収めていた。その中には、英国の食品会社の「ボヴリル」や、フランスの週刊誌『レクスプレス』の親会社、アメリカのスーパーマーケットのチェーン、「グランド・ユニオン」も含まれていた。

新たなアメリカ企業の乗っ取りを狙っていたゴールドスミスが次に的を絞ったのは、製紙会社の「ダイヤモンド・インターナショナル」社だった。「ダイヤモンド」の経営陣は、乗っ取りの策動に対して断固、戦うことを表明していた。熾烈な戦いになることは目に見えていた。ゴールドスミス自身、自分の戦い方を自慢げにこう語った。「私が戦う時はね、ナイフを使った戦いになるんだ」(原注68)

クロールは、この好戦的な世界的な乗っ取り屋と徹底的に戦うことを決めた「ダイヤモンド・インターナショナル」の法律事務所に雇われた。ゴールドスミスの持ち株状況を洗い直すのが、クロールに課せられた任務だった。

ゴールドスミスは「ダイヤモンド」に対して、同社株の取得を申し入れていた。「ダイヤモンド」の顧問法律事務所の弁護士たちは、この乗っ取り屋が世界的に、どれくらい企業の株を保有しているか正確な実態の把握に迫られていた。ゴールドスミスがコントロールする企業の保有株数の把握とその評価――それがクロールに対する依頼の中身だった。

クロールはゴールドスミスの保有株を徹底的に調べた。利益をどう弾き出しているか、そのパートナーたちはどんな人間なのか、財務諸表は正確に記されているか？……。それは「甲冑の罅《ひび》を探し出すような」作業だった。

ゴールドスミスの持ち株の弱点を探し出す。ゴールドスミス側が交換を持ちかけている持ち株の株価がそれだけの価値がないことを示す――これが調査の狙いだった。

しかし、せっかくのクロールの努力も、時間稼ぎに成功しただけで流れを変えるまでには行かなかった。ゴールドスミスは最終的に「ダイヤモンド」の買収に成功する。しかし負け戦に終わった戦いの結果に、クロール自身は納得した。普通なら二ヵ月で済む買収プロセスを、なんと二年にも引き延ばすことができたからだ。戦いの長期化で、「ダイヤモンド」側は高値で身売りすることができた――クロールはそう信じている。

この件でクロールは大事なことを学んだ。企業買収に伴う攻防は、たとえ敗北に終わろうと金に

原注68　チャールズ・D・エリス（Charles D. Ellis）、ジェームズ・R・ヴァーティン（James R. Vertin）著、『ウォールストリートの人々――現代における主人、権力者の真実の物語（*Wall Street People: True Stories of Todday's Masters and Moguls*）』、二〇〇一年、一三六頁。

なることを学んだのだ。しかしゴールドスミスとの戦いで負けたことも否定しようのない事実だった。クロールはこんどこそ、勝利を手にしようと誓った。

間もなく、クロールは企業乗っ取りをめぐる新たな戦いに引き込まれた。「シャロン・スティール・コーポレーション」の会長、ビクター・ポズナーが、食品、酒造、乳製品、製薬を多角的に展開する複合企業体《コングロマリット》、「フォアモースト・マッケソン」の乗っ取りを企てたのだ。「フォアモースト・マッケソン」の事業はいずれも、政府当局によって監督・規制された分野に属するもので、同社の経営陣は、政府当局がこれらの業態の経営者に望んでいる人物像に、ポズナーはそぐわないと主張した。

というのも、ポズナーはすでに、粗野な企業乗っ取り屋として、その名を轟かせていたからだ。戦いは一九七六年から沸騰し、仁義なき様相を深めていた。両者は互いに、「経営ミス」「不適切な経営」など非難の応酬を繰り返していたが、「フォアモースト」側に付いて、ポズナー側の弱みを探り始めたのが、クロールの調査会社だった。

クロールとそのチームは、ポズナーの「シャロン・スティール」買収の一件から洗い始めた。そのために、ポズナーという男の経営の実態を知る内部関係者を探し出す必要があった。クロールのチームは、ワシントン・ポスト紙のウッドワード、バーンスタインの両記者がその数年前につかんだ調査の鉄則——調査にあたる者は金（マネー）に注目し、追わなければならない！——を学んでいた。* その場合、最高の情報源となるのは、「金銭的に不満を持つ元従業員たち」だった。彼らは、自分の知る会社の秘密を暴露する動機を持っていた。

情報源を確保したクロールの調査チームは、間もなくポズナーの尻尾をつかんだ。一九七五年にポズナーは二十二エーカーの土地をマイアミ・クリスチャン大学に寄付し、百七十万ドルの税控除を受けた。そんなに高い評価のつく土地ではなかった。現に大学側はその土地を、数年後にたった五十万ドルで売り払っていた。事実を突き止めたクロールのチームは、これをＩＲＳ（内国歳入庁）に通報した。

その後、クロールのチームはポズナーが申告していた企業利益にも疑わしい点があることを発見、証拠をＳＥＣ（証券取引委員会）に連絡して解明を求めた。

ポズナーの「シャロン・スティール」での派手な金遣いにも、クロールのチームは探りを入れた。鉄鋼会社の経営とまるで無関係な金の使い方をしていた。これを暴露されたことは、ポズナーにとって手痛い打撃だった。遂に降参したポズナーは、すでに取得していた「フォアモースト・マッケソン」の株の買戻しに一株四十二セントで応じ、乗っ取りを断念した。しかし、ポズナーは転んでもただでは起きなかった。この売り戻しでポズナーは六千五百万ドルを手にした。数年前の投資額の倍以上の額だった。それと引き換えに、「フォアモースト・マッケソン」は独立を維持できた。

しかしポズナーは一九八三年、仲間とともに、フロリダ州南部地区の連邦検察局に脱税の疑いで起訴された。クロールの通報に基づく起訴だった。ポズナーはその後、数年間にわたって裁判闘争を続けたが、八七年に罪状を認めた。その結果、三百万ドルをホームレスたちの支援に寄付するととも

＊ウォーターゲート事件の追及では、ニクソンの大統領再選委員会から支払われた金の流れに対する追及が、事件の全容解明につながった。

に、五千時間、マイアミのホームレス・シェルターで給仕するなど、地域活動への従事を命じる判決を受けることになった。(原注69)

ポズナーの前途にはしかし、さらにひどいトラブルが待ち受けていた。やがて彼はウォールストリートの悪名高き詐欺師、アイヴァン・ボウスキー*とマイケル・ミルケン*に引っかかることになる。

ともあれ、ジュールズ・クロールは稀代の企業乗っ取り屋を打ち負かしたという輝かしい経歴を手にした。一九八〇年代の本格的な企業買収ブームが始まろうとしていた。その中でクロールはさらなる成功を収め、ますます名声を高めることになる。

ジュールズ・クロールは、自分には未来を見通す力がある、とさえ思えるようになっていた。ほとんど思いのままに、新たなチャンスが目の前に現れるのだった。

投資会社の「ドレクセル・バーンハム・ランバート」がひどい痛手を被ったことがあった。一九八二年のこと、同社が、チャーター便の運行会社、「フライト・トランスポーテーション」の二千五百万ドルの社債を主幹事として引き受けた時のことだ。そのわずか数週間後、ＦＢＩが「フライト・トランスポーテーション」が幽霊会社であるとして強制捜査に入った。チャーターで飛ばす航空機を持たない航空会社だった。ＦＢＩは同社の役員らを一斉に逮捕したが、「ドレクセル」*が簡単に引っかかってしまったことは、同社の最高経営責任者であるフレッド・ジョセフにとって、大変なショックだった。もう二度と、こんな詐欺には引っかかるまい、とフレッド・ジョセフは誓った。

クロールは当時を振り返って言った。「フレッド・ジョセフと来たら、もう大ショックで、これからは社債を引き受ける時は何から何まで全部、事前に厳しくチェックしてからやる、なんて言うんだ。それまで、そんなこと、一度もしたことないって言うんだから……」

クロールがその「厳しいチェック」を依頼されたのは言うまでもない。この「ドレクセル」との契約が、クロールの会社にとって、ウォールストリートへの最初の参入となった。そこに、とんでもなく巨大な新たなマーケットが門を開いて待っていた。

クロールは言った。「ウォールストリートで、『クロール』と言えば企業調査を指すようになったのは、その時のことだよ」

それ以来、ウォールストリートで巨大な取引が行なわれる度、クロールに依頼が舞い込むようになった。交渉の場の向こう側に座っている男の素性を洗い出してほしい、という依頼が次々に舞い込むようになった。「ドレクセル」に続いて、「ソロモン・スミス・バーニー」が、クロールと契約を結んだ。他の「ビッグ・ネーム」が、これに続いた。

原注69　ニューヨーク・タイムズ、一九八八年二月十三日付。

＊アイヴァン・ボウスキー　米国の株トレーダー（一九三七年〜　）。一九八〇年代半ばに起きた「ウォールストリート・インサイダー取引」事件の立役者の一人。一九八六年に逮捕され、出獄後、ユダヤ神学の研究を支援。

＊マイケル・ミルケン　ジャンク・ボンド市場の創設者としても知られる米国の投資家（一九四六年〜　）。「ジャンク・ボンド王（キング）」と呼ばれた。摘発を受け、入獄する。その容疑については本文で後述。医学研究を支援する慈善家の顔も持つ。

＊フレッド・ジョセフ　米国の投資家（一九三七〜二〇〇九年）。ジャンク・ボンド市場の開設にかかわった。本文後述。

つまり、「ドレクセル」のフレッド・ジョセフのおかげで、クロールがたった一人で立ち上げたチッポケな「店」は、年に数億ドルも稼ぐ一大調査会社に成り上がったわけである。

クロールは自慢げに、レポーターにこう語ったことがある。「私たちクロールとしては警告の旗振り役をしているわけです。昔は問題を解決しようと、企業が地下世界のコネに頼ったこともありました。でも今は私たちが事前に警告しています。私たちは投資で儲けようとはしません。警告の旗振り役で行こうと決めたのです（原注70）」

そんなクロールが気付いていない問題が、ひとつだけあった。ウォールストリートに呼び込んでくれたフレッド・ジョセフが経営する「ドレクセル・バーンハム・ラムバート」が、ロサンゼルスに本拠を置く、ジャンク・ボンド*のトレーダー、マイケル・ミルケンに頼るようになったのだ。

このフレッド・ジョセフという名門の依頼主が、ジャンク・ボンド・マーケットでのインサイダー取引を通じ、どうみても犯罪的な行為に等しいことに手を染めていることに、クロールも部下のスタッフたちも全く気付かなかった。マイケル・ミルケンはやがてウォールストリート史上最悪の犯罪者の一人であることが明るみに出るのだが、「ドレクセル」という名の通った投資会社のオフィスで、大掛かりな不正行為が行なわれているとは、クロール自身にとって思いもよらぬことだった。

クロールにとってさらにショックだったのは、フレッド・ジョセフからの最初の依頼が、自分の社の役員たちにインサイダー取引をしている者がいないかどうか調べてほしいとの頼みだったことだ。なのに、そのインサイダー取引がその後、大掛かりに始まっていたとは……。

結局、クロールが依頼されたのは、個別の、限定された調査に過ぎなかった。「ドレクセル」全体の経営内容を分析する仕事ではなかった。フレッド・ジョセフに雇われた「クロール」の調査員たちは、主に同社の「外」に目を向け、「内」側に目を光らせることはなかったのだ。そんなことも知らず、クロールは「ドレクセル」の仕事を続けた。それは、一九九〇年二月の「ドレクセル」破産の日まで続いた。

クロールにとって、フレッド・ジョセフは最も大事な依頼人だった。だからその表の顔と裏の顔は、今もってひとつに結びつかない。

フレッド・ジョセフの裏の顔は、一九八〇年代、ウォールストリートで炸裂した、壮大な不正取引の仕切り屋だった。それが明るみに出たことで、ウォールストリートで、再びCEO（最高経営責任者）になる道を閉ざされた。

彼の「ドレクセル」は一九八八年、六つの罪状で有罪を認め六億五千万ドルの罰金を支払っている。

しかしクロールがフレッド・ジョセフに見たものは、この旧友の善き側面だった。「フレッドはとてもいい、私の個人的な友だったんだ。フレッド・ジョセフという男はね、とても、とても真っ直ぐな男だったんだよ」

クロールは、フレッド・ジョセフを、ミルケンが仕組んだスキームの犠牲者だったと考えている。

「フレッドは虎の背に跨ってしまったんだな。マイケル・ミルケンはワルの天才だったからね」

原注70　ニューヨーク・タイムズ、一九八五年三月四日付。

＊ジャンク・ボンド　債権回収の可能性が少ない、低い格付けの債券。リクスが高い分、高い利回りが設定される。ジャンクとは紙屑の意味。

ジュールズ・クロールにとっては、一九八〇年代の終わりも、世間の不況とは正反対に好調な時代だった。クロールの会社はさらに飛躍を続けた。ウォールストリートの「デイビス・ポルク&ワードウェル」法律事務所の郵便室に、密偵を送り込んだのは、この時期のことだ。所員にコカインを密売しようとしていた男を挙げるためだった。クロールはまた、ある新興の宣伝会社のオフィスに、ファイルの捜索に入ったこともあった。この新しい宣伝会社を立ち上げたグループが前に所属していた宣伝会社のファイルだった。

『ビジネス・ウィーク』誌が新たな内部保秘手続きを導入した際も、アドバイスをしたのはクロールだった。同誌のコラム、「インサイド・ウォールストリート」の記事が、店頭に並ぶ前に、何者かによってインサイダー取引に使われていたからだ。

しかしクロールが創業以来、一貫してこだわって来たのは、自分の企業活動に対する社会的な評価と企業イメージだった。クロールは自分から「探偵」という言葉を使おうとしなかった。ソフト帽を被り、トレンチコートで、暗い路地裏を嗅ぎまわる、安っぽいイメージがつきまとっていたからだ。

クロールは上を見ていたのだ。弁護士や会計士と同じレベルで見られたいと願っていたのだ。そこがペロキンや「インターテル」に集う元エージェントたちとも違ったところだった。クロールには事業家としての野心があり、高い目標があった。クロールの会社は、おかしな億万長者やカジノ経営者のための会社ではなかった。クロールは彼の会社の役員室を、アメリカで最も敷居の高い地位へと引き上げたのである。

しかし、にもかかわらず、クロールは「探偵」のイメージを払拭できなかった。「私たちが何をしようと、みんな、ソフト帽を私たちに被せたがるんだよ。トレンチコートを着せたがるんだよ」。クロールはそう言って苦笑した。

しかし皮肉なことにクロール自身、そうした「探偵」イメージの持ち主だった。本人が気付かなかっただけのことで、そう見られて当然だった。なにしろ、スキンヘッドの大男。サスペンダーでズボンを吊り上げ、葉巻をくゆらしていたのだから。

実際、クロールは、ダシール・ハメットの探偵小説に出て来る、懐かしのハードボイルドな探偵そのものだった。

一九八五年、ニューヨーク・タイムズからインタビューを申し込む電話が入った。この機会をつかまえ、クロールは一般の読者層にも自分のことを知ってもらおうとした。フレッド・R・ブリークリー記者の記事、「ウォールストリートの私立探偵」は、その年の三月四日に掲載された。ブリークリー記者はクロールの実績、仕事のやり方、ウォールストリートでの評価の高まりなどを詳しく紹介した。


クロール氏が頼りにしているのは、五十人のフルタイムのプロフェッショナルたちだ。FBIなど司法当局の元エージェント、企業の元取締役、弁護士、調査を専門とする博士号保有者、調査報道の経験を積んだ元ジャーナリストらがチームを組んでいる。クロール氏のところでは企業の名鑑や電子的なデータバンクを備えた調査のための図書館が整備されている。これに加えてクロール氏の会社は米国、及び全世界に、電話ひとつで動かすことのできる探偵局や専門の業界コンサルタント、弁護士を、三百ヵ所（人）以上、揃えている。こうした「下請け」の中には、イスラエルの元メキシコ大使やテルアビブの元警視総監も含まれている、とクロール氏は語った。

記事にはクロールの写真も添えられていたが、これが例によって、いつものサスペンダーに葉巻をくゆらせる姿。まるで伝説の探偵が甦ったような写真だった。ともあれ、ニューヨーク・タイムズに登場したことで、クロールの名声は定まった。クロールの業界のライバルの一人は、クロールがタイムズに紹介されたことで、諜報業界は新しい時代に入った、と語った。企業諜報活動の戦士たちもまた、ビジネス界における、尊敬されるべきプレーヤーとして見られるようになった。彼らは、ジュールズ・クロールの望みが叶い、弁護士や会計士と同等に見られるようになった。

クロールの会社に、ウォールストリートの顧客の群れが殺到した。この結果、クロールはほどなく、ウォールストリートの全プレーヤーに関する詳細なファイルを完備するまでになった。百年前の「ピンカートン」のファイルと同じように、クロールのファイルはモノを言った。クロールのファイルには、貴重な情報が収められている――それだけでクロールの会社に調査を依頼する十分な動機になった。米国の諜報業界は、クロールによって生まれ変わったのだ。クロールを真似して、数十もの新会社が出現した。

クロールの会社だけが頭抜けていたわけではなかった。ワシントンにはもうひとつ、規模の大きな調査会社があり、成長を続けていた。「インヴェスティゲイティヴ・グループ・インターナショナル」。ウォーターゲート事件の時、連邦議会の上院調査委員会で、次席法律顧問として活躍したテリー・レンツナーが代表を務める諜報企業だった。

テリー・レンツナーがこの会社を立ち上げたのは一九八四年のことだ。あのピンカートンの倫理指針など見向きもしないタイプの男だったから、政治諜報活動《ポリティカル・スパイング》にますます深入りするようなった。こうした中でレンツナーは、ビル・クリントン大統領の極秘のシークレットを管理するようになって行く。共和党やジャーナリストの多く、そしてリベラル派からさえ敵意の目で見られるようになるのである。

さてクロールの諜報ビジネスがさまざまな成功を収め、名声を広げる中、より大きな目標に向かってまた一歩踏み出すチャンスが訪れた。一九八五年に、次のブレークがクロールに訪れた。古い友人から依頼の電話がかかって来たのだ。

ステファン・ソラーズからの電話だった。ニューヨーク州選出の連邦議会下院議員。下院外交委・アジア・太平洋小委員会の委員長を務めるソラーズからの頼みだった。ソラーズはクロールがニューヨークの市議会選挙に出た時、応援してくれた男だった。それ以来、二人は連絡を取り合い、友人同士であり続けて来た。ソラーズもまた政治家として実績を積み上げていた。ソラーズは米国在住のフィリピン人のグループと関係していた。彼らはフェルナンド・マルコス大統領が祖国を支配しているやり方に反発、マルコスがフィリピン人民から富を奪い取り、私腹を肥やしていると見て、財産の追跡調査に取り組んだりしていた。ソラーズはクロールに、マルコスの隠し財産を洗い出してほしいと頼んで来たのだ。隠匿した財産の額、場所をつかんでほしい、と。

クロールはソラーズに、議会の調査だから費用は請求しないと約束し、自分の部下たちをこの問題解明に当たらせた。重要な意味を持つ調査活動だった。クロールの名声と下院議員との親交から生まれた任務だった。連邦政府の各機関を差し置いての依頼だった。クロールは今や、連邦政府の仕事にも首を突っ込み始めたわけだ。

クロールはマルコスがアメリカの仲介者を通じ、ニューヨークのビルを四棟、密かに買い入れていたことを突き止めた。マジソン街二〇〇番地のビル、ヘラルド広場のヘラルド・センター、五番街七三〇番地のクラウン・ビル、ウォールストリート四〇番地のビル――合計三億ドル相当の不動産を取得していた。四つのビルを管理するアメリカの不動産業者は、はじめマルコス一家とのかかわりを認めようとしなかった。

しかしクロールは決定的な証拠を押さえ、ソラーズに報告した。ソラーズは一九八六年五月の自分の小委に、不動産管理会社のマネージャーらを喚問した。ドラマチックな聴聞会となった。マネージャーらはリゾートでマルコス夫妻と打ち合わせを行ない、ニューヨークの「サイン・オブ・ザ・ドウブ」レストランで夕食をともにしたことまで告白したのだ。その席で、イメルダ夫人はスイスの銀行の自分名義の預金口座明細書を示し、ここに一億二千万ドル、預金してあると言ったことまで暴露した。後に膨大な数の靴の蒐集家となったイメルダ夫人だが、そんな莫大な資産をスイスの銀行に隠し持っていたのだ。

「ソラーズは一躍、ヒーローになったんだ」と、クロールは当時を振り返ったが、クロール自身も時の人となり、十分な見返りを受けた。クロールは今や、外国の独裁者に立ち向かい、勝利を収めることのできる人間と世界的に見なされるようになった。そして実際、数々の巨額財産隠匿事件の追及を手がけることになる。

その中には、ロシア政府からの依頼もあった。旧ソ連の崩壊に伴い、国外に持ち出された資産の追跡を頼まれたのだ。凶暴なハイチの独裁者、ジャン・クロード・デュヴァリエの隠し財産を探ったこともあった。

「湾岸戦争」では、イラクのサダム・フセインの数十億ドルに及ぶ隠匿資産の追及もした。サダム・フセインがクウェートに侵攻した二ヵ月後のこと、国外に脱出したクウェート政府はサダム・フセインの国外資産を洗い出し、どこにどれだけ隠しているか、突き止めようとした。自分たちだけの力ではできないことなので、応援を頼んだ。「クロール」に依頼したのだ。

「クロール」のチームは、サダム・フセインとそのファミリーによる、複雑な資産隠しのからくりに迫り、その多くを解明した。サダム・フセインはたとえば、イラク政府が工事などを発注する度にリベートを受け取る巧妙な仕組みをつくり、イラクの人々の金をくすねていた。クロールはテレビの人気ニュース番組、「六〇分《シクスティー・ミニッツ》」に出演、年間、二億ドルにも上るイラクの石油収入の五％を、サダムとそのファミリーが過去十年間にわたってピンハネしていたと告発したりもしている。報道によれば、クロールのチームの調査活動は、イラク人亡命者らへの聴き取りや海外メディアの報道の洗い出しを含むもので、「サダムのイラク」とコネクションを持つ西側企業を青ざめさせるものとなった。

クロールのチームが突き止めた中で、最も衝撃的な暴露となったのは、サダムの腹違いの兄弟で、イラクの民衆に恐れられた治安警察のトップを務めたことのあるバルザン・タクリティによる金の流れだった。バルザンは一九七〇年、「モンタナ・マネジメント」社を、パナマに設立していた。その二年後、同社はフランスの出版社、「アシェット」社株の買い入れを開始した。「アシェット」は、『カー&ドライバーズ』誌などアメリカの雑誌社、数社を所有してもいた。湾岸戦争の前夜、「モンタナ」所有の株式は、「アシェット」全株の九%に迫ろうとしていた。

「モンタナ」社の顧問弁護士は、株所有者の照会がある度に、フランスの法律では公表を義務付けられてはいないと言って明らかにしていなかった。しかし、クロールのチームが「モンタナ」社の素性を暴露すると、米誌『ニューズウィーク』が取材に入り、「アシェット」への投資理由を探った。

なぜ、サダム一派は「アシェット」株を買い集めたか？『ニューズウィーク』は、こう結論付けた。ひとつは、「単なる投資目的」――。この程度の株式取得では、「アシェット」が出版する雑誌の論調に影響を与えることはできないからだ。『ニューズウィーク』はしかし、サダムがなぜ「アシェット」に興味を持ったか説明する、もうひとつの可能性を示した。

他の関係者は、「アシェット」を所有しているジャン＝リュック・ラガルデールがフランスの兵器製造会社の「マトラ」の所有者である点を指摘している。そこから、「アシェット」株を保有すれば、「マトラ」から兵器を購入しやすくなる、とイラク側が考えたから、という見方が生まれるわけだ。これについて「アシェット」側は、サダム・フセインのコネクションによる株取得について関知しておらず、仮に背後関係が明らかになっていたら株を買い戻していた、と主張している。(原注71)

この事実を暴露したクロールに敬意を表し、『ニューズウィーク』誌は、彼の諜報会社に、こんな異名を贈った。それが悪党退治の「悪党バスターズ《サグ》」だった。

クロールの「悪党バスターズ」は一九九二年に、ひのき舞台をまたも颯爽と闊歩することになる。ロシアの新たな権力者、ボリス・エリツィンから、ソ連邦の崩壊とともに消えた数十億ドルの財産の追跡を依頼されたのだ。分解を遂げた「ソ連帝国」から、共産党の上層部のメンバーによって吸い上げられ、海外の銀行口座に秘匿された資産の総額は、一九九一年だけで六十億ドルから八十億ドルにも上るものと見られていた。エリツィンはこの金を取り戻そうとしたのだ。そのために彼が雇ったのが、クロールだった。(原注72)

このロシア政府の資産回収プロジェクトに、クロールは十五人のエージェントを充てた。米財務省の元諜報員、CIAの元クウェート支局長らを含む陣容だった。クロールはロシア政府に、エージェントの調査料として一人一日あたり千五百ドルを請求した。ロシア側は現金で支払ってくれた。クロールはニューヨーク・タイムズの記者に、当時、こう語っている。「私たちはロシア側の主だったサプライヤー（供給者）の輸出記録を探りました。とくに注目したのは、食糧と石油生産の関連機器の分野の取引記録です。私たちはまた、ロシアから輸入していた外国の商社を、商品ごとに洗い出し

原注71 『ニューズウィーク』誌、一九九二年三月三日号。
原注72 ニューヨーク・タイムズ、一九九二年三月三日付。

ました。ロシア国内と違って、ロシアの国外では商品取引はコンピューター化されていたので、記録が残っていたのです(原注73)」

記録を手がかりに、クロールのチームが行き着いた先は、キプロスやモンテカルロといった意外な場所だった。逃避資産の多くは、そうした場所に隠されていた。

しかしクロールのチームの調査活動は、なんと当のロシア側から妨害に遭った。最も困ったのは、ロシア政府が「クロール」の調査活動に、旧ソ連の元諜報エージェントらを同行させたことだった。本名を名乗らずで、偽名で行動をともにする元諜報エージェントたちだった。「クロール」を信用してもいなければ、好意を持たないロシア人たちだった。

クロールのチームは、結論づけないわけには行かなかった。彼らはクロールのチームによる、共産主義者らのマネー・ロンダリングに対する調査を、助けるためにではなく妨害するために張り付いていたのだ。クロールは言った。「こっちは情報を暴露しようとしているのに、あっちはそれを妨害しようというんだから……。これじゃあ、どうにもならない」

ロシアの複雑な政治状況も、クロールのチームの前に立ち塞がった。エリツィンが調べようとしたマネー・ロンダリングは、その多くが、旧ソ連の諜報組織の幹部によって行なわれたものだった。エリツィンの足元の危うい政権が権力を維持するには、それら旧ソ連の官僚機構に頼るしかなかった。調査開始から半年で、もうこれ以上、調べを進めることができない事態に陥った。クロールは調査を打ち切り、その時点でつかんでいた手がかりをいくつかクレムリンに報告した。その情報がどうなったかは分からない。

クロールがクウェートとロシアの両政府から依頼されて行なった調査は、自分の懐を探られるのを嫌ったロシアの当局者はともかく、アメリカの政府諜報機関の利益に繋がるものだった。とくにサダム・フセインに対するクロールのチームの調査は、アメリカがイラクと一度開戦し、二度目の本格的な侵攻に向かう中で、価値あるものとなった。アメリカの政府当局者は、サダム・フセインがどんなふうに独裁体制を財政的に支えているか、どこにサダムの弱点があるか、突き止めようとしていたからだ。

それはロシアについても同じだった。アメリカのCIAはこれまでずっと、旧ソ連との間で、秘密の諜報戦争を続けていた。旧ソ連の崩壊が進む中、CIAとしても、その権力、及びマネー・センターがどのような形に変身を遂げるか、知る必要があった。そういう状況の中でクロールは、CIAの有力な幹部を雇い入れることで、アメリカ政府の諜報機関とさらに密接な繋がりを持つようになった。

ここから、こんな疑問が浮かび上がる。クロールの諜報企業は当時、アメリカの政府諜報機関とどれほど協力し合っていたか?――という疑問である。一世紀前のピンカートンがそうだったように、クロールのエージェントたちもまた、危機的な状況の中で、ワシントンの利益となる諜報活動に従事したわけだ。両者が無関係だったはずがない。そこで、その関与の度合が問題になるわけだ。

クロールの諜報企業と米政府の諜報機関の利益は重なり合っていたから、どこからどこまでそれ

原注73　同、一九九二年八月三十日付。

ぞれの持ち分なのか、区別できないという見方もある。しかし諜報業界で長らく活動して来た関係者の一人の見方はこうだ。クロールの会社が政府諜報機関を助けたのではなく、諜報機関がクロールの会社を助けたのだ、と。国際的な金融システムの迷路を突き抜け、隠し資産を追跡する作業は、民間の一諜報企業ができることではない、というのである。NSA（国家安全保障局）が世界的な規模で運営している盗聴・傍受システムや、CIAが持つ、銀行間取引を追跡する能力こそ、隠れ資産の追及に威力を発揮したはずだ。だからクロールはこうした情報機関の援助を受けたに違いない。情報機関としてはクロールを通じて、自分たちがつかんだ情報を、自分たちが手がけたことだと知られずに、公表したかっただけだ――というのである。その関係者はこうも断言した。「クロールは自分たちの調査の成果だと言っているが、それはあり得ない。情報機関の援助なしには不可能なことだ」

　ということはクロールの諜報企業は、手の内をさらけ出したくないアメリカの情報機関の「隠れ蓑《フロント》」として使われたということか？　クロールはこの「隠れ蓑」という言葉にいやな顔をしたが、自分の会社が情報機関――それも国外を含む内外の情報機関の援助を日常的に求めていることは認めた。クロールは言った。「関係する情報機関に対して、私たちは頻繁にアプローチしています。その情報機関にとって、私たちとの協働作業が利益になるものか確かめるために……。でも米国の情報機関よりも、外国の情報機関から協力を受ける方が多いですね」

　クロールは具体的なことは明らかにしなかったが、外国政府に雇われた例として、こんなケースを挙げた。その国の元国家元首について調査するよう依頼されたそうだ。その時のことだ。クロールは依頼主の政府当局者に、「クロール」がこの件で調査を進めていると公表するようアドバイスした。

民間の諜報企業には「情報」を持って来る者を拒まず、「垂れ込んで来た者《ウォーク・インズ》」、あるいは諜報企業を通じて「情報」を広げようという者の話に耳を傾ける伝統があった。クロールは、これを狙ったのだ。クロールが元国家元首の調査に動いていると聞きつけた、その国ではなく他の国の法律事務所から早速、「探り《フィーラー》」があった。その法律事務所は、その元国家元首に関する詳細な情報を持っており、クロールのチームに提供を申し出て来た。違法契約から賄賂の額、細かな金のやりとりまで、貴重な情報が棚ボタで転がり込んで来た。

クロールは言った。「この情報の出所が、ある情報機関であることを、私たちは分かっていました」。その情報機関は、法律事務所を隠れ蓑に、証拠となる文書をクロールのもとに送って来たのだ。クロールはしかし、こうした情報機関との関係は最小限度に留めて来た、と言った。「情報機関というものはね、実のところ、たいていは一方通行なんだよ。こっちが提供するものは取ってしまうけど、見返りのものは、めったに流して来ないんだ」

クロールは一般の諜報業界の基準から見て、どこまでなら合法的なものとして、倫理的なものとして許されるか、たしかに心得た男だった。しかし彼の諜報会社もまた、非適切な行為、スキャンダルの批判を免れなかった。ある指摘によれば、クロールの会社は一九八五年、あのアイヴァン・ボウ

原注74　『ニューヨーク』誌、一九九一年五月十三日号。
原注75　この点について、クロールはボウスキーの性生活を覗き見た記憶はない、と否定した。「ボウスキーについてはたしかに何回か調査したが、性生活を調べた覚えはないね」

スキーの性生活に探りを入れたという。(原注74) このプライバシーに踏み込む調査で、ボウスキーのインサイダー取引の証拠は何も出て来なかったが、ボウスキーの性生活の秘密を手にしたことで、クロールの顧客の「ドレクセル」は、このトレーダーに対する攻め手を手にしたのではないか、との指摘だった。(原注75)

クロールはまた、企業存続の瀬戸際に立たされたこともあった。一九八九年のこと。クロールと、彼のスタッフの中でもスター的な存在だったエージェントが、連邦議会下院の調査委員会のスタッフと対決を強いられたのだ。下手すると会社を潰しかねないドラマチックな対決だった。

当時、下院エネルギー商業委員会の監査・調査小委の委員長をしていたのは、ジョン・D・ディンゲル議員だった。この強面《こわもて》の下院議員は、アメリカ中の企業取引に対する調査権限を行使することで有名だった。ディンゲル議員はそのために、不屈の調査スタッフを抱えていた。ワシントンに駐在する民間企業の関係者は、ディンゲル議員のスタッフたちを、調査マンというより、容赦のない審問官と見なすありさまだった。ディンゲルの小委員会は、狙いをつけた企業に「ディンゲル電信令状《グラム》」を送りつけることで恐れられていた。情報の開示と文書の提示を要求し、連邦議会へ役員を呼びつけていた。

当時、ディンゲル議員の調査スタッフが目をつけていたのが、クロールの顧客の「ドレクセル・バーンハム・ラムバート」社だった。「ドレクセル」は証券取引にからむ起訴事実を認め、六億五千万ドルもの罰金を支払ったばかりだった。ディンゲルの調査スタッフは、この本件ではなく、「ドレクセル」が抱えていた「別件」に狙いをつけていた。カリフォルニアの弁護士、ウィリアム・バーテインが、「ドレクセル」その他を相手取り、集団訴訟を提起していた一件だった。

例によって「ドレクセル」からの依頼で、クロールのチームはこの集団訴訟の背景に探りを入れた。その時、カリフォルニアで現地調査を指揮したのが、クロールの会社の看板エージェントの一人、米司法省出身のベテラン、ジョン・ギボンズだった。ギボンズは司法省のたたき上げで、同省カリフォルニア州北部地区犯罪局の局長を務めた男だった。ギボンズは敬虔なクリスチャンで、司法に生涯を捧げて来た経歴の持ち主でもあった。

そんなギボンズの高潔さに、バーテイン弁護士が泥水をかけた。ギボンズが彼に会った時、連邦議会下院のスタッフのために調査を進めている、と嘘の自己紹介をした——と言い立てたのだ。バーテイン弁護士はさらにこんな衝撃の発言を行なった。ギボンズの「嘘」を自分は録音して取ってある、と。

クロールはピンチに立たされた。ディンゲル議員は追及の構えを見せ、メディアは、クロールのエージェントが下院の調査スタッフに成りすました、と言って騒ぎ立てた。これが事実だとわかれば、クロールの会社の顧客が一斉に引くのは間違いなかった。「さすがに、この時は青ざめたよ。自分のライフワークが煙とともに消えようとしていたんだから」とクロールは振り返った。

クロールはニューヨークからワシントンに乗り込んで、陣頭指揮した。ワシントンのメイフラワー・ホテルを前線基地にした。(原注76)クロールにはしかし、ある目算があった。この問題が噴き出たカリフ

原注76 メイフラワー・ホテルにクロールが前線基地を置いたのは、歴史の皮肉であるかも知れない。このワシントンのホテルは前述の通り、企業間の盗聴合戦の舞台だったところだからだ。

ォルニアでは、会話の録音は両当事者の合意がない場合、違法とされていた。つまり、バーテイン弁護士による録音自体が違法である可能性があった。クロールはこれを足がかりに反撃に出た。

ドラマは下院の聴聞会で最高潮を迎えた。小委のメンバーの議員らがバーテインの録音問題を取り上げ、違法な行為ではないかと追及したのだ。これに対してバーテイン弁護士は爆弾発言で答えた。違法行為であるかもしれないギブソンとの会話の録音をするよう、バーテイン弁護士に求めたのは、ディンゲル議員が雇い入れた小委の調査スタッフであるブライアン・マクティグウだ、と暴露したのだ。

バーテインは弁護士らしく、さらにこう主張した。下院小委の調査スタッフから録音の求めがあれば、それは合法的なものになる。下院議員の免責特権の中に組み込まれることになるからだ――と。

唖然とする主張だった。法律の拡大解釈も甚だしかった。バーテインはつまり、自分は連邦議会下院の調査スタッフの補佐をしたわけだから、合意のない録音を違法とするカリフォルニア州法を破っても構わないのだと言い切ったわけである。

さて、こんどはクロールの右腕のギボンズが証言する番になった。ギボンズは――なんと、証言を拒否したのだ。ギボンズと弁護士は、録音テープに関して回答を準備できるだけの時間的な余裕を与えてもらえなかった。だから証言できない……それが証言拒否の理由だった。

クロールは不安になった。議会の聴聞会というのは動き出したら止まらないものなのだ。証言拒否をしても止まらないものなのだ。政治的な打算があらゆるものを弄び、メディアがそこに食らいついて来る。全てを仕切るのは小委の議長であるディンゲル。その考えひとつで結論は決まる……クロールは、これは負けるかもしれない、と思い始めた。聴聞会のこの部屋は、一般の人々の訴えを聞く公聴会の場というより、中世の絶対王政の専制裁判所のようなものだった。

しかしギボンズの証言拒否という自滅行為にもかかわらず、守勢に立たされたのはディンゲルだった。聴聞会の舞台裏で、小委の議員たちがディンゲルに質問を浴びせかけた。ディンゲルの部下は、免責の約束をしたのか、しなかったのか？　約束したなら、それは合法と言えるのか？

いよいよ、バーテイン弁護士が録音したテープが回されることになった。ディンゲルを、さらに苦しい立場に追い込む録音の再生だった。ギボンズが語っていたことは、自分の身分を偽ったものとは到底言いきれないものだった。

バーテイン弁護士はギボンズにこう尋ねていた。「連邦議会のための仕事なのか？」。これに対するギボンズの答えは、「いや、直接、そういうことではない」。身分詐称の明白な証拠と言える発言ではなかった。

ディンゲル委員長は今や完全な守りに立たされていた。ディンゲル配下の、とんでもない調査スタッフが、違法性の高い約束をしていたのではないか？　録音テープで再生された会話自体が、動かぬ証拠じゃないか？

追い込まれたディンゲルは、ダメージ・コントロールに入った。問題の調査スタッフのマクティグウを外し、聴聞会の打ち切りを宣言したのだ。ディンゲルは小委のメンバーに謝罪し、ギボンズの潔癖を宣言する声明を発表した。「あなたの証言から引き出すことの出来る結論は、あなたが善き信念にもとづき振る舞ったということです。あなたの行為に対する、これ以上の調査は必要とは思われません」

クロールにとって、これは完全勝利に等しい結果だった。諜報企業として生き延びることができたクロールはメイフラワー・ホテルの前線基地を撤収し、意気揚々とニューヨークに引き揚げた。

しかしこの時のことが悔しくてならないクロールは、未だに怒りを抑えることができないでいる。ディンゲルの非難は「噴飯ものだった。捏造もいいところだった」と、怒りをぶつけた。

クロールによれば、ディンゲルの調査スタッフらの最後の逃げ口上はこうだった。クロール側がアイヴァン・ボウスキーについてつかんだものを全て吐き出させるために、ああいったプレッシャーをかけたんだ、と。

クロールは言った。「プレッシャーをかけてもらう必要なんか、なかったんだよ。こっちでつかんだものは全部、彼らに提供してたんだから」

しかし、そんなクロールよりギボンズの怒りの方がはるかに大きかった。ギボンズは言った、「ディンゲルはね、私に対しては、ひどい悪党だった」

ギボンズは、そのディンゲルが今、連邦議会を車椅子でうろついていることを知って、こう言い放った。「そいつは結構なこと。あいつには人間の痛みというものを少しは知ってほしいからね」

ギボンズは一九九一年までクロールの下で働き、退職して自分の会社を設立した。「スペクトラムOSOアジア」社がそれだ。銀行や保険会社、ヘッジ・ファンドのために投資先の適格性を調べている。

「クロール」で経験を積み、退社して独立したエージェントはギボンズだけではない。この頃、すでに「クロール」で調査テクニック、経営手法を学んだエージェントたちが次々に自分の諜報企業を立ち上げる事態が生まれていたのだ。現在、世界には、数十もの、「クロール」にルーツを持つ諜報企業が展開している。

　クロールが自分の名前を冠した会社を引退したのは、二〇〇八年のこと。クロールはアメリカのもうひとりのジョニー・アップルシード*として、諜報業界を育てた。

　クロールが一線を退いた翌年の二〇〇九年は、クロール自身にとっても、あるいは諜報業界にとっても、厳しい年になった。前年の二〇〇八年の経済不況は、あらゆる種類のビジネスを沈滞させ、諜報業界もそのしわ寄せを受けた。しかし、そうした経済不況以上にクロールを困らせたのは、クロールの会社が、あのアレン・スタンフォードのために動いていたことを暴露されたことだ。アレン・スタンフォードは、七十億ドル規模の巨大なネズミ講《ポンジ・スキーム》を運営して、当局の追及を受けた人物。テキサスからカリブ海の島国、アンティグア*まで広がる金融帝国、「スタンフォード・フィナンシャル・グループ」を築き上げた男だった。

　雑誌『ヴァニティー・フェア』で、ブライアン・バローが暴露したところによると、スタンフォードは新たな投資家を呼び込むため、自分の名声を高めるのに、クロールを雇っていた。

*ジョニー・アップルシード　アメリカ開拓期の実在の人物（一七七四〜一八八五年）。開拓地で聖書の福音を伝え、リンゴの種をまいたことで知られる。

*アンティグア　カリブ海東部の島国。正式には「アンティグア・バーブーダ」。英連邦加盟国。タックス・ヘイブンとしても知られる。

ブライアン・バローの取材に対し、ＦＢＩの元エージェントは、こんなふうに言った。「クロールはね、スタンフォードの評判を守るためのプロパガンダをしていたんだ。クロールの連中には、よくこう言われたものさ。『間違うんじゃないぞ。スタンフォードはマネー・ロンダリングなんかしていない。立派な男だ。手出しするなよ』ってね」(原注77)

これでクロールが過去数十年にわたって、せっかく築き上げて来た名前に傷がついたのだ。しかし、これだけではなかった。もっと厄介なことがクロールに待ち構えていたのだ。

諜報業界のオンライン・ニュースレター、『インテリジェンス・オンライン』*が暴露して火をつけた。「クロール」は、このスタンフォードという、カリブの闇の投資家に雇われていたことで、別の顧客から訴えられる羽目に陥っていたのだ。(原注78)

フロリダの連邦裁判所に「クロール」を訴えたのは、「ファウンデーション・フォー・エレクトリカル・コンストラクション」社。クロールの調査会社に、アンティグアに本拠を置く「スタンフォード・インターナショナル銀行」に対する調査を依頼し、スタンフォードの投資手法に問題があれば警告してほしいと頼んでいた、というのだ。同社によれば、「クロール」は徹底調査を約束したにもかかわらず、スタンフォードの「不正」を完全に見逃したばかりか、同社との顧客契約にサインした「クロール」の人間が、実はかつてスタンフォードのコンサルタントを務めていた事実を伏せていたという。こうした利害関係のもつれをクロール側が開示しなかったこともあり、スタンフォードへの投資によって六百万ドル以上の損失を抱え込んだ——これが「ファウンデーション」側の訴えだった。

これに対して「クロール」側は不正行為を否定、一万五千ドルという、わずかな手数料で、「ファウンデーション」のため、スタンフォードについて投資適格性評価をしたまでのこと、と主張した。
「クロール」社のスポークスマンは、「(「ファウンデーション」に対する)クロールの報告書の結びの一文には、『(スタンフォードの)銀行の性格、そして(アンティグアの)厳しい規制の欠如からして、投資はより大きなリスクを孕んでいる』と書いてある」と指摘し、「クロールは、(「ファウンデーション」に対して、「スタンフォード」に)投資するよう推奨してはいない。クロール社は常に、顧客に対する責任を重く受け止めており、その調査活動において最高度の公正さを維持している」と弁明した。

しかしいくら弁明しても、「クロール」とアレン・スタンフォードの繋がりは、国際的な諜報産業における、隠されたコネクションの網の目を曝け出す結果に終わった。クロールが、注意深く築き上げて来た企業イメージが、スタンフォードという一人の男との関係で、台無しになった。

メディアが「カリブ海の海賊《パイレート・オブ・ザ・カリビアン》」と呼んだ、たった一人の男のために。

原注77 『ヴァニティー・フェア』誌、二〇〇九年七月号。
＊http://www.intelligenceonline.com/
原注78 『インテリジェンス・オンライン』、二〇〇九年七月十五日付。

第6章　チョコレート戦争

スイスのヴェヴェイ*は、白銀のスイス・アルプスとレマン湖の青い湖水に抱かれた町だ。アルプスの絶景と、フランス国境へと広がるレマンの湖の景観。世界的にも有名な風光明媚な町、ヴェヴェイ。

このレマン湖畔の町は、文学史に残る町としても知られる。ヘンリー・ジェイムズの小説、『デイジー・ミラー*』の舞台となったのは、この町だ。ヴィクトル・ユーゴーもジャン＝ジャック・ルソーもドストエフスキーも、この町に足跡を残している。しかしこの町を今、世界的に有名なものにしているのは、一八六六年にここで生まれた、ある世界的な企業の存在である。「ネスレ」社――売上高一千億ドルを誇る、世界的なチョコレート・食品・巨大企業体である。

「ネスレ」の本社は、レマン湖の湖畔にある。社屋の上に翻るのは、白十字のスイス国旗。「Y」の字型の本社屋のビルの窓からは、スイス・アルプスの白銀の峰々やレマン湖の湖水、そして絵葉書のようなヴェヴェイの町の街並みを見渡すことができる。

一九九八年三月四日午後のことだった。ヴェヴェイの町の上空には、早春の雨を予告する雲が広がっていた。「ネスレ」の壮大な本社屋内では、会長のヘルムート・マウハー博士が、たった今届いたばかりのファクスに目を通していた。マウハー会長の最も手ごわいライバル、アメリカの富豪で「キャンディー王」として知られる、フォレスト・E・マーズ・ジュニアからのファクスだった。

そのファクスの意味を理解するには、「ネスレ」と「マーズ」の戦いの背景を知る必要がある。「ネスレ」と「マーズ」の戦い――それは単なるマーケットのシェアや、四半期ごとに発表される業績をめぐる企業競争の域を超えたものだった。ふつうのビジネスを超えた、激烈な戦い……それが「ネスレ」と「マーズ」の戦いだった。互いの皮を剝ぎ取り合うような、激しいシェア競争。世界規模で両社は、包装食品やペット・フード、そして何よりもチョコレート・キャンディーの分野で、もろにぶつかり合っていた。

「ネスレ」のマウハー会長が「マーズ」からのファクスを読んだその日は、「ネスレ」にとって微妙な時期の一日だった。「ネスレ」はちょうど、英国の「ダルゲティー」社から、およそ十億ドルで「スピラーズ」社のペット・フード・ビジネスを買い取る計画を発表したばかりだった。(原注79)「スピラーズ」の

＊ヴェヴェイ（Vevey）スイス西部、人口一万六千人の小さな町。喜劇王のチャップリンは、ここで晩年を過ごした。「ヴヴェ」とも。

＊アメリカの作家、ヘンリー・ジェイムズの代表的な作品のひとつ。岩波文庫（行方定夫訳）、新潮文庫（西川正身訳）にも収録。

原注79「ネスレ」本社、記者発表。発表文は以下のサイト。www.Nestlé.com/MediaCenter/PressReleases/AllPressReleases/Spi11ersPetfoods4Feb98.html

買収は、「ネスレ」のペット・フード・ビジネスをさらに飛躍させるものだった。それによって「ネスレ」は手持ちの「フリスキーズ」ブランドに加え、「スピラーズ」の「チュージー」（キャット・フード）、「ボンゾ」（ドッグ・フード）の二つのブランドを手中に収め、ヨーロッパ各地に展開する十三の工場網を保有することになるのだ。

マウハー会長はドイツ人で、当時、七十一歳。広い額の上に、カールした白髪を少しばかり乗せた面持ちは、ヨーロッパの実業家の、落ち着いたエレガンスを漂わせていた。しかし、マウハー会長はその日、フォレスト・E・マーズの弟のジョン・マーズと、電話で激しくやり合ったばかりだった。ジョン・マーズもまた、ファミリー企業の「マーズ」社の三代目で、フォレストと経営を分担する大富豪だ。

電話でのやり取りの中でマウハーは、「ネスレ」側の懸念をジョン・マーズにぶつけていた。「マーズ」社が、ワシントンのＦＤＡ（米食品医薬品局）を焚き付け、「ネスレ」の新製品に対して攻撃をしかけているのではないか、というのが、「ネスレ」側の懸念だった。「ネスレ」に関する情報を集めている——ということは「ネスレ」に対する「宣戦布告」も同然だとマウハーは言い、「ネスレ」の「スピラーズ」買収を「マーズ」として阻止するつもりでいるのかと問いただした。そう思うのは当然だった。「マーズ」側にしてみれば、「ネスレ」の「スピラーズ」買収は、自社ブランドの「ウィスカス」（キャット・フード）と「ペディグリー」（ドッグ・フード）に対する直接的な脅威であったからだ。

マウハーの元に届いた二枚のファクスは、それに対する回答だった。差出人はジョン・マーズの兄のフォレスト・マーズ。そこには、弟のジョンともども「今朝方のあなたの言葉に驚いています」

と書かれてあった。
マウハー宛てのファクスでフォレスト・マーズは、マウハーの問いに一つずつ答え、疑念を拭い去ろうとしていた。中でも、「マーズ」側として「ネスレ」の「スピラーズ」買収を妨害するつもりはない、と言明したことは重要なことだった。「私たちは、あなたが解決しなければならない、いかなる法的問題に対しても反対する意図は持ち合わせていません。もちろん、私たちは法的に求められるものなら何についてもお答えします。しかし今回の買収に対し、私たちは妨害するつもりはありません」

ＦＤＡに関する懸念への答えは、こうだった。「繰り返しになりますが、私たちはＦＤＡ問題を引き起こしていません」。

「ネスレ」に対する情報収集については、「確かに私たちは情報を集め、読めるものは読んでいます。しかしそれはネスレだけでなく、私たちのメジャーな競争相手、すべてについてであります。私たちのメジャーな競争相手が、競争シーンにおいて重大な変化を引き起こすことを行なったならば、私たちは直ちに、世界中の、すべての情報を検討します。それはあなたが、私たち、及び他の競争相手に対して行なっていることと私は信じております。それは違法なことではありませんし、競争をそぐものでもないように私たちには思われます。全ては公表された情報であり、その中には明らかな風評に過ぎないものも含まれているからです」。

フォレスト・マーズは最も重要なこととして、こうファクスに記していた。「マーズ」が「ネスレ」に「宣戦」したことは一度もない――と。

ファクスを読み終えたマウハーは、きっとこう思ったに違いない。フォレスト・マーズが書いて来たことは「嘘」でしかない、と。

マウハーは馬鹿ではなかった。マウハーは「ネスレ」社の組織の階段を、何十年もかけて登り詰めた男だった。スイス人ではない初の外人役員となり、遂にはCEO（最高経営責任者）にまで成り上がった男だった。マウハーはCEO職を一年前に辞していたが、なお「会長」の座にとどまり、「ネスレ」の経営にあたっていた。

マウハーは、分かっていたのだ。「マーズ」側がすでに数ヵ月にわたって、FDAを焚き付け、「ネスレ」のトラブルになる火種を煽っていたことを。そんな「マーズ」側の工作が成功し、「ネスレ」のチョコレート新製品の生産が停止したことを、マウハーは当然ながら知っていたのである。ワシントン郊外、バージニアのオフィスで寛《くつろ》ぐフォレスト・マーズが認めようと認めまいと、「マーズ」と「ネスレ」が戦争状態にあることを、マウハーは認識していたのだ。

「チョコレート戦争」はその数ヵ月前から、すでに荒れ狂っていたのである。

この「チョコレート戦争」の物語で、最も関心がそそられるのは、「ネスレ」のマウハーが「マーズ」側の情報をどうやって知るに至ったか、という部分だ。マウハーは「マーズ」側の情報収集活動に反発していたが、マウハーの方も、この戦いの中で、自軍の諜報員を配備していたのである。これは当時として最も巧妙な部類の企業諜報活動だった。「シークレット・サービス」やCIA、その他、米国の元エージェントらを総動員し、「マーズ」側の内部文書を入手しようとしたり、「マーズ」の役員を監視下に置いたり、「マーズ」側の秘密工作員を暴き出そうとしていたのだから。

この戦いの物語を理解するために、ひとまずスイスのレマン湖畔を後にして、数千マイル離れた、もうひとつの水辺の町、イーストンを訪ねることにしよう。米東部・大西洋岸、メリーランド州イーストン。チェサピーク湾の町である。そこには今なお、「戦争」の秘密のいくつかが残されている。

イーストンは大西洋とチェサピーク湾を分かつ、「イースタン・ショア」半島にある。ワシントンから車で一時間半。アメリカの首都の金権エリートたちが週末を過ごすエレガントな町だ。すぐそばのセント・マイケルズの町には、ディック・チェイニー元副大統領とドナルド・ラムズフェルド元国防長官が、それぞれ資産価値数百万ドルもの豪邸を構えている。ここはワシントンのインサイダーたち——政治家、政府機関のトップ、弁護士、ロビイストらが、「イースタン・ショア」の牧歌的な風景の中で週末を楽しむ場所だ。

全長約七キロの「チェサピーク湾大橋」でワシントンと繋がれているとはいえ、この「イースタン・ショア」は、ひとつの別世界だ。実際、この地域には、これまで数回にわたり、メリーランド州から分離しようとした過去がある。外部世界から切り離された「イースタン・ショア」は、農業と漁業が昔から盛んな地域でもある。牡蠣、蟹、トウモロコシが、この地域の地場経済を数百年にわたって支えて来た。そこに近年、観光やセーリング、不動産投機という新たな要素が付け加わったわけだが、大半の地区は一九世紀の古き良き名残をそのまま維持している。

結局、この「イースタン・ショア」にある、ここイーストンという町は、かつて国際的な企業間の諜報戦争が華々しく戦われた場所とは考えにくいところであるわけだ。しかし実際、このイーストンを舞台に諜報戦争は熾烈に戦われたのである。

「ベケット・ブラウン・インターナショナル」社は一九九〇年代の初め、「シークレット・サービス」の元エージェントたちの小グループが創設した諜報企業である。しかし、この諜報企業は顧客として、あの資産、数十億ドルの「カーライル・グループ」や、ワイン醸造の「ガロ」社、スーパーの「ウォルマート」、化粧品の「メリー・ケイ*」などを抱えているのだ。この諜報企業はこれまで「グリーンピース」などの環境保護団体、銃規制団体、大小の民間企業などに対してスパイ活動を行なった、ともされている。

「ベケット・ブラウン」の活動は秘密のヴェールに包まれている。「ベケット・ブラウン」のような、とくに機密性の高い諜報企業は、世界に数十社あるだけだ。こうした諜報企業は、社員を秘密非開示の鉄の掟（合意）で拘束し、その活動を幾重にも重なり合う発注・下請け関係の中に秘匿するとともに、その活動そのものを「弁護士・顧客（依頼人）間の秘匿特権*」の保護下にある、と主張さえしている。それだけ徹底して秘密を守るところだから、その活動の実態を示す記録が表面化することは、訴訟手続きの中でも滅多にない。しかし「ベケット・ブラウン」の場合はその極めて稀な例外で、内部文書が表に出た。この諜報企業を創設した者同士が反目し合い、会社が崩壊したせいで秘密が表面化したのだ。その「残骸」は、諜報企業の活動の実態に光をあてる貴重な宝庫となった。

ワシントンから「チェサピーク湾大橋」を渡り、「イースタン・ショア」に入るには、「ルート五〇」を走らなければならない。「ケント・ナローズ」の水路を渡って、「ワイ・ミルズ」の町を通り過ぎると、そこはもう「イーストン」だ。レストラン・チェーンの「アップルビーズ」を通り越し、「デニーズ」まで行かない道路際に、「ベイ・ツリー・ストレージ」という貸し倉庫がある。そのメタルでできた倉庫のひとつに、ダンボールに入った資料が天井まで積み上げられている。「ベケット・ブラウン・インターナショナル」社の活動記録の山だ。

ダンボール箱のそばで、手作業で文書を選り分けている男がいた。この男――ジョン・ドッドという人物こそ、一九九五年、「ベケット・ブラウン」がスタートする際、出資金の大部分を出した人物である。ジーンズに色あせた青のストライプのポロシャツを着て、アメフトの「フロリダ・ゲイターズ」の二〇〇六年優勝記念の野球帽を被ったジョン・ドッドは、小さなテーブルの前の折りたたみ式の椅子に腰掛け、黙々と作業を続けていた。

ジョン・ドッドは私に、古いブリーフケースを開け、記録文書、録音テープ、その他証拠の品々を取り出して見せた。ジョン・ドッドの長い物語が始まった。「ベケット・ブラウン」は、彼が出資金の多くを出してスタートした会社なのに、彼の全く関知しないところで、銃規制団体に秘密諜報員を潜り込ませ、グリーンピースにスパイ活動を行ない、さらには「マーズ」社に対しても情報収集活動を行なっていた――という証言だった。

鉄製の大型ゴミ箱を漁ったり、電話を盗聴したり、監視活動その他のスパイ活動を続けたり――そ

＊「メリー・ケイ（Mary Kay）」　米テキサス州に本拠を置く、世界的な化粧品会社。一九六三年の創設。世界的な企業に急成長した。

＊「弁護士・顧客（依頼人）間の秘匿特権（Attorney-client privilege）」　米国の法概念。弁護士と顧客のコミュニケーションの内容を、証拠開示の対象から外し、通信の秘密を守る。

の実態を詳しく語ったあと、その事実を知った時の驚きを、ジョン・ドッドは私に告げたのだった。

話は一九九四年に遡る。ジョン・ドッドはその頃すでに、チェサピークの湾岸生活をエンジョイする日々を過ごしていた。イーストンのバーに立ち寄り、寛いだひと時を過ごすようになっていた。数年前、ドッド家が持っていた、ビールの地域独占販売権を人に譲り、数百万ドルを手にしていたから、フルタイムで働く必要はなくなっていた。

ジョン・ドッドがリチャード・ベケットという男とイーストンのバーで出会ったのは、そんなある日のことだった。会社の役員をスカウトする小さなリクルート企業を地元で経営している男だった。ベケットは「シークレット・サービス」の現役の人間や元エージェント、メリーランド州の元警察官などと親しく付き合っていた。

ビールを飲みながら、リチャード・ベケットはドッドに、新しいビジネスを立ち上げるプランを語って聞かせた。「シークレット・サービス」や州警、及び民間企業で培ったテクニックやコネクションを活かし、アメリカで最も大きな企業の役員らを警備・保護する会社を旗揚げする構想だった。

あとは投資家が出て来ればいいだけだ、とベケットは言った。

ジョン・ドッドは慎重な男だった。相続したビールの販売会社の権利を売り払ってリッチにはなったが、警備企業のことなど何も知らない人間だった。それでも彼は、ベケットの話に引き寄せられた。ベケットの紹介で、その後ドッドが何回か会ったベケットの仲間も好感の持てる男たちだった。彼らはドッドをワシントンに連れて行き、「シークレット・サービス」の本部を案内した上で、総資産八百億ドルを誇る巨大投資会社、「カーライル・グループ」の共同創始者の一人、ダニエル・ダニーロに紹介した。ペンシルバニア街にある「カーライル」の広壮なオフィスで、ダニーロはベケットを持ち上げて見せた。「素晴らしいアイデアだ、私も個人的に投資したいくらいだ」――。ダニーロと会った帰りのエレベーターで、ドッドはCIAの元副長官で、国防長官も務めた、「カーライル」の現パートナー、フランク・カルーチと一緒になった。ドッドはスターにでも会ったような気分になった。

イーストンや近くのアナポリスのレストラン、あるいはオイスター・バーで、ドッドを交えた会社設立準備の打ち合わせが開かれ、事業計画を練った。「シークレット・サービス」やメリーランド州警のベテランらにとって、ビジネス・チャンスはどこにでも転がっていた。共和党の大統領候補として予備選を戦おうとしていた、雑誌『フォーブス』を発行する富豪、スティーブ・フォーブスの警備を引き受ける、そんな計画も話し合われた。鉄道会社の「CSXコーポレーション」が保有する膨大な不動産に対する警備態勢を見直す、という話も出た。

彼らには会社設立を急がなければならない事情があった。メンバーの一人、ジョー・マソニスという男が、勤め先の「シークレット・サービス」から進退をハッキリするよう求められていたのだ。悠長なことをしていれば、せっかくのビジネス・チャンスが他のところに持っていかれかねない、という事情もあった。

急かされたドッドは、会社立ち上げの出資金として、とりあえず十二万ドルを出すことにした。その結果、新会社、「ベケット・ブラウン・インターナショナル」は一九九五年八月、正式にスタートした。(原注80)ドッドはその後、さらに追加出資を行なった。ドッドによれば、この会社に対する彼の出資総額は最終的に七十万ドルほどに膨れ上がった。

「ベケット・ブラウン」は翌年、一九九六年の春までに仕事を請け負うようになっていた。「ニコルズ・デゼンホール」という、ほとんど知られていない、ワシントンのＰＲ会社《パブリック・リレーションズ》から依頼が舞い込むようになったのだ。このＰＲ会社は、危機《クライシス》管理コミュニケーションを専門としていた。スキャンダルや裁判、環境破壊その他、民間の企業が窮地に陥った時、切り抜ける技を提供するＰＲ会社だった。「ニコルズ・デゼンホール」の顧客になる企業は、だから解決策を求め必死になっている企業ばかりだった。

その頃、「ベケット・ブラウン」は、アメリカの諜報界に知られた「ビッグ・ネーム」を新たに雇い入れ、態勢を強化していた。そのうちの一人は、ＣＩＡの反諜報活動センターの元局長であるヴィンセント・キャニストラーロで、コンサルタントとしての就任だった。(原注81)「シークレット・サービス」の元・対外諜報局長のデイビッド・ブレセットも加わった。ブレセットは「シークレット・サービス」時代、ＣＩＡとの窓口を務めていた。会社創立間もない「ベケット・ブラウン」を支えたのは、この「ニコルズ・デゼンホール」からの依頼だった。

「ニコルズ・デゼンホール」からの打診は、「ネスレ」のために働かないか、という依頼だった。願ってもないことだった。「ネスレ」のために動く――ということは、「ベケット・ブラウン」にとって、「利益を手に出来る初の大掛かりなプロジェクト」を意味していた。「ネスレ」が入手したいと望んでいるのは、「マーズ」社に関する情報だった。

簡単にできる仕事ではなかった。「マーズ」社は「スニッカーズ」や「M&Ms」の有名ブランドを持つ世界的な巨大企業だが、非公開の企業文化を持ち、株式はすべて、表に出たがらない創業者のマーズ家の手元にあった。「マーズ」社の本社は、バージニア州マクレーンのエルム通り六八八五番地にあるが、看板さえ出ていない建物だった。ふつうの二階建て、レンガづくりのビル。誰もが「マーズ」の本社とは気付かず、郊外によくある、ふつうのビルだと思って通り過ぎる建物だった。駐車場も目立たず、いざビルに立ち入ろうとしてドアの表示を確かめようとしても、ドアのすりガラスに「無断立ち入りを禁ず」と白文字で書かれているだけだった。（エルム通りを二区画下ったところにあるCIAの本部さえも、通りに面したところに、ここがCIAの本拠だと看板を出しているのに……！）「マーズ」の企業メール・アドレスにも、「マーズ」の名はなかった。〇〇〇@mars.comとするのが普通だが、〇〇〇@effem.comが使われていた。（原注82）「マーズ」社のトップに、外部の者がコンタクトすることがどれだけ難しいか、これだけでも察しがつくだろう。

これほど機密が保たれた「マーズ」社だから、そこに侵入することは、企業諜報テクニックをもってしても難しいことだった。非公開の個人経営の企業だから、SEC（証券取引委員会）にさえ、何の

原注80　社名の中にある「ブラウン」は、この会社の創設文書の作成にかかわった弁護士の名前である。

原注81　キャニストラーロは、「ベケット・ブラウン」では、数プロジェクトに関わっただけだ、と言っている。自分の名前が「ベケット・ブラウン」のビジネスに使われただけだ、と。

原注82　このeffemは、「マーズ」を創業したフランク・マーズのイニシャル、F・Mから来ている。

記録もなかった。だから、外部の人間が目を通すことのできる資料は一切なかったわけだ。

つまり、そんな「ネスレ」と「マーズ」の「チョコレート戦争」のシーンにタイミングよく登場し、難しい任務を引き受け、うまく「ネスレ」側の諜報企業の座に収まったのが、「ベケット・ブラウン」だったわけである。

一九九七年の終わり、「キャンディーの巨人」同士による、新たな商品をめぐる戦いが繰り広げられていた。「ネスレ・マジック」をめぐる戦いだった。二インチ（五・〇八センチ）の大きさのチョコレート・キャンディー・ボール。中にディズニーのミニオモチャが入っている新商品だった。「ネスレ」はこの「ネスレ・マジック」を、三歳以上を対象に売り出そうとしていた。こうした低年齢層を対象とした商品の場合、安全性の確保が重要なことを、もちろん「ネスレ」側も承知していた。「ネスレ」にはＦＤＡ（米食品医薬品局）から、新製品は食品と玩具の組み合わせを禁止した法律に違反するとの警告さえ届いていたのだ。

しかし「ネスレ」の経営陣は、「ネスレ・マジック」の安全テストの結果に安心し切っていた。米政府の「消費者製品安全委員会」が手を引いている、というのも、その理由だった。ＦＤＡとの意見の不一致はマイナーな技術的な問題に過ぎず、今や「マジック」の出荷を阻むものはない、と思い込んでいた。このため、「ネスレ」は、フロリダの個人経営の菓子メーカー、「ウェットストーン・キャンディー」と提携し、六百万ドルを投じ、「ネスレ・マジック」の生産ラインを新設する契約に調印。「ウェットストーン」側も新ラインを動かすため、百二十五人の従業員を新規雇用して生産に入っていた。

「ネスレ・マジック」の販売は一九九七年七月に開始された。うたい文句は「ネスレの力、ディズニーの驚き」。「ネスレ・マジック」は最初から好調な売れ行きで、店の棚は瞬く間にカラになった。「ディズニー」と手を組んだことは、勝利の法則を手にしたようなものだった。「ネスレ・マジック」に入ったおまけのミニオモチャは、ディズニーの『ライオン・キング』の、「シンバ」や「ティモン」「プンバー」たちだった。ほかに、『101匹わんちゃん』の「クルエラ・ド・ヴィル」や、『アラジン』の「ジーニー」たちも、「ネスレ・マジック」の人気キャラだった。(原注83)

「ネスレ・マジック」の主たる購買層である四歳から十二歳の年齢層の子が、驚くべき購買力を示すことを「ネスレ」は分かっていた。「ネスレ」の担当チームは、間もなく年間十億ドルを売り上げるものと予測していた。「まるで『マジック』に取り憑かれたようだった」と、関係者の一人は当時を振り返る。チョコレート業界のプロたちは皆、わかっていたのだ。「オモチャとチョコをうまく組み合わせれば、誰だって宝物《ホーリー・グレイル》を手にできる！」

しかし「ネスレ・マジック」の大成功は、すかさず批判の波を招いた。チョコ・キャンディーの中にオモチャが入っている！——連邦政府の各機関や連邦議会、消費者団体のオフィスに、どっと苦情が寄せられた。アトランタのCDC（米疾病管理予防センター）にも、あるいはミネソタ州の司法省に

原注83　当時の「ネスレ・マジック」のアピールは凄かったから、おまけのおもちゃは未だに、eBay（イーベイ）でオークションにかけられ、いい値段がついている。「ネスレ・マジック」のおもちゃの十二個箱入りが最近、出品されたが、売値は四十五ドル（プラス八・七五ドルの送料）だった。

も苦情が舞い込み、コネチカット州政府は警報を発しさえした。

「ネスレ」の経営陣には組織だった攻撃としか思えない事態の急展開だった。しかし、その攻撃がどこから来たものなのか、つかむことはできなかった。「秘」とスタンプが捺された「ネスレ」の社内メモに、ある経営トップはこう書いた。「特定の個人（あるいは数人の者）が、『ネスレ・マジック』について（それを販売することが違法であり、あるいはまた同時に、幼児の喉に詰まる事故を引き起こすとして）、その安全性に疑問をなすりつけようとしていることだけは分かっています」

このため「ネスレ」側はコンサルタントと協議して、攻撃を仕掛けているらしい容疑者リストの作成に入り、証拠といわれるものの洗い出しにかかった。「ネスレ」の調査チームは、オモチャで喉が詰まったという、いくつかの苦情を調べ直したが、被害に遭ったとされる子どもを一人として見つけることはできなかった。科学者的精神の持ち主の「ネスレ」経営陣は、「ネスレ・マジック」を不必要と思われるほどの時間をかけ、徹底して再検査した。小さなプラスチック製のオモチャを、幼児の喉を模した「喉チューブ」と呼ばれるプラスチックの管に挿入して、喉詰まりが起きるかどうか確かめる実験だった。「喉チューブ」に引っかかるオモチャがひとつでもあれば、米政府の消費者製品安全委員会は確実に、窒息の恐れがある、と判断するはずだった。「ネスレ」側の再検査で、『ライオン・キング』の「ティモン」にだけ気がかりな点があったが、「喉チューブ」に引っかかるディズニーのオモチャはひとつもないと確認された。「ネスレ」はオモチャの脚をことさら大きくデザインし、「喉チューブ」に入る手前で必ず引っかかるようにこしらえていたからだ。「マジック」は安全──これが「ネスレ」が再確認した最終判断だった。そして「喉詰まりを起こした子」は、その後、一人も出て来なかった。

誰一人として喉詰まりを起こしていない――「ニコルズ・デゼンホール」の危機管理のベテラン専門家たちにとってこの事実は、「マジック攻撃」の背後に訴訟弁護士がいない――ことを意味していた。訴訟弁護士が提訴を狙ってそうした攻撃を仕掛けるには、そこに喉が詰まったと訴える被害者がいなければならない。喉を詰まらせた子どもがいない以上、それはあり得ないことだった。誰が「マジック攻撃」を仕掛けているか？――残る可能性はひとつ、「競争相手が攻撃を仕掛けている」だった。

チョコレート製品や砂糖菓子を含む「キャンディー」*業界では、ある社の勝利が他社の直接的な損失になることがしばしば起きる。「ネスレ・マジック」の場合もそれで、「マーズ」側の製品の市場シェアをいちどに消し去る事態になった。「ネスレ」側は疑った。つむじ風のように突然、襲い掛かって来た「マジック」に対する苦情の嵐の背後には「マーズ」が潜んでいるのではないか、と疑ったのだ。「マーズ」はおそらく、友好的な消費者グループを使って、一見、草の根から湧き上がったような反撃キャンペーンを開始したのではないか、と。

こうなると、「ネスレ」の経営陣の中には「マーズ」に、あのニクソン政権のパラノイアのようなものを見る者も出て来た。しかし、それにしても「マーズ」という表に出ることのない企業が、こんなダーティーなキャンペーンの指揮棒を振ることができるものか？

＊キャンディー　英語でいうcandyは、日本語の「キャンディー」よりも範囲が広く、チョコレート菓子も含まれる。

敵の正体を一刻も早くつかまなければならなかった。すべての苦情の出所が「マーズ」なのかどうかもハッキリしなかった。「ネスレ」に対する批判の棘はますます鋭いものになって行った。

・FDAの副委員長のもとに、「ネスレ・マジック」を「極めて危険」なものであるとする手紙が届いた。

・全米の新聞コラムニストや食品ライターに匿名のファクスが送られた。ファクスは、キャンディーの中にオモチャを入れるアイデアを「クレージーな手口」と非難するとともに、「ネスレからFDAに本日出された狂った提案は、子どもを愛する人々から、悪いアイデア、とのレッテルを貼られるべきだ」と批判した。

・アメリカ政府の頂点に向け、何者かがアル・ゴア副大統領のホワイトハウスのファクスに対し、「ネスレ・マジック」の販売禁止を求める手紙を送りつけた。

今や、ワシントンを舞台に「チョコレート戦争」が本格的に戦われる事態になっていた。そして間もなく、さらにおかしな出来事が起きた。オモチャの安全性について年次報告書を出しているアメリカの消費者団体、「USPIRG（公共利益調査グループ）」の事務所に、正体不明の男が顔を出した。事務所の受付で言葉を交わした男は、包み《パッケージ》をひとつ置いて帰った。「ネスレ・マジック」に関する悪しき情報が入った包みだった。

それから数ヵ月もの間、男は「USPIRG」に、情報の入った包みを送りつけて来た。そして問題にするよう「ＵＳ ＰＩＲＧ」に迫り続けた。この正体不明の男のことは、やがて「ネスレ」経営陣の耳にも入った。「ネスレ」の経営陣は、この男に、「ディープ・チョコレート」と仇名を付けた。あのニクソンのウォーターゲート事件の「ディープ・スロート」にあやかって付けた名前だった。

男は何者なのか？　男に関する情報を求めて、「ネスレ」は仲間うちの業界関係者にアピールを発した。「ディープ・チョコレートは誰か？　一緒に暴露してくれないか」

ある日の午後、「ＵＳ ＰＩＲＧ」の事務所に、ロビイストの女性弁護士がやって来た。「ネスレ」の顧問法律事務所、「ホーガン＆ハートソン」の弁護士だった。別件の話し合いが終わると、女性弁護士は例の謎の男についてあれこれ聞き出そうとし、聞き取った結果を「ディープ・チョコレート、また も攻撃」のタイトルで、同僚に対し最優先メールで報告した。

女性弁護士はメールにこう書いた。

今日、「ＵＳ ＰＩＲＧ」のエド・ミーツヴィンスキーに別件で会って、話し合いの最後に、最近、ディープ・チョコレートから接触があったかどうか質問したら、こういう答えだった。

「ＵＳ ＰＩＲＧ」のエド・ミーツヴィンスキーがもしディープ・チョコレートの身元をつかんでいたら、この女性弁護士のような同じ業界のロビイストに打ち明けるはずはないのだが、それを百も承知で、彼女は質問をぶつけたのだ。

エドの答えはこうだった。最近、届いた、いちばん新しい包みが郵便で来たか、オフィスへの直接手渡しだったか、覚えていない――と。でも、エドの部下は私にこう言ったわ。最初の包みをディープ・チョコレート自身が届けて来た時、受付のところで、その男と会話を交わしたと、ね。で、私がそのディープ・チョコレートの人相風体や、どんな話し方をしていたか聞いたら、その部下、ちょっと困った顔をした……。「USPIRG」の持ってる情報をね、私にくれたくなかったわけね。これはもうハッキリしてる。

それでもエド・ミーツヴィンスキーは彼女に、ヒントをひとつくれたそうだ。

でも、エドは教えてくれたわ。エドの考えでは、ディープ・チョコレートは「マーズ」に直接、あるいは「マーズ」と組んだところに――恐らくはPR会社を通じて雇われているんじゃないか、というのね。

仮にそうだとしても、あくまでも推測……。結局、「ディープ・チョコレート」の正体は分からなかったわけだ。

しかし、謎は解かねばならない。そこで「ネスレ」が最初に調査を依頼したのが、前章で述べた、あのクロールの「クロール・アソシエイツ」社だった。調査の対象は、「マーズ」社の「ワシントン・チーム」。チームの人間の背景、住所、メディアへの登場、場合によっては社会保障番号や子どもの名前まで調べ上げた。「マーズ」社が使っているロビー会社にも探りを入れ、「マーズ」の中心的な経営陣による選挙資金の寄付歴を洗い、関係者が同じ学校の出身者かどうか、マーズ家と昔から親しい関係かどうか、「マーズ」社の前の職場の同僚は誰か――まで突き止めようとした。

「クロール」でこの調査に当たったのは、ジェームズ・バックナムだった。前の年、ルイス・フリーFBI長官の上級顧問の職を退き、「クロール」入りしていたバックナムは、一九九七年九月三十日午前十一時、「ネスレ」の法務部の首席弁護士、クリスチーヌ・ファイファー宛、三十二枚ものファクスを送った。「マーズ」側の策動に対抗し、「ネスレ」側が採るべき戦略を示したものだった。

対抗するために押さえておくべき全体的な問題は、「マーズ」社が「ネスレ・マジック」を阻止するためなら何でもするだろうということです。その理由は、「マーズ」社が本年、店の棚に置ける商品を持っていないからです。アメリカの市場に自社製品を送り込むことができないでいます。このため、「マーズ」としては「マジック」の売れ行きを衰えさせることができない。つまり、問題は子どもの安全ではなく、企業の貪欲さと市場シェアに関わることです。(原注84)

「クロール」はまた、このファクスでの提案で、「ネスレ」として政治的なコネの問題にも目を向けるべきだと指摘し、「マーズ」社は「ワシントンの民主党の中核的部分」を使っているとして注意を喚

原注84　著者による入手文書。「ネスレ側のPR対応に対するサジェスチョン」

起した。

しかし、せっかくの「クロール」側の警告も、遅きに失した。その時点ですでに、FDAは、ニューヨーク・タイムズとの会見で、「ネスレ・マジック」問題での見解を表明していたからだ。タイムズに対するFDAのコメントは、「ネスレ・マジック」の販売続行を不可能なものにする厳しいものだった。FDAの政策担当副委員長、ウィリアム・ハバードはタイムズに対して「この商品は、われわれの法律に違反している」と言明したのだった。(原注85)

一巻の終わりだった。「ネスレ」としては降伏するしかなかった。

「ネスレ」は十月一日、以下のような、防戦の記者発表を行ない、白旗を掲げた。「『ネスレ・マジック』は、CPSC（消費者製品安全委員会）の安全基準を全て満たしております。しかしながら、食品とオモチャの組み合わせに関する、未解決の技術的・法的な問題により、ネスレ社といたしましては製品を自発的に回収することに同意しました(原注86)」

「マーズ」社との戦いでの敗北は、「ネスレ」の顔を潰すものになった。それはまた、同社の決算にも数字となって現れた。「ネスレ」は「マジック」に、途方もない力を注いで来た。すべての努力は無駄に終わった。「ネスレ」と提携し、「マジック」の生産を続けて来たフロリダの工場主、ハンク・ウェットストーンが生産打ち切りを知らされたのは、「ネスレ」が「記者発表」したその日のことだった。新工場に行って、百二十五人の従業員に解雇を告げ、生産ラインのスイッチを切った。その時を思い返し、「悲しかった」とウェットストーンは言った。

ウェットストーンによれば、「ネスレ」の担当者は彼に、「マジック」打ち切りで三千万ドル損失が出たと打ち明けたそうだ。「ネスレ」の決算に空いた大穴は、「マジック」開発に取り掛かった当時の、数十億ドル儲ける壮大な夢を裏切るものになった。

ウェットストーンも「ネスレ」と長い裁判闘争を強いられることになった。「マジック」のための新工場の費用負担をめぐる争いだった。このフロリダの工場には、「ネスレ」に雇われたスパイが潜り込んだ。この「ネスレ」の元下請けが、「ネスレ」が建てた新工場を、仇敵の「マーズ」のために使っているかどうか、つかむためだった。

しかし「チョコレート戦争」はこれで終わらなかった。これで引き下がる「ネスレ」ではなかった。何よりも「マジック」をめぐる戦いで、いったい何が起きていたか、洗いざらい解明する必要があった。誰が、どんなふうに暗躍したか、時系列で徹底究明しようとした。この先、起きるであろう新しい戦いに備え、巻き返しに出るためだった。

この局面で「ネスレ」が頼みとしたのが「ベケット・ブラウン」だった。「ベケット・ブラウン」は早速、バージニア州アレクサンドリアにある、コンサルティング会社、「ホーソーン・グループ」に対する監視活動を開始した。「ホーソーン・グループ」という会社は、PR業界の中だけで知られる、世間的にはほとんど全く知られていない小さなコンサル企業だ。しかし「ホーソーン」は「マーズ」と密接な関係を持っていた。「ホーソーン」会長のジェームズ・キスは、PR業界における長老とし

原注85　ニューヨーク・タイムズ、一九九七年九月二十八日付。
原注86　『ビジネス・ワイア（Business Wire）』、一九九七年十月一日付。

て政治的な力を持つ人物だった。自社の宣伝資料に、機密性の高い「マーズ」社の仕事をしていると書くことを許された、類例のない特権を獲得した男だった。

「ベケット・ブラウン」が狙いをつけたのは、「ホーソーン」のコンサルタントをしているリチャード・スウィガートだった。どうもこの男が「マーズ」のための戦略づくりに深く関わっているらしかった。リチャード・スウィガート自体が、「ディープ・チョコレート」である疑いさえあった。「ベケット・ブラウン」の元「シークレット・サービス」のチームは、「マーズ」チームの組織図を作成した。その中で、「マーズ」の首席顧問弁護士、エドワード・ステジマンと密接につながったのが、リチャード・スウィガートだった。ちなみに首席弁護士のステジマンは、隠者のようなマーズ兄弟の数少ない親友の一人だった。

スウィガートの住所――アレクサンドリア市サークル・ヒル・ロード三一一九番地を突き止めることは簡単なことだった。住所を手がかりに電話番号も突き止めた。スウィガートの話し相手が誰なのか探るのも、それほど難しいことではなかった。「ベケット・ブラウン」は、ニューヨークの探偵事務所を雇った。スウィガートの家の電話の通話記録にアクセスするためだった。その探偵事務所の名は、「サイエンス・セキュリティー・アソシエイツ」(原注87)。「サイエンス・セキュリティー」は「ベケット・ブラウン」に対し、調査結果として手書きの通話リストを手渡した。そこに、スウィガートの自宅に一九九七年十一月、十二月、翌九八年一月に、AT&Tから郵便で届いた電話代の請求書に載った、彼の自宅からの通話先の番号が記されていた。リストには長距離のクレジット・カード通話が八十通話、記録されていた。電話の所有者の名前も注記されていた。この諜報活動で、「サイエンス・セキュリティー」は「ベケット・ブラウン」に千二百五十ドルの請求書を送った。「ベケット・ブラウン」はスウィガートの金回りについても調べ、一九九八年一月時点での銀行口座の記録にアクセスすることができた。しかし、そこにも劇的な手がかりはなかった。スウィガートの預金残高は、一万四千四百十ドル。とくに不審なものではなかった。

スウィガートの動向にも監視の目を光らせた。その報告は、依頼企業に対するメール報告というより、外国諜報機関の秘密報告に似ていた。「スウィガートは自宅を拠点に動いているようだ。週単位でスケジュールを立てているが、そこに『ホーソーンへ出社』はほとんど含まれていない」


原注87　あの「ウォーターゲート」事件に詳しい人なら、この「サイエンス・セキュリティー・アソシエイツ」の名前を憶えているかも知れない。あの悪名高き、ウォーターゲート・ビルの民主党事務所への侵入事件が決行されようとする中、当時、「サイエンス・セキュリティー」で働いていたニュージーランド人のジェームズ・ウールストン＝スミスが、ニクソンの「大統領再選委員会（ＣＲＥＥＰ）」が立てた不法侵入計画を察知していたことを。

この察知のあと、どんなことが起きたか？　ＣＩＡ出身のジョージ・オトゥールが一九七八年に出版した、『民間諜報界（*The Private Sector*）』によれば、こうである。

不法侵入して盗聴器を仕掛ける計画を察知したウールストン＝スミスは、この情報を前顧客のウィリアム・ハダッドに流し、このハダッドから民主党全国委員会のラリー・オブライエン委員長に通報された。この情報にはなんと、実際に侵入を図った実行犯のジェームズ・マッコードや、侵入計画を練ったＧ・ゴードン・リディの名前も含まれていたという。

そしてオトゥールは、こう書いている。「マッコードと四人のキューバ人がウォーターゲート・ビルの民主党全国委員会の事務所で逮捕される二ヵ月近くも前に、民主党側がニクソンの再選委員会の盗聴器設置作戦について完璧なブリーフィングを受けていたとは、信じられないような事実である」

ウールストン＝スミスがこの情報をどうやってつかんだかは全くもって、明らかにされていない。

「ベケット・ブラウン」のチームは、スウィガートのプライベートな部分にも、躊躇せず踏み込んでいた。当時、彼が付き合っていたデート相手の名前や職業をつかんでもいた。

しかしそのスウィガートが「ディープ・チョコレート」であるかどうかの結論は、そこからは得られなかった。「ディープ・チョコレート」の謎を、「ネスレ」がその後、解くに至ったかどうかも定かではない。しかし「ベケット・ブラウン」も「ネスレ」も、ある「真実」に近づいていたのは事実である。そしてその真実とは、リチャード・スウィガートこそ、「ディープ・チョコレート」だったことだ。

スウィガートは「マーズ」社のために動いていた「ホーソーン・グループ」の仕事を下請けし、「ネスレ・マジック」に対する秘密作戦の指導者の一人として活動していた。スウィガートはその中で消費者団体に接近し、政府の機関やメディアに働きかけていた。「ネスレ・マジック」は危険なものであり、FDAの規則に違反するものだと言って。

スウィガートはもともと、企業コンサルタントとして、「US PIRG」のような消費者団体と対立する立場にあったが、「ネスレ・マジック」に限っては、仇敵と手を握る必要があった。彼はほかにもさまざまな消費者団体の事務所に対しても、「包み」を配達していたのだった。

しかし、今はまだ、そこまで分かっていない段階。話を元に戻すことにしよう。

さて、スウィガートに続き、「ベケット・ブラウン」のチームが関心を向けたのは、「マーズ」のために動いている、ワシントンの著名な法律事務所兼ロビー企業の「パットン・ボックスズ」だった。

この「パットン・ボックスズ」の弁護士たちこそ、FDAに対して「ネスレ・マジック」の摘発を働きかけていた当事者で、食品のなかにオモチャを入れることを禁じた、数十年も前に制定された法律に違反すると指摘していた人々だった。「ベケット・ブラウン」はその中の、ダニエル・クラコウ弁護士に調査の的を絞った。クラコウ弁護士はFDAマターを専門にしていたからだ。クラコウ弁護士は「マーズ」と連携し、確かに「ネスレ」側を追い込むようにFDAに働きかけていた。

「ベケット・ブラウン」のエージェントたちは、ワシントンのMストリートにある「パットン・ボックズ」社の、クラコウ弁護士の電話の通話記録にアクセスし、どこへの通話が最も多いか、それはどの州に対するものかなど、十五通話の記録を入手した。

しかしクラコウ弁護士のファクスに探りを入れるのは、電話よりももっと難しい作業になった。同僚の弁護士たちとファクスを共用していたからだ。他の多くの弁護士も同じファクスを使っている以上、クラコウ弁護士のファクスを特定することは不可能なことだった。「ベケット・ブラウン」のエージェントたちは、またも壁にぶち当たった。

「ベケット・ブラウン」のエージェントたちが次に取り付いたのは、「マーズ」社自体の、ある電話番号だった。その通話記録から、「マーズ」の役員の誰かが一九九八年一月十五日に二度、ホワイトハウスに電話を入れたことが分かった。一体、何のための電話だったか？――探りを入れる必要があった。

間もなく、「マーズ」社の経営陣が二月に、「イースタン・ショア」のセーリングの町、セント・マイケルズで合宿会議《カンパニー・リトリート》を開くことが分かった。「イースタン・ショア」は、いわば「ベケット・ブラウン」の縄張りのような場所。手持ちの情報のギャップを埋め、「マーズ」側の動きの全体像を解明するには、願ってもない場所での合宿会議だった。

「ベケット・ブラウン」は早速、エージェントたちをセント・マイケルズに差し向けた。「マーズ」の役員たちの合宿会場をつかむのが、先決問題だった。この海辺のリゾートにはホテルが数軒あった。そのうちのどのホテルで会議を開くか、つかむことが何よりも重要な課題だった。

一方、「ベケット・ブラウン」のチームは、バージニアのマクレーンにある「マーズ」本社に狙いをつけた。監視カメラなど警備状況を確認したあと、地元のゴミ収集業者に電話をかけ、週に一度のゴミ収集日を確認した。「マーズ」社は万全の警備態勢を敷いているという評判だったが、意外に簡単に侵入できた。「ベケット・ブラウン」のエージェントたちが真っ直ぐ向かったのは、生垣で目隠しした「マーズ」社の社屋裏にあるゴミ置き場だった。そこで「マーズ」社から出た、書類など廃棄物の詰まったゴミ袋を積み込み、代わりにダミーのごみの詰まったゴミ袋を置いて引き返した。ダミーのゴミ袋を置いたのは、「マーズ」社の担当者に怪しまれないためだった。

間もなく――「マーズ」社から運び出し、ふるいにかけて「手がかり」を取り出した残りのゴミを、再び「マーズ」社のゴミ置き場に持ち帰り、新しいゴミを運び出すリサイクルが始まった。たいてい、アルバイトで雇った非番の警察官が同行して作業を手伝ってくれた。万が一、地元の警察官に呼び止められても怪しまれずに済む工夫だった。

こうした「ゴミ漁《あさ》りドライブ」が合法的なものかどうかは微妙な問題で、ゴミが置かれた場所、置かれた状態に関わることだが、「ベケット・ブラウン」のチームは、すべて合法と割り切って作業を続けた。地元自治体のゴミ収集に出した廃棄物である以上、そこには守られるべきプライバシーはない、との解釈に立っていた。しかし、そのくせ地元の警察に疑われるかも知れないとも思っていたのだ。非番の警察官を雇い入れていたのは、疑いから逃れるための投資でもあった。この「マーズ」本社からのゴミ運び出し作業は結局、その後、数ヵ月にわたって続けられることになった。「マーズ」のゴミを持ち帰っては、ふるいにかける地道な作業が続いた。

さてこの「ゴミ漁りドライブ」だが、企業諜報業界の最も古いテクニックのひとつである。「ゴミ漁り」というと、うらぶれた私立探偵が手がかりを求め、バナナの皮も混じったゴミの山を必死になって選り分けているシーンが、どうしても目に浮かんでしまう。そういうことも確かにあるが、ここで確認しておかねばならないのは、この手法が長年にわたる経験の中で確固たる方法になり、企業人が考えているよりも遥かに一般的なものになっていることだ。狙いをつけた企業の活動を探る諜報企業のエージェントたちにとって、近代的なオフィスから吐き出されるゴミほど貴重なものはない。プリントアウトしたメール、請求書の明細、使い終わったカレンダー……どれも当該企業の活動を「再現」してみせる貴重な情報であるわけだ。

「ベケット・ブラウン」のチームが漁った「マーズ」のゴミは、食べ物やコーヒー滓で汚れた文書類だった。汚れたズボン下に行き当たったこともあった。「マーズ」社の誰かがひどい下痢に苦しみ、そのまま投げ捨てたズボン下らしかった。それにもめげず、エージェントたちはゴミ漁りを続けた。

シュレッダーにかけた文書も調べた。「マーズ」側はシュレッダーにかけることで万全を期したつもりのようだった。しかし、「マーズ」のスタッフらはシュレッダーにかけたものを、いつも同じ屑篭に捨てていた。細かく裁断された文書はゴミ袋に入れられ、屑篭からゴミ置き場に運ばれたが、散乱することなく、常にひとまとまりのものとして「ベケット・ブラウン」の手に渡った。そうした断片をつなぎ合わせ、文書を再現する作業は根気のいるものだった。「ベケット・ブラウン」のエージェントたちは、キーワードのリストをこしらえ、作業にあたった。「ネスレ」「マジック」「喉詰まり」「攻撃」「追及」といった言葉の入った再現文書の山が出来て行った。その中には「マーズ」および「ネスレ」の経営陣の名前の入った「再現文書」も含まれていた。

そして遂に、鉱脈を発見！　ゴミの山の底から、「マーズ」社の役員、ボブ・カーゴがサインした、ホテルの借り上げ契約書が回収された。「セント・マイケルズ・イン&マリーナ」のゲストルーム十室を、一九九八年二月十九日から二十一日まで借り上げる契約書だった。ホテルの会議室、視聴覚設備を使用することも契約書に書かれていた。部屋代は一日九五ドルという契約だった。

今や「ベケット・ブラウン」は、「チョコレート戦争」の続編を、多額な報酬を受け取りながら戦って行ける十分な情報を手にしていた。折しも、「ネスレ」対「マーズ」の巨大企業同士の戦いに、新たな戦線が開かれつつあった。「ペット・フード」をめぐる戦いだった。

その冬、「ネスレ」は、英国の「ダルゲティー」社から、十一億六千万ドルで「スピラーズ」社のペット・フード・ビジネスを買い取る計画を発表したばかりだった。(原注88)「ネスレ・マジック」で苦い目に遭った「ネスレ」としては、「マーズ」から何らかの反撃があるものと覚悟し、警戒を強めるのは当然のことだった。そして幸いなことに、「マーズ」の合宿会議が開かれたのは、「スピラーズ」買収発表の二週間後のことだった。

「ベケット・ブラウン」がセント・マイケルズの現地のホテルに送り込んだのは、元メリーランド州警察のティム・ワードと、元「シークレット・サービス」のマイク・ミーカを中心とするエージェントのチームだった。「セント・マイケルズ・イン＆マリーナ」はクラシックなリゾート・ホテルだった。絵のようなチェサピーク湾に臨み、専用のマリーナには数十隻のヨットやボートが浮かんでいた。バルコニーから眺めると、対岸に水族館が見えた。

二月はもちろん、シーズン・オフだった。葉を落とした裸の木立を凍てつく風が通り過ぎ、観光客を追い払っていた。「マーズ」社の役員の一団と、それを追いかける「ベケット・ブラウン」のエージェントご一行様の滞在は、ホテル側にとって思いがけない臨時収入になったに違いない。

エージェントたちのリーダーを務めたワードとミーカは、「ベケット・ブラウン」のエースだった。ワードは「ベケット・ブラウン」の創立メンバーの一人。ミーカは「シークレット・サービス」の「反撃チーム」に所属し、大統領や副大統領の警備で世界中を飛び回っていた男だった。ミーカのようなエージェントにとって、高級ホテルに泊まるなど訳もないことだった。「二〇九号室」にチェックインするや否や、ホテルのレストラン、「ウィンドウズ・オン・ザ・ウォーター」に夕食をとりに、階段を下りた。

「ベケット・ブラウン」のチームは、「マーズ」の役員たちがその日の会議終了後、バーやレストランで寛ぐことを見越していた。エージェントたちはバーのテーブルに二人ずつ座り、ビジネスの会合に来たようなふりをして「マーズ」の役員を待ち受けた。「マーズ」の役員がバーのどこに腰を下ろそ

原注88　ニューヨーク・タイムズ、一九九八年二月五日付。

うと、会話を傍受できる場所を押さえて陣取った。「シークレット・サービス」出身のエージェントは、会話を交わしながら聞き耳を立て、隣のテーブルの会話を逐一拾う技を身につけていた。

傍受に成功！「マーズ」の役員たちは自分たちが監視されていることに全く気付いていなかった。席が半分ほど埋まったバーに来て、飲んだ――ただそれだけのことだった。周りのエージェントたちに視線を向けることさえ、ほとんどなかった。

「マーズ」の役員たちは、レストランで夕食をとった。ここでもエージェントたちは配置に就いて、「マーズ」の役員が来るのを待った。しかしレストランはバーと違って広々としていた。全体をカバーすることはできなかった。そこでエージェントたちは、予備の二人組をロビーに待機させていた。彼らの出番は、「マーズ」の役員たちが「ベケット・ブラウン」チームから離れた席に就いた時だった。さりげなく隣の席に就いて聞き耳を立てるのだった。エージェントたちは毎晩、役割と顔ぶれを変えた。バー組、レストラン組、待機組を毎日組み変えた。

「マーズ」側に察知される心配はなかった。「イースタン・ショア」という場所柄、この辺では企業合宿は珍しいことではなく、「マーズ」の役員たちはエージェントたちを、自分たちと同じようにビジネス会議に来ている連中だと思い込んでいるはずだった。特段変わったことはどこにもなかった。支払い明細によれば、マイク・ミーカの場合、このホテルのレストランで、最初の夕食代として百八十四ドル二十四セント使った。会社の役員のとる豪華なディナーだったが、あらゆる意味でそれは、食事をしながら仕事を進める「ワーキング・ディナー」以外のなにものでもなかった。

「ベケット・ブラウン」は報告書の中で、レストランでのディナーの最中、重要な会話が交わされ、その傍受に成功した、と述べている。「マーズ」の役員たちは、隣の席のエージェントたちなどに目もくれず、ロックフィッシュやクラブ・ケーキ、ヴィール・スイートブレッドに舌鼓みを打ちながら会話を交わしていたわけだ。

その中で「マーズ」の役員たちは、主力商品の「ミルキー・ウェー」チョコ・バーがヨーロッパのマーケットで、どれだけ「ネスレ・マジック」の「悪影響」を受けたか、あけすけに語っていたそうだ。「ネスレ・マジック」に入ったディズニーのオモチャが、あやうくコレクター・アイテムになるところだった、と安堵の声を漏らす者もいた。「ティックル・ミー・エルモ*」のように大ブレークして、子どもたちへの「定番ギフト」になるところだった、との声も聞こえて来たそうだ。

「マーズ」の役員たちは、「ネスレ・マジック」で「ネスレ」を負かしたことで舞い上がっていたのだ。勝利したまさにその時、まさか敵側のエージェントらに取り囲まれ、聞き耳を立てられているなどとは思いも寄らなかっただろう。

「ベケット・ブラウン」のチームはまた、ホテルの清掃スタッフに毎日、金を渡し、「マーズ」の役員の部屋から出たゴミをホテル裏のゴミ置き場の脇に取り置いてくれるよう頼んだ。そのゴミを回収し、「ベケット・ブラウン」のオフィスで分析するためだった。清掃スタッフに渡す袖の下は毎回、二十ドル。清掃スタッフは別に驚きもしないで金を受け取り、指示通りのことをしてくれたそうだ。

＊ティックル・ミー・エルモ　セサミ・ストリートのキャラ、「エルモ」が笑い転げる人形のおもちゃ。一九九六年にアメリカで発売され、大人気を博した。

あまりにあっけなかったので、エージェントの一人は、ふつうに行なわれていることかな、とさすがに訝《いぶか》ったそうだ。

電話の通話記録、ホテルでの監視活動、ゴミ漁りを続ける中で、「ベケット・ブラウン」の元へ、「マーズ」社内の動きに関する「情報」が奔流のように集まり出した。しかしその「情報」の大半は個々ばらばらで、何のつながりもないようなものだった。情報収集より、難しいことがあった。それは数百もの、一見無関係な情報の断片をつなぎ合わせ、そこから意味を取り出す作業だった。

その年の初めの数ヵ月の間、「ベケット・ブラウン」が集めた情報は、以下のようなものだった。

・「マーズ」社はモスクワの「トレチャコフ・ギャラリー」に対して、一〇万ドルの寄付を行なう。フォレスト・マーズが承認。(原注89)

・「マーズ」社のハケットタウンの工場は、原料をカナダの乳製品に切り替えた。これによって、トンあたり八五ドルの経費を節減。

・「マーズ」社はメキシコに、ニカラグアとメキシコ産のピーナッツを原料に、ピーナッツ・バターの製造工場をつくるかも知れない。

・英国が二ポンドの硬貨の大きさを変えたことで、「マーズ」社のコイン販売機が使えなくなっている。

・ロビー会社の「パットン・ボックスズ」に対する報酬額は九七年八月二十日までの契約期間において、二五九万七九一六ドル七〇セントだった。

「マーズ」のような世界的企業は、連日にわたって膨大な情報の山を吐き出し続けているが、その山の中からどうやって重要な情報を選り出すか――これが諜報企業に課せられたチャレンジのひとつだった。「ベケット・ブラウン」はしかし、入手した情報を自分の段階では選別しないことになっていた。つかんだものはすべて、PR会社の「デゼンホール」に報告。そのうちの何が重要で何を「ネスレ」に報告するか、決めるのは、「デゼンホール」の役員たちの仕事だった。

しかし「ベケット・ブラウン」は実は、とてつもなく重要な情報をつかみ、証拠の文書を手元に押さえていた。「マーズ」という巨大企業の、ささいな日常的な情報とは違った決定的な情報を、ゴミ置き場から回収していたのだ。フォレスト・マーズが「ネスレ」のヘルムート・マウハー宛に送った、あのドラマチックなファクスで、真実の全てを語っていたわけでないことが、「ベケット・ブラウン」のエージェントたちの手で明るみに出たのだ。フォレスト・マーズは「ネスレ」の「スピラーズ」買収に反対しないと、ファクスで明言していたが、実は「マーズ」側は秘密裏に、「ネスレ」が十億ドルを投じて行なうこの企業買収を頓挫させようと、巧妙な工作を続けていたのである。こうなると「ネ

原注89　超富豪で表に出ることを好まなかったフォレスト・マーズは、「マーズ」社の創始者、フランク・マーズの息子で、業界では「マーズ」の主力商品、「M&M」と「マーズ・バー」の開発者として知られる。一九九九年に亡くなった。ここで「フォレスト・マーズが承認」と書かれているのは、その息子であるフォレスト・ジュニアを指したものと見られる。フォレスト・ジュニアは当時すでに、弟とともに「マーズ」社を切り盛りしていたからだ。なお、「トレチャコフ」は、ロシアの国立美術館のこと。当時、「マーズ」社は旧ソ連におけるビジネス・チャンスの拡大に関心を強めていた。

スレ」側としては、当然、あのロナルド・レーガン流、「信頼するが検証もする《トラスト・バット・ヴェリファイ》」*の企業諜報版で対抗せざるを得ない。「ネスレ」は、「マーズ」側がファクスの誓いを守っているかどうか確認したいと思った。そのためなら、いくらでも払う気でいた。

　そんな中で、「ベケット・ブラウン」は、「ネスレ」の欲しがる重要文書を確保したわけだ。だった。これだけで十万ドルの価値はあると「ベケット・ブラウン」では値踏みした。「ベケット・ブラウン」はこれを、全て差し出そうとはしなかった。時間をかけて引き延ばし、小分けして少しずつ出す作戦に出た。それによって「ネスレ」側の気をそそり、どんなに苦労して入手している情報なのか印象付け、情報の価値を吊り上げるためだった。情報の一部を手元に留めていたのには、もうひとつ理由があった。報告する材料に窮した時のために、代わりに差し出せるものを確保しておきたかった。

　こうして「ネスレ」側は、「マーズ」側が、ペット・フードでも作戦を仕掛けていることに、しだいに気付いて行った。「マーズ」側が仕掛けていたのは、世界中の企業が採用しているやり口だった。自由市場で競争するより、政府に働きかけ、相手の動きを封じる方が簡単だと分かったら、誰でもたぶんそうするであろうやり口だった。もちろん、「マーズ」にとって、自由市場で「ネスレ」に対抗することも可能なことだった。よりよい新製品を開発・販売し、あるいは今出回っている自社製品の値下げに踏み切ればよいだけだった。しかしそれは時間と膨大なコストがかかることだった。もっと手っ取り早く、安上がりなのは、ヨーロッパの各国政府に「ネスレ」の動きを止めることが自分たちの利益につながると思い込ませることだった。民間のセクターの企業の多くにとって、政府の支援を取り付けることくらい有益なことはなかった。アメリカの連邦議会に対し企業がロビー活動を続ける理由の一端がここにある。民間の企業である自分たちのために、ひも付きの公的資金を支出させる……「折り紙つき支出《イヤマーク》」法案がしばしば議会を通過するのはこのためである。二〇〇五年を例にとると、民間企業は平均で、連邦議会に対するロビー活動の支出一ドルにつき二八ドルもの「折り紙つき」の見返りを獲得している。(原注90) 新製品を生産・販売するより、遥かに割のいいビジネスなのだ。

「マーズ」側は、「スピラーズ」を「ネスレ」から引き離せる立場にいるヨーロッパの各国議会の議員に狙いを定め、計画を進めて行った。「マーズ」はまず、「欧州経済領域(EEA)」*の加盟国に対して、「ネスレ」の「スピラーズ」買収は消費者とってよくないことだと信じ込ませる作戦に出た。自社の「ペディグリー」ドッグ・フード部門を使って、「ネスレ」がヨーロッパの各国政府に提出していた報告文書の「不正確さ」を、さまざまな「事実」を過去に遡って収集することで明示する作戦だった。「ベケット・ブラウン」の調査によれば、それは「ネスレの人員削減、あるいは企業買収後の統合の経

---

*「信頼するが検証もする(Trust, but verify.)」ロナルド・レーガン大統領がソ連との核兵器削減交渉で、口にした言葉。一九八七年のIMF(中距離核戦力全廃)条約調印の際もゴルバチョフに対して繰り返し、話題になった。

原注90 予算の「折り紙(イヤマーク)つき」の支出とロビー活動経費の比率について、最初の試算を示したのは私(著者)である。『ビジネス・ウィーク』誌、二〇〇七年九月十七日号。この記事は以下のオンライン・サイトでも閲覧可。 www.businessweek.com/magazine/content/07_38/b4050059.htm?campaign_id=rss_daily.

*「欧州経済領域(European Economic Area＝EEA)」EU(欧州連合)とEFTA(欧州自由貿易連合)とが協定を取り交わし、一九九四年に発効した、EFTA加盟国であればEUに加盟していなくともEUの単一市場に参加することができるメカニズム。

過を示したものだった」。

次に「マーズ」は「ネスレ」と「ダルゲティー」の合意を覆すため、一見、独立性のある「第三者」を焚き付ける作戦に出た。「ベケット・ブラウン」の報告によれば、「マーズ」のロビイストたちに、ヨーロッパの政治家に対し、ネガティブな論点を供給させ、タブロイド紙には「ネスレ」の買収に対し、ネガティブな見出しをつけさせる作戦だった。「ベケット・ブラウン」は調査報告の中で、「当社はこの作戦計画の文書のコピーを確保している」と重々しく付け加えた。

「ベケット・ブラウン」はまた、こうも指摘した。「マーズ社はこれら第三者の批判を、軽い批判であれば喜んで受けようとしている。マーズ社はたとえば、ネスレとマーズの二社による寡占状態が、EEAにおける原料供給者、生産者ばかりか消費者の利益を損なうものだと主張するつもりでさえいる」

これは重大な「発見」であるとして「ベケット・ブラウン」は報告書で、こう強調することを忘れなかった。「マーズ社が、ネスレ・ダルゲティー間の合意を妨げるためなら、自らすすんで批判の火の粉をかぶろうとしていることは、重大な結果を引き起こし得ることだ」

その後、数ヵ月間、「ベケット・ブラウン」はさらに、「マーズ」の機密を深く掘り下げて行った。「サイエンス・セキュリティー・アソシエイツ」を通じ、引き続き「マーズ」社本社からの電話通話をモニターし、「マーズ」の役員が電話した個人及び企業を割り出す追跡作業を続けていた。

しかし、「マーズ」側の社内セキュリティーの壁は厚かった。その年の春、「サイエンス・セキュリティー・アソシエイツ」は「ベケット・ブラウン」に対し、こんな言い訳めいた一文を付けて、「ホーソーン・グループ」のジェームズ・キス、及び「マーズ」社の首席顧問弁護士、エド・ステジマンに関する請求書の支払いを求めている。「サイエンス」側は要するに（以下のように、持って回った言い方で弁解しているように）、「ベケット・ブラウン」チームのティム・ワードが求めた通話記録を思うように入手できなかったわけだ。

「『セキュリティーの障害物』が設置されていたため、私どものスタッフもそれを乗り越えることができなかったように思われる。この点に関し、何かお考えがあれば、私どもにお知らせください」

この諜報活動に対し、「サイエンス」側の担当者が「ベケット・ブラウン」に送付した請求書の額は二千四百五十五ドルだった。

「この請求につきコメントがおありでしたら、この件に関する費用の大半が、私の任務に関わるものであることを、ぜひともご理解ください。この任務はご承知のように費用のかかるものです」

こうして「ベケット・ブラウン」は「ネスレ」のビジネスの秘密に深く関わるようになったわけだが、「ネスレ」側は「ベケット・ブラウン」のチーム・リーダーのティム・ワードに「機密保持契約書《ノンディスクロージャー》」

にサインするよう求めた。独特の法律的な言い回しによる要求だった。

「これによってあなたはネスレに帰属する秘密と所有財産に関する情報にアクセスすることができます。その中にはネスレの将来的な活動、マーケティング計画、経営計画と経営情報、新製品開発が含まれますが、それ以外のものも含まれます……食品業界における非常に厳しい競争により、ネスレの秘密情報を守る方策、手続きが定められています」

この機密保持契約書に、ワードは署名した。(原注91)

話を先に進める前に、こうしたことの全てが、ファンタジー物語の材料にでもなりそうな、いかに変な話なのか見ておくことしよう。とどのつまり、「ネスレ」は自社新製品のチョコレート・ボール、「ネスレ・マジック」に何が起きたか突き止めようと数十万ドルの金をかけ、最高の危機管理コミュニケーターや「シークレット・サービス」のベテラン元エージェント、元警察官らを動員していたわけだ。しかしそれは別に今に始まったことではない。あの有名なファンタジー物語の材料になった昔からの話である。

ロアルド・ダールの児童文学作品に『チャーリーとチョコレート工場（*Charlie and the Chocolate Factory*）』という名作*がある。物語の中で、「ジョーおじいちゃん」が、主人公のチャーリー少年に、チョコレートづくりが陰険なビジネスになることもある、と教える場面があるのはいかにも示唆的だ。

「あのね、チャーリー。そんなに昔のことじゃないけど、ミスター・ウィリー・ウォンカのチョコレート工場ではね、数千人もの人が働いていたんだよ。でもね、ある日突然、ミスター・ウォンカはみんなに、こう言わなくちゃならなくなったんだ。みんな、工場から出て行ってくれ、家に帰ってくれ、ここにはもう戻って来ないで、って」

「でも、どうして」とチャーリーは聞いた。

ジョーおじいちゃんは言った。「スパイたちのせいなんだよ」

「スパイたち？」

「そう、スパイたちのせいなんだ。分かるだろ、ほかのチョコレートをつくっている人たちがね、ミスター・ウォンカの素敵なチョコレート・キャンディーを妬みだしたんだよ。どうやって、すごいチョコレート・キャンディーをつくっているか、スパイたちを送り込んで、秘密のレシピを盗み出そうとしたんだ。スパイたちはミスター・ウォンカの工場で、ふつうの職人のような顔して働き出したんだ。工場にいる間、スパイたちはね、チョコレート・キャンディーの秘密を一つひとつ、探り出したんだよ（原注92）」

原注91　「ネスレ」のスポークスウーマン、ローリー・マクドナルドは二〇〇八年秋、同社と「ベケット・ブラウン」の関係に関する質問に、「ネスレ」は「ベケット・ブラウン」側に直接、何の支払いもしていないと語った。「ネスレ」がPR会社の「ニコラス・デゼンホール」を雇っていたのでは、との質問に対しては、社外の取引先について語らない「ネスレ」の方針を説明し、確認を拒んだ。彼女はまた、「ベケット・ブラウン」の調査方法について一切、コメントできないと述べた。「それらについて私たちは、事実に関する知識を全くもって持ち合わせていないので」というのが、その理由だった。

＊英国の作家、ロアルド・ダール（Roald Dahl、一九一六～九〇年）の『チャーリーとチョコレート工場（*Charlie and the Chocolate Factory*）』は二度、映画化された、世界的にも有名な児童文学。邦訳も、『チョコレート工場の秘密』のタイトルで、田村隆一氏や柳瀬尚紀氏の訳が、いずれも評論社から出ている。

この『チャーリーとチョコレート工場』の物語では、工場主のミスター・ウィリー・ウォンカはこのピンチを、とても忠誠心に富んだ「ウンパ・ルンパ」という人たちに工場で働いてもらうことで切り抜けることになるが、残念ながら「ネスレ」には、「ウンパ・ルンパ」はいなかった。「ネスレ」はだから、「スパイたち」を雇うことになったわけだ。(原注93)

さて「ベケット・ブラウン」の前に、新たなターゲットが現れた。「ネスレ」の製造元となった、あのフロリダの「ウェットストーン・キャンディー」社の情報を収集することになったのだ。皮肉な巡り合わせだった。「ネスレ」側が、自分の元下請けに対して、かつて「マーズ」社に仕掛けられたような諜報活動を展開することになった。

「ウェットストーン」は「ネスレ・マジック」をリコール後、チョコレート・キャンディーにオモチャを入れるアイデアを捨てることなく、研究を続けていた。販売中止に追い込まれたとはいえ、「マジック」の大成功は、チョコとオモチャを組み合わせれば大ヒットする、何よりもハッキリした証拠だった。数ヵ月間の研究の末、「ウェットストーン」は、FDAの安全基準をクリアしながら、チョコにオモチャを入れる方法の開発に遂に成功した。社長のハンク・ウェットストーンは特許を取得した上で、カリフォルニアのグレンダールに飛んだ。そこの「ネスレ」の出先の役員に話を持ち込んだのだ。

しかし……「私が特許を取ったことが、ネスレの連中の気に障ったようなんですね」と、ウェットストストーンは、当時を振り返った。「特許を取る前に、どうして話してくれなかったんだ、と責められました」

「ネスレ」は結局、ウェットストーンの提案に食いつかなかった。「チョコの中にオモチャ」はもう御免。「マジック」へ巨額な投資をしたので、新たな取り組みに向ける金はない――と言って、ウェットストーンの申し入れを断ったのだ。

そこでウェットストーンは「ネスレ」の力を借りず自主開発を進めた。それが「ネスレ」との関係をますます悪化させた。

ウェットストーンはフロリダ州セント・オーガスチンに工場を三棟持ち、これまで「ネスレ」のために、さまざまなチョコレート製品を生産して来た。ところが――ウェットストーンによれば、十月になって、「ネスレ」側が最後まで残っていた下請け生産契約の打ち切りを通告して来た。ウェットストーンが「マーズ」と取引するのではないか、と考え、契約を切って来た――これが彼の睨んだところだった。自分たちが「マジック」生産のために建設費を出したあの新設ラインを、よりによって宿敵の「マーズ」に提供するのではないか、と疑っている、と。

原注92　ロアルド・ダール、『チャーリーとチョコレート工場』、パフィン（Puffin）社版、一九頁。
原注93　ジョエル・グレン・ブレナー（Joël Glenn Brenner）がネット誌、『スレート・コム（Slate,com）』に、二〇〇五年に発表した記事（http://www.slate.com/id/2122852/）によると、ロアルド・ダールは、この「チョコレート工場」の物語を、二〇世紀の初期、彼自身、子どもだった頃、英国で目の当たりにした企業スパイ事件を下敷きに書いたのだそうだ。ダールにはまた、実際にスパイをした経験があった。第二次世界大戦中、彼は英国の諜報員としてワシントンで活動していた。

「ネスレ」に下請け契約を「打ち切られた」直後のことだった。これは「ベケット・ブラウン」の文書に記載されていたことだが、「ベケット・ブラウン」のエージェントたちが「ウェットストーン」の工場を嗅ぎ回り始めた。

記録によれば、「ベケット・ブラウン」のチームの活動開始は、十一月十七日午前三時四十五分のことだった。昔ながらの定石を踏んだ、監視活動の始まりだった。セント・オーガスチンのコーク・ロードの上り坂を一台の車が登り切り、リバーサイド・ショッピングセンターの駐車場に乗り入れた。ハンドルを握っていたのは、ラリー・ダイアーという地元の私立探偵。「ベケット・ブラウン」に雇われた男だった。

監視活動を開始した翌日の報告書に、ダイアーはこう書いた。彼が陣取った駐車スペースは、「ウェットストーン」のチョコレート工場を「ダイレクトに監視できる」場所である、と。

さて工場の目の前で監視を開始したが、しばらくの間は何事も起こらず、あたりは静寂に包まれていた。

そして午前五時四分のこと、ラリー・ダイアーの目の前に、一台のゴミ回収トラックが現れた。「BFI廃棄システム」社の回収トラックだった。工場の敷地に入ると、前日のゴミの回収を始めた。トラックが回収を終え、走り出した。ダイアーはその後にピッタリついて追跡を始めた。トラックは数ブロック走ると、こんどは「プロスペリティー銀行」の支店に止まった。

以下は、ダイアーが報告書に記載した、その時の模様だ。

私（ダイアー）は車を降りると、ゴミ回収トラックのドライバーに歩み寄った。ドライバーは、マークと名乗った。私はウェットストーンから回収したゴミ袋が欲しいとマークに頼んだ。マークは前にBFIの上司に、回収したゴミ袋、好きにしていいか、と聞いたことがある、と言った。「好きにしていい。でも、お前の責任でやれよ」と言われた。マークは言った。「ゴミ袋、渡したら、クビになるかも知れない」。そう言ってマークは手渡しを拒んだ。私が、大丈夫、うまくいく方法を考えようと言っても、マークは受け付けない。クビになるのが怖いというのだ。マークはしかし、ドライバーの同僚に相談してみると言った。話の分かる奴だから、と……。

そしてダイアーは、その場から自分の探偵事務所に引き揚げた……。

ダイアーとマークの間でその後、何があったかは分からないが、「ベケット・ブラウン」がとにかく、「ウェットストーン」の工場の中から「ブツ《マテリアルズ》」の入手に成功したことだけは確かだ。「ベケット・ブラウン」は「マーズ」社に対してと同様、「ウェットストーン」からも「情報」の奔流を取り込み出したのだ。たとえば――。

・「ベケット・ブラウン」は、「ウェットストーン」のもとに、内部が空洞の キャンディーを高速で製造する機械がドイツから届いたことを示す文書を入手した。「ベケット・ブラウン」の報告によると、「機械は（デンマークの）エーステド・ミクロヴェルク社から積み出されたもので、送り状ではテキサス州ウェイコーのM&Mマーズが発注したことになっている……」。

・「ベケット・ブラウン」のエージェントたちは、ウェットストーンに対し、キャンディーを製造するプラスチックの型が英国航空によって空輸されたことを示す税関記録のコピーも入手した。

・なによりも重要なことに、「ベケット・ブラウン」はウェットストーンがステファン・コグズウェルというマーケティングの天才を雇ったことを証明したことだ。コグズウェルはなんと「ネスレ」で「マジック」プロジェクトを進めた男だった。

これらを付き合わせれば、最早、明らかだった。「ウェットストーン」は、不運にも挫折した「マジック」に代わる、新たな自社ヴァージョンを売り出そうとしていたのだ。もしワシントンの規制をくぐり抜けることができれば、「ウェットストーン」としては、「ネスレ」と「マーズ」両社の市場シェアを奪う立場に立つことになるわけだ。これは明らかに「ネスレ」としては受け容れられないことだった。つかみそこなった数百万ドルの儲けを「ウェットストーン」に持っていかれる……そう思うだけで耐えられなかったはずだ。

だから「ネスレ」は皮肉にも、一年前、「マーズ」に仕掛けられたと同じタイプの、メディアと消費者団体、そして当局の規制を組み合わせた攻撃を始めることになったわけだ。「ネスレ」は今や、自社の特殊利益《レント・シーキング》を追求するため、ライバルの製品の抑え込みを図る立場に立たされていたのである。

「ウェットストーン」の参入で、これまでの単純な、スパイを巻き込んだ対決の図式は今や、三つ巴の様相を見せるに至った。諜報企業のエージェントが、「シークレット・サービス」の元エージェントが、強大なPR会社の役員が、強力なパイプを持ったロビイストが、多国籍企業の巨人たちが、チョコレート・ボールの運命を賭けたグローバルな秘密戦争に従事するに至ったのだ。児童文学のファンタジーの世界の話であればワクワクもしようが、これは現実で起きた事実である。

その秘密戦争の激しさを、ウェットストーンはこう振り返った。「FDAとね、消費者製品安全委員会に、消費者団体が二つも駆け込んだんです。私のところの製品を攻撃するためにね。何が起きているか分かっていました。マーズがネスレにしたことと同じですからね。それはもう間違いありません」。

ウェットストーンは自分もまた、あの「ウィリー・ウォンカ」と同じ目に遭っていることに気付いていた。だから彼は負けたくないと思い、反撃したのだ。そして遂に、オモチャの入ったプラスチックの卵をチョコレートで包んだ新製品、「メガ・サプライズ」の売り出しに成功する。

ウェットストーンの苦心は実を結び、「メガ・サプライズ」は「ネスレ・マジック」のように法に触れるものではない、と認められた。連邦政府の規制をクリアする、「オモチャとチョコ」の絶妙のコンビネーションの開発に成功していたからだ。消費者製品安全委員会は、「メガ・サプライズ」を、紙製のオモチャが、チュコで覆われた固いプラスチックケースに入っているにもかかわらず、危険なものではないと結論付けたのだった。

そこまで行きながら、計算外のことが起きた。驚いたことに「メガ・サプライズ」は期待外れに終わったのだ。こんどばかりは、政治の力をかりた足の引っ張り合いでも、企業諜報活動のせいでもなかった。敗因は、ありふれたものだった。消費者に好きになってもらえなかったのだ。

ウェットストーンによれば、チョコを卵型にしたことが間違いのもとだった。消費者たちは復活祭の時でもなければ卵型のチョコを買わないのだ。そしてその復活祭には、いろんな卵型のお菓子が店頭に並び、その中に埋没してしまう。結局、「メガ・サプライズ」は市場に受け入れられず、撤退を強いられることになった。

思いもかけない運命の転変——。「ネスレ」と「マーズ」の「チョコレート戦争」の巻き沿いを食い、旨味のある下請け契約さえも失い、敗北に打ちひしがれたウェットストーンは、遂に菓子製造ビジネスから全面撤退することを決断した。そして彼が新たに進出した分野は、「不動産取引」だった。食品業界ほど競争は熾烈ではない——これが彼の判断だった。

ウェットストーンは言った。いつまでもチョコばかり齧《かじ》ってはいられない……「人生は短すぎるから」。

短すぎた、といえば「ベケット・ブラウン」の企業生命もそうだった。一九九九年も後半になると、創業者同士の内紛が激化し、社員二十五人を抱えた会社の支配権をめぐって戦争状態に突入していた。戦いは現金、支出、企業の活動方針をめぐって激しさを増していた。ワシントンでのこうした内輪揉めを、ジョン・ドッドは対岸のイーストンから見守っていた。自分の出資金がどうなるのか、不安を募らせていた。自分は単なる出資者に過ぎず、「ベケット・ブラウン」がどんなビジネスをしているか知らなかったとジョン・ドッドは言った。配当があればよかっただけのことだと。

そんなドッドが会社の財務報告書を自分の目で確かめたいと思うようになったのは、数年前のことだった。請求してもはぐらかされるばかりだった。「あの時、これはおかしいなと思っていたらよかったんだよ」とドッドは悔やんだ。「いつも、大丈夫、すごく順調だから、という返事だったんだ」

「ベケット・ブラウン」の企業崩壊は、一九九九年八月に始まった。創業者の一人で、その名を社名に冠したリチャード・ブラウンが辞めて行ったのだ。「ベケット・ブラウン」は社名を「S2i」に変更して事業を続行したが、スタッフの退社が相次ぎ、残った社員の士気も低下して、倒産寸前に追い込まれた。

二〇〇〇年のある朝、ジョン・ドッドのもとにワシントンから電話が入った。ドッドに対して忠誠心を持つスタッフからの電話だった。「ジョン。やつら、荷物をまとめているぜ。書類をシュレッダーにかけている。こっちに来た方がいいんじゃないの」

ドッドはすぐにワシントンに急行、シュレッダーでの廃棄作業を中止させ、会社の法的所有者の立場で、パソコンその他の備品、箱詰めされた書類の山を保全した。以来、ドッドは一連の訴訟の泥沼にはまり込んだわけだが、その時、保全した書類の山が、今、目の前にある――イースタンの貸し倉庫にあるダンボールの山だった。もちろん、全てを差し押さえることはできなかった。「ベケット・ブラウン」の最重要機密書類の多くは、最初にシュレッダーにかけられたはずだった。

さて、「ベケット・ブラウン」の主だったメンバーは今どうしているか？――彼らは今なお、企業諜報ビジネスの第一線で活躍している。「ベケット・ブラウン」と同じビジネス・モデルで会社を立ち上げ、チェサピーク湾岸エリアに留まっている。ティム・ワードが立ち上げた新会社は「チェサピーク・ストラテジーズ」。ジョー・マゾニスという男は、「アナポリス・グループ」という諜報企業に所属している。そして、リチャード・ベケットは何をしているかというと、自分で興した「グローバル・セキュリティー・サービス」という諜報企業を経営しているのだ。

そして、「ベケット・ブラウン」崩壊後、さまざまな訴訟に巻き込まれたこのジョン・ドッドだが、彼が何を始めたかというと、それがこの、保全した書類に目を通すという、根気のいる地道な作業だった。「ベケット・ブラウン」で何が行なわれていたか、ジグソーパズルのようにつなぎ合わせ、再現する作業を続けて来た。

その一方でドッドは、「ベケット・ブラウン」の犠牲者になった企業や関係者とも連絡を取り始めた。「マーズ」社にも電話をかけ、「ネスレ」側の諜報活動を知らせたら、「マーズ」の顧問法律事務所、白人保守エリート《ホワイト・シュー》で固めた「ウィリアムズ&コナリー」から弁護士の一団がイーストンに来て数日間滞在し、「マーズ」関係の書類に目を通し、コピーして引き揚げて行った。ドッドはほかの被害者たちにも、自分から電話をかけ、報告したあと、最後にプレスに通報し、「ベケット・ブラウンの物語《サガ》」が眠るイーストンの貸し倉庫に招待した。

そして二〇〇八年の春、「ベケット・ブラウン」が行なった秘密作戦の全貌が十年近い秘密の眠りから醒め、暴露された。雑誌の『マザー・ジョーンズ』が「ベケット・ブラウン」の最も巧妙な作戦のいくつかを明るみに出したのだ。

ワシントンのベテラン記者、調査報道ジャーナリストのジェームズ・リッジウェーが書いた、そのスクープ記事には、「ベケット・ブラウン」の顧客リストもすっぱ抜かれていた。

・「アライド・ウェースト」社のために「情報収集」。
・ワシントンの投資会社、「カーライル・グループ」のために、身元調査や投資先の適格性調査。
・米国ライフル協会のために、「警備サービス」。
・ワインの「ガロ」社や、イタリアの世界的製造業の「ピレリ」社のために「危機管理」。
・フランスの世界的な農産物・エネルギー企業、「ルイ・ドレフュス・グループ」のために、盗聴防止対策。
・「ウォルマート」のために「情報収集」。
・民主党の資金集め責任者、パトリシア・ダフ（当時、富豪のロナルド・ペレルマンとの離婚訴訟中）の身元調査。
・化粧品会社の「メリー・ケイ」のために「監視活動」を行い、同社役員のトップ、ガイル・ガストン（女優のロビン・ライト・ペンの母親）を、心理判定の専門家を確保して調査。
・顧客リストには、〔軍事下請け・石油採掘機の〕ハリバートンや〔巨大農産企業の〕モンサントの名も。(原注94)

こうした「顧客リスト」もさることながら、ジェームズ・リッジウェーが記事の中で詳しく描き出

原注94 『マザー・ジョーンズ』誌、二〇〇八年四月十一日号。ジェームズ・リッジウェー（James Ridgeway）の記事。以下のオンライン・サイトで閲覧可。www.motherjones.com/news/feature/2008/04/arm-spied-on-environmental-groups.html

した、「ベケット・ブラウン」による「潜入工作」もまた大反響を呼び、全国ニュースとなって紹介された。

「ベケット・ブラウン」とつながる女性エージェント、メアリー・ルー・サポーネが、銃規制を訴える活動家を装って、いくつかの銃規制団体に役員として潜り込み、陰で銃規制に反対する「米国ライフル協会」のためにスパイ活動を続けていたことが暴露されたのだ。メアリー・ルー・サポーネは、秘密エージェントとしてほかにもいくつか任務に就き、「ベケット・ブラウン」の顧客のために、ルイジアナ州の環境団体にスパイを埋め込む手助けもしていた……。(原注95)

そんなこんなで、ジョン・ドッドは今、悲しい日々を過ごしている。六十代の前半。仕事はもう、やめた。財産の残りで食べている。時間のほとんどを、「ベケット・ブラウン」の古い書類を調べて過ごす。そして、関係者や弁護士、あるいは「ベケット・ブラウン」について何か言ってくれそうな人に電話をかける。「ベケット・ブラウン」の役員を相手取って行なった裁判で、ジョン・トッドは敗訴した。その弁護団について、ジョン・ドッドは不平を鳴らす。「ベケット・ブラウン」の立ち上げの際、出資した百万ドルは、会社破綻後の裁判費用もあって、結局、一銭も返って来なかったそうだ。

さてもう一度、スイスのヴェヴェイに戻ろう。「マーズ」社のトップ、フォレスト・マーズからのファクスが「ネスレ」のヘルムート・マウハー会長のもとに届いた二日後、一九九八年三月六日のことだった。「ネスレ」本社のファクスが、「マーズ」社からの文書を吐き出した。実務者レベルでのフアクスだった。「マーズ」の首席法律顧問、エドワード・ステジマンが、「ネスレ」側の首席法律顧問、ハンス・ペーター・フリック博士に、書簡を送って来たのだ。「チョコレート戦争」の停戦を探る書簡だった。

もう一度、当時を振り返ると、その頃、「ネスレ」側は困った立場に追い込まれていた。過激な消費者運動家グループが、オモチャとチョコの組み合わせる危険性を訴える記者会見を開こうとしていたのだ。「ネスレ」側はまたも疑った。記者会見の背後に「マーズ」が控えているのではないか、と疑った。この「ネスレ」側の疑念に、「マーズ」のステジマンがファクスで答えて来た。「ネスレ」側がどうしてそんな疑いを持つのか分からない、「マーズ」もこの件について今、調べているところだ――と。

書簡の中でステジマンは「マウハー氏をはじめ、おそらくはネスレの社員の皆さまは、この記者会見の背後に私たちが潜んでいるとお思いのことでしょう」と切り出し、こんなふうにユーモアを振り撒いた。「もしも私がそれだけ賢ければ、私はボーナス三倍増を要求できるでしょうに」

ステジマンはさらに、こうも言い募った。記者会見の背後にいるのは、実はあなた方、「ネスレ」ではないか。だから記者会見は「みなさんのマキャベリ的策略のひとつではないかと、私たちは思い始めていたのです」

原注95　前掲誌、二〇〇八年七月三十日号。以下のサイトでオンライン閲覧可。www.motherjones.com/news/feature/2008/07/mary-mcfate-sapone-gun-lobby-nra-spy.html.

それどころかステジマンは、一方で「マーズ」としても問題の消費者運動家グループをコントロールできないでいるとしながら、グループの指導者に連絡を取り、記者会見を延期してくれないか、と頼み込んだと、ファクスの書簡で言って来たのだ。つまり「マーズ」は、消費者運動家グループに手を引かせようとしている、として「ネスレ」に停戦を呼びかけたわけだ。そして「ネスレ」にも、手を引くようにと。

ステジマンは消費者運動家グループの背後関係に深入りしないようフリック博士に警告した。「私とあなたが背後に何が潜んでいるか、強引に見つけようとすればするほど――これは残念ながら、私たちがこれまでして来たことですが――、大きなニュースとなって、世間の注目を引くことになるでしょう。この問題はヤマアラシが愛し合うように*慎重に取り扱うべきです。私たちはこの問題に対処できます。しかし、そのためには用心深く計算高くあらねばなりません」

「ネスレ」と「マーズ」の間でその年、停戦が行なわれたはずだが、それは一時的なものに過ぎなかった。両社の「チョコレート戦争」は今日に至るまで続いている。登場する戦士や戦いの舞台は異なっても、戦いの戦術に変わりはない。たとえば二〇〇八年六月、AP通信が報じたところでは、反グローバリゼーション団体の「アタック（Attac）」のスイス支部が「ネスレ」を提訴した。「アタック」内部にスパイを潜り込ませるため、「ネスレ」が「セキュリータス」という諜報企業を雇っていた、としてスイスの裁判所に訴えたのだ。

ここで思い出してほしいのは、この「セキュリータス」こそ、あの「ピンカートン」を買収した諜報企業であり、スパイを潜入させる戦術は「ピンカートン」が今から百年以上も前に考え出した、昔からのやり方だということである。

ＡＰ通信によれば、「アタック」に送り込まれたとされるエージェントは、本の出版打ち合わせ会議に参加していた。その会議は、「ネスレ」の遺伝子操作に対する考え方や水の民営化、労組に対する動きを批判する『ネスレ帝国と戦うアタック』という本の出版を進める会議だった。(原注96)

果たして「ネスレ」は、この潜入工作の背後にまたも「マーズ」の秘密工作の存在を疑っただろうか？

確かなことは何も分からない。「ネスレ」自身も、口を噤んでいる……。

＊ここでは、あの「ヤマアラシのジレンマ」の寓話が想起されている。体中トゲダラケのヤマアラシは、相手と一体化して体を温めようとして互いに傷つく、というたとえ話だ。自立と一体化のジレンマを指す。

原注96　ＡＰ通信、二〇〇八年六月二十日付。以下でオンライン閲覧可。www.iht.com/articles/ap/2008/06/20/business/EU-FIN-Switzerland-Nestlé-Activists-Infiltrated.php.

第二部　テクニック・テクノロジー・タレント

第7章　戦術的行動評価

二〇〇五年八月二日のことだった。カリフォルニア州アラメダにある「ユーティースターコム（UTStarcom）」社の一室で、同社の経営陣が電話の周りに集まり、第二・四半期の実績を投資家に伝える「収益《アーニング》コール」の開始を待っていた。同社の役員たちにとっては、いつも通りの投資家との電話会議による経営報告の始まりだった。ウォールストリートの投資銀行に対し、「ユーティースターコム」の最高経営責任者（ＣＥＯ）、ホン・リャン・ルーが、こんどもまた電話で説明することになっていた。財務諸表の数字を伝え、そつなく報告を終える予定だった。（原注97）

縁なしのメガネ。笑顔。髪を丁寧に撫で付けたルーＣＥＯは、能力の高さを示す知的イメージの持ち主だった。ルーＣＥＯは、こんな当たり障りのない言葉で電話報告を始めた。「私たちの報告を聞きに集まっていただき、ありがとうございます。おかげさまでＱ２（第二・四半期）は、当社にとって建設的《コンストラクティブ》な四半期になりました」

電話報告を始めたルーＣＥＯが把握していないことが一つあった。電話のラインが数千マイル先の、ウォールストリートの投資銀行ではない別の場所にも繋がれていることを、ルーCEOは知らなかったのだ。その別の場所では、CIA（中央情報局）で訓練を受けた尋問のエキスパートたちが聞き耳を立て、CEOの声の変化を聞き漏らすまいと神経を集中させていたのだ。「人間嘘発見器《ヒューマン・ライ・ディテクター》」のアナリストたちだった。CIAと密接に関係する諜報企業、「ビジネス・インテリジェンス・アドバイザー（BIA）」のエージェントたちだった。

ルーCEOが会社の財務の健全性について真実を語っているかどうか、ルーCEOの電話の「声」で突き止めるためだった。彼らの結論は、「BIA」の顧客である、ある巨大ヘッジ・ファンドに伝えられることになっていた。ヘッジ・ファンドはその秘密報告を判断材料に使い、「ユーティースターコム」の株を売るか買うか最終判断を下す。「BIA」の「人間嘘発見器」たちが「いい仕事」をしてくれれば、ヘッジ・ファンドとしては市場の流れを出し抜くチャンスを手にすることも可能だった。「BIA」のアナリストたちが電話の「声」から引き出した「情報」は、数百万ドルの儲けさえも産み出すパワーを秘めていた。

企業から電話で業績を聴取する、こうした「収益コール」はウォールストリートにとって、投資のための大事な儀式である。企業側にとっても役員会議室から直接、トレーディング・ルームに向かって、自分たちの四半期の業績の最良の部分を訴え、投資家たちに次の四半期への期待感を持ってもら

原注97　以下は、「ビジネス・インテリジェンス・アドバイザー（BIA）」社が顧客のためにまとめた、「ユーティースターコム」の「収益コール」（二〇〇五年八月二日）の発言・質疑応答トランスクリプト、及びBIAによる分析結果の報告書による。

えるわけだから、これほど重要な機会はない。投資銀行のアナリストたちは「収益コール」の機会をとらえ、企業の最新の経営状況について質問し、これまで積み重ねて来た、その企業に関する詳細なデータを更新する――。つまり「収益コール」とは、資本主義の新たな「動き出し」であるわけだ。「企業」から「市場」へと新たな「情報」が流れ込む場、それが「収益コール」だった。そしてその「情報」が、企業の株価の評価に使われていく。「収益コール」は、このように投資のプロのためのものだが、原則としてメディアにも、あるいはそこに「接続」できる誰に対しても開かれているものなのだ。

ＣＩＡで訓練を受けた「人間嘘発見器」にとって、「収益コール」は願ってもない「棚ボタ」だった。「収益コール」では、さまざまな経済データが話し合われるが、その際、交わされる「会話」が、彼らに幸運をもたらすものだった。「収益コール」で質問の矢を放つ投資銀行のアナリストたちは、たしかに鋭い人たちだが、「ＢＩＡ」のアナリストと比べたらアマチュアもいいところだった。

ホン・リャン・ルー率いる「ユーティースターコム」は、ブロードバンド、ワイアレス、携帯情報端末の機器・テクノロジーを世界中で売り込んでいる先端企業だ。二〇〇五年の第二・四半期の売上は、それだけで七億ドル以上。目指す黒字はまだ達成されていなかったが、純利益を叩き出すのも間近と見られていた。「ユーティースターコム」では第二・四半期の結果に満足していた。ルーＣＥＯが楽観的になるのも当然のことだった。

この時、「ユーティースターコム」の「収益コール」に公式参加したのは、「バンク・オブ・アメリカ」「スミス・バーニー」「ドイツ銀行」などウォールストリートの有力投資銀行のアナリストたちだった。投資銀行のアナリストたちの狙いも、「ＢＩＡ」のアナリストたちと同じだった。自分たちの専門的な知識を使って、企業の真実を見極める……これが彼らに課せられた任務だった。「ユーティースターコム」の第二・四半期の財務諸表に目を凝らし、そこに弱さの兆し、あるいは逆に意外な力を見つけ出すのが彼らの仕事だった。彼ら投資銀行のアナリストたちの「収益コール」の結論は、こうだった。「ユーティースターコム」の業績は「良《グッド》」。しかし、「優良《グレート》」までは行かない――。

「ユーティースターコム」に対する「収益コール」が行なわれたこの日、同社の株価は八・八二ドルから八・五四ドル近くへと僅かながら下がっていた。そういう状況の中で投資銀行のアナリストたちは、この日の午後に行なわれた同社に対する「収益コール」で、同社株価の今後の推移を占う質問をぶつけた。「ユーティースターコム」株は第三・四半期に人気銘柄として浮上するか？　それとも投資家としては損切りしてでも今のうちに売り払った方が得か？

「収益コール」でのルーＣＥＯの開会の挨拶は、投資とＩＴの世界の、特殊な専門用語にあふれたものだった（たとえば、「新しいＡＳＩＣＳによって携帯情報端末のコストは約一〇％削減されます。これにより、当社のＰＡＳハンドセットの売上総利益は、今後数四半期において、二桁台《ハイ・ティーンズ》の後半へと復帰することでしょう」といった発言の真意は、よほどの投資のプロ――あるいは諜報のプロ――でしか見破れないものだ……）。

「収益コール」は、このオープニング・リマークのあと質疑応答に移った。

「クレジット・スイス・ファースト・ボストン」の慧眼のアナリスト、マイク・ウンジャンが質問した。その日、「ユーティースターコム」が発表した、第三・四半期（Ｑ３）の業績予想を早速、取り上げたのだ。「Q3のパーソナル・コミュニケーション部門の業績予想についてですが、転売ではなく御社独自のデザインのもののビジネスはどの程度になるとお考えですか？」

　これに対する、ルーCEOの答えはこうだった。「本年中に私たちは、ハンドセットをさらに五〇万台持つ見通しです。それによって、おそらく本年の下半期に、いまの出荷状況が続くとして、最終的に三百万台のハンドセットを出荷する見通しです。ですから私はおそらく、こう発表することになるでしょう。パーセンテージとしては、かなり意味ある数字を得ることができた、と。売上額としてはなお、かなり小額にならざるを得ません。私たちの独自のハンドセットは、私たちが販売している普通のASPの半分以下に留まっているわけですから」

　マーク・ウンジャン、「わかりました、ありがとう」

　このルーCEOの答えの中に、「BIA」のアナリストたちは、一群の手がかりを見つけていた。何よりも問題なのは、ルーCEOの答えが分かりやすくなかったことだった。ルーCEOは曖昧な言い回しのあちこちで、「修飾表現」をしていた。「……見通しです」「おそらく」「……ならざるを得ない」――がそれだった。CIA流の尋問テクニックから見て、ルーCEOのそうした言い回しは、第三・四半期における弱含み予想を避ける戦術ととらえることができる言い方だった。

　マーク・ウンジャンは次に、「受注残」から見て、「収益認識《レヴェニュー・リコグニション》」に関する問題となりそうな点をとらえ質問した。「収益認識」とは、企業所得の記録の仕方のこと。「現金《キャッシュ》」ベース（支払い小切手が到着した時点で計上する）で行なうこともあれば、より踏み込んで「発生《アクルーアル》」ベース（まだ現金を手にしてはないが、売上が発生した時点で計上してしまう）で行なうこともある。

マーク・ウンジャンの質問は、「受注残」の発生理由、発生場所、なぜ処理に遅れが出ているか、だった。最終的な売上の計上にも影響することだった。問題が深刻なものであれば、「ユーティースターコム」の次期四半期の企業実績に影響を及ぼしかねないことだった。株価を下げることになりかねないことだった。

マーク・ウンジャンは言った。「収益認識に関連する問題点、何かあるのでしょうか？」

回答したのは、「ユーティースターコム」のＣＦＯ（最高財務責任者）、マイケル・ゾフィーだった。電話回線を通じて、マイケル・ゾフィーの声が響いた。「はい、ワイアレスの受注残の大半がＰＡＳ（同社の製品、パーソナル・アクセス・システムの略称）であることはハッキリしています。私たちが六月末に行なった、中国におけるＰＡＳインフラ受注に関する発表をご覧になってのご質問だと思いますが、もう一度、繰り返しますと、配備、及び契約の最終承諾のタイミングの問題に過ぎません。受注残ではまた、ＣＤＭＡ（携帯電話のあるスタンダードに対する略称）でも、より小さな受注残を抱えています……しかしながらＱ３は明らかに、これまでと比較した場合、ハンドセットにやや重点を置くものになるでしょう」

「ユーティースターコム」の「収益コール」の分析を終えた「ＢＩＡ」のアナリストらは、二十七頁の秘密報告書をまとめ顧客に送付した。その中で「ＢＩＡ」のアナリストらが特に着目したのが、マイケル・ゾフィーＣＦＯの「収益認識」に関する回答の仕方だった。同ＣＦＯが、答えを「修飾」するために「六月末の発表」に「言及」した点を問題視した報告だった。こうした「言及」を「ＢＩＡ」では、「迂回声明《ディトゥール・ステートメント》」と呼んでいたのである。

「ＢＩＡ」のアナリストらは、ゾフィーＣＦＯが「遅れ」を最小化しようとしていると判断し、報告書にこう書いた。「ゾフィー氏は収益認識に関するあらゆる問題点にコメントすることを避けている。彼の態度の全ては、収益認識をめぐる問題が見逃すことのできない問題であることを示している」

「ＢＩＡ」のアナリストらは報告書で、顧客企業に対して「ユーティースターコム」に、より端的な、次のような追加質問を行なうよう推奨した。「収益認識に関連して、何が問題になっているのか？」

結局、「ユーティースターコム」の第二・四半期の「収益コール」に対する「ＢＩＡ」の総合評価は、前四半期と変わらない「中・高度の懸念レベル」だった。しかし、「ＢＩＡ」は今回、前回よりも多くの「問題点」を発見していた。発見した問題点は、報告書の最初のページの、四角い囲みの中に列記された。「自信の欠如」「注意すべき懸念事項」「情報提供の回避」。

報告書で「ＢＩＡ」は「収益コール」のやりとりをそのまま再現し、再現した発言テキストの問題箇所に要注意のレッド・フラッグを掲げた。そうした注目点の指摘とともに、「ＢＩＡ」は先に挙げたように、問題の本質を抉り出す、より具体的な質問の仕方を提案さえしていたのだ。

「ＢＩＡ」のアナリスト・チームの結論は、ハッキリしていた。「ユーティースターコム」の経営陣は、採算をいつ取れるかということと収益認識の問題に不安を覚えている――これが彼らの判断だった。報告書にはこう書かれていた。

経営陣の態度は、第三・四半期において彼らが不本意な結果を出すことを示している。第四・四半期においても、彼らが儲けを出すことは、かなりあり得ない。さらにまた、受注残問題への回答で経営陣は、収益認識問題に関連したアナリストの質問にコメントすることができなかった。

投資家に株の空売りの決断をさせかねない企業観だった。株の空売りとは投資の手法のひとつ。ある企業の株価が下がって行くと予想し、その企業の株を借りて売り払い、その後、下がった株価で株を買い、借りを返す。その差額が儲けとしてポケットに転がり込む仕組みだ。予想通り株価が下がればよいが、株価が上がりでもしたら損失を抱え込むことになる。空売りは企業の業績の悪化を見越した賭け。有能な空売り筋は、企業のいまだ知られざる弱点を見つけ出し、それに付け込んで儲けを手にするわけだ。

空売り筋とはつまり、常に企業側の粉飾を見抜こうとしている投資家だから、「ＢＩＡ」にはうってつけの顧客だった。ＣＩＡで身につけた「人間嘘発見器」のテクニックは、企業の経営陣の業績予測を洗い出す、格好の武器となった。空売り筋は全米の企業の経営陣から憎まれているが、「ＢＩＡ」は彼らの味方である。

「ＢＩＡ」の、騙しを見破るテクニックを動員して作成した報告書の内容が正しいかどうか判断するのは、「ＢＩＡ」に分析を依頼した顧客の仕事だ。「ユーティースターコム」に関する手持ちの情報とつき合わせ、その時点で、空売りするかどうか最終判断を下すのは、あくまでも顧客である。

さて二〇〇五年の時点での「ユーティースターコム」に対する「ＢＩＡ」の判断は果たして正しかったか？　それから何年もの時間が過ぎ去った今だからこそ、私たちは当時を振り返り、確かめることができる。

で、どうだったか？　そう、「ＢＩＡ」の分析は問題の核心を突いていたのだ。

八月二日の「収益コール」以降、翌月にかけ、「ユーティースターコム」の株価は約一ドルも下がったのだ。空売り筋に、けっこうな儲けをプレゼントしたことは間違いない。しかしほんとうの衝撃は、その年、二〇〇五年十月六日に来た。同社の第三・四半期の業績の発表！　ＮＡＳＤＡＱのトレーダーたちはショックを受けた。先の「収益コール」で同社経営陣が示していた業績予測を下回る数字が出たからだ。(原注98)六億六千万ドルから六億八千万ドルの総収入があるはずのものが、六億二千万ドルから六億四千万ドルの線に止まったのだ。発表の翌日、投資家たちは手持ちの同社株を売りまくった。二〇〇五年十月七日のその日だけで出来高は二千三百万ドル以上に達した。その日、同社の株価はさらに二ドル下落、終値五・六四ドルで引けた。(原注99)「ＢＩＡ」のチームが耳を澄ませ、「収益認識」で問題ありと結論を下した、八月の「収益コール」時の同社の株価は八・五四ドル。それがここまで下がった。

なぜ、「ユーティースターコム」は第三・四半期に業績不振に追い込まれたのか？　原因はやはり「ＢＩＡ」の見立てた通り、「収益認識」にあった。十月六日のプレス発表で、同社はこう明かした。「収益不足の原因は、四千万ドルに及ぶ収益認識の遅れによるものと考える」

しかし「ユーティースターコム」にとって、もっと悪いことが起きていた。同社がＳＥＣ（証券取引委員会）から調査を受けていることを、同じプレス発表の中で明らかにしたのだ。ＳＥＣが「過去における財務状況の開示をめぐるいくつかの側面」について調査を行なっている事実を開示したのだ。あの「収益コール」で触れられなかったことが明るみに出た。

ＳＥＣが「ユーティースターコム」の過去の業績報告を疑問視していたことは確かだった。この問題は、ルーCEOが不法行為を認めないものの、十万ドルの制裁金を支払うことで決着をみることになる。

パワーポイントを使ったプレゼンは、アメリカの企業でもお馴染みのものだ。二〇〇六年に「SACキャピタル・パートナーズ」の、素っ気ない会議室で行なわれたプレゼンも、そんなごく普通のプレゼンだった。分厚い秘密のヴェールに包まれた世界的なヘッジ・ファンド、「SACキャピタル・パートナーズ」本社の会議室。

コネチカット州スタンフォードのカニング・ポイント・ロードにあるこのヘッジ・ファンドのオフィスは、ヨットやボートが係留されたスタンフォード港のすぐ手前にあった。パワーポイントのプレゼンを聞く出席者の手元に、プレゼンのキーポイントを記した配布資料が配られた。

会場に集まったマネー・マネージャーたちが初めて聞く中身のプレゼンだった。その日の発表者の中には、女性が二人含まれていた。政府情報機関でキャリアを積んだ女性たちだった。その一人、パッツィー・ボイカンは、CIAに二十年間、在籍したベテラン・エージェント。ポリグラフ（嘘発見器）、尋問、欺瞞探知の専門家。CIA本部《ラングレー》では職員の身元調査を行ない、潜入工作を防ぐ重要な

原注98　「ユーティースターコム」のこの記者発表（プレスリリース）は、同社のサイトで閲覧可。http://investorrelations.utstar.com/releasedetai1.cfm?ReleaseID=175772

原注99　「ユーティースターコム」社の当時の株価の動きについては、以下を参照。http://fiance.yahoo.com/q/hp?s=UTSI&a=07&b=1&c=2005&d=lO&e=l&f=2005&g=d

部門を管轄していた。
もう一人の女性、キャサリーン・ミリテーロも、CIAの上級エージェントを務めていた諜報関係者。米国の軍事・司法・国家安全保障セクターで、二十五年以上も、世界を飛び回りながら活動して来た、尋問のスペシャリストだった。(原注100)

彼女たちのその日のプレゼンは、参加したマネー・マネージャーたちを感嘆させる、圧倒的なものだった。強烈なプレゼンだった。参加者の一人は、二人の姿に、あの映画『羊たちの沈黙*』でジョディ・フォスターが演じた、主人公のFBI訓練生、「クラリス・スターリング」を見る思いがしたと振り返った。別の参加者はその日のプレゼンを思い返し、こう言った。「彼女たちは、ほんとうのプロだったね。すぐに分かった」

プレゼンを始めるにあたって二人は、ヘッジ・ファンドのマネー・マネージャーたちに、これから伝授するテクニックは、CIAが何十年にもわたる諜報戦争の中で確立した、相手の嘘を見破るテクニックであり、皆さんにもかんたんにできるものだと言って安心させ、その嘘を見破るテクニックでもって、どう金儲けを――それも大儲けをできるか、その方法についてもお教えしたい、と前置きしてレクチャーを始めた。大儲けを可能とするCIA秘伝の嘘発見法のレッスンだけに、授業料も安くはなかった。二人のセッションの値段は一日三万ドルだった。

ボイカン、ミリテーロの二人は、「SAC」でプレゼンを行なったこの二〇〇六年の時点で、すでにCIAを離れていた。彼女たちの新しい肩書きは、「BIA」の「上級エキスパート&インストラクター」。「BIA」は二〇〇一年の創設以来、顧客に対して、米政府機関の諜報テクニック、及び政府機関のスタッフへのアクセスを提供し続けて来た。

「ＢＩＡ」がそんなことを続けることができたのも、ＣＩＡが、ほとんど外部に知られていない、あるプログラムを維持していたためだ。現職のエージェントたちに、勤務時間外、休日の「バイト」を認めるプログラムである。ある政府当局者は、人材流出を食い止めるための特例だと解説してくれた。民間セクターの高収入の誘惑に駆られ、出て行こうとするエージェントらを引き止めておくためのバイトの黙認だった。ただし誰もがかんたんに外部へ「出稼ぎ」に行けるわけではなかった。複雑な承認プロセスを潜り抜けた者だけに許されたことだった。

こうしたことが「ＢＩＡ」以外の民間諜報企業にも許されていたことなのかはハッキリしない。ひとつ言えることは、「ＢＩＡ」には確かに許されていたということ。ＣＩＡの関係者に私がこのプログラムの存在を告げると、一様に驚きを隠さなかった。この「バイト」に詳しい元エージェントらによれば、「ＢＩＡ」だけに許されたことではないか、とのことだった。

しかしこれは人事政策の範囲に止まる問題ではなかった。政府当局者の言うように、ＣＩＡの「バイト」プログラムが、民間セクターでの高収入――それは戦場での危険手当を加算したものよりも高

原注100　ＢＩＡ社のこのプレゼンの模様の記述は、参加者及び関係筋によるオフレコを含む証言に基づくものである。ＢＩＡ社は本書の執筆期間中、著者に対してコメントの提供を拒否した。ＢＩＡのスタッフの経歴については、著者が入手した資料、及び同社に詳しい関係者の証言による。

＊映画『羊たちの沈黙』　トマス・ハリスの同名の小説を映画化。一九九一年の公開。原作小説の邦訳は新潮文庫に収録（菊池光訳）。

収入である——に飛びつかないようエージェントを引き止める、単なる予防措置だとしても、それは民間の諜報業界がそこまで勃興・拡大し、政府機関にまで圧力を及ぼすようになった現実を物語るものなのだ。

連邦政府の給与体系は、民間の大企業、ヘッジ・ファンドの高給に敵《かな》わない。そうである以上、民間への「頭脳流出」は続かざるを得ないわけだから、この国の諜報機関を知る人々の間から、アメリカの国家安全保障を土台から切り崩されつつある、との指摘が出るのも当然ことだ。税金で諜報テクニックの訓練を受け、技を身につけたエージェントたちが、そのテクニックを民間で売るために転身を遂げているのである。

「ＢＩＡ」は多数のＣＩＡの元エージェント、現職エージェントを抱えているので、ＣＩＡの出先機関ではないかと錯覚してしまうほどだ。そんな誤解を避けるため「ＢＩＡ」は宣伝パンプに、当社はＣＩＡ本部によってコントロールされているものではないと、わざわざ断り書きを入れている。

「ＢＩＡ」を創設したのは、ＣＩＡ出身者の少人数のグループだった。中心人物は、フィル・ヒューストン。ＣＩＡのトップ尋問官だった男だ。「ＢＩＡ」の元ＣＥＯ（最高経営責任者）によれば、グループがＣＩＡを去ったのは、「９・11」事件後、ブッシュ政権が「拷問」を採り入れたことに嫌悪を感じたからだ。グループに集まったＣＩＡのベテランたちは（中には二十年以上、在籍した者もいた）、ブッシュ政権の言う「高度尋問テクニック《エンハンスド・インターロゲーション》」なるものが、これまでＣＩＡの当局者として守ろうとした全てを裏切るものと感じていた。彼らはこの元ＣＥＯに、その理由をこう説明したそうだ。拷問が道徳的に間違ったものだ、ということではない。拷問はよくない情報しか生み出さない——実はこれが問題なのだと。尋問の仕事に誇りを持つＣＩＡのエージェントたちにとって、劣悪な情報しか引き出せないことは、何より我慢のできないことだった。

民間諜報企業を立ち上げる格好の時期でもあった。「ＢＩＡ」はＣＩＡが開発した、このもはや芸術の域に達したと言っていい欺瞞探知のテクニック——嘘を見破る科学的な知識を、「９・11」後の需要の高まりの中で、司法機関の当局者に伝授しようと設立した会社だった。

この欺瞞探知のテクニックを開発したのは、「ＢＩＡ」設立の中心を担ったフィル・ヒューストンだった。尋問テクニックの高度化のため心理学の研究を重ね、数年にわたる試行錯誤の末に開発した欺瞞探知法。ヒューストンは新会社設立とともに、それを「戦術的行動評価《タクティカル・ビヘイビアー・アセスメント》（ＴＢＡ）」と名付け売り出した。

ヒューストンによれば、ＴＢＡは誰もがほとんど間違いなく、嘘を見破ることのできるテクニックである。ポリグラフ（嘘発見器）のように、被験者を電極と電線でつなぐ必要のない尋問法だ。被験者が尋問されていると意識さえしないやり方だ。

ポリグラフは、ストレスを示す身体的反応——たとえば心拍数を測定して調べる機械だ。アナリストはしかし、被験者と長時間にわたって対峙しなければならない。まずは、当たり障りのない対照用の会話を続け、被験者の生理学的な基準値を確定する。そうした上で尋問に入らなければならない。尋問とその分析だけで数時間はかかる。

これに対して「戦術的行動評価（ＴＢＡ）」は、人間が真実を語らない時に表す、言語、及び非言語的な手がかりに着目するものだ。（原注101）ＴＢＡに詳しい心理学者らによれば、人間というもの、嘘を上手につけるようには出来ていない。だから嘘はバレるのだ。頭の中で正反対の二つのことを同時に考える――これは嘘をつかなければならない時、起きることだが、その際、ある現象が起きる。それが心理学者たちのいう「認知的不協和《コグニティブ・ディソナンス》」だ。この「認知的不協和」が、身体的な不快感を引き起こす。それがモジモジした態度につながる。ソワソワし出し、衣服についた糸クズを払ったりし始める。腰を動かし、座り方を変える。いずれも、身体的な不快感から逃れようと、無意識のうちに示す動作だ。尋問者を欺こうとしながら、実のところ、真実を告げるあらゆることを示しているのである。

ＴＢＡを訓練で身につけたＣＩＡのベテランは、「ＢＩＡ」が「ＬＬモード」と呼んでいるもので尋問を開始する。「ＬＬ」とは、「ルック＆リスン（見て聞く）」の意味。尋問者は相手をよく見て聞いて、「嘘」を示す身体的な特徴を見つけ出すのだ。姿勢の中心線をズラすかどうか？　片肘をついて前かがみになるかどうか？　あるいは体の向きを変え、肘を突きなおすかどうか？　座った重心を移動するかどうか？

着衣を直したり、髪に触れたり、眼鏡の位置を直すかどうか観察することも、ＴＢＡの尋問者の注意点だ。爪を噛んだり、指で掻いたりするかどうかも見て取る。相手が自分の周りの整頓を始めるかどうかも重要なポイントだ。机の上の書類をきちんとまとめたり、散らかったペンを揃えたりしないかどうか確かめる。尋問相手がもし、そんな振る舞いをしたら、そこに嘘をついている可能性が潜んでいる……。

そうした非言語的な手がかりとは別に、尋問するエージェントらは、相手の答えに含まれた言語的な手がかりにも注意を払う。特別な言い回しに注意する。「修飾」の文句が要注意なのだ。「正直言って」とか「率直に言って」とか「基本的には」といった枕詞で始まる言明には注意しなければならない。相手を説得することが難しいと感じた時、出がちな言い方なのだ。要警戒の「レッド・フラッグ」が揚がるのは、そんな時だ。

尋問にあたるエージェントたちは、「前に言いましたように」といった、話をいったん元に戻す「迂回」表現にも注意を凝らす。信仰心を持ち出して「神に誓って」と言い出したり、尋問者に対して「なんでそんなこと、聞くんだ」と切れて突っかかって来る時も要警戒だ。尋問者に対して、ほんとうは嘘をつかない方がいい、という無意識の計算による場合が多いからだ。

要警戒の「レッド・フラッグ」は、これ以外の反応に対しても立つ。例えば、「苦情」――「一体、いつまで続けるつもりなんだ！」。そして「選択的な記憶」――「私の知る限りのことでは……」。さらに、「バカ丁寧な応答」――「イエス・サー」。

警戒を要する言い回しはさまざまだが、ＣＩＡで訓練を受けたアナリストたちにとって、パターンはひとつ。「レッド・フラッグ」を一定数、確認することができたら、相手が嘘をついていると考えて間違いない。

しかし、このＴＢＡの難しい部分は、そうした非言語的・言語的な手がかりの一つひとつが、そ

原注101　ここで紹介する「戦術的行動評価（ＴＢＡ）」の訓練メソッドは、トレーナー、及び受講生へのインタビューに基づき再現したものである。著者はＢＩＡ社が作成した資料も入手している。

れだけでは大きな意味を持たないことだ。たとえば、相手が顔に手を当てた場合、ごまかすためではなく、ほんとうに痒くて掻いただけ、ということもあり得る。それだけに、TBAを駆使する尋問者たちには注意深さが求められるわけだ。彼らが特に追い求めるものは、「手がかりの群《クラスター》」である。手がかりが群をなして一挙に現れる瞬間を待つ。相手がある場面で体を動かし、一体、いつまで続くんだと不満をぶつけ、鼻をしごきながら眼鏡を外したら、たぶん、嘘をついている時だ。

こうした相手の反応を素早く記録にとどめるため、「BIA」のインストラクターは、TBAのレッスンで、インタビューしながらメモを取る速記術を教える。尋問の質問に番号をつけ、その番号を書いた横に、その質問に対する相手の答えの中でつかんだ「手がかり」の数を、「点」を打って記録して行く。こうしたノートの取り方をすることで、相手から目を逸らす必要はなくなる。相手が何と言ったか書くのではなく、ただ単にノートに点を打って行けばいいだけのことだ。大事なのは相手を観察することで、ノートを取ることではない。

TBAは結論を出すまで、それほど時間がかからない。TBA開発者のフィル・ヒューストンは、「BIA」のアナリストたちに、決定的瞬間は尋問開始後、五分以内に必ず来る、と教えている。尋問を受ける側が自分の嘘を隠しきれない瞬間が、必ずやって来るのだ。

「BIA」が提供しているTBAのレッスンでは、質問をしてから十秒以上過ぎた後の答えは無視して構わないと教えてもいる。尋問を受ける者が、嘘をついていることを自ら開示するのは、質問された瞬間でのことだ。

さてTBAの尋問者は、相手が嘘をついていることを確認した後、「誘い出し《エリシテーション》」モードにギアを切り替える。尋問される者が自分に不利なことを、ついつい自白してしまう状態に誘い込むのだ。

フィル・ヒューストンの「ＢＩＡ」の僚友で、ＣＩＡのベテラン・エージェントだったマイク・フロイドは、本格的な尋問を前に徹底した準備を重ねることで知られている。相手を自白に追い込む段階になると、マイク・フロイドはアナリストをもう一人連れて尋問する。二人で尋問すると、一人が探りを入れている間、もう人が徹底して観察できるからだ。

こんな時、マイク・フロイドは、相手を釣り上げる「餌質問《ベイト》」を行なう。それがどんなものかと言うと、たとえばこういうものだ。「あの現場からあなたの指紋を見つけたとする。それは一体、どういうわけなんだろうね?」

マイク・フロイドは、こうしたギリギリの質問を、さらりとした中立的な言い回しで相手に投げかけるのだ。だから、たとえば「金を着服したな?」というような追及の仕方はしない。代わりに「あの金に、いったい何が起きたんだろう?」というような聞き方をする。

「織り込み済み《プリザンティヴ》の質問」というのもある。尋問の相手が何かを知っていることを、織り込み済みの既定事実として話を前に進めるやり方だ。だからマイク・フロイドら「ＢＩＡ」の尋問者は、「お前、やったな?」と言って責めない。代わりに「ＳＥＣ（証券取引委員会）がファンドの洗い出しを始めたら、どういうことになるか、不安じゃなかったですか?」といった聞き方をする。こうした質問だと、尋問する者、尋問される者が、尋問される者があることの実行者であることを前提に会話することになるわけだ。こういう聞き方をすることで、尋問する側がつかんでいなかった細かなことも分かって来る。

面白いのはこうした尋問法が、「人々は自分が手を染めたことを告白したがっている」という仮定に基づくものであることだ。人は心の底のどこかに、秘密に耐え切れないものを持っている。だから注意深い、対決を避けた聞き方をすれば、相手は全てをさらけ出すものなのだ。

「BIA」のTBAレッスンは、フィル・ヒューストンによる説明のあと、ニュース専門チャンネル、CNBCによる企業トップに対する、一連のインタビュー・ビデオの検討に入る。ビデオを見て、真実を述べている人と嘘をついている者を区別する仕方を学ぶのだ。

そしてTBAレッスンは、このあと「赤文字ドリル」を行なう。「BIA」が集めたボランティアのチームを相手に、嘘つきは誰か見分ける訓練だ。「赤文字ドリル」というのは、ボランティアの一人に、部屋の中に置いておいた「赤文字」を「盗ませ」、その人間を「泥棒」にして、他の無実のメンバーとともに尋問の相手とするからだ。「泥棒」を含むボランティアのチームは、「尋問室」に呼び込まれる。TBAレッスンの受講生たちは、そこで誰が「赤文字」を盗んだ「真犯人」なのか、教えられたばかりの尋問テクニックを動員して見究めるのだ。

受講生たちは、尋問の際、どんな位置取りをしたらいいかの指導も受ける。尋問する相手とテーブルを挟んで座ってはならないのだ。テーブルの同じ側に座る。テーブルの角に座らざるを得ない場合、椅子をずらして、尋問相手の脚の動きを見える場所を確保する。

ここで問題になるのは、TBAを学んだ受講生たちがどれくらいの早さで嘘をついている人間を見分けるようになるかだが、ある関係者によれば、なんと一日、あるいは二日の訓練でその域に達するという。そして、受講生の中で最初に「嘘つき」を突き止めるのは、尋問室で尋問の様子を観察していた受講生たち。尋問にあたった受講生は、まだ経験を積み上げていない初心者だから、質問しながら、手がかりの群を観察するほど余裕はない。

「ＢＩＡ」のインストラクターは、レッスン終了後、受講生にラミネート・カバーのカードを配って、ポイントを覚えさせる。「戦術的行動評価＆戦略的尋問ポケット・ガイド」。カードにはたとえば、こう書いてある。「ＬＬモードに入れ――ルック＆リスン（見て＆聞け）」

当初、司法関係者のために開かれていた「ＢＩＡ」のＴＢＡレッスンは、こうしてヘッジ・ファンドや投資銀行の受講生向けのものになった。

ＴＢＡを開発したフィル・ヒューストンに言わせれば、この尋問テクニックの裏を掻ける者はいないという。たとえＴＢＡのテクニックを訓練して身につけた者が、裏を掻こうとしても、嘘はやはり探知されてしまうそうだ。尋問者がＴＢＡのあの手を使って攻めて来ているな、と分かっていても、ごまかし切れるものではない。それだけヒューストンらＣＩＡ出身者は、人間の心の深奥を究めているわけだ。ＴＢＡはだから、強力な尋問のツールなわけである。ＴＢＡで訓練を受けると、逆に大嘘をつき通してみたくなるものだが、嘘は常に透明なもので、結局は見破られてしまうと分かると、嘘をつき通す気は失せてしまうものだ。(原注102)

原注102　ＢＩＡ社に関する記述は、元ＣＥＯ，ドン・カールソンのオン・ザ・レコードの回想、及び同社に詳しい関係者のオフレコの回想に基づく。

さて新会社を立ち上げたフィル・ヒューストンと仲間たちだったが、前述の通り、彼らが最初にＴＢＡを売り込んだのは、全米の司法機関だった。ＴＢＡは手間のかからない尋問法だから、いいビジネスになるに違いないと狙いを定めたのだ。たしかにスタート当初は好調だった。「９・11」事件後、全米の警察は、テロリズムの戦いの前線で尋問テクニックを高度化する必要に迫られていたからだ。ＴＢＡレッスンには警察官の受講希望者が殺到し、ヒューストンと仲間たちは全米を飛び回り、「ＴＢＡの福音」の伝道を続けた。しかしフィル・ヒューストンは尋問者としては天才だったが、残念なことに、優秀なビジネスマンではなかった。新会社はなかなか黒字化できず、出血が続いた。警察は支払いが遅く、すぐに受講料を払ってくれないのだ。なによりもいけなかったのは、ヒューストンら新会社の仲間たちが請求書書きよりＴＢＡのレッスンに夢中になる人間だったことだ。

やがて発足間もない新会社は窮地に陥った。買い手が現れ、企業規律を持ち込んでくれなければ、立ち行かなくなるところまで追い込まれた。そんな時、フィル・ヒューストンが出合ったのが、リアム・ドナヒューだった。リアム・ドナヒューはボストンをベースとしたベンチャー投資家で、「アルカディア・パートナーズ」という投資ファンドを運営していた。ドナヒューは、ヒューストンのＣＩＡ仕込みの「誘い込み」テクニックに目を奪われた。ドナヒューによって、ＴＢＡの前に、新たな広大なマーケットが開けた。こんどの相手は司法機関ではなく、「アメリカ株式会社《コーポレート・アメリカ》」だった。

「アルカディア」はヒューストンらの会社の株を大量に取得、ヒューストンらＣＩＡのベテランたちも引き続き株式を維持し、社名を変更して再スタートを切った。新しい社名は、「ビジネス・インテリジェンス・アドバイザー（ＢＩＡ）」。「ＣＩＡ」を想起させることを狙った命名だった。

本書の執筆段階までに私は、「ＢＩＡ」の現役の責任者にインタビューすることができなかった。取材の申し入れを断られたためだが、「ＢＩＡ」は顧客に対して、現社長、シェリル・クックの署名入りの、こんな文書を配布し、同社の業務を紹介している。

当、ビジネス・インテリジェンス・アドバイザー（ＢＩＡ）社は、国際的情報収集及び国家安全保障の中で開発されたテクニックを、民間センターにおけるハイバリュー・ハイリスクな決断を高度化するべく適合させております。私どもＢＩＡのサービスは、情報によって動き出すプロセスの中で、最大の価値を発揮するものであり、この情報で駆動されるプロセスにターゲットを置いたものです。そのプロセスにおいては、情報の信頼性こそが、結果に大きな違いをもたらすことができるわけです。

ＢＩＡのスタッフ、及び専門家のネットワークの中には、戦略的インタビュー、情報収集、リスク評価、セキュリティーにおける比類なきテクニックを備えた、世界の指導的諜報リソースも含まれています。ＢＩＡはこれらのリソースが投資利益とビジネスインパクトを最大化するために配置につけるよう、これらのリソースと経験あるアナリスト、コンサント、及びプロジェクト・マネージャーを結合させています。(原注103)

原注103　このＢＩＡ社の「会社案内」は著者が入手したもの。顧客に対して配布されたトレーニング資料、「誘い出しのスキル―情報の流れの増大」に含まれていた。

「ＢＩＡ」として再出発した新会社の会長に就任したのは、「アルカディア」のリアム・ドナヒューだった。このドナヒューの下、「ＢＩＡ」は発展し始める。ダートマス・カレッジのエイモス・タック・ビジネススクール（経営大学院）でＭＢＡ（経営管理学修士）を取得し、投資ファンドを立ち上げたドナヒューは、同じような経歴を持つマネージャーたちを次々に雇い入れ、これまで司法当局に狙いを定めていた事業のあり方を一変させ、企業を顧客とする方向に切り替えた。

そんなドナヒューが「ＢＩＡ」のＣＥＯ（最高経営責任者）に迎え入れたのが、ドン・カールソンだった。投資銀行のゴールドマン・サックスで働いていたドン・カールソンは法律家でもあった。ドン・カールソンによると、二〇〇五年の「ＢＩＡ」の売上は一千万ドルから千百万ドルレベルに達した。

「ＢＩＡ」はリアム・ドナヒューの下で分厚い秘密のヴェールに包まれるようになった。プレスの取材に応じたのは、これまで一回限り。『バロン』誌に「あなたの会社のＣＥＯは嘘をついているか?」という、驚くべき記事を書いた、ジョナサン・Ｒ・レイン記者の取材に応じたことがあるだけだ。(原注104) レイン記者のこの記事は、「ＢＩＡ」の欺瞞探知のテクニックを紹介したもので、ヘッジ・ファンド業界に、ＣＩＡ仕込みの尋問術への関心を一気に広げた。

しかし、こうした欺瞞探知の尋問テクニックはＣＩＡだけが考えついたものではなかった。たしかにＣＩＡは長年にわたり、現代科学の最高の成果を採り入れた尋問戦術の開発を続けて来たが、百年以上も前、あの世界最初の私立探偵、アラン・ピンカートンが生み出したものを、CIAなりに独自のやり方で高度化したものに過ぎない。ピンカートンの伝記作者たちは、皆一様に、彼の犯罪者を自白させる能力について言及しているし、ピンカートン自身も、すでに一八五〇年代にこう書いている。「犯罪者という者は最終的に自分の秘密を開示しなければならない存在である。そして探偵たる者、犯罪者が最も心を弱らせた瞬間をつかみ、共感と確信を持って犯罪者に、彼の心を苛《さいな》んで来た秘密を明らかかするよう迫るだけの経験と人間性への判断力を持たねばならない」

アラン・ピンカートンとフィル・ヒューストンの間には一世紀以上の時間の隔たりがあるが、人間というものの理解において、二人の間には驚くべき類似性があると言わざるを得ない。

ピンカートンは彼の尋問テクニックは人間性に対する判断力に基づくと言ったが、まさにこれこそ、ヒューストンのＴＢＡテクニックであるわけだ。ピンカートンは探偵たる者、尋問相手に「共感」を持たねばならないと語ったが、これまたＴＢＡの訓練を受けた者の心構えである。

ピンカートンの「確信」にしても同じこと。「事実」を既定の「織り込み済み」のこととして、「誘い込み」のモードに入るＴＢＡの尋問者もまた、決定的なことをこっちはみんな知っているんだという自信を漲らせ、その「確信」を尋問相手に伝えなければならないわけだ。最後に、二人に共通する最も重要なことを挙げるとすれば、それは「秘密」が嘘をつく人間を苛むということだ。だから皆、告

原注104　『バロン』誌のこの記事は、二〇〇六年六月二十六日付。オンライン閲覧可。　http://online.barrons.com/article/SB115110330795289453.html

白したがるのだ。尋問者はただ単に告白を助けるだけである。

ピンカートンには恐らく、「欺瞞探知」や「誘い込み」のテクニックを作った、という意識はなかったろう。これらは賢く、人を注意深く観察する人々が自分で自然と身につけるものなのだ。何がほんとうに驚くべきことかというと、あらゆる時代が、その時代にベストの、相手から情報を引き出す人を生み出して来たことである。こうした「欺瞞探知」や「誘い込み」の有効性が証明されて来たにも拘わらず、相手に対して礼儀正しくあろうとしない尋問者たちが今になっても存在している。そうした尋問者は、自発的な告白を受けることのない人たちなのだ。


二〇〇五年夏、「BIA」は波に乗っていた。七月十四日、フィル・ヒューストンとパッツィー・ボイカンは「BIA」のアナリスト・チームを引き連れ、投資家たちとともに、「サウスウェスト航空」の「収益コール」に耳を澄ませていた。

「サウスウェスト航空」は大躍進の四半期を終えたばかりだった。ウォールストリートの権威筋の予想を覆し、前年の同じ四半期を四二・九％も上回る収益を上げていた。

「BIA」に「サウスウェスト航空」の分析を依頼したのは、「ジフ・ブラザース・インヴェスツ」。ジフ・デイビス出版グループを築き上げた出版王、ウィリアム・ジフ・ジュニアの三人の息子で、いずれも富豪の三兄弟が支配するプライベートエクイティファンドだった。

ジフ三兄弟が知ろうとしたのは、「サウスウェスト航空」の絶好調が次の四半期でも続くかどうかということだった。「サウスウェスト航空」の経営陣のバラ色の予測は果たしてほんものなのか――

それが問題だった。
開会の挨拶に続き、「サウスウェスト航空」のゲリー・ケリーCEO（最高経営責任者）とローラ・ライトCFO（最高財務責任者）が、投資アナリストと質疑応答するセッションに入った。フレンドリーで温かなやりとりが続いた。「収益コール」に参加した投資アナリストの多くは長い間、「サウスウェスト航空」を担当し、これまで何十回もその経営陣と話し合って来た間柄だった。だから中には、「素晴らしい業績ですね、おめでとうございます」と賞賛の言葉をさしはさむ者もいたわけだ。しかし「ＢＩＡ」のアナリストたちは、そんな無駄話に付き合ってはいなかった。沈黙し、ひたすら集中していた。「ＬＬモード」の中にあった。
私の手元に、この時の「サウスウェスト航空」の「収益コール」に対する「ＢＩＡ」の評価報告書がない以上、「ＢＩＡ」のアナリストたちが行き着いた結論の中身を正確に示すことはできないが、「収益コール」でのやりとりを再現したトランスクリプトはあるので、それを見ることである程度、想像はつく。この日、七月十四日の「収益コール」で、「サウスウェスト航空」のトップは、「ＢＩＡ」のチームなら注目したに違いない、決定的な発言を数回にわたり残していたのだ。（原注105）
「ＪＰモルガン」の証券アナリストのジャミー・ベイカーが質問を続けた時のこと。ベイカーの最初の質問は、航空料金の値上げに関するものだった。料金の値上げは、「サウスウェ

原注105　ここで引用した「サウスウェスト航空」の「収益コール」のトランスクリプトは、「トンプソン・ストリートエベンツ（Thompson StreetEvents）」の作成。

スト航空」のようなディスカウント航空会社にとって致命傷になりかねない問題だった。

ジャミー・ベイカーはこう尋ねた。「（アメリカン航空を所有する）AMR社は昨日、片道二ドルから三ドルの料金値上げをしました。これは、そちらの市場と重なる部分での運賃値上げです。サウスウェストとしては料金値上げについて、なお検討段階にあるのでしょうか？　それとも追随値上げはしないとはっきり決めているのでしょうか?」

対するケリーCEOの答え。「そうですね、私たちは料金改定を行なっていません。私たちは業界のリーダーになりたいと思っています。しかし私たちがなりたいのは低運賃のリーダーです」

この答えに対する、証券アナリストのベイカーの反応は、一言「う〜ん」。

そしてケリーCEO。「私たちの競争相手がみな運賃を上げるわけですから、実際のところこんなパーフェクトな経営環境はないわけです。わたしたちの存在を際立たせてくれるわけですし」

私たちとしては、証券アナリストのベイカーが、あいまいな「う〜ん」を漏らしたことを根拠に、ベイカー自身、運賃に関するケリーCEOの回答に疑念を持っているのではないか、と思いたくもなるが、TBAテクニックを身につけたアナリストであれば、むしろやはりケリーCEOの発言の方に注目するに違いない。運賃値上げに関するダイレクトな質問に、ケリーは「現在時制」で、それも答えにならない答えをしているからだ。「そうですね、私たちは料金改定を行なっていません」。ケリーCEOは「サウスウェスト航空」に将来、値上げするプランはない、とは言わなかった。ベイカーはそのことを質したかったのだ。これは、「BIA」の言う「非回答《ノンアンサー（原注106）》」に当たるノンアンサー（原注106）。答えに非ず、答えになっていない。

ケリーCEOはこの「非回答」のあと、「BIA」の言う「防御発言《プロテクティブ・ステートメント》」を続けた。「……私たちがなりたいのは低運賃のリーダーです」。

ここでもケリーCEOは質問に答えていない。証券アナリストのベイカーは、「サウスウェスト航空」として運賃値上げを検討しているか、と聞いたのだ。ケリーCEOは「サウスウェスト航空」としての願望を述べただけで、今後の経営見通しを語りはしなかった。このやりとりを聞いて、「BIA」のアナリスト・チームはノートの上に「点」を書き込んだはずだ。

ケリーCEOは発言を、「BIA」の言う「修飾回答《クオリファイイング・アンサー》」で切り上げていた。「……実際のところ、こんなパーフェクトな経営環境はないわけです」。この「実際のところ《アクチュアリー》」が問題なわけだ。この言葉を使うことで、ケリーCEOは「収益コール」の聞き手に、何の意味もないことを納得させようとした……。

「修飾回答」で、ケリーCEOが運賃値上げ問題に関する質問をかわそうとしたかどうかは、間もなく明らかになった。

二〇〇五年の終わり、「サウスウェスト航空」は年次報告書を株主に対して発表、同社としてその年、運賃を「若干《モデストリー》」値上げしたことを明らかにしたのだ。同報告書によれば、二〇〇四年の同社の平均運賃は八八・五七ドル。これが二〇〇五年には九三・六八ドルになっていた……。(原注107)

原注106　一九七〇年代に「ウォーターゲート」事件を暴露したワシントン・ポストのボブ・ウッドワードとカール・バーンスタインの両記者は、これと同じ、答えをはぐらかすやり方を、「否認なき否認（ノンディナイアル・ディナイアル）」と呼んだ。

さて、ここでもう一度、その半年前、「ＢＩＡ」のアナリストたちが聞き耳を立てていた、七月の「収益コール」に戻ろう。

ここで「ＢＩＡ」のアナリストたちは、「サウスウェスト航空」経営陣が今後の収益見通しについても不安を感じているのではないかと結論付けたはずだが、「リーマン・ブラザーズ」のアナリスト、ゲリー・チェイスも実は、この点についてケリーＣＥＯを問い質していたのだ。ゲリー・チェイスはこう質問した。「来年、一五％の成長が達成可能とお考えとのことですが、なぜ、そう思われるのか、私たちが理解できるようご説明下さい」

ケリーＣＥＯは、こう言って答えを語り出した。「そうですね。最初に申し上げたいのは、それは目標だということです」。

その上で、ケリーＣＥＯは、同社が一五％成長を達成するため、注意しなければならない点――アメリカ経済が順調であること、競争相手が予想外の動きをしないこと、ボルチモア路線でのなんらかの収益改善が必要なこと――を挙げ、さらにこう主張したのだった。

「私たちとしては来年、収益を一五％伸ばすことができない、と認めているわけではありません。また、当社の収益が悪化することを示唆した報道がすでになされているので、私たちとしては、ここでハッキリ明言しておきたいのですが、それは私たちの容認できるものではありません」

そう言いながら、ＣＥＯの締めの発言は、以下のようなトーンダウンしたものになった。「現時点において、それは〔一五％成長は〕私たちにとって、リーズナブルな目標のように、たしかに思えるわけです」

注意して読んでいただければ、お分かりになると思うが、このケリーCEOの発言は、あの「修飾」の連鎖そのものである。「現時点においては」で始まり、「私たちにとって、リーズナブルな目標のように」「たしかに思える」で終わるこの発言は、自社の収益予測に対する確固たる言明とは程遠い、まるで別物だったわけだ。

「サウスウェスト航空」経営トップの、この「収益コール」での発言のいくつかは、当時、同社に対して集まっていたプラス評価と対照的なものだった。「サウスウェスト」は今もって高い評価を受けている航空会社で、当時も燃料コスト上昇を吸収する革新的なヘッジ戦略に賞賛の声が上がっていたが、同社経営陣に対して将来への不安を抱かせる「何か」があったのだ。

さて、「BIA」に「収益コール」の聞き取り分析を依頼した「ジフ・ブラザーズ」の、切れ味鋭いトレーダーたちは、このTBA情報を、手持ちの「サウスウェスト航空」に関する材料と重ね合わせて、同航空は現状の収益を今後、維持できないと結論付けることができたはずだ。

で、実際のところは、どうだったかと言えば、「BIA」に詳しい役員筋によれば、「ジフ」は結局、「サウスウェスト航空」の「収益コール」を元に、次の四半期において高収益を繰り返すことはできないと判断、「サウスウェスト航空」株の空売りに出て、おそらくは結構な儲けを手にしたはずだそうだ。

原注107　「サウスウェスト航空」の二〇〇五年の年次報告は、SEC（証券取引委員会）のサイトに掲載されている。www.sec.gov/Archives/edgar/data/92380/000095013406001553/d32370e10vk.htm

「サウスウェスト航空」の高収益に伴う華々しい輝きが光を放ったのは、その年の七月十八日までのこと。同社の株価はその日の一四・七五ドル前後をピークに下がり出し、一ヵ月以上、弱含みの状態で推移した。八月の終わりの同社の株価は一三・五〇ドルだった……。

こうして数々の戦果を収めることになった「BIA」だが、あらゆる顧客がそのプレゼン、あるいはTBAテクニックに、すんなり高評価を下したわけではなかった。同じ二〇〇五年の夏、かつて「ゴールドマン・サックス」の社内弁護士だった「BIA」のドン・カールソンがフィル・ヒューストンとマイク・フロイドとともに、古巣を訪ね、「ゴールドマン・サックス」内部のビジネス情報部門に対し、プレゼンを行なった。「BIA」としては、なんとしても「ゴールドマン・サックス」に顧客になってもらいたかった。「ゴールドマン・サックス」はまさに金の鉱脈のようなものだった。数千人ものスタッフを抱えたこの巨大投資銀行と、TBAの訓練契約を結ぶことができれば、それだけで巨大な儲けを期待することができた。二〇〇五年の「ゴールドマン・サックス」の売上は二百億ドル以上に達していた。研究・調査活動に対して、ほとんど糸目をつけず予算をつける名門投資銀行だった。このウォールストリートの巨人と契約できれば、「BIA」の売上は一気に倍増するものと見られていた。

「ゴールドマン・サックス」の本拠があるのは、ニューヨークのロウアー・マンハッタン、ブロード・ストリート八十五番地。その本社を訪ね、会議室に向かう、カールソン、ヒューストン、フロイドの肩に、契約への期待感がずしりとのしかかっていた。

どこを訪ねても、恭しい応対で迎えられるヒューストンたちだった。鼻っ柱の強い、どんな投資銀行家でも、元ＣＩＡの伝説の尋問官の訪問となれば、少しは緊張したものだった。しかし今度ばかりは違っていた。「ゴールドマン・サックス」の会議室に入った彼らに、手荒な対応が待っていた。

会議室で待っていたのは、十四、五人の「ゴールドマン・サックス」のスタッフだった。彼らは「ＢＩＡ」のヒューストンらに次から次へと質問の矢を放った。おかげでヒューストンらは、悪戦苦闘しながらプレゼンを進めることになった。

「ゴールドマン・サックス」のスタッフの中に、ジェフリー・スターという男がいた。国防総省の諜報機関から「出向」で来ていた人物だった。諜報戦術の専門家のジェフリー・スターは、「ＢＩＡ」のプレゼンを粉々に打ち砕き出した。

椅子を引いて構え直したジェフリー・スターは、「ＢＩＡ」のプレゼンターをいたぶり出した。

「これだけで嘘をついている証明になると、あなたは本気で言っているのですか?」「五分後以降の尋問相手の態度が、どうして重要ではないと言い切れる?」「ただ単に髪に手をやるということもあるのでは?」「どうして、こんなことを信じていられるのですか?」

しかし、ジェフリー・スターが「ＢＩＡ」側を最も痛烈に批判したのは、ＴＢＡのポイントを映像で分かりやすく紹介するビデオを、「ゴールドマン・サックス」のスタッフに見せた時だった。

この時、プレゼンに使われた教材ビデオは、ある尋問者がラップトップ・パソコンを盗んだ犯人を特定するために、五人の容疑者を問い質すものだった。ビデオを視聴する受講者は、尋問者と各容疑者のやりとりの中から、嘘をついている手がかりを発見し、犯人を特定する——そんな訓練ビデオだった。

ジェフリー・スターは早速、ビデオの「欠陥」を指摘し、批判を始めた。ビデオに出演していたのは俳優たちで、ふつうの人ではなかったことを槍玉に上げたのだ。俳優たちに予め何をすべきかコーチングした上での尋問であるならば、そこでいくら「嘘」の手がかりが見つかっても、ふつうの人間が示すものとは違うはず。あくまで「BIA」が指示した通りの「手がかり」が示されるだけのことではないか、という批判だった。

ジェフリー・スターは怒りのボルテージを上げ、さらに言い募った。「このビデオの、いったい、どこがいいっていうんだ？」「実際の尋問場面のビデオをどうして持って来なかった？」――「BIA」側がかんたんに答えられる質問ではなかった。フィル・ヒューストンらは覚悟を決めた。プレゼンは最早、失敗に終わった。これ以上、いくら頑張っても契約は取れない――と。

失敗――には終わらなかった。「BIA」のプレゼンはその後、説得の重みを持ち始め、ジェフリー・スターさえも、TBAの価値を納得し始めた。スターもまた、ヒューストンとフロイドのプレゼンに可能性を感じ始めたのだった。こうして「BIA」側はプレゼンの途中で盛り返し、「ゴールドマン・サックス」を顧客に抱えることに成功したのである。「ゴールドマン・サックス」のスタッフの全てが、ジェフリー・スターのような懐疑派ではなかったわけだ。

しかし、私が「ゴールドマン・サックス」のグローバル・コミュニケーション部門の責任者であるルーカス・ヴァン・プラーグに、「BIA」の諜報テクニックについてコメントを求めると、こんな皮肉交じりの答えが返って来た。「もし、彼らが言う通り、いいことだらけで、その通り、うまく行くものなら、どうしてわれわれは、未だにイラクにいるんだ？」

さて「ＢＩＡ」の提供するサービスの基本線は、欺瞞探知の訓練と電話会議の傍受の二つである。それを土台にサービス・パックが組まれ、料金が設定されている。たとえば、ある企業がＣＩＡで訓練を積んだ尋問チームにオフィスに来てもらい、社内で不正を犯した社員を尋問してもらう場合の料金は、一日約五万ドルだ。

ところで、「ＢＩＡ」の最も知られざる、最も重要な顧客といえば、それは「カスケード・インヴェストメントＬＬＣ」だ。本社所在地は、米西海岸の最北部、ワシントン州カークランドのオフィス・パーク。シアトルの市街はワシントン湖をはさんだ対岸にあり、パークに付設されたマリーナ発着のボートでアクセスする。（原注108）

ありふれた郊外のオフィス・パークにある、名前さえ聞いたことのないこの「カスケード・インヴェストメントＬＬＣ」は、世界で最もパワフルな投資銀行のひとつだ。この「カスケード」を所有するのは、世界一リッチな男、「マイクロソフト」のビル・ゲイツ。運用資産四十億ドル以上。二〇〇七年の同社のＳＥＣに対する報告書によると、「コカ・コーラ」から「パシフィック・エタノール」まで、

原注108　「カスケード」社本社の画像は「グーグル・マップ」で見ることができる。http://maps.google.com/maps?fV=q&hl=en&geocode=&q=2365+Carillon+Point,+Kirkland,+Washington&s11=37.0625,-95.677068&sspn=64.497063,108.984375&ie=UTF8&11=47.657359,-122.206625&spn=0.003418,0.006652&t=h&z=17&iw1oc=addr

さまざまな企業の未公開株を保有している。ビル・ゲイツが個人的に親しい、もう一人の超富豪、ウォーレン・バフェットの投資持株会社「バークシャー・ハサウェー」も、もちろん投資先のひとつだ。(原注109)

「カスケード」に詳しい複数の関係筋によれば、「BIA」はこのビル・ゲイツの投資会社のため投資適格性の調査をしている。「カスケード」が投資している未公開株の業界ほど、「危険を負担する責任は買い手にあり」の昔ながらの教訓があてはまる世界はない。ある会社の未公開株を一億ドル、引き受けたら、クズ株だったというようなことがあり得る世界なのだ。未公開株の投資家はだから、正しい決断をするために、ありとあらゆる情報を集めようとする。しかしビル・ゲイツの「カスケード」の投資チームのため、「BIA」が続けている投資先に対する適格性調査は、レベルの低い投資会社にありがちな、単なる情報収集の域を超えたものだ。「BIA」の尋問・調査チームは、企業買収の適格性についても評価しているのである。

「カスケード」のような投資会社は、一気に企業買収に向かうこともある。非公開の企業を買収する際、直面する問題は、公開された情報のない、闇の世界に踏み込まざるを得ないことだ。「カスケード」と「BIA」の関係に詳しい複数の筋によれば、「カスケード」は買収を検討する非上場企業について調査項目を立て、的を絞って「BIA」に調査を依頼しているそうだ。具体的にはたとえば、ある起業家個人が創業した会社であれば、その個人の家族関係を調べ上げる。会社を相続する創業者の息子がアルコール依存症かどうかといったことまで調べる。仮にそうだと分かれば、買い叩くことができるからだ。そうした二代目では企業の存続は危いから安値で買収できる。たったそれだけのことで買収額に数百万ドルもの違いが出る。

いざ非上場・非公開の企業を買収する方針が決まったら、「ＢＩＡ」のチームはその企業の経営トップ全員を調査の篩《ふるい》にかける。彼らの職業的な人脈から、家族の状況、どんなストレスに苦しんでいるか――まで調べる。買収予定企業の取引先にもあたり、取引状況について聞き出す。「問題の企業と来年、再契約する予定は？」「次の四半期に、その企業との取引額を増やすか減らすか？」

同じことを、買収予定先に対する納入業者についても調べる。企業は何らかの原材料を購入するものだから、その納入業者にもあたる。「売れ筋はどんなものか？」「次の四半期に、その企業との取引額を増やすつもりか減らす気か？」「納入価格は？　そして値上げで納入先の収益が悪化することはあり得るか？」。こうした細かなチェックが、買収先の企業の全体イメージを形づくるわけだ。その企業の全体像こそ、「カスケード」の「買い」の最終的な判断材料をになうものだ。

こうした投資先の適格性評価はもちろん、経営大学院を出たての若きＭＢＡ（経営管理学修士号保持者）たちや、大学で企業分析を学んだ大卒者にもできないことではない。ある企業を分析するのに、ＣＩＡのベテランたちを雇う必要はどこにもない。しかしエージェントたちが身につけた専門的なテクニックは役に立つ。たとえばある企業への納入業者が次期四半期の納入価格について嘘をついているかどうか、といったことを見つけ出すのに役立つ。たとえば大豆の納入価格が値上げされる時期や額を確定しなければならない時などにＴＢＡは威力を発揮するのだ。胸の中に秘め置いた秘密とい

原注109　「カスケード」社に対する情報は、ＳＥＣのサイトで閲覧可。www.sec.gov/Archives/edgar/data/1052192/000104746908001369/a2182606z13f-hr.txt

うものは、犯罪者であれスパイであれ大豆価格の動きを知る者であれ、秘密を抱え込んだ本人を苛み、開示するよう迫るものなのである。

さて「BIA」の調査分析チームが、CIAのベテラン・エージェントのジム・ロスに率いられていた頃、こんなことがあった。ジム・ロスのチームが主に手がけたのは、あるヘッジ・ファンドのための調査活動だった。ある時、某ヘッジ・ファンドから、公開企業の住宅建設会社に対する調査の依頼が来た。「BIA」に話を持ち込んだヘッジ・ファンドの担当者は、この住宅会社が収益見通しを出せる状態にないのではないか、と疑っていた。住宅会社はロサンゼルス地区で事業を進めていたが、住宅建設予定地を確保していないようだった。ただし、これはあくまでもヘッジ・ファンド側の担当者の勘。問題はこれをどうやって確かめるか、だった。

ヘッジ・ファンドのマネジャーからの依頼でジム・ロスのチームが、TBAを使って調査を開始した。電話をかけ、電話の相手の回答をTBAで評価し、嘘ではない正しい情報を集めるためだった。ロサンゼルス地区の不動産業者に次々に電話を入れ、地元の状況を聞き出した。「どんなところが用地買収を進めているか?」「問題の某社は、用地を大規模に取得したか?」「どこに用地を確保しているか?」。「BIA」のエージェントたちは、電話を入れるたびに欺瞞探知のテクニックを駆使し、正しい情報だけを積み上げて行った。

電話を入れたのは不動産業者だけではなかった。不動産の投資家や大地主にも電話を入れ、ロサンゼルス地区で大規模に用地を取得した住宅会社があるかどうか、確かめた。もちろん新規土地購入に伴う登記の書類にも当たった。問題の住宅会社の競争相手とも話をした。問題の会社がダミーを使って密かに土地取得を進めた形跡はないか確かめたのだ。数百回に及ぶ電話と書類調査で、ジム・ロスのチームは結論を下した。ヘッジ・ファンド担当者の勘は正しかった。某ディベロッパーは、ロサンゼルス地区に用地を確保していなかったのだ。収益予想を立てることさえ無理な状態だった。ジム・ロスからの報告書とその他の情報を踏まえ、「ＢＩＡ」の顧客のヘッジ・ファンドは、問題の住宅会社の株を空売りにかけた。「ＢＩＡ」の耳に入ったところによれば、そのヘッジ・ファンドはこの空売りで二千万ドルもの儲けを手にした。ヘッジ・ファンドが「ＢＩＡ」に支払った調査料はわずか数万ドル。それだけでこれだけの見返りを、ヘッジ・ファンドは手にした。

ジム・ロスはその後、「ＢＩＡ」を退社し、最近、自分自身のコンサルタント会社を始めた。ヘッジ・ファンドを顧客として、ロサンゼルスの住宅会社の一件と同じような調査サービスを続けているらしい。ジム・ロスの事業内容は秘密のヴェールに包まれているが、社名とウェブ・サイトは分かっている。会社の名前は「ラングレー・グループ」。ＣＩＡの本拠地、ラングレーを冠した社名だ。同社のウェブ・サイト（http://www.thelangleygroup.net/）を覗いても、創立者のジム・ロスの諜報エージェントとしての経歴は、そのどこにも書かれていない。同社の電話番号も非公開。ウェブ・サイトのアドレスにパスワードなしにメールを送っても、跳ね返されるだけだ。

でも、それで別に問題はない。ヘッジ・ファンドがコンタクトの仕方を知っていれば、それで十分なわけだ。

「ＢＩＡ」に年間四十万ドルから八十万ドルの高額な顧問料を支払っている顧客には、特別なサービスが提供される。「秘密作戦行動《アンダーカバー・オペレーション》」がそれだ。こうした超優良顧客のために「ＢＩＡ」はＣＩＡで訓練された尋問のエキスパートを、投資フェアや投資会議の場に送り込んでいる。ふつうのビジネス・コンサルタントや単なる「同僚」を装って顧客企業の社員に同行させるのだ。

「ＢＩＡ」の欺瞞探知チームがカリフォルニア州パロアルトに出張したことがある。ウォールストリートの巨大投資銀行、「モルガン・スタンレー」のスタッフに同行し、このシリコンバレー北端の都市で開かれる「投資フェア」に参加するためだった。「投資フェア」は、スタート・アップしたばかりの新興企業が投資家などに売り込みをかける場。新興企業側はマネーを求め、投資家は大きな見返りをもたらす優良企業を見つけて投資して行く……。

投資家相手にプレゼンを行う新興企業の経営陣は当然、自社の最高のセールスポイントを訴え、投資家にアピールする。自社製品を紹介し、それがどれだけ利益を生み出すものなのか説明し、将来性を売り込む。会場を埋めた投資家たちの関心を引く必要があるから、誇張、あるいは嘘をついてでも何がなんでもアピールしなければ、という誘惑も生まれるわけだ。「会社が不振だった頃のことは伏せてしまおう」「お得意様にキャンセルされたばかりだけれど、こっちからわざわざ言う必要はない」……。

しかし富裕な投資家が投資を決断するにせよ、しないにせよ、そこになければならないものは、嘘偽りのない真実のディテールである。新興企業の経営陣が「投資フェア」で仮に嘘をついたとしたら、投資家側としてはその場で見破る必要がある。余計な時間と手間をかけずに済むからだ。

「ＢＩＡ」のチームは、「モルガン・スタンレー」のスタッフとともに他の投資家たちに交じって新興企業の経営トップ全員のプレゼンに耳を傾け、彼らのプレゼンぶりを見守り続けた。欺瞞探知につながる手がかりに注意を凝らした。「率直に言って」とか「正直申しまして」という要注意の言い回しが出るか出ないか？　プレゼンターはどんな手の動かし方をするか？　どんな足の動かし方をするか？

欺瞞の兆候が一気に現れる「手がかりの群」を確認したら、「モルガン・スタンレー」の投資担当者に、チームの一人がさりげない頷きでもって合図する。そうやって「モルガン・スタンレー」の担当者は、リアルタイムに要注意の企業を見分けることができるのだ。経営トップが嘘をついている！――「モルガン・スタンレー」の投資先にならないことが、その時点で決まるわけだ。

そうした投資フェアでプレゼンする新興企業の経営トップにとって、そのプレッシャーたるや大変なものだ。自分の会社の運命がかかっているからだ。ものすごいストレスの中で、会社の財務資料などを詳しく説明しなければならない。しかし仮に彼らが、自分のプレゼンの場にＣＩＡ仕込みの最高の「人間嘘発見器」が並んでいて自分の発言の一言ひとことを、自分の一挙手一投足を見守っているると知ったらなら、どうだろう？……。ほとんど耐え切れないストレスを感じるはずだ。知らぬが仏とは、このことである。

アルカイダのメンバーの尋問に明け暮れ、キャリアを積んだ諜報のエージェントたちであれば、こうしたホテルの「投資フェア」会場で、ビジネス・スーツを着込んだ経営トップを相手に時間を過ごすことなど面白くもないことかも知れない。しかしこれにはこれでプラスの面もある。安定して、安全な仕事だということだ。

一般にCIAのエージェントは、連邦運輸省、連邦教育省といった他の政府機関の職員と同じ給与表、「GS」で給与を支払われている。「GS」とは、「ジェネラル・スケール（一般給与基準）」の略。十五の「グレード（等級）」に分かれ、各グレードには十の「ステップ（段階）」が含まれる。二〇〇八年の場合、初任給、つまり「GS」の最低ランクの給与は、年収ベースで一万七千ドルを少し上回るだけ。逆に最高給の「GS―15」級の幹部職員だと、年収は十二万四千十ドルに達する。(原注110) CIAの幹部クラスになると、連邦政府の「上級執行《シニア・エギュゼクティブ》サービス（SES）」の最上級レベルが適用され、年収は十七万二千二百ドル（二〇〇八年）に達する。

CIAのエージェントにはまた、米国内の任地の状況に応じて、若干の給与調整が行なわれる。困難を伴う任務には、特別手当が支給される。海外赴任者の場合、うれしいことがひとつある。住宅費を全額、みてもらえることだ。

さてCIAの一般職の最高給与、およそ十二万ドルはふつうのアメリカ人の感覚では高給の部類に属するが、その教育訓練、あるいは専門知識を思えばそれほどのことはない。実際、民間の諜報業界の給与はもっと高いのだ。

CIAの下級エージェントで、「GS―10」から「GS―12」の給与ランクにある者の年収は四万三千ドルから五万七千ドル。こうなると民間の諜報業界に転職したくもなるだろう。民間の方がはるかにいい実入りがあるからだ。事情通によれば、「GS―10」から「GS―12」クラスのエージェントが民間の転職先で受け取る報酬は年額十二万ドルから十五万ドル。それも基本給ベースでのこと。転職先でキャリアを積めば年収二十万ドルも夢ではない。民間への転職の年齢的なタイミングもあるが、

ＣＩＡで最高給を得てから年金受給の資格を手に民間で再スタートすることも出来ないことではない。誰だって転職すれば給料が二倍増、三倍増する、という誘惑に目をつむることは難しい。それはＣＩＡのエージェントでも同じことだ。

それでは「ＢＩＡ」の場合はどうかというと、ＣＩＡのエージェントたちを雇い入れている民間諜報業界の中では、どちらかというと質素な部類だ。同社のＣＥＯ（最高経営責任者）を務めたドン・カールソンによれば、彼が経営トップの座にあった二〇〇五年当時、ＣＩＡからの転職組の年収はせいぜい十八万ドルから二十一万ドル。それにＣＩＡ出身者の多くは、自社株の買取権を行使することもなかったそうだ。あれだけの能力とテクニックを身につけながら、その程度の待遇。ドン・カールソンは、「うちの社員は薄給だったわけだ」と言った。

さて前述の通り、ＣＩＡの現職エージェントがプラスアルファの収入を得る道は、「ＢＩＡ」のような民間諜報企業のアルバイトで稼ぐことだった。上司に申し出て、許可を得てバイトを始めることになるわけだが、その場合、申請書類に、どこでどんな仕事をするか記入し審査を受けなければならない。許可するかどうか決めるのは、ＣＩＡで職業倫理問題を担当する弁護士らが加わった審査グループの仕事だ。

ＣＩＡのエージェントは、夏休み期間中のバイトや地元のボーイスカウトでのボランティアでも

原注 110 「ジェネラル・スケール（一般給与基準）」については、連邦人事運用局のサイトを参照。http://opm.gov/oca/08tables/pdf/gs.pdf

申請書類に記入の上、許可を受けなければならない。本業に影響するかどうかが許可・不許可の判断材料になる。バイトの許可はケースバイケースでの判断になる。

こうしたCIAの現職エージェントが夏にパートで働きに来てくれることは、「BIA」にとっても大助かりだ。夏は新卒者が新入社する季節。「BIA」が顧客とするアメリカの四大会計事務所にも、どっと新人が入って来る。そうした新入社員に欺瞞探知のテクニックを教習するのも「BIA」の仕事だから、ネコの手もかりたい季節、CIAの現職がバイトで手伝ってくれることはありがたいことだ。夏の間、民間人を相手に欺瞞探知のテクニックを教えた現職のエージェントたちは、それが終わると自分の本籍へと帰って行くわけだ。ドン・カールソンの話では、彼が入社する前、「BIA」では十二人から十五人の現職CIAエージェントをパートタイムのアナリストとして雇っていたことがあった。

しかし「BIA」はCIAと一線を画することに鋭意努力している。顧客に配布された「投資家のための戦略的情報コレクション」と題した文書の最初のページに、「BIA」はわざわざこう断り書きをしている。「BIAのトレーニングが、米国政府、及びそのあらゆる機関と何のつながりもなく、また承認されたものでもないことを予めお断り申し上げます。BIAのインストラクターは連邦政府のいかなる機関をも代表するものではなく、あくまで市民の資格で訓練に当たっているわけでありま す(原注111)」

「BIA」ではその後、CIAのエージェントを雇い入れるだけではなく、大学の新卒者も採用し、社員教育でTBAを教えるようになった。新卒の新入社員はボイラー室のようなところに詰め込まれ、そこで企業の「収益コール」に聞き耳を立て、会話の記録テキストに目を凝らす。企業のプレス発表文や、SECに対する報告文書にも目を通す。「BIA」の顧客のため、そこに欺瞞の「手がかりの群」があるかどうか探り出す訓練を受けるのだ。

「BIA」では一時、顧客企業のために、うまく嘘をつき通す訓練プログラムの開発に取り組んだことがあった。「こうやれば、切り抜けられますよ、と言えるだけのものをつくりたかった」と、ドン・カールソンは当時を振り返った。で、結果はどうだったか？

例の「認知的不協和」というバリアーを乗り越えることができず、跳ね返されてしまったのだ。結局、「BIA」は、嘘をつき通す訓練術を編み出すことはなかった。だから「BIA」として、嘘のつき方を売り込むことは決してなかったそうだ。

「BIA」によれば、人が嘘ではなく真実を告げていることを示すものも、たしかに存在するという。しかし尋問を進めて行くにあたって、真実を告げているかどうか見究めることは、それほど大事な問題ではない。嘘を見分ける方が重要なことだが、「BIA」では真実を告げているかどうかの手がかり一覧を作ってもいる。「ダイレクトな回答」「自発的な回答」「真剣かつ関心を漲らせた態度」「一貫性」などが、「真実」の兆候である。

どうやら人は真実を告げる方がかんたんで、嘘をつくのが難しく出来ているらしい。

原注111 「BIA」社の「投資家のための戦略的情報コレクション」は、著者が入手。

第8章　エディ・マーフィ戦略

二〇〇七年三月五日月曜日の早朝、ワシントン郊外、バージニアの空は冷たく晴れ渡っていた。ボビー・フェラーロは自分のオフィスに向け、車を走らせていた。いつものようにショッピング・モールを過ぎ、空き地のそばを走る通勤ルートだった。ハンドルを握るボビー・フェラーロは、前方の「空」に視線を投げかけた。晴れ上がった「空」には「問題」の影すらなかった。数時間先に出現し、解決を迫られる、数百万ドルがふいになる「問題」の影もかたちも見えなかった。

ボビー・フェラーロはバージニア州ダレスに本社を置く「ジオアイ（GeoEye）」社の、人工衛星探査部門のディレクターだ。フェラーロが勤める「ジオアイ」は、政府機関や企業のため、スパイ衛星を運用している会社だった。前年の二〇〇六年一月、企業合併でスタートした「ジオアイ」は、いよいよ本格的なビジネスを始めようとしていた。米政府の情報機関に対し衛星写真を提供する契約の更新を済ませたばかりだった。

「ジオアイ」が保有するスパイ衛星のひとつ、「オーブヴュー３（OrbView-3）」は、地球を周回する低高度の軌道から地球の表面を撮影する偵察衛星だ。撮影画像は世界各地の地上局経由で、バージニアの片田舎にある、何の変哲もないこの同社ビルに届き、「レベル・ゼロ」と呼ばれる「生データ」のかたちで、同社のコンピューターに、次々と貯蔵されていく。

ボビー・フェラーロは「ジオアイ」の社員駐車場に車を置き、本社五階にある自分のオフィスに向かった。「ジオアイ」の早番スタッフが処理してくれた画像を朝一番でチェックする、いつもの日課が待っていた。

午前九時からの始業ミーティングを済ませたフェラーロは、衛星運行センターの前を通り越し、衛星画像をチェックする暗室に向かった。暗室に入ると、画像処理マネジャーのマイケル・シュミットがフェラーロのもとへ飛んで来た。シュミットは言った。「問題が発生しています」

これまで何事もなく鮮明な画像を送り続けて来た「オーブヴュー３」だった。変調は前日の日曜日に突然、起きた。総重量三百四キロのスパイ衛星はカスピ海上空で撮影した画像を正常に送信した一分後以降、何も送って来なくなっていた。

「えっ、ほんとか？……」。ボビー・フェラーロは声を詰まらせた。最悪の事態になるかも知れない。いつもは陽気なフェラーロの顔が凍りついた。

その時、フェラーロは四十三歳。人工衛星を知り尽くしたスペシャリストであるフェラーロの顔が緊張で引き攣った。

空軍でキャリアを積み上げて来た男だった。レーガン政権が打ち出した「ＳＤＩ（戦略防衛構想）《ストラテジック・ディフェンス・イニシアチブ》」では、研究開発部門で任務に就いていた。あの一九八〇年代に配備計画が進められた「ＳＤＩ」――

ソ連の大陸間弾道弾（ＩＣＢＭ）を迎撃するミサイル防衛システムの研究・開発にあたっていた男だった。「ＳＤＩ」の後は、米軍が運用する「ＧＰＳ（地球測位システム《グローバル・ポジショニング・システム》）」の司令部で任務をこなした経歴の持ち主だった。

「オーブヴュー３」は今や、真っ黒な映像を送ってくるだけだった。ボビー・フェラーロの頭にいくつかの故障原因が浮かんだ。

ひとつは、「ジオアイ」社の地上コンピューターが故障し、画像ファイルの処理をできないでいる可能性だった。地上局からの画像送信でトラブルが起きていることもあり得ることだった。衛星からの画像を受ける地上局の受信装置のトラブルも考えられることだった。

もちろん「オーブヴュー３」それ自体で問題が起きていることも、あり得ることだった。数百万ドルもするスパイ衛星そのものの廃棄につながりかねないことだった。修理のクルーを宇宙空間に送り込むことができれば復旧できるかも知れないが、それはできない相談だった。

同社が「オーブヴュー３」を打ち上げたのは二〇〇三年のこと。この時点で、あと少なくとも五年は撮影活動を続けることができる、と見込まれていた。人工衛星の寿命は多くの場合、十数年。「オーブヴュー３」の早すぎたトラブルだった。

ボビー・フェラーロはすぐ衛星機器エンジニアリング部門のディレクターのところに直行した。

「専門のプロ集団《タイガー・チーム》を呼んでくれ」

「ジオアイ」の本社は間もなく、「オーブヴュー３」本体、及びコンポーネントを製造したメーカーから駆けつけたエンジニア、操作スペシャリスト、技術アドバイザーらが慌しく行き交う復旧対策センターに様変わりした。「オービタル・サイエンセズ・コーポレーション（Orbital Sciences Corporation）」や「ノースロップ・グラマン」などから急派された衛星専門のプロ集団《タイガー・チーム》は早速、「異常事態解決策《アノマリー・レゾリューション》」と呼ばれる全面的な点検作業に入った。「ジオアイ」本社のコンピューターから衛星本体までシステム全体を一つずつ洗い直す作業だった。

「ジオアイ」からの「オーブヴュー３」の最新画像を待つ米政府機関にも事故の第一報が打たれた。メリーランド州シルバースプリング郊外にある「米国海洋大気局《ナショナル・オーシャニック・アトモスフェリック・アドミニストレーション》（ＮＯＡＡ）」にも急報した。ＮＯＡＡは、民間企業である「ジオアイ」に人工衛星の運用権を交付した政府機関だった。事故発生の緊急連絡は、「国家地球空間情報局《ナショナル・ジオスペーシャル・インテリジェンス・エージェンシー》（ＮＧＡ）」を始め、世界各地の顧客に対しても行なわれた。

故障の原因は、その日の終わりになってようやく絞り込まれた。スパイ衛星のカメラが故障していたのだ。大気圏のギリギリのところを周回しながら、地表の撮影を続けるカメラである。カメラはしかし、「単体」として衛星に設置されていた。衛星に、カメラの故障に対応するバックアップ・システムはなかった。直しようがなかった。

「オーブヴュー３」のダウンは、ＮＳＡＤＡＱに上場する「ジオアイ」にとって、大きな打撃だった。ウォールストリートの証券取引の鉄則は、投資家に対する事実の公開を求めていた。「ジオアイ」がＳＥＣ（証券取引委員会）に対して報告を行なったのは翌三月八日、火曜日のことだった。「ジオアイ」は報告の中で、衛星自体のコントロールはできているが、写真の画像を回収できないでいることを明らかにした。「ジオアイ」は衛星が修理可能かどうか、いつになったらハッキリするか、市場に告げなかった。「ジオアイ」は同社が「オーブヴュー３」以前に軌道に乗せていた「ＩＫＯＮＯＳ」衛星を使って画像の撮影サービスを引き続き行ないたい、との意向を明らかにした。

「ジオアイ」に対する投資家はこのニュースに驚き、同社の株価は急落した。木曜日に一八・二八ドルまで下がった株価は、金曜日午後四時の大引けまでに一六・二五ドルまで落ち込んだ。「ジオアイ」のボビー・フェラーロにとって、タフな一週間になったわけだが、衛星ビジネスはハイリスクの世界、こうした故障もまたゲームのうちである。

さてボビー・フェラーロのチームは、故障した衛星カメラの復旧をかんたんに諦めたわけではなかった。なんとか元に戻そうと知恵を絞り続けた。そして四月の末になって——ようやく諦めたのだ。フェラーロら「ジオアイ」が最終的に復旧を断念したのは、その時である。(原注112)

「オーブヴュー3」がダウンして困ったのは、米政府の諜報機関の「国家地球空間情報局（NGA）」だけではなかった。全世界に社員四百人を配し、二〇〇七年には一億八千万ドル以上の売上があった「ジオアイ」の収入源の半分近くは、民間セクターの顧客からのものだった。「ジオアイ」はスパイ衛星を現在三基、軌道上に配備しているが、顧客の民間企業は同社のスパイ衛星を使って、ありとあらゆる種類の監視活動を続けているのだ。

石油会社ならば衛星写真で、たとえばメキシコ湾の海底油田の海上掘削装置の状況をモニタリングできる。巨大農産企業であれば、「擬似カラー」による画像処理で農産物の生育状況をチェックできる。「擬似カラー」が「赤」で表示された地域は「生育順調」、「黄色」なら「手当てが必要」という具合に一目瞭然で現状を把握できるわけだ。開発ディベロッパーなら取得したいと思う地域の地形マップを、衛星画像から作成することができる。グーグルの「グーグル・アース」も、衛星写真を利用したサービスだ。

「ジオアイ」はまた、漁業向けの海洋写真も売っている。衛星写真を使って、魚の餌となるプランクトンの集積する海域を特定するのだ。「ジオアイ」のスタッフは、そうした海域地図を毎日、メール添付で送信する。受け取るのは、世界の海で操業するトロール漁船の船長たちだ。それで万事、うまく行くわけではない。しかし漁船の船長はこの海域地図のおかげで燃料代を一〇～一五%、節約できるのだそうだ。大海原をあてもなく航海するのではなく、狙ったスポットに真っ直ぐ急行できるからだ。

こうした商用の衛星ビジネス業界は、まだまだ小規模だ。「ジオアイ」のアメリカの競争相手は一社のみ――「デジタルグローブ（DigitalGlobe）」社があるだけ。コロラド州のロッキー山脈に本拠を構える「デジタルグローブ」社は二〇〇一年に打ち上げた「クイックバード」衛星を一基、上空四五〇キロの軌道で飛ばし、年間、撮影面積で七千五百万平方キロメートルもの画像データを送信して来る。

原注112 「ジオアイ」に対し保険会社の「ウィリス・インスペース」社が保険金、四千万ドルを支払ったのは、この年、二〇〇七年九月のことである。二〇〇八年の夏には、「ジオアイ」は「オーブヴュー3」の売却交渉に入っていた。交渉先は、コロラド大学。「オーブヴュー3」はカメラが故障しただけでそれ以外の機能はパーフェクトだった。「ジオアイ」の技術者たちは、コロラド大学の宇宙工学の学生たちがいずれカメラの故障を直してくれるものと期待している。

アメリカ以外の競争相手では、たとえばフランスの「スポット・イメージ（Spot Image）」社がある。同じ場所を毎日、それも高解像度で撮影できる、世界唯一の自慢の「FORMISAT―2」衛星を運用している会社だ。世界の同業他社は、現在、割り当てられた軌道で運用中の衛星が引退するまで、しばらくの間、高解像度衛星はお預けである。

しかしアメリカの衛星企業、「ジオアイ」がその後、投入した最新型の衛星は、もっと違った意味で驚くべきものとなった。民間諜報企業の衛星を使ったスパイ・テクノロジーが政府情報機関のテクノロジーと「一体化」したのだ。これは単に「ジオアイ」という民間セクターの諜報企業が、米政府諜報機関の衛星偵察テクノロジーにアクセスできるということだけではない。政府の偵察テクノロジーを自社の衛星で使うのではなく、政府の諜報機関とともに「同じ衛星」を使うことを意味する。民間の諜報企業が、最も高度な衛星を使った諜報活動の共同の担い手になったわけだ。

アメリカのスパイ衛星を運用・管理する「国家地球空間情報局（NGA）」が始めたプログラムに、「ネクストヴュー（NextView）」計画というのがある。「ジオアイ」はこのプログラムに参加したのだ。「ネクストヴュー」プログラムは、米政府機関のために次世代・最新型の偵察衛星を開発・配備しようとする民間企業を、数百万ドルもかかる設計・開発・打ち上げ費用のかなりの部分を連邦政府が負担することで援助しようというもの。「ジオアイ」はこの「ネクストヴュー」プログラムで、NGAから二億三千七百万ドルの支援を受け、最新鋭偵察衛星を配備することができた。おまけに「ジオアイ」は連邦政府との契約で、その最新鋭偵察衛星を商用としても使う権利を獲得したのである。

「ジオアイ」は二〇〇八年五月、SECに対する四半期報告書に次のように書いている。

「当社は当四半期において、NGAが本偵察衛星の画像撮影能力のほぼ半分を使用、残る半分を、国際地上局や自治体の顧客などに対する商用として販売に回せるものとの予想を行なった」(原注113)

次世代・最新型の偵察衛星、「ジオアイ—1」がカリフォルニア州のヴァンデンバーグ空軍基地から打ち上げられたのは、二〇〇八年八月の終わりのことだった。打ち上げに使われたロケットは、「ボーイング」社製。衛星本体は「ジェネラル・ダイナミクス」社製で、同社の技術者たちが打ち上げ準備を進めた。

その「ジオアイ—1」は今、撮影能力の大半をCIAやペンタゴン（国防総省）のために、残りを商用に使っている。商用の顧客には「ウォルマート」をはじめ、商品取引のトレーダー、さらにはさきほども述べた漁業会社が含まれている。

さて「ジオアイ」社のスポークスマンを務めるマーク・ブレンダーは、もともとABCニュースのペンタゴン担当プロデューサーだった人だ。好意的な人で、「ジオアイ」本社の会議室で、私に「アメリカの偵察衛星が写した最初の偵察写真」というものをスクリーンに投射して見せてくれた。当時、その存在が最高度の機密とされていたスパイ衛星「コロナ」が一九六〇年八月十八日に撮影したものだ。旧ソ連、ウラジオストクの南にある「ミーズ・シムドタ」空軍基地を写したとされるその写真は

原注113　この「ジオアイ」社の四半期報告書は、SECのサイトで閲覧可。http://www.see.gov/Archives/edgar/data/1040570/000095013308001863/w57751e10vq.htm

極めて不鮮明で、辛うじて滑走路、及び駐車場を判別できる程度の代物だった。(原注114) それでも当時としては画期的な衛星偵察写真だった。しかし今や、地上で建設中の建物を識別できるまでになっている。こうした偵察写真を繋ぎ合わせて考えれば、相手がどんな戦略を立てているか推測可能なまでになっているのだ。

マーク・ブレンダーは新たな衛星写真をスクリーンに投射して見せてくれた。現在は商用衛星でも、地上を歩いている人の姿を写し出すことができる。駐車中の車の型も判別できる。海洋写真は海面下のサンゴ礁まで撮影することが可能になっている。

ブレンダーはこう説明してくれた。「政府の諜報機関はこれまで四、五十年にわたって、衛星からの撮影能力を最高機密にして来ました。アメリカにとってもソ連にとっても、それは秘伝のテクロジーだったわけです。冷戦の当事国同士、相手の動きを見守るために開発された技術なわけです」

冷戦当時の核戦略の基本は「相互確証破壊《ミューチュアル・アシュアド・ディストラクション》」だったと、ブレンダーは付け加えた。米ソとも先制攻撃をすれば相手から確実に反撃があり、破局的な結果が必ず生まれるので、互いに牽制し合うだけで、どちらも第一撃に踏み切らなかったわけだ。

そうしたかつての偵察テクノロジーが今や、民間企業のものとなっている……。ブレンダーはさらにこう語った。「私たちはいま、相互確証監視の時代にいるのです。衛星偵察テクノロジーを使って、政府は敵の能力をより正確に理解するようになりました。民間企業が競争相手の能力を理解するのに、このテクノロジーを使わない理由はどこにもありません」

「ジオアイ」が一九九九年に打ち上げた「ＩＫＯＮＯＳ」偵察衛星は、北極から南極をめぐる軌道を九十八分で周回する。時速二万七千二百キロ。秒速およそ六・四キロ。「凄いスピードでぶっ飛んでいる（ブレンダー）」。

「ＩＫＯＮＯＳ」の軌道と直交するかたちで地球は自転しているから、周回しながら撮影する領域は少しずつズレて行く。「ジオアイ」は二〇一一年にも四基目の偵察衛星を打ち上げたが、これらの衛星は地球上のあらゆる地点を三日ごとに再撮影できる能力を持っているそうだ。

さて「ジオアイ」自慢の主力偵察衛星の「ジオアイ—1」だが、背丈は二階建ての建物の高さだ。地球周回軌道上で機体を傾けることができる。地球上の特定のターゲットを狙って高速で飛びながら、あらゆる方向に、およそ五〇度、回転することができるのだ。一日あたりの地球軌道周回数は、十二回から十三回。「太陽同期《サン・シンクロナス》」軌道を飛ぶ。「太陽同期」とは、ある特定区域の上空をその区域のローカル・タイムで、たとえば午前十時半なら午前十時半に毎日飛ぶことを意味する。「ジオアイ—1」は上空通過一回あたり、狙った目標を違った軌道上のポジションから二回、撮影する。これによって三次元画像をつくることが可能になるのだ。（原注115）

また「ジオアイ—1」の一日あたりの撮影可能面積は、最大七十万平方キロ。年間では、二億二千五百万平方キロに達する。耐用年数は十年だが、「ジオアイ」社の「オーブヴュー3」の例でも分かるように、必ずそうなるとは限らない。

原注114　この最初の衛星偵察写真は米国家偵察局のサイトにコピーが掲げられている。www.nro.gov/corona/corona2.jpg

軌道上の衛星の撮影画像をダウンロードするため、「ジオアイ」は北極に近い、アラスカのバローやノルウェーのトロムソなどに地上局を展開し、南極では氷床上の「トルール観測基地」に無人の地上局を置いている。この南極における地上局の配備は「ジオアイ」の持つ政府機関にはない強みだ。南極では国際条約により、政府の諜報・軍事施設の建設が禁じられているのだ。しかし、「ジオアイ」は民間の会社だから施設を置くことができる。

「ジオアイ」社は衛星偵察という高度なテクノロジーを駆使する企業だが、顧客が何のために衛星画像を購入するか、その理由までは知らない。同社スポークスマンのマーク・ブレンダーによれば、「ジオアイ」としては、顧客から告げられたターゲットを衛星撮影して画像を引き渡すだけだ。偵察撮影する場所が示されるだけで、その場所が何であり、なぜそこを撮影するのかは知らない。撮影する場所の指定があれば、それだけで十分。顧客が競争相手を監視しているのか、それとも自分のものをモニターしているか、「ジオアイ」として関知するところではない。撮影代を支払ってもらえれば、それでいいのだ。「要するにわれわれは、地球の上を撮影している、それだけのこと」とブレンダーは肩をすくめて言った。

ブレンダーは次に、石炭の露天掘り鉱山の衛星写真を投射した。ウエスト・バージニア州の露天掘りの現場を衛星撮影したものだ。山頂が完全に削り取られ、炭層が数百フィートの深さにわたって掘り起こされていた。衛星写真は、露天掘りを進める石炭会社にとって役に立つかも知れないけれど、会社の経営陣は採掘状況を現場で知っているわけだから実際は役に立たない写真である。

ブレンダーは、この写真が役に立つのはこの石炭会社の、たとえば競争相手にとってのことだ、と言った。「偵察写真があれば居ながらにして競争相手の露天掘りの規模や進捗状況を把握できるわけです」。現地の石炭埋蔵量や、採掘に伴う環境対策費の額、採掘利益の規模などを推定することも可能で、専門家に分析してもらえば、露天掘りを進める石炭会社が、ウォールストリートの収益予想をクリアするかどうか見通しを立てることもできる、というのだ。

「ジオアイ」社の顧客リストの中に、「ランワース（Lanworth）」という会社がある。イリノイ州のイタスカ（原注116）――シカゴから車で四十分ほどの街に本拠を置く、従業員三十人の小さな会社。「ジオアイ」など衛星会社から購入した衛星写真を使って農産物の収穫予想を行ない、連邦政府農務省の発表を出し抜こうとしている企業だ。衛星写真を使ってどんなふうに出し抜くのか、そのやり方を知るには、農産品などの商品市場の動きが連邦政府と密接につながっていることを、まずもって理解しなければならない。

連邦農務省（ＵＳＤＡ）では毎週、大豆やチキン、卵、あるいは養殖鯰まで、さまざまな農（漁業）

原注115　空中戦ビデオゲーム、「ホークス（Hawx）」は米国の作家、トム・クランシーの経営する会社から、二〇〇八年九月に発売された。ジェット戦闘機同士が世界の都市の上空でドッグファイトを繰り広げるゲームで、このゲームに出て来る「世界の都市」の映像は、「ジオアイ３Ｄ（三次元）」画像を用いて作られたものだ。仮にプレーヤーがブラジル上空で戦うことになれば、そこに出てくるブラジルの都市の画像は、想像によるものではなく「リアルな」ものである。

原注116　イリノイ州のイタスカ（Itasca）は、アラン・ピンカートンの活躍が始まったダンディーの町から車で三十分の距離にある。

産物について生産見通しを発表している。価格状況、収穫の進展具合、在庫状況その他、ウォールストリートでの商品先物の価格算定に取り込まれる情報を詳しく報告している（商品先物とはかんたんに言えば、ある特定の第一次産物を何カ月か先に売り買いする契約のことだ）。

エディ・マーフィとダン・エクロイドが主演した喜劇映画のヒット作、『大逆転（*Trading Places*）』（一九八三年公開）をご覧になったことはあるだろうか？　映画のクライマックスに、二人が扮するキャラクターが農務省のオレンジ・ジュースに関する報告書を事前に入手し、中身を摩《す》り替えたものを流して、ウォールストリートでの商品先物でボロ儲けをたくらむ先物トレーダーの兄弟を窮地に追い込もうとするシーンがある。（原注117）

商品先物のトレーダーは実際の農産物に触れもしないで、朝から晩まで売り買いするのが仕事だ。株の取引にかなり似ている。ゲームはすべて将来、価格がどうなるかに関わる。上がると思ったら買う。下がると思ったら売る。下がると思ったら空売りもする。高値の今のうちに空売りし、値段が下がったところで買い戻せばいい。差額が儲けになる。ただしそうかんたんなことではない。判断を誤ったら逆にひどい目に遭う。

ダン・エクロイド扮する、自分をクビにした兄弟に復讐を誓うキャラクターが、ジェットコースターのような先物取引の怖さをこう説明する。「大豆で五十万ドル、儲かった次の瞬間――一気に負けがかさんでガキを大学にやれなくなっちゃうんだ。ベントレーの高級車も借金のかたにとられてしまう」（原注118）

映画では、エディ・マーフィとダン・エクロイド扮するヒーロー・コンビが農務省の発表を事前につかむ。その情報さえあれば、マーケットがどう動くか分かり、確実にボロ儲けすることができてライバルを一掃できるのだ。

だから現実世界でも同じようなことを狙うトレーダーが出て来る。子どもを大学に行かせたくない、ベントレーを乗り回したくないトレーダーはいないのだ。

農産物など第一次産物の商品取引マーケットで価格を変動させる鍵をにぎるのが、農務省の発表だから、報告書にどんな内容が盛り込まれているか予測できたらいいのにと誰もが思う。そこに今、登場しているのが衛星による偵察テクノロジーである。農務省は収穫予想に関し、昔ほど独占的な権威を持っていない。

さて「ランワース」社は衛星写真を使って何をしているか？　さまざまな農産物の収穫予想を立てているのだ。農地の模様を衛星写真で確認し、それに気象予報、その他、農務省自身が使っているさまざまなデータを加味して、農務省発表がどんなものになるか予想を立てる。「ランワース」はこの事前予想を、市場の動向に神経を張り詰めているトレーダーたちに売っているのだ。

「ランワース」の共同創業者の一人、シャイル・ヴェルマによれば、同社の顧客リストには巨大農産会社、不動産投資会社、ヘッジ・ファンド、投資会社が含まれている。「私たちはなにもＵＳＤＡ（連邦農務省）を出し抜こうというのではありません。でも私たちがうまく予想できれば、ＵＳＤＡが

原注117　オレンジ・ジュースに関する発表を、米連邦農務省は実際に行なっている。報告書のタイトルは、『オレンジ・ジュース——世界市場と取引』である。
原注118　映画『大逆転』の引用は、以下のサイトから。www.imdb.com/title/tt0086465/quotes

出す情報と同じものを、少し前に提供することができるわけです」――これが、ヴェルマが説明する「ランワース」の存在理由だ。

「ランワース」の報告書代は、年額十万ドルといわれている。(原注119) しかし、その情報は商品取引マーケットでは数百万ドルの儲けを生み出しかねないものなのだ。

「私たちの顧客は、私たちランワースの予測と市場の予測の間に乖《デヴィエーション》(かい)離があるかどうか見るわけです。そこに開きがあると分かったら、そこに儲けの窓が開くわけです」

シャイル・ヴェルマもまた、映画『大逆転』のファンの一人だった。彼は自分の会社、「ランワース」のビジネス戦略を、助太刀役の「エディ・マーフィ戦略《ストラテジー》」だと言った。

では、その「ランワース」の「エディ・マーフィ戦略」は、現実世界でどんな力を発揮しているか?

二〇〇八年六月のことだった。「ランワース」は米国産のトウモロコシに関する入手可能なあらゆるデータを集めていた。その月の半ば、主産地のひとつ、アイオワ州で壊滅的な洪水が発生、二億ドル以上もの被害が出ていた。トウモロコシの全国的な収量にも影響を及ぼしかねない洪水被害だった(アイオワ州のトウモロコシ生産は、全米生産量のかなりの部分を占める)。そんな中、USDAの収穫見通しの発表時期が刻一刻と迫っていた。発表はその月、六月三十日午前八時半に設定されていた。

発表を半月後に控えた段階でのアイオワの洪水被害で、USDA当局は混乱に陥っていた。それでも実直なUSDAの担当者たちは急遽、アイオワ現地で、千百五十人のトウモロコシ生産者から被害状況を聴取することを決めた。USDAが慌しく再調査に動く中、「ランワース」のアナリストたちは、偵察衛星が撮影した衛星写真の分析を続けていた。「ランワース」の衛星写真分析は二段階で行なわれる。まず、日本やインド、及び米国の衛星が写した低解像度の衛星写真を分析し、要注意箇所をつかんだら、そのあと撮影料が高価な「ジオアイ」や「デジタルグローブ」社に高解像度の衛星撮影を依頼して確認する方式だった。

衛星写真の分析で「ランワース」社は驚くべき事実をつかんだ。大洪水にもかかわらず、アイオワのトウモロコシは順調に生育していた。洪水をまともにかぶった地域も全滅を免れていた。アイオワの洪水で、マーケットでのトウモロコシの先物の価格は跳ね上がっていた。洪水被害で収穫は減り、その分、価格はあがる……これがトレーダーたちの見立てだった。

「ランワース」の見方は違っていた。トウモロコシの価格は今の付値よりも下がるに違いない、という見立てだった。トレーダーやマーケットが思うほどの洪水被害は出ていないからだ。五千ブッシエル（一ブッシェル＝約三十五リットル）単位で建値がつくトウモロコシの先物はその時点で七・五ドルで取り引きされていた。「ランワース」のヴェルマらのチームは顧客らに自分たちがつかんだ情報を伝えた。顧客たちは直ちに新たな取引に向かった。

いよいよ農務省発表の朝が来た。月末、月曜日の午前八時。ＵＳＤＡはトウモロコシに関する収

原注119　この「十万ドル」という額は、『ワイアド（Wired）』に二〇〇八年六月二十三日に掲載された、ベン・ペイトナー（Ben Paynter）の「大衆に食べさせる――データを取り、収穫予測を出す（Feeding the Masses : Data In, Crop Predictions Out）」という記事で示されたものだ。オンライン閲覧可。 www.wired.com/science/discoveries/magazine/16-07/pb_feeding

穫予想の発表を行なった。

トレーダーたちにとって大事なのは、発表の最初のセンテンスだった。「中西部における最近の洪水にもかかわらず」――USDAの発表はこう続いた。「米国のトウモロコシ生産者は七九〇〇万エーカー分の収穫をすることになるだろう」(原注120)

衝撃の発表だった。トウモロコシの先物価格が一気に下がり出した。

USDAの発表は、トウモロコシの先物価格が過剰に評価されていることを示すものだった。トレーダーたちは先を争って、損切りの売り逃げに入った。その結果、トウモロコシ先物は一気に二ドル近く値下がりした。

「ランワース」のヴェルマのチームから事前に情報をもらったヘッジ・ファンドは違っていた。価格の下落を見越したポジションを取っていた。

これでヘッジ・ファンドはどれだけ大儲けしたか？　正確な額は、ヴェルマに聞こえて来なかった。「連中は、用心深いからね」とヴェルマは理解を示したが、これだけ価格が急落することは数百万ドルのボロ儲けにつながることだった。

大戦果を収めた「ランワース」のアイオワでの衛星偵察だったが、その成功も長続きできなかった。アイオワ州の生育状況はすぐさま容易にアクセスできるようになり、USDAの調査態勢も強化されたからだ。

こうした中で衛星偵察テクノロジーは、米国外の産地の農産物生育調査にますます手軽に使われるようなっている。そうした生産国の収穫状況は世界市場を左右するものだが、USDAほど詳しい収穫予想を出している国はまだない。ヴェルマは言った。「たとえばインドの場合、常に問題になるのは、政府の発表がどれだけ正しいか、ということです。でも政府発表を変えてしまう政治的な圧力って、ほんとにあるんですかねぇ？……」

しかし地上にどんな政治的なプレッシャーがあったとしても、上空の偵察衛星に影響が及ぶことはない。ヴェルマによれば、「ランワース」は現在、インド、中国、カザフスタン、ロシアの農産物の収穫に関する最も価値ある情報を提供しているという。

「ランワース」はいま、新たなマーケットの開拓に向かっている。将来の損失に対する保護を売る保険セクターを支援する衛星偵察ビジネスの開拓だ。ヴェルマはすでに投資銀行と何度か打ち合わせを済ませている。狙いは「世界の工場」である中国。中国の工場を衛星で偵察するのだ。衛星写真の分析で、狙いをつけた中国の工場にどれだけのトラックが出入りしているか、つかむことができる。つまりその工場の生産量を把握できるわけだ。それによって、それがどの程度、米国の生産に、米国を含む関係企業の株価に影響を与えるものなのか予測することができる。

「ランワース」は、こうした新規情報の提供を間もなく始めるとヴェルマは言った。

偵察衛星企業の顧客が外国や競争相手の衛星撮影を依頼するところばかりかというと、そうでも

原注120　ＵＳＤＡの発表は、以下のサイトを参照。　www.nass.usda.gov/Newsroom/printable/06_30_08.pdf?printable=true&contentidonly=true&contentid=2008/06/0171.xml
http://usda.mannlib.cornell.edu/usda/current/Acre/Acre-06-30-2008.pdf

ない。自分自身を衛星撮影する顧客もけっこう多い。たとえば世界最大の小売業者、「ウォルマート」の場合がそうだ。「ウォルマート」は何年か前、「ジオアイ」に自社店舗の撮影を依頼したことがあった。「ウォルマート」はもちろん自社店舗のうち最高の売上を誇る店はどれか知っていた。しかしその店がなぜ、それほどの好成績を挙げているか分からなかった。どうしてそれほど利益を上げることができているのか?――「ウォルマート」はその理由を把握しようとしたのだ。

依頼を受けた「ジオアイ」は、店舗、及び周辺の衛星写真を撮影し、画像分析を行なった。

「ジオアイ」のスタッフの多くは、米軍や政府情報機関の出身者だ。「ジオアイ」の社内では、だから例えば米軍で「戦闘打撃評価《バトル・ダメージ・アセスメント》(ＢＤＡ)」の訓練を受けた元軍事アナリストに会わない日はない。そんなスタッフが身につけた、イラク軍の軍事施設の破壊状況を衛星画像で評価するのと同じ技術が、「ウォルマート」の駐車場の解析などに利用されているわけだ。

「ジオアイ」のアナリストたちに求められたのは、何がその店舗を、その地域で成功させているか、を突き止めることだった。周辺の住宅地の人口学的な分布。店舗を中心とした道路網のパターン。

アナリストたちはさらに踏み込み、駐車場にＲＶ用のスペースが確保されているかどうかまで調べた。ＲＶのトレーラーへの充電設備はあるのかないのか?

店舗のドアが向いている方角は北か南か東か西か?　駐車場の入り口は何ヵ所ある?　駐車場の植樹は?　アスファルト舗装の駐車場の面積は?

こうした詳細な分析から、「ウォルマート」は「成功の方程式《テンプレート》」を生み出すことができた。好成績を収めている店舗に共通する要素をリストアップした。近隣社会の状況、駐車場のかたち――等々。

これ以降、「ウォルマート」は新規店舗を進出する際、なるべく多くの共通要素を持つ場所を選んでいる

こうした衛星写真を使った分析は、その割には意外なほど費用はかからない。一平方キロあたりの衛星撮影単価は七ドル。ただし最低、五十平方キロ以上の撮影依頼でないと衛星偵察企業は引き受けてくれない。それでも三百五十ドル支払えばいいだけだ。ただしこれはふつうの衛星写真料金。鮮明な三次元マップ画像だと、一平方キロあたり最大で三十ドルかかる。しかしそれだって、わずか数千ドルで自分が欲しい世界のある特定区域の高解像度の画像が手に入るわけだから膨大な出費とは言えない。顧客企業はまた、「ジオアイ」の画像アーカイブからレンタルで数ヵ月、あるいは無期限に借り出すこともできる。

「ジオアイ」の偵察衛星で顧客は、野球のホーム・プレートの大きさの物体を「見る」ことができる。GPS(全地球測位システム)を組み合わせれば、その物体が地球上のどこに存在するか九フィート(約二百七十四センチ)の範囲に収め、位置づけることができる。

衛星偵察テクノロジーが民生用に初めて公開されたのは、一九七二年のことだった。NASA(米航空宇宙局)が民生用に「ランドサット―1」を打ち上げて衛星写真の一般利用が始まった。しかしこの衛星が地上に送って来た画像の解像度は八メートル以上で、商用にはあまりにも粗すぎる画像だった。このため「ランドサット」の衛星撮影テクノロジーは当初、科学者や研究者たちの利用に止まっていた。(原注121)

衛星写真の利用について米連邦政府は早いうちから、「無差別アクセス」の原則を採用して来た。「ランドサット」の撮影写真は、誰でも料金さえ支払えば手に入れることができる——そんなルールが貫かれて来た。(原注122)

一九七九年、当時のカーター大統領は「ランドサット」の管轄をNASAから海洋大気局(NOAA)に移管するとともに衛星の民間市場の拡大を図った。しかし民間は衛星写真の使い道に、なかなか気付かなかった。このため連邦議会が民間セクターへの売り込みに乗り出し、一九八四年には立法行為により、「ランドサット」プログラム全体を、「RCA」と「ヒューズ・エアクラフト」両社がジョイント・ベンチャーで設立した「アース・オブザベーション・サテライト」社(EOSAT)の手に委ねた。

しかし連邦政府の補助金が思うように下りず、EOSATは最初から困難な状況に追い込まれた。連邦政府の助成がないものだから、衛星写真を一枚撮影するだけの料金が一時は四千ドル以上に跳ね上がることになった。予算の少ない大学や研究者が締め出されることになり、注文件数も急減。結局EOSATはその後、数年の間、つぎはぎだらけの政府・民間の提携関係の中で低迷せざるを得なかった。連邦議会に陳情しては運営費を補助してもらうありさまだった。

そんな状態の中で、連邦議会と国防総省を慌てさせる事態が起きた。フランスが衛星を二基打ち上げ、「ランドサット」を上回る衛星写真の販売を開始したのだ。

そして一九九一年、クウェートで湾岸戦争が起きる——。

米国防総省はここでようやく衛星写真が地上戦にどれだけ役に立つか気付く。商用の偵察衛星を配備しておくことが、有事の際、国家安全保障にとってどれだけ役立つものか、ようやく理解することになった。

この時点で連邦議会が動き、一九九二年、「地上遠隔感知政策令」を制定した。ご難続きの「ランドサット」プログラムを、もう一度、NASA及び国防総省の所管に移すことを決定。と同時に、商用衛星の運営企業に対するライセンスの交付手続きの整備も終えた。「冷戦」終結時に打たれたこの措置で、偵察衛星を包み込んでいた機密のヴェールは取り払われた。衛星撮影ビジネスの将来性についていて、バラ色の予想さえ語られるようになった。

世界初の商用偵察衛星の運用ライセンスが「ワールドヴュー（World View）」社に交付されたのは、一九九三年初めだった。その「ワールドヴュー」から生まれた後継企業が、今なお力強く成長を続ける「デジタルグローブ」社だ。NOAAは「ワールドヴュー」を含め、これまで十七社にライセンス

原注121　米国の衛星写真の商業利用の歴史については、アン・M・フロリーニ（Ann M. Florini）とヤーナ・A・デーカンザータ（Yahya A. Dehqanzada）が二〇〇九年のカーネギー財団の会議に提出した論文、「もはや秘密はない？　商用遠隔感知衛星の政治的な意味（No More Secrets? Policy Implications of Commercial Remote Sensing Satellites）」に全体像が示されている。オンライン閲覧可。www.policyarchive.org/bitstream/handle/10207/6465/satellite.pdf?sequence=1

原注122　ジョアン・アイリーン・ガブリノヴィック（Joanne Irene Gabrynowicz）、「ランドサットの草の根からグローバルな規模における危険――米国遠隔感知令に対する総合的な再検討と将来に向けたいくつかの考察（The Perils of Landsat from Grassroots to Globalization: A Comprehensive Review of U.S. Remote Sensing Law with a Few Thoughts for the Future）」。『シカゴ・ジャーナル・オブ・インターナショナル・ロー（*Chicago Journal of International Law*）』誌（二〇〇五年夏号）、四五頁。

を交付している。（原注123）

一九九〇年代になると、コンピューターのテクノロジーがさらに進歩し、インターネットへのブロードバンド・アクセスが一気に進んで、一般の人々が大挙、衛星画像に即時アクセスするようになった。「グーグル」が「グーグルアース」を始めたのは二〇〇六年のこと。地球の衛星画像が地上の家庭にネットを通じ、即時供給されるようになった。

連邦政府はたしかに、これまで二十年にわたって衛星偵察テクノロジーの商用普及に努めて来たが、その一方で規制の網もかけて来た。「デジタルグローブ」や「ジオアイ」といったオペレーターは現在、撮影する衛星写真の解像度は五十センチ以上でなければならないとする制約下にある。（原注124）米軍と政府諜報機関には、より精密な画像を使う特権が与えられているわけだ。米軍の軍事偵察衛星の解像度は十センチ以上とも言われているが、機密の壁に守られており実態は不明だ。

米政府はまた、アメリカの衛星撮影企業に「シャッター・コントロール」という規制もかけている。国家安全保障上の必要が出て来た時、ワシントンは衛星企業に、世界中どの場所でも「撮影禁止」を宣言でき、衛星搭載カメラのシャッターを切らせなくすることができる。この規制が連邦法に書き込まれたのは、一九九〇年代の半ば。防衛の専門家の間から、衛星を使ったスパイ・テクノロジーが民間セクターに流出する危険性を危ぶむ声が出たからだ。防衛の専門家たちは、「湾岸戦争」での、ノーマン・シュワルツコフ将軍の、あの有名な「左フック」必殺パンチ戦術のことを思って、警鐘を鳴らした。将軍指揮下の米軍の機甲部隊は、イラク軍が待ち構える前線を避けて、西に数百キロも迂回し、イラク軍の後方、「左サイド」から、ボクシング選手の左フックのような総攻撃を仕掛けた。こうした状況においては「奇襲」が全てだ。もし、サダム・フセインが戦線を上空から撮影した衛星写真をダウンロードし、米軍の動きを察知していたら、シュワルツコフの米軍部隊は惨憺たる目に遭っていただろう。しかし現実世界においては、そんな懸念などどこ吹く風。衛星撮影のテクノロジーは驚くべきペースで普及・拡大し続けている。

ところでアメリカは「湾岸戦争」後に導入した「シャッター・コントロール」規制下、戦争を二つ戦って来たが、問題はなかったか？

二〇〇一年のことだった。国防総省はアフガニスタンでのタリバンとの戦闘計画の策定を進めていた。その時、担当者らが頭を痛めたのが、商用衛星の規制問題だった。もしも米軍がアフガンに対し「シャッター・コントロール」をかければ、下手すると米国のメディアから「情報の自由」の侵害だとして裁判を起こされてしまう。そこで国防総省は何をしたかと言うと、裁判沙汰になるのを防ぐため、衛星撮影企業のアフガン撮影データを、資金力にものを言わせて全て押さえてしまったのだ。(原注125)「ジオアイ」の場合は、「ＩＫＯＮＯＳ」のアフガン撮影データ、まるまる三ヵ月分が全て国防総省によって「出庫禁止」とされた。(原注126)

原注123　米海洋大気局（ＮＯＡＡ）が交付したライセンスの全リストは、以下を参照。www.licensing.noaa.gov/licensees.html
原注124　ＮＯＡＡの商用衛星に対する規制は、以下を参照。www.licensing.noaa.gov/faq. html
原注125　偵察衛星業界の関係者らは、この国防総省のやり方を「小切手シャッター・コントロール」と呼んだ。米軍は小切手を切って、「シャッター・コントロール」と同じ、「報道管制」を手にしたわけだ。

もちろん米軍は「ＩＫＯＮＯＳ」の偵察写真を必要としたわけではない。もっと解像度の高い偵察衛星を、それも多数、独自に配備しているからだ。アフガンの衛星写真が民間に流れるのを恐れたためだ。数百ドル払うだけで、誰でもタリバンに対する戦争準備状況を写し出した衛星写真を入手できる――そんな事態になるのを避けようとしたのだ。米軍のアフガン侵攻の際、衛星写真は一枚も、一般の人々の目に入らなかった。しかし、まる三ヵ月の買い上げ期間が過ぎると、一時的に「お蔵入り」していた衛星写真が民間に解禁になり、売り買いされるようになった。

それから一年半後、米政府がイラク戦争の開戦準備を進めていた二〇〇三年の初めのことだった。ホワイトハウスは、それまでとは違った決断を下した。米国以外の外国の衛星企業が多数の商用偵察衛星を軌道に乗せている現在、米軍がアメリカの商用衛星に規制をかけても仕方ないことだと判断したのだ。「偵察衛星」という魔法の妖精は、遂に規制のランプの中から解放されたのだ。以来、外国に攻め込む軍隊は、敵の手に衛星偵察写真があるものと覚悟しなければならなくなった。イラクのバグダッドの「グリーンゾーン」は、サダム・フセインの大統領府の跡で、米軍の占領地だが、「グーグル」の「グーグル・マップ」を使って検索・探知すれば、そこにあるプールの様子や、駐機している占領米軍の「ブラックホーク」ヘリの姿を、誰でも見ることができる。(原注127)

商用偵察衛星写真はこうしてようやくカミング・アウトを果たしたわけだが、民間の衛星業界にとって、米軍及び米政府の情報機関は衛星オペレーターの最大の供給源の役割を果たして来た。だから、たとえば「ジオアイ」がＣＩＡとつながっていると聞かされても、別に驚かないわけだ。実際、「ジオアイ」の経営陣には、長らく米国内のセキュリティーを担当したＣＩＡの元高官、ジェームズ・

M・サイモン・ジュニアが加わっている。ジェームズ・サイモンは「9・11」後、「国土安全情報会議」の議長の椅子に座った人物。もともとはCIAで、テクノロジーの獲得、予算の管理、さらには十四もある政府諜報機関を統括する総合政策づくりに携わっていた。二〇〇三年には、自分の諜報コンサルタント会社を立ち上げた男だ。

アメリカの衛星企業と諜報機関の密接な関係は、反面、世界の顧客を遠ざけかねないことだ。入手した衛星写真の使途を諜報機関にモニターされるのではないか、と恐れて、引いてしまうのだ。一九九四年にこういうことがあった。アメリカとイスラエルの起業家と元防衛関係者が、アメリカの諜報機関にコントロールされていない、国際的な衛星企業を立ち上げようではないか、と思い立ったのだ。世界には、CIAに知られることなく、衛星撮影の写真を欲しがっている顧客はごまんといる。これはビジネスになる、と。

社名からも「アメリカ」の影を一掃しようと、起業家らはケイマン諸島に設立した自分たちの衛星

原注126　英国BBC放送の二〇〇一年十月十七日の報道、「米国、アフガニスタンの衛星画像権を買い上げ（U.S. Buys Afghan Image Rights）」を参照。オンライン閲覧可。
http://news.bbc.co.uk/1/hi/sci/tech/1604426.stm

原注127　「グーグル」の衛星写真に対する懸念は、軍事的な問題に限らない。プライバシーの侵害だと、人権団体を不安がらせているのだ。「アドレス（住所）」を打ち込むだけで、その場所を衛星写真で見ることができる。学生時代、付き合うのを止めたモト彼に、今の自分の家庭をのぞき見てもらいたい、と思う女性はいるだろうか？　あなたが昨年、解雇した男が、復讐を誓い、あなたの家を衛星写真で確認して……などということも、今やあり得るのだ。

企業を「ウェスト・インディアン・スペース」と名付けた。二〇〇〇年に、オランダ領アンティルに移動するとともに、その年、社名を現在の「イメージサット（ImageSat）」に変えた。

同社の経営陣が最初に訴えたセールスポイントは、米政府の関知しないところで衛星偵察活動ができます、だった。あなたの手にした衛星写真を、ＣＩＡが見ることをありません、安心してご利用くださいーーと、世界の民間企業や各国政府に売り込んだのだった。アメリカの影響力を排するため、同社はアメリカの投資家が株式の半数以上を取得することを禁じさえもしたのだ（米政府は衛星企業にライセンスを交付する際、株式の半数以上を、アメリカの投資家が保有することを義務付けている。「ジオアイ」や「デジタルグローブ」の場合もそうである）。

なぜ、アメリカ色のない衛星ビジネス・プランがいま、必要なのか？　ここに同社の創立者たちが裁判所に提出した文書があるので、紹介したい。

当「イメージサット」社の競争相手はかつて、アメリカの最も大きな航空宇宙企業や米政府から支援を受けていました（今なお、そうです）。資金的にも、技術的な経験にも勝る競争相手に対する当社の競争的優位性は、世界中の各国政府の顧客に対して当社が、真に独立した高解像度の衛星撮影能力を、米国のように政治的に動機付けられた規制、あるいは免許制度が行なわれている好ましくない影響力から逃れ自由に販売できる、独立し、かつ健全な国際企業であることでした。（原注128）

「イメージサット」の外国顧客は自分の地上局を使って、同社の偵察衛星を操作し、写真撮影を行なうこともできた。何を撮影したか、他の顧客に知られることもなかった。

制約はただひとつ、イスラエル政府が付けた制限だった。イスラエルの地上局から半径二千五百マイル以内の撮影映像を他国や企業に売ってはならない、が一つ。もう一つは、北朝鮮やキューバといった「ならず者国家」への衛星写真の販売を禁止したことだった。

そんな「イメージサット」の衛星撮影サービスを求めて、顧客が列をなすようになった。「イメージサット」は、ベネズエラやアンゴラ、中国、台湾、そしてインドにも衛星撮影の偵察写真を販売した。

しかし間もなく同社の株主の間で、経営陣に対する失望感が強まった。反対派の株主たちは、同社がイスラエルの支配下にあるのではないか、との疑いを持つに至った。イスラエルの影響下にあるならば、米国の諜報機関にオペレーション情報が流れていることを覚悟しなければならなかった。

反対派の株主たちは二〇〇七年七月、「イメージサット」の経営陣が経営の失敗、及び事実上の乗っ取りで同社の将来展望を損ねたとして、三億ドルもの損害賠償を求める裁判を提訴した。提訴した株主の中には、アメリカやイスラエルの実業家や、ケイマン諸島、スイス、及び英領バージン諸島に登録する民間企業が名を連ねていた。

原注128 「ウィルソン対イメージサット（Wilson et al. v. ImageSat Internatinal N.V et al.）」の裁判（I:07-cv-06176-DLC-DFE）。二〇〇七年七月二日提訴。

裁判は提訴から一年後、米連邦地区裁判所のデニス・コート判事によって、訴えそのものに法的な問題があるとして、却下された。原告団は国際的な顔ぶれで、しかも問題のほとんどがイスラエルで起きている、これは米国で裁判にかけることではない——という却下理由だった。しかし、同社に対しイスラエル政府が影響力を行使しているという原告側の主張は、各国政府の顧客を同社から遠ざけるものになった。

米政府が何らかのルートで経営トップとつながりがあると疑われたら最後、いくら「アメリカとは無関係です」と言ったところで、信用する者はいない。次の第9章で見るように、企業諜報活動はすでにグローバルな規模で熾烈に戦われているのだ。「アメリカの利益」のことを考えている人間だけが、諜報戦の当事者ではないのである。

第9章　名なしのニック

鋼のような細身のその男は、「ニック」(原注129)とだけ名乗った。英国特殊部隊の元将校は自分の名前を明かさなかった。ロンドンの高級ホテル、「ヒルトン・ロンドン・グリーン・パーク・ホテル」のラウンジ・バー。豪華な椅子に、その痩身を乗せていた。上背はなかった。百六十九センチ。カジュアルな服装でいた。クルーネックの長袖の黒シャツ、黒のジーンズ、グレーのスニーカー。「録音はダメだよ」と「ニック」は手を挙げて制した。「声をテープに残すわけにはいかないんだ。会社の名前も書かないでくれ。済まない」

用心深いのも当然だった。四十歳代の初め。白髪が入り始めたミリタリー・カットの彼は、その世界でトップを行く企業諜報エージェントの一人だった。ロンドンの民間諜報界のトップ……という

原注129　この「ニック」は本書ですでに紹介した「デリジェンス」社のニック・デイと同じファースト・ネームだが、もちろん同一人物ではない。

ことは、世界トップの座を占める一人だった。民間の諜報ビジネスの世界で続く熾烈な戦いをどうやって勝ち残れるか、「ニック」は知り抜いていた。自分の身元が割れた時が、自分のリッチなキャリアが終わる時だと分かっていた。

ロンドンは今なお、世界の交差点だ。西側企業の経営陣が、ロシアの大富豪が、石油で太った中東の族長たちが入り乱れ、お付きの顧問弁護士、アドバイザー、ドライバー、ボディーガード、バッグ運びのボーイが群れをなして交差する街だ。私が「ニック」と会った高級ホテルは、発展を続けるロンドンの商業地、メイフェアにあった。このメイフェアこそ、世界の企業諜報活動の中枢《デッド・センター》とも言える場所。ここは、金になる企業諜報活動のメッカなのだ。

高級車のベントレー、BMWが走る通りに沿って、エレガントなタウンハウスが建ち並ぶ。かつて英国の王侯貴族たちが住んでいたことを示すプレートがはめ込まれた、由緒あるタウンハウス群。しかし、その現在の住人の多くはヘッジ・ファンドである。

春から夏の宵には、メイフェアの通りの歩道にパブのテーブルが並ぶ。仕立のいい背広を着込んだ弁護士やマネージャーたちがテーブルを囲み、祝杯を挙げている。ビジネスの成功を祝っているのだ。ここメイフェアから、バッキンガム宮殿は目と鼻の先。公園を横切ればすぐだ。

金が集まる街、メイフェア。だからメイフェアには企業諜報のエージェントたちも集まって来る。今、「ニック」がラウンジにいるホテルは、「ハクルート（Hakluyt）」など、メイフェアに集まる世界的な諜報企業のオフィスから、歩いてほんの数分の距離。優雅なタウンハウスを司令塔とする、それら世界的な諜報企業の本社は、真鍮製の小さなネームプレートでその存在を示すだけだが、そのオペレーションはグローバルな規模に及ぶ。巨額な料金。そして、世界的な企業とのコネクション……目立たない社名プレートからは想像もつかないことだ。

メイフェアの企業諜報エージェントたちは、レポーターと話をすることを嫌う。仮に自分の身元が絶対にバレないと分かっていても、取材に応じることはない。「名なしのニック」が私のインタビューに応じたのも、彼の最も大事な顧客の一人が会見をアレンジしたからだ。その顧客とは、たとえばある世界的なトップ企業の経営者を監視してくれと言って「ニック」にポンと三万ドル支払うようなことを何とも思わない人物だった。

つまり、メイフェアの企業諜報エージェントたちはリッチな暮らしをしているのだ。ロンドンの一流エージェントとなると、年収は軽く二十万ドルに達する。

「ニック」は私にこう言った。「もし私の仲間が、私が今、こうしてあなたと話をしていると知ったら、私を業界から追放しはしないだろうけど、きっと腰を抜かすと思うよ。企業諜報活動をしている人間にとって、レポーターと話をする理由は何もない。ろくなことにならないからね。私はこれまで一度だってレポーターと会ったことはないんだよ」

「それじゃぁ今、あなたの業界の仲間があなたを監視していることもあるわけですね？」と聞くと、「ニック」は客観的な事実を告げるように、あっさりこう言った。「いや、私は今、見張られていない。クリーンだ。ここには私の部下もいるし……」

私は思わず、ラウンジのバーを見渡した。離れたテーブルに若い女性が二人いた。ロンドンの地図を見ながら、メモしているようだ。別の席では禿げかかった眼鏡をかけた紳士が、遅いランチを摂りながら新聞を読んでいた。何の不自然さもなかった。

ただこんな場面があった。「ニック」が私を誘って、中庭を見渡す窓際の席に座った時のことだ。ボーイが窓にシートをかけたのだった。おかげで日の光は遮られ、中庭の風景の一部を楽しめなくなった。監視活動を警戒してのことだったかも知れないし、いつもの日除けのサービスだったかも知れない。しかし「ニック」はとにかく、何らかの方法でこのラウンジでの身の安全を確認していたのだ。「ニック」は状況をコントロールしていることを再度、確かめると、自分の物語を語り始めることに同意した。世界で最も有能な企業諜報エージェントの一人になるまでの物語を。

「ニック」は学校を出てすぐ英国陸軍に入隊した。上官が彼の潜在能力に気付いてくれた。「ニック」には細かなところまで観察するシャープな目があった。武器の操作も上手だった。司令官は彼を特殊部隊に送り込んだ。

英軍の特殊部隊で「ニック」は、殺人者として鍛えられた。武器や戦術の達人になった。それ以上に――ニックが言うには、状況への対処能力を学んだ。

相手を殺さない方が、はるかによいことなのだ。殺し合いが始まる、ずっと手前で緊張を和らげる。それは撃ち合いの際の射撃の腕より、もっとニュアンスに富んだ微妙な技だった。

「ニック」はどこで任務に就いていたか教えてくれなかった。しかし、こうは言った。「私は英軍に所属していました。その英軍が過去十五年、二十年の間、出動した地域は限られています」

ということはつまり、「ニック」はボスニア、北アイルランド、中東で任務に就いていた可能性がある、ということになる。

「ニック」によれば、警護の任務に就くことが多かったという。そこで英国人のいう「密着保護」――つまりアメリカ人のいう「ボディーガード」の基本を身につけた。

政府高官その他要人の警護にあたる特殊部隊の班は、ふつう数人で編成される。五、六十センチ間隔で周りを取り囲み、前後左右、与えられた守備範囲に目を光らす。テレビでよく見る光景だ。そうした特殊部隊のガードはたいてい大男だ。大統領や首相を歓迎する人々の前に立ちはだかり、決して笑わない。視線を逸らさない。彼らが見ているのは、人々の手だ。「ニック」はこういう大男のガードを、「図体がデカくて、ケツに毛の生えたモンスターども」と表現してみせた。

「ニック」は同じ特殊部隊の隊員でありながら、そんな大男どもとは似ても似つかぬ小柄な男だ。警備の現場の周辺で、隠密として活動する。平服姿で、少し離れたところから、群衆の動きに目を光らすのだ。

そんな時、「ニック」はジャケットの下に、ドイツの「ヘッケラー&コッホ」社製、MP5・九ミリ機関拳銃（短機関銃）をしのばせていた。軽量の空冷式MP（マシーネンピストール）。世界四十ヵ国以上で、軍などが使用している名機だ。この全長二十六・八インチ（六十八センチ）のMPは銃身を腰に向け、脇の下に吊るせば、小柄な「ニック」のジャケットにも隠れ、目立たない。

要人を襲おうとする者はふつう、ターゲットの要人と、そのそばに立つ警備の大男たちの様子を窺う。「ニック」のような隠密チームは離れたところから、襲撃者に気付かれずに、監視することになるわけだ。

で、どうするか？　「ニック」はさらにこう続けた。「襲撃者たちは、だからこっちを見ないわけです。私はたとえば、ガールフレンドと一緒にアイスクリームを舐めながら、見物している人間になりすまします。もしその時、襲撃者が手榴弾を取り出したとしたら、それが監視から介入へと私たちが動き出す時です。場所がもし、イラクやアフガニスタンであれば、私たちは私たちに許された法的権限《リーガル・レミット》の範囲内において必要な、あらゆる行動に出るわけです」

　イラクのような場所なら、特殊部隊の警護隊員に許される「法的権限」には、至近距離からの射殺も含まれる。しかし企業警備の場面であれば、それは威嚇者の手を払いのける、に変わる。違いは、それだけだ。

「ニック」が英軍を退役したのは、一九九〇年の終わりのことだった。英国に帰国した彼は軍事下請企業で、特殊部隊と同じ「密着保護」の仕事に就いた。当然の再就職先だった。「特殊部隊でスキルは身につけていたけれど、それを活かせる働き先はほかになかった」のだ。

　しかし「ニック」は、その仕事に満足できなかった。そこで彼は、ロンドンの大きな諜報企業を渡り歩くことになる。そんなトップクラスの諜報企業に身を置いて、「ニック」は驚かされた。「監視活動の能力といったら、なきに等しかったわけです。何しろ彼らは車の中から、監視する相手に堂々とカメラを向けて撮影するような連中だったわけですから」

　ロンドンのトップの諜報企業が、こんなお粗末なことをしている……「ニック」はそこにビジネス・チャンスを見た。英軍特殊部隊出身者が提供する、超一流の諜報サービス……需要がないわけがなかった。「ニック」はフリーランスで、諜報企業のための諜報活動を始めた。仕事は主に、大企業が採用を考えている経営トップのマネージャーたちのスクリーニングだった。採用予定者を数日間にわたって監視し、その人物が問題を抱えた人物か、薬物中毒者かどうか、女性に弱いタイプの人間かどうか、変態的な性的嗜好の持ち主かどうかを洗い出すわけだ。

「ニック」が問題点を見つけた採用予定者を、企業が平気で採用することも時々、あった。そんな監視活動の中で、「ありとあらゆる現実を見た」と「ニック」は言った。「こういう現場も目撃したよ。ニューヨークに出張して監視をした時のこと。監視していた企業の役員が、なんと服装倒錯者を街で拾ったんだ。そんなリアルTVショーも顔負けの現実を、この目で見た」

こうした経営トップ候補者の事前スクリーニングは、よく行なわれていることなのか？　それは定かではない。しかしこれは「名なしのニック」だけでなく、他の諜報企業関係者が言っていることだが、大企業が会社のイメージアップにつながる人間を社の「看板《マーキー》」として雇おうとする時には、たいてい行なわれていることのようだ。多額の報酬と会社のイメージがかかっているので、事前チェックは欠かせないわけである。身辺調査で「ニック」に支払う経費など、その人物に問題があって、採用後に発覚した時の、数百万ドルにも相当する企業ダメージを思えば安いものだ。

こうした雇用前の監視活動は時に相手を罠にかけるに等しいところまで行く。「ニック」には、こんな思い出があるそうだ。ある企業が採用したいと考える人物を尾行していたら、その男がゴルフ場で平日ゴルフを楽しみ始めた。「ニック」は早速、依頼先の企業に連絡、企業の経営トップがその男のケータイに電話を入れた。しばらくあれこれ話し合ったあと、企業のトップは何気ない口ぶりでこう聞いた。「ところで今、何してるの？」。

転職に成功すれば高額な報酬が待っているとは言いたくなかったらしく、こう答えた。「今、ミーティングに向かっているところです」

その一言で男の名前は、採用責任者の候補者リストから消えた。平日ゴルフをしていることが問題ではなかった。新しい職場の上司になるはずの人間に、嘘をついたことが問題だった。顧客の企業から、「ニック」はあとでこう聞かされた。「小さな嘘をつくことは、重大な問題でも嘘をつくということだから」

「ニック」は間もなく、英軍出身の諜報の専門家たち数人と知り合い、ネットワークを広げた。似たような考えの持ち主だった。「そこで、私ともう一人で、これを自分たちのビジネスにしなくちゃならない、と思い立ったわけです」

そうして生まれたのが、「ニック」たちの会社だった。「ニック」はその会社の名前を明かしてくれなかった。誰も諜報ビジネスとは思わない名前の会社だよ――とだけ言った。「なんなら、『ハリーのチョコレート工場*』と呼んでいただいても結構ですよ」

「ニック」の会社は、ウェブ・サイトを開いていない。電話番号も公開していない。「つまり、表立っては存在していない」。しかし、「ニック」の会社の連絡先は、「ニック」らを必要とする世界トップの諜報企業の間では、もちろん知れ渡っている。

さて「ニック」らが会社を立ち上げて始めたビジネスは、図らずもこの業界のビジネス・モデルに合致するものになった。世界に数百ある諜報企業は、実は少人数のスタッフしか抱えていない。そうした諜報企業は大企業などの顧客と、実際に諜報活動を行なう「下請け」をつなぐ役割を果たしているのだ。諜報企業は顧客の依頼に合わせ、専門知識・技術を持つ「下請け」を集め、チームをつくる。ロンドンで監視者が欲しい？――なら、あの専門家を使おう。通訳が欲しい――なら、あのプロを下請けで使おう。会計帳簿を洗い出したい？――なら、あの会計検査の専門家に。

こんなふうに顧客の依頼に応じて専門家をかき集め、チームをつくって諜報プロジェクトを進めるというのが、この業界の主流ビジネス・モデルなのだ。だから「ニック」らの会社も、一般向けにPRする必要はない。「ニック」らを雇う諜報企業がウェブ・サイトなどに表看板を掲げていればよいのだ。だいいち「ニック」らがネット上に自分や同僚の写真を掲げたりしたら、それだけで仕事が来なくなる。「ウェブに顔が乗ったら、もう用なしだ。廃棄物だ」

「ニック」たちの実入りはいい。「ニック」の会社のようなトップクラスの監視企業の場合、一人一日あたり千二百ポンドから千六百ポンド（約十六～二十二万円）を基本料として受け取っている。これに監視にかかる諸経費、監視のための移動距離（マイレージ）、特殊な監視機器代がプラスされる。「ニック」の会社に頼み、地元のロンドンである人間を監視下に置こうとする場合、一日あたり最高一万五千ポンド（約二百三万円）を覚悟しなければならない。

「ニック」の会社に監視の仕事を回してくる諜報企業の取り分はどのくらいか、「ニック」にも正確なところは分からない。「二〇％程度、上乗せして顧客に請求しているのでは」というのが、「ニック」の推定だ。フェアな取り分だと、「ニック」は思っている。元請けの諜報企業はもちろん、「ニッ

＊ロンドンに「ハリー・ロンドン・チョコレート・ファクトリー」という有名な専門店が実在する。

ク」たちがどんなふうに監視しているか、そのやり方を知らない。しかし「ニック」の電話番号だけは知っている。それだけで元請けは、顧客に請求書を回すことができるわけだ。

「ニック」の会社は監視結果を報告書にまとめて提出している。報告書には、ターゲットの人物が出かけた全ての行き先、出かけた時間、その場所でのその人物の写真、そこでその人物が会ったあらゆる人間の写真が含まれる。

「ニック」のチームは、「音声監視《オーディオ・サーベイランス》」活動も行なっている。録音装置で声を拾ったり、配置についたエージェントが聞き耳を立てる。今やテクノロジーの進歩で、盗聴できない場所はほとんどない。

「ニック」は室内での会話を室外から録音するため、「レーザー・マイクロフォン」という機材を使用している。なんと一キロ先の室内の会話を録音できる装置だそうだ。不可視のレーザー光線を、会議が行なわれている部屋の窓ガラスに向かって発射する。ただし窓ガラスを真っ直ぐ見ることができる場所から発射しなければならない。途中に障害物があってはならない。レーザー光線は室内で続く会話による微細な窓ガラスの振動を測定し、それでもって会話を再生するわけだ。

しかしこのテクノロジーには限界がある。それは二重、三重のガラス窓には効かないことだ。おまけに二重、三重の窓はしだいに一般化しており、「レーザー・マイクロフォン」による盗聴を難しくしている。もうひとつの問題点は、レーザー光線を窓ガラスに当てる角度に関するものだ。高層ビルの上の方の階だと、地上から照射する角度が浅くなり、使えなくなる。依頼人が金に糸目をつけない顧客なら、会議が開かれているビルの真向かいのビルやホテルの一室を借り切るという手もある。費用はかかるが、レーザー光線を真っ直ぐ当てることができるので会議の内容を知ることはできる。

「ニック」のチームはロンドンだけでなく、世界を股に監視活動を行なっている。十人ほどのチームを組んで、重要な会議を監視するため世界各地に飛び、重要人物の監視活動も行なっている。その国の法律にもよるが、できないことはほとんどない、と「ニック」は豪語する。「家にも車にも盗聴器を仕掛けることができるし、車に所在を確かめる追跡装置を仕掛けることもできます。メールを自動的に傍受する電子装置もあります。しかし私たちは法律違反をしていません。私たちはロンドンの顧問弁護士に相談しています。法律の範囲内のオペレーションをしているわけです。そうでなければ、せっかく集めた情報も、顧客にとって使えないものになってしまうからです」

違法に収集した情報は、法廷では却下されるのだ。だから裁判には使えなくなる。とくに企業間の紛争において、「ニック」の会社が一方の企業のために不法行為を仕出かしていることが発覚したら、それは相手を利することになる。

監視活動に必要な高度な技術を使える者は稀だから、監視業界は依然、小規模なものに止まっている。「ニック」の推定によれば、諜報エージェントの巣のようなロンドンでも、重要人物を監視できるクルーはせいぜい二十チームほど。一チーム、九人、あるいは十人編成の換算で、企業の役員らの監視活動にあたる諜報エージェントの数はロンドン全体でも二百人止まり、ということになる（別の女性諜報関係者の推定はこの五倍に達する。ロンドンで監視できる重要人物のキャパは百人、エージェント数は千人に上る、というのが彼女の見方だ）。

このため顧客がウェーティングで順番を待たねばならないこともある。仕方なく、高い金を払ってカナダやアメリカの監視チームを呼び込むこともある。

高度な監視活動は専門的な人手がかかるし、費用もかかるものだが、しかし人手や金をかけたからといって、ハリウッドの映画のように、そうそううまく行くものではない。ターゲットの家の前で、週末をじっと座ったまま過ごさなければないこともあるのだ。監視相手が自宅で、映画をＤＶＤで観まくっているかも知れないその時も、外でじっと監視し続けなければならないのだ。外出してくれれば尾行もできるのに、じっと家にこもっていられてはお手上げである。

「ニック」の監視チームが、ある会社役員を追っていた時のことだ。オフィスから自宅に戻ったターゲットを、チームは監視を続けていた。午後十時頃のことだった。チームの一人が「ニック」に慌てて電話をかけて来た。「タキシード、持ってますか？　アイロンをかけたの」。「ニック」が「持っているよ」と答えると、「よかった」と、安堵の声。「それじゃぁすぐ、届けて下さい。ターゲットが急に、夜会に出かけたんです。誰かにそのタキシードを着せ、夜会に潜り込ませますから」

タキシードを着込んだエージェントの一人がパーティー会場に駆け込むと、ターゲットの男はバーで相手と飲みながら談笑しているところだった。「ニック」がタキシードを持っていたおかげで、監視活動を中断することなく続けることができたが、そうはならないこともあり得たわけだ。その日一日のせっかくの監視活動が――数万ドルもの経費をかけた監視活動があやうく無駄に終わるところだった。

こうした予期せぬ出来事の発生は、監視活動につきもの。だから「ニック」は仕事の依頼者に、監視活動は最終手段、他にできることがあったら、それをまずやってからにした方がいい、とアドバイスしているそうだ。しかし「監視活動」というと、聞いただけでうまくいきそうなものだから、依頼人たちは聞く耳を持たずに、すぐにも雇いたがる。

依頼者が監視活動の最大の障害物になることもある。こんなことがあった。ある週末の出来事、顧客の企業の担当者が、監視中の「ニック」の携帯に、なんと四十六回も電話をかけ、あれこれ指図した、というのだ。あまりにうるさいので、ニックは丁寧な言葉遣いで、しかしながら断固とした口調で担当者にこう言ったそうだ。「お気持ちはよく分かります。しかし私たちに任せて下さい」

監視を依頼しながら、その理由を明かさない顧客もいた。おかげで「ニック」のチームは、何がなんだか分からないまま、監視活動を続けることになったという。

企業間の利害が絡むことだったりすると、顧客が監視の理由をなかなか明かしてくれないことがある。依頼した諜報企業から競争相手に漏れることを恐れて、口を噤《つぐ》むのだ。しかし監視の理由が分からなければ、監視活動そのものに悪影響が出る。「ですから私たちは何を目的とした監視なのか、予め知らなくちゃなりません。理由を知ることで監視のやり方も変わるわけです」

また監視なんか簡単なことで、尾行する人間を雇えば済むことだと言うような顧客も結構多い。しかし諜報のプロに言わせれば、相手に気付かれず、しかも決定的な証拠をつかむ監視活動は一般の人が考えるほどやさしいことではない。

たとえば今、ロンドンの地下鉄に乗っている男を監視しているとする。監視チームはその男に尾行者をつけねばならない。その男がある駅で降りたとする。尾行者はたとえば携帯した暗号化した無線電話を使って、男が何駅で降りたか、知らせなければならない。しかしその後が問題になる。地上に出て日の光を浴びた男が次にどんな行動を取るか分からないからだ。男の行動の選択肢はいくつもあって、いきなりタクシーに乗り込むこともあり得る。そうした場合に備え、「監視チーム」は予めオートバイか車を追跡用に確保していなければならないのだ。

男がタクシーを拾わず、そのまま交差点を渡り、反対側のホテルに向かうこともあり得る。そうした場合、配備したエージェントに、男の後ろについて尾行させる。監視の目を途切れさせてはならない。エレベーターに乗り込まれたりトイレに入られたりしてはならない。

男が交差点を渡らず、そのまま歩道を歩き出したらどうするか? 経験豊富な「監視チーム」は、こうした場合、交差点の向こう側だけでなく、こちら側にもエージェントを置いておく。

男が次の交差点を渡ろうとしたら、尾行者のチームは男を追い越して、男の視界から消える。そのチームを後続の車が拾い、先回りして配置に就ける。男が行動を選択できる場所で待ち構え、あらゆる行動に対応する。

「監視チーム」はこうした全てを、相手に気付かれず、交通事故を起こすこともなく、まるでオーケストラ演奏のようにやってのけるのである。最早、芸術の域に達していると言わねばならない。

「ニック」らの監視チームは服装にも気を付けている。監視者は状況に応じて身なりを変えることができないと務まらない。ハリウッド映画によく出てくる変装ではなく、状況に応じて服装を変える能力が大事なのだ。最高級のホテルに入った会社役員を尾行するには、男性エージェントにはそれ相応のスーツとネクタイが、女性エージェントにはスーツが要る。しかし、そうした身なりは野球場での監視活動では目立ち過ぎだ。「監視チーム」が絶対に避けねばならないこと、それは人の目を引く服装をすることである。

この点で鉄則がひとつある。ドレスアップするより、ドレスダウンする方が常に簡単だ、という教訓だ。たとえば男性のエージェントの場合、スーツを着込んでいれば、ドレスダウン――つまりネクタイを外し、ジェケットを脱ぐだけで「オフィス・カジュアル」な雰囲気を出せるが、ドレスアップ――すなわち、短パン・Tシャツ姿からスーツ姿に変わるのは至難の技である。いずれにせよ素早い着替えは、監視チームの日常茶飯事のひとつだ。

監視活動が困難を極めるのは、たとえばターゲットの会社役員が、自分は何者かに監視されていると気付いていたり、あるいはその人物が諜報活動に対抗するテクニックを身につけている場合だ。こうなると監視活動はイタチごっこのような複雑なゲームに変わる。

今一度、ターゲットの男がロンドンの地下鉄に乗っているシーンを想定していただきたい。男は自分が監視されていると思っている。監視者はきっと同じ車両に乗っているはずだ。しかし、それが誰なのかは分からない。監視する側は監視のプロだから、男には分からない。そうなると男としては、監視者を巻いて逃げるしかない。

どうするか？　ひとつの方法は、地下鉄の次の駅で下車して姿をくらますことだ。ロンドンの地下鉄には、次の駅のプラットホームの出口方向を示す表示が出ている。男が賢ければ、その表示を見てとり、たとえば出口から一番遠い最後尾の車両に移動する。そして地下鉄が停車してドアが開いたら、おもむろに出口に向かってホームを歩き出す。そうすれば、監視者はいやでも男の前方を歩いて出口に向かわなければならない。

こうなると監視者は苦しい立場に立たされる。ターゲットの男を確認するには、男を前から見なければならない。ということは振り返って男を見なければならないわけだ。出口に向かう人の流れの中で、振り返る者がいれば、それは監視者だ。監視者を見破る方法、それはどんな状況であれ、尾行者を自分の前に立たせることである。そうして尾行者を特定する。

さて監視に気付いた男は地下鉄を降り、乗客の群れの最後尾についてホームを出口に向かって歩き出す。自分と同じ車両の乗客たちの後ろにつく。そうして出口のエスカレーターに向かう。

エスカレーターの上で、人は振り返らないものだ。皆、目的地に急いでいる。それにエスカレーターで出口に向かうのは、これまで何百回も繰り返して来たことで、もう習慣になっている。キョロキョロ振り返る人間はいない。

さてエスカレーターの乗り場はもう、すぐ目の前。男はもちろん、二つのことを知っている。ひとつ、監視者は自分の前にいるに違いない、たぶんエスカレーターに乗っている。ふたつ、その監視者はたぶん、自分がエスカレーターに乗った時点を見計らって、こちらを振り返り、見下ろすはずだ。監視者としては、たとえ相手に見破られたとしても、そうせざるを得ないのだ。男がエレベーターに乗らず、別の出口に向かったかも知れないわけだから。

さて監視者が振り返り、男と目と目が合ったなら、それはもう見破られたということだから、監視チームとしては急遽、態勢を立て直さなければならない。別の出口などに待機させていたチームを現場に振り向けて男の監視を引き継ぎ、見破られた監視者をその場から外さなければならない。監視チームはそうやって引き続き男の監視を続けることになるかも知れないが、男の尾行はますます困難なものになる。最高レベルの監視活動が一日数万ドルもするのは、このせいなのだ。

反諜報活動テクニックの訓練を受けた相手や頭のいい相手を尾行・監視することは、たやすいことではない。そしてそうした困難な任務をやり遂げることができるのは、高度な訓練を受けた諜報エージェントのみである。そうしたエージェントはしかし、どこにでもいるものではない。

相手の監視活動に対抗し、これを封じる「対抗監視《カウンターサーベイランス》」も「ニック」にとっては儲かるビジネスだ。企業の経営陣を他のスパイ活動から守る。やりがいと金になる、「ニック」にとってはうれしい仕事だ。ロンドンの「監視業界」は狭い。「ニック」はだから時々、自分がよく知っている業界の人間を出し抜かなければならなくなる。

「こういう場合の私たちの仕事は、相手の監視活動を確認し、それを無力化《ニュートライズ》することです」と「ニック」は言う。相手の監視活動を無力化するため、どんな方法を採るか？　こちらが監視活動で使っている全ての手法を相手に適用し、「逆解析《リヴァース・エンジニアリング》」にかけるのだ。そうして例えば、顧客が街頭で監視されているかどうか徹底的に調べる。このプロ同士の戦いに「ニック」はほぼ連戦連勝しているそうだ。監視者を特定したら、厳しく警告する。「近づいて行って、ヘイ、ガイズ、俺も嫌なんだけど、あそこにいるあの男も――俺の友だちなんだけど、あんたらに付け回されて辟易している。いい加減にしてくれ」――そう言うと相手は大抵、引き下がるそうだ。

こんな警告を受けたら、相手の監視チームは動揺するのだ。化けの皮が一気に吹き飛んだわけだから。「ニック」はしかし、顧客を付け回している諜報企業側が、いずれ顔の割れていない新たな監視チームを投入して来ることを知っている。それは彼自身がしていることだからだ。しかし態勢を立て直すには時間がかかる。少なくともその間、顧客は監視活動から逃れられるのだ。だから「ニック」は遠慮なく報酬を受け取ることができる。

こうした諜報企業VS諜報企業の戦いは、顧客の企業にとって高くつくことになりかねないものだ。諜報企業がヘンな気を起こせば、いくらでもつけ込む余地がある。「ニック」によれば、時々こんなことがあるそうだ。ある企業から、「監視」の依頼があり、引き受けてしまったある人物の「対抗監視」を、別の顧客から頼まれることが。

そんな時、「ニック」はどうするか? 何食わぬ顔で引き受けるのではなく、「忙しいから」といって「対抗監視」の依頼を断るのだそうだ。しかし業界の誰もが「ニック」ほど用心深く、利害の衝突を避けるわけではない。特定の人間に対する「監視」と「対抗監視」を同時にこなし、両方の顧客から報酬をせしめた諜報企業も何社かあるそうだ。監視する自分を監視して、報酬をダブルに得たわけである。

それにしても、どうしてこれだけの企業諜報エージェントたちが密かにロンドンの街を徘徊しているか? 「ニック」によればそれはビジネスの取引額の増加のなせる業だ。企業諜報を必要とするところまで、企業が得ようとする収益が膨らんでいるのだ。高額な取引になればなるほど、企業側は成功させようと必死になる。企業側は諜報活動に金をかけるのは、それによって、それ以上の巨大な儲けを手にできるからだ。ある専門家によれば、現在、世界で行なわれている十億ドル以上の大取引では、少なくとも当事者のどちらか一方は諜報企業を使っているそうだ。

さて巨額の金が動くビジネス世界の中で、「ニック」たちのような民間の諜報企業はどんな動きをしているか？　千差万別のオペレーションの例として、「ニック」はこんな説明をしてくれた。

「一度、ある銀行に雇われたことがありました。その銀行の名は言えないので、A銀行とします。そのA銀行がBという銀行とある交渉をしていたのです。しかし、A銀行はB銀行を疑っていたのですね。B銀行は実は密かにC銀行と交渉しており、Aとの交渉をC銀行との交渉の値下げ材料に使っているのではないか、と。そこでA銀行から依頼を受けた私たちは、交渉の全期間を通して、B銀行とC銀行の経営トップの監視を続けたわけです」

現代のビジネス・シーンではメールや電話でのやりとりが主流になっており、とくにメールでの話し合いを監視するのは容易なことではなくなっているが、「ニック」は巨額の金がかかった取引であればあるほど、「対面交渉」が必要になり、それだけ「監視」の需要も増えると確信している。そして当事者が顔を合わせることになれば、その場でのやりとりを全て記録する自信がある、と。

なぜそう言い切れるのか？「私たちはね、軍の特殊部隊の出身者だから」と「ニック」は言った。

BとC銀行の経営トップに対する監視活動では実際、こういう場面があったそうだ。「チームの一人が海に飛び込んでね、四十メートルほど泳いで監視相手の邸宅がある島に上陸し監視活動を続けたんだ」。島に上陸したその英軍特殊部隊あがりのエージェントは、銀行家の邸宅のすぐ近くに蛸ツボを掘り、そこに何日間も潜んで一部始終を見て取った。

「ニック」のチームは最終的に、B銀行がCと交渉を進めていることをつかみ、Bのやり口をA銀行に報告したという。

A銀行の経営陣にしてみれば、数百万ドルの経費を無駄に使わずに済むわけだから、数万ドルの情報料を払うことなどなんでもないことなのだ。B銀行の銀行家としては、英軍特殊部隊の出身者が自分の家の裏庭に塹壕を掘って潜んでいたと後で知ったら、抗議するかも知れない。でも、それは後の祭りである。なにしろそれは銀行家個人を狙ったものではなく、単なるビジネスのひとコマに過ぎないわけだから。

「名なしのニック」は本名を明かさず、日陰の存在に止まり続けようという男だが、諜報業界の誰もがそういうわけではない。こんどは英国の女性諜報エージェントに登場していただこう。彼女の名前は、エマ・ショー。ロンドンから急行列車で三十分のベッドタウン、サリー州オールド・ワーキングのオフィス・ビルに事務所を構えている。会計士、個人コンサルタント、小企業が入居しているオフィス・ビルだ。

エマ・ショーの事務所は、まるで郊外の歯医者のような雰囲気。彼女自身、諜報エージェントらしからぬムードを漂わせた女性だった。そして実はこのことが、彼女にとって大事なことだった。

エマ・ショーはベテランの諜報エージェントだったが、若々しく見えた。「アバクロ」のピンクのスウェットのトップに、デザイナー・ジーンズ姿。気楽な金曜日の一日をオフィスで満喫しているように見えた。ハイライトをつけたブロンドの髪。生き生きした表情。スポーツで鍛えたような動き。これからサッカーの練習に行く、ヤング・ママみたいな感じ。

エマ・ショーはしかし、アマチュアではなかった。「名なしのニック」と同様、その道で鍛えられたプロのエージェントだった。ただニックとはビジネス哲学が違っていた。監視活動は正当なビジネス・プロセスの一部である――これが彼女の考えだった。だから何も日陰に隠れている必要はない。

彼女の事務所のドアには、ちゃんと社名プレートが掲げられていた。「エソテリック」社。[*] ネット上に自分のサイト（http://www.esotericltd.com/）を開いている会社だった。彼女は私のために、会社のPRパンフを取り出した。そこに、こんな宣伝文句が印刷されていた。「スペシャリスト警備と隠密調査の企業」

エマ・ショーは、この「エソテリック」社のマネージャーのポストにあった。つまり彼女は、実際の監視活動には携わらない立場にあったわけだ。そんなこともあって彼女は「ニック」ほど、自分の名前が表に出ることにこだわらなかったのだ。諜報エージェントとして、彼女がキャリアを積み上げる中で、それは悪いことではなかった。注意深く振る舞えば、むしろ役に立つことだった。

私のインタビューを受けるにあたって、彼女はひとつだけ条件を付けた。監視テクニックの詳細については語らない、という条件だった。理由は、それが基本的に、英国の諜報機関、「MI5」や英軍情報部が現在、使っているテクニックと同じものだから、だった。それを詳しく語ることによって、英国の情報組織が日々、監視活動にあたるテロリストらを利するのを恐れたのだ。

エマ・ショーはイングランド北部海岸のヨークシャーに生まれた。十八歳で英陸軍に入隊し、憲兵の部隊に配属された。ティーンエージャーの彼女は、ここで公然とした捜査活動の基本を学び、続いて隠密捜査の仕方を叩き込まれた。麻薬に漬かった英軍兵士を摘発するための訓練だった。麻薬の

＊「エソテリック（Esoteric）」とは英語で、「秘密の」とか「奥義の」の意味。

密売人を探り出すための訓練でもあった。そんなある日、彼女の写真が英国中の新聞の一面を飾った。彼女の活躍が紹介されたわけだが、おかげで隠密エージェントとしては活動できなくなった。

任務を解かれた彼女が次に送り込まれた先は、北アイルランドだった。ベルファスト郊外の英軍駐屯地で一九九三年から二年間、任務に就いた。彼女はそこで隠密エージェントとして活動した。詳しくは語らなかった。「当時の問題に関係した任務に就いていた」とだけ言った。

当時、北アイルランドに駐留する英軍は、たしかに「問題」をたくさん抱えていた。エマ・ショーの任務はおそらく、カトリックとプロテスタントの紛争の地において、プロテスタントの警察力である王立アルスター警察隊（RUC）を支援するものだったはずだ。

エマ・ショーの英陸軍での軍歴は八年間で終わった。「MI5（英情報局保安部）」にスカウトされ、移籍した。「MI5」は「対抗諜報」と「国内安全保障」を任務とする英内務省の機関。金曜日に軍を退役し、次ぎの月曜日には「MI5」に初出勤する慌しい転身だった。「MI5」での彼女の任務は、隠密作戦行動と情報の収集活動だった。

その「MI5」を、彼女は一九九〇年代の終わりに辞める。民間の諜報業界の輝きに目を奪われたのだ。早めの転籍を、と思い、公務員の職を投げ打った。「何か新しいことをしたかったの。外の空気を吸って、第二の人生を始めたかった」とエマ・ショーは言った。

間もなく、ふつうの民間企業のセキュリティー・マネージャーとして働き始めた。彼女はその仕事を通じ、信頼のおける企業諜報エージェントらと知り合うようになった。「名なしのニック」と同様、彼女もまた、民間の諜報マーケットに、軍事レベルの専門的な監視テクニックが欠けていることに気付いた。当時の業界は、どんな高度な監視技術があるか、知識さえ持ち合わせていないありさまだった。一九九八年、エマ・ショーは自分でコンサルタント会社を起こした。一般企業に監視者の雇い方をアドバイスする会社だった。それが発展して「エソテリック」になった。一般企業、及び諜報企業に対し、監視サービスを売る諜報企業に成長した。

「エソテリック」社は尾行調査のほか、合法的な範囲内でのビデオ、オーディオ隠密監視活動を顧客のために行なっている。同社はまた、相手の企業によって仕掛けられた監視装置の探知・破壊サービスもしている。顧客企業の社内、経営陣の自宅、会社所有のジェット機やヨットに仕掛けられた盗撮カメラや盗聴装置を「電子的に清掃」するサービスだ。

「エソテリック」社は、特定の場所を長期間、撮影できるマイクロ波電送のカメラを設置しリモートコントロールで動かす技術も持っている。

車両の現在地をリアルタイムで追跡するサービスも提供している。自社のセールスマンの現在地を密かに把握したい企業にとっては大いに役に立つシステムだ。

エマ・ショーによれば、「エソテリック」が提供しているサービスは全て合法の範囲内だ。そしてその全てのサービスに高い値段がついている。たとえば部屋が六つあるオフィスの「電子清掃」代は、四千ポンドから五千ポンド（五十四万〜七十万円）。九人から十人、もしくはそれ以上の監視チームによる監視料は、投入エージェント一人あたり一日千五百ポンドから二千ポンド（十二万五千円〜二十万円）。それが最低ラインだ。

オフィスの会議テーブルで、そんなふうに説明する彼女は、企業諜報エージェントというより一般企業のマーケティング担当者のようだ。「私たちが狙ったのは、あくまでも最高ランクの民間企業に対するサービスの提供だったわけです」。そう語る彼女自身、ＭＢＡ（経営管理学修士）を取得するため、目下働きながら学んでいる。

彼女のオフィスには、ふつうの民間企業にはないものがひとつあった。天井に台形の白い箱が設置されていた。緑色の点滅装置がついたボックスだった。「Ｅ—ルーム」と呼ばれるその装置は、エマ・ショーのチームが開発したものだった。会議室に飛び交う無線周波数をモニターするもので、未登録の傍受電波が発信された時、警報を鳴らす装置だった。「Ｅ—ルーム」はまた、傍受が企てられたパソコンに対してメールを送信し、ユーザーに警告を発することもできる。

エマ・ショーは私のブリーフケースを見て、そこには盗聴装置、入っていませんね、と言った。「Ｅ—ルーム」があるから、彼女には分かるのだ。もし盗聴装置が持ち込まれたら、「Ｅ—ルーム」は早速、警報を鳴らす。

彼女の仕事のかなりの部分は、グローバル化した経済の、最も醜い側面に関わる。窃盗、詐欺、インサイダー取引、契約違反、ハラスメント被害に遭った弁護士や企業経営者のための調査活動に日々の大半を費やしているのだ。

相手が諜報企業の場合もある。彼女の「エソテリック」は、他の諜報企業に対しても諜報活動を行ない、機密を探り出しているのだ。

「監視」とは一般の企業が、「社員に対するリスク、会社そのものに対するリスク、あるいはその会社の知的財産に対するリスクのある」あらゆる場面で行なっているものだと彼女は言う。

ある時、こんなことがあった。大手の研究開発会社からの監視の依頼だった。上級役員の一人が、製品に関する詳細なデータを競争相手に引き渡しているのでは、と疑って、監視を依頼して来た。「エソテリック」は、その時の監視活動、及びその結果を、会社のパンフレットにこう書いている。

秘密の追跡装置などを使用した結果、ディレクターを務める問題の上級役員が極秘扱いの製品、及び顧客情報を収集、分析していることが確認された。目的は、自分を他社に売り込むため。この上級役員はまた、将来的に自分自身の会社を立ち上げようとしている。会社の製品を我が物として売ることで、現在、及び過去における社の同僚ともろに競合しようとしている。これにより会社の被害を量的に測ることは難しいが、問題のディレクターが製品情報を盗み、顧客情報を収集することに成功すれば、会社の財務の安定性に悪影響が出ることはほとんど間違いない。(原注130)

もうひとつ、エマ・ショーが話してくれたのは、不動産ディベロッパーから依頼された件だった。その会社の従業員の何人かが、示し合わせたように一斉に辞表を出して退社したのだ。会社側は、彼らが顧客リストと顧客情報を盗んで、会社を飛び出て行ったのではないか、と疑った。盗み出した情報を元に、自分たちで不動産会社とつくろうとしているのではないか、と。

エマ・ショーの監視チームは、四人の元従業員に対して八週間、監視活動を行なった。コピー屋

原注130 「エソテリック」社の広報文書、「エソテリック――スペシャリスト警備&秘密調査企業」より。

に入った元従業員の一人が、書類のコピーを始めた。監視チームの一人が野球帽をかぶって、何気ない素振りで近づき、至近距離から野球帽に仕掛けたカメラのシャッターを切った。元従業員は建築設計図をコピーしていたことが、撮影写真で確認された。

その後しばらくして、エマ・ショーの監視チームは、元従業員らが宅地開発の用地と思しき場所に行くのを確認した。元従業員らはその用地を借地して確保し、立ち上げたばかりの自分たちの会社の社員募集さえ始めていたのだった。ある日のこと、監視チームが元従業員の一人を尾行すると、元従業員はある銀行に入った。またも、野球帽を被ったエージェントの出番だった。ターゲットは、元従業員に応対した窓口の銀行員。銀行員のデスクに接近し、書類を撮影した。口座番号、残高、取引の状況――その全てを野球帽のカメラに収めた。

エマ・ショーは言った。銀行のようなセキュリティーに気を配った場所でも、「私たちなら、かなりのことができます」と。そしてこう付け加えた。「どんなところでも、どんな銀行でも可能、というわけではありませんが」

元従業員が銀行から出て来ないうちに、監視チームのリーダーは顧客の不動産ディベロッパーに電話で通報した。「いま、こんな状況です。お役に立つかどうか分かりませんが」

なぜ現場から急報したかと言うと、顧客の不動産ディベロッパーが直ちに裁判所に駆け込み、元従業員らの取引を差し止めることができるからだ。野球帽のカメラで確認した事実をもとに、早速、裁判所に提訴することも可能だからだ。エマ・ショーのチームが集めた情報は、この時も威力を発揮した。この証拠をもとに、顧客の不動産ディベロッパーは元従業員らの起こした会社を訴えることができた。

エマ・ショーの「エソテリック」社では、監視チームのエージェントたちによって詳細な監視記録が作成される。日時、場所、監視状況を細かく記録に残す。その日の監視活動を終えると、チームのメンバーが集まり帰任報告をする。互いにメモを持ち寄り、間違いを正し、現場で書き切れなかったことを追加する。チームのメンバーは、出来上がった監視記録に、自分のコードナンバーとともに署名する。裁判で証人になる時のための署名手続きだ。「顧客には要約レポートを渡しますが、顧客が望めば、監視記録一式のコピーを提供することもあります」

エマ・ショーが私に説明した事例は、いずれも何らかの被害を受けた顧客のために動いたケースだった。それだけか？　そんな質問に、彼女は競争相手にダメージを与えるため、合法の範囲内で相手の重要な情報を探り出したりすることもある、と認めた。マーケットでの顧客の立場を守る「防衛のための監視」だけでなく、競争相手を引きずり下ろす、「攻撃のための監視」活動もあるわけだ。

エマ・ショーの名誉のために言えば、彼女は自分のビジネスの、あまりお上品とは言えない部分まで率直に語ってくれたのだ。彼女の推定では、業界全体として、「防御」と「攻撃」の割合は、ほぼ半々だという。

彼女はまた、一般の私たちに関係することも教えてくれた。「それでなくても監視は、私たちの日常生活の一部になっています。英国で暮らす私たちは、たぶん、一日に平均で三百回くらいは（閉鎖回路の監視TVカメラで）監視されているんですよ」

これは二〇〇二年の報告だが、世界で最も監視カメラが設置された都市のひとつであるロンドンの場合、市民生活は市内に張り巡らせた五十万台の監視TVカメラで常に見張られているという。一台のカメラで十四人の市民を監視している計算だ。(原注131)

さて「攻撃のための監視」に話を戻すと、エマ・ショーが言うには、こうした競争する企業間の諜報活動、すなわち「競争的諜報《コンペティティブ・インテリジェンス》」に対する需要は、グローバル化した経済の中で巨大化し、ますます増大しているという。

「競争相手が何をしているか、知りたいと思う企業があるとしますね。それはつまり、その企業だけでなく、あらゆる企業がそう思っている、ということです。競争相手のやっていることを知りたくないという企業があるとしたら、正直じゃない会社ですね」

そして彼女の中では、こうした企業間の競争にベテランのエージェントを使うことは、ちっとも不適切なことではないのだ。

私が彼女に、ビジネス活動をスパイすることに抵抗を感じないのか、と聞くと、こんな返事が返って来た。「基本的に、答えは『ノー』ですね。私たちは、非常に正当な調査活動を続けているだけです」

エマ・ショーの考える諜報企業活動の範囲は幅広いものだが、限界は設定されている。「エソテリック」社は違法なことは絶対にしない、と彼女は強調した。「たとえば公共のスペースで通行人を眺めるということがあります。あるいは誰かのプライベートな行為を、その人のプライバシーを侵害したり、その人の所有地に立ち入ったり、ドアを突き破って侵入して盗んだりすることなく観察することがあります。それがあるということは、誰でもそれをすることができる、ということです。しかし中には一歩強引に、ドアを破って侵入してもいいと思っている者もいます。私たちは、そういうものとは無関係です」

エマ・ショーはターゲットの家族、とくに子どもたちを巻き込んではならない、とエージェントたちに制限を課している。また監視の途中でターゲットが本件と無関係なことをしている現場を目撃した場合——たとえば妻の待つ家に帰る途中、ホテルで女性と密会した、といったケースでは——、その情報を監視記録に残さず、顧客にも報告しない、と彼女は言った。

「プライベートなスペースで家族とともにいるところを監視して記録に残してはなりません。自宅にいるターゲットに監視のカメラを向けてはなりません。そうしたことを、私たちは一切していないのです」

さて監視活動はビジネスのためにだけ使われるわけではない。時には個人的な満足のために動員されることもある。複数の情報筋によると、華麗な生活を続けるヘッジ・ファンドの役員が諜報企業に、あるハリウッドのスーパー・スターの監視を依頼したことがあるそうだ。なぜ、そんな依頼をしたのか？　ヘッジ・ファンドの役員は、恋に落ちていたらしいのだ。あるいは欲望の虜になっていた。スーパー・スターのガールフレンドに横恋慕していたのだ。

原注131　マイケル・マッカヒル（Michael McCahill）、クリーブ・ノリス（Clive Norris）、「ロンドンのＣＣＴＶ（*CCTV in London*）」、英国・ハル（Hull）大学犯罪学・犯罪司法センター、二〇〇二年。オンライン閲覧可。www.urbaneye.net/results/ue_wp6.pdf

名前は伏せるが、そのファンドの役員が直面した競争のハードルは高かった。自分が有利になるなら、何でもする必要があった。この役員の目を奪ったのは、イスラエルの世界的なモデル、バー・ラファエリだった。このたいへんな美女は当時、ハリウッドの俳優、レオナルド・ディカプリオと付き合っていた。あの映画、『タイタニック』の美男スターが競争相手だった。複数の情報筋によれば、役員から依頼された諜報企業は早速、動き出した。

イスラエルのモデルとしては初めて、世界的なスポーツ・マガジン、『スポーツ・イラストレイテッド』誌の表紙を水着姿で飾ったバー・ラファエリは、一九八五年、イスラエルのホド・ハシャロンに生まれた。ディカプリオとの交際が始まったのは、彼女が世界的なスーパー・モデルとして活躍し出した頃。二人が手をつないでパリのシャンゼリゼを歩いた話題は、その写真とともに世界中のタブロイド紙を飾り、たいへんな騒ぎとなった。

ヘッジ・ファンドの役員が彼女に興味を持ったのも同じ頃のことだ。彼女のマネジャーを務める母親のツィッピー・ラファエリによれば、その役員はバー・ラファエリに会い、ランチに誘ったことがあるそうだ。

母親のツィッピーも、そのヘッジ・ファンドの役員の招待に一度だけ応じたことがあった。つまらない男だった。「見所のない人だった。金で買いまくる——ただ、それだけ。金を積まれて断る人は、そういないからでしょうね」

詳しくは語ろうとしなかった母親のツィッピーだったが、バー・ラファエルはヘッジ・ファンドの男の申し出に「ノー」と言ったそうだ。「友だちのままでいたいの」と。

しかしその男は、それで素直に引き下がるような人間ではなかった。ある有名な諜報企業に、ディカプリオの女性関係を探るように依頼したのだ。「変な習慣を持っていないか？」「女性と寝まくっているのではないか？」――他の女性との関係を暴き出し、ディカプリオと彼女の間に楔《くさび》を打ち込もうとしたのだ。

ある情報筋の話では、依頼を受けた諜報企業は、ディカプリオを南アフリカのケープタウンまで追いかけた。二〇〇六年春のこと。ディカプリオはそこで、映画『ブラッド・ダイヤモンド』の撮影をしていたのだ。

別の情報筋の話では、諜報企業のエージェントたちはディカプリオをカリブ海まで追いかけ、女性と一緒のところをカメラに収めようとしたという。ディカプリオが他の女性の腕の中にあるところを撮影できたら、マスコミにリークすることもできれば、証拠写真をバー・ラファエリに送りつけることもできる。ディカプリオの裏切りに直面した彼女であれば、憎しみのあまりヘッジ・ファンドの役員の腕の中に飛び込むこともあり得る……。

しかし、事実を知り得るあるエージェントによれば、そうした妨害工作はなかったそうだ。これは重要なことなので、明記しておかねばならない。それにもしも仮に、こうした妨害プロジェクトが存在したとしても、失敗に終わったことは間違いない。なぜなら、ディカプリオとバー・ラファエリの交際は、破局が報じられた二〇〇九年春までは少なくとも続いていたからだ。

いずれにせよ、そのヘッジ・ファンドの役員、最初にモーションをかけてから二年間も、求愛メールを送り続けたというから、相当にしつこい。最初のうち母親のツィッピーが代わりに断りの返事を書いていたが、そのうち面倒くさくなって止めてしまったという。

「娘のバーは、とっても相手に忠実な子なの」と母親のツィッピーは言った。ディカプリオに関する怪しい写真や証拠というものが送られて来たことは全くなかったし、諜報企業が彼をマークしていたなんて、知りもしなかった、と。

しかし彼女は、それがあり得る話だとは認めた。「分かるわ。何といっても、娘は美人だし、とってもいい子だし、かわいらしくてナイスで知的で若くてユダヤ人でイスラエル人でモデルとして成功もしてるわけでしょ。誰でもかんたんに、娘に恋するわけよね」

第10章　クレージーが勢ぞろい

いくら事実をランダムに集めても――いくら秘密をランダムに集めても、現実世界で実際、何が起きているかを示すものとして組み合わせない限り、意味はない。あの「マーズ」社から「データ」を大量に集めた「ベケット・ブラウン」社が格闘したのは、このためだった。何が大事で、何が大事でないものか？　情報のどれがマーケットを動かし、競争相手のイメージを変えてしまうものなのか？――それを分析して見分けることが重要なのだ。

こうした情報の分析・評価に特化した諜報企業がボストンにある。「ヴァーベイタム・アドヴァイザリー・グループ（Verbatim Advisory Group）」だ。

「ヴァーベイタム」社の分析家チームは「情報」を繋ぎ合わせ、政府情報機関の言う「行動化《アクショナブル》・情報《インテリジェンス》」に織り上げている。民間の諜報エージェントとしても、ある行動をするよう顧客に推奨する前に、それを確証するのに十分な、直接関係するデータを確保する必要がある――これが同社の基本哲学である。あるひとつの情報源からの情報だけでは不十分。行動を起こす前に、事情を知る人々から何度も何度も、繰り返して聞くことが重要なのだ。

二〇〇六年九月のことだった。「ヴァーベイタム」のアナリストたちは、世界の鋼鉄のバイヤー四社に照会の電話を入れた。世界最大の鉄鋼メーカー、「アルセロール・ミッタル」が今、何を狙っているのか？　それをやり切る力を持っているか？　価格はどんなふうに付けているか？——を探るためだった。

ルーツをインドに持ち、ロンドンを拠点とする「アルセロール・ミッタル」にとっても、その秋の鉄鋼価格の上昇は落ち着かないことであったはずだった。「アルセロール・ミッテル」側はどんなふうにこの市況を見ているか——それが「ヴァーベイタム」のアナリストたちの関心事だった。

そこで鉄鋼バイヤーに探りを入れたのだ。バイヤーたちは、その答えを知っているはずだった。彼らは「アルセロール・ミッテル」と連日、取引をしていたからだ。聞き込んで得た事実は、こうだった。「アルセロール・ミッタル」は、鉄鋼価格を引き上げるために生産を縮小しようとしている——。ウォールストリートの歓迎する事態だった。同社株が値上がりすることになるからだ。

「ヴァーベイタム」は分析結果を九月の末、顧客のヘッジ・ファンドに報告した。「アルセロール・ミッタル」が、米国内のふたつの溶鉱炉——クリーブランドとイースト・シカゴ（インディアナ州）の溶鉱炉を休止すると発表する、ほんの数日前の時点でのことだった。

この発表で同社株の出来高は前日を三倍増し、その日の終値は一ドル高い三五・五四ドルで引けた。「アルセロール・ミッテル」の動きを事前に察知したウォールストリートのプレーヤーが、これでかなり儲けたのは間違いない。

「ヴァーベイタム」は二〇〇一年に創設された。現在、二十社以上のヘッジ・ファンドのため、データの収集に当たっている。インタビューで、データを徹底的に収集する。インタビューされる側の企業のほとんどが、一体それが何のためのものなのか知らないまま……。

「ヴァーベイタム」のテクニックは、共同経営者の執行役員、ジョン・ストレールが、空母「ドワイト・D・アイゼンハワー」付きの米海軍情報将校として受けた訓練に基づく。ジョン・ストレールが言うには、彼が一九八〇、九〇年代に情報将校として取り組んだものと、世界的な企業を相手に情報を集める今の仕事の間には、多くの共通性があるという。「たとえば集まった情報に対し、急に正しい優劣判断を迫られることがあります。期限が急に前倒しになることもある。それに素早く対応できなければなりません。それから情報収集活動が完璧なところまで進んでいない段階で結論を出すことも要求されます」

「ヴァーベイタム」のチームはアナリストたちで構成されている。CIAのラングレー本部の、世界のトレンドを予測する、情報分析のアナリストたちに似ている。CIAのアナリストたちは経済データ、作物のデータを分析し、第三世界において次の飢饉はいつ起きるか、それがどんな政治的な混乱を引き起こすか、予測しているのだ。「予測」――これこそ諜報エージェントの最も価値あるスキルのひとつである。

ジョン・ストレールは頭がよく、しかも人付き合いがよくて情報を収集できる人材を集め、「誘い出し《エリシテーション》」と呼ばれるテクニックを身につけさせている。

さて「セールスフォース・コム（Salesforce.com）」社はサンフランシスコに本拠をおく、コンピューターのソフト会社だ。セールスマン向けに連絡先、取引情報など顧客管理の「顧客関係マネジメント」ソフトを開発・販売している。

このソフト会社の現四半期の収益を予測してほしい――これが、あるヘッジ・ファンドから「ヴァーベイタム」が受けた依頼だった。その年、二〇〇六年、「セールスフォース・コム」は、新たなソフトウエアを売り出していた。しかしマスコミの受けは今ひとつで、ウォールストリートの大方の見方も芳しくないものだった。

そうした中で「ヴァーベイタム」は独自の収益予測に向け、情報収集を開始した。「セールスフォース・コム」のソフトを使っている顧客企業に対し、徹底したインタビューを続けた。現四半期において同社のソフトをどれだけ購入したか、聞き取り調査を実施し、それを同社の過去のビジネスサイクルと重ね合わせた。インタビュー先は大企業だけでなく、中小の顧客に対しても満遍なく、地域的な偏りを排除した形で市場全体に対し聞き取り調査を進めた。

大企業に対する聞き取りは、必ずソフトの購入窓口の責任者に対して行なった。諜報企業にありがちな、相手を騙したインタビューではなかった。身元、及び聞き取り調査の理由を明らかにした上でのインタビューだった。

インタビュー相手に報酬を支払わないインタビューだったが、自分が使っているソフトの話だけに、すすんで聞き取りに応じてくれた。インタビューする「ヴァーベイタム」のアナリストの方がインタビューされる側より、「セールスフォース・コム」情報に詳しい場面も出て来た。顧客の側にも、インタビューされる中で貴重な情報をつかむメリットがあった。「これからどんな販売支援ソフトが出て来るか？」「ほかの顧客たちに対するディスカウントの状況は？」

こうしたやりとりの中で、「ヴァーベイタム」のアナリストたちは重要な情報を積み上げて行った。「その会社でのセールスフォース・コム・ソフトの稼動数」「セールスフォース・コムの競争相手の売り込み状況とオファーの中身」「セールスフォース・コム側が提示しているディスカウントの内容」

集積した情報から得られた結論は驚くべきものだった。ウォールストリートの予測とは逆に、「セールスフォース・コム」の顧客たちは同社のソフトを高く評価していた。「ヴァーベイタム」が調査結果をヘッジ・ファンドに報告したのは、現四半期が終わる数週間前のことだった。

報告書には、調査結果のまとめのほか、「ヴァーベイタム」アナリストの全質問に対する「回答」、及びヘッジ・ファンドからの照会に答えてもいいと同意したソフト使用顧客の名前と電話番号が盛られていた。

で、実際はどうだったか？「セールスフォース・コム」は大方の予想を裏切る高い収益を、その四半期に上げていたのである。「ヴァーベイタム」に調査を依頼したヘッジ・ファンドは、正式発表を前に、大儲けできるポジションをとることに成功したのだ。

「使える情報《グッド》の九〇％は、オープン・ソースの公開情報だ」――政府の諜報機関のエージェントたちの間で常識として語られていることだ。「オープン・ソース情報」とは、新聞や政府の文書などにすでに存在し、電話を二つ、三つかければ簡単に得られる種類のものだ。これは諜報企業のエージェントの常識でもある。

しかし諜報企業のエージェントたちは「最高の情報《ベスト》」の在り処を知っている。「公」と「私」の間にある、狭い領域に潜んでいることを知っているのだ。

二〇〇五年十一月十五日の午後のこと。「ヤフー・コム（Yahoo.com）」でチャットしていたデイ・トレーダーたちが情報を求めて浮き足立った。シカゴの建材会社、「USGコーポレーション」株が急に激しく動き出したからだ。同社はアスベスト訴訟の最中にあり、どうして取引が活発化したかデイ・トレーダーたちには皆目、見当がつかなかった。普段の日の倍の出来高。株価はその日二・一二ドル上昇し、六一・五五ドルで引けた。それだけ株価を上げる「ニュース」を、デイ・トレーダーたちは耳にしていなかった。

「ヤフー！ファイナンス」の「USG」社株のメッセージ・ボードは、同社株に関する情報や意見、耳よりニュースの交換の場だが、そこもすぐデイ・トレーダーたちの戸惑いの「声」で埋まった。「理解できない。急に変な動きになった。仕手筋が俺のこと、打ち負かそうとしているんだろうか？」――「エチレン・オニオン」氏からの書き込みだった。

「ヤフー」メッセージ・ボードの「エチレン・オニオン」氏ら常連のデイ・トレーダーたちは、連邦議会上院の多数党院内総務（当時）、共和党のビル・フリスト議員（テネシー州選出）が予算委のリーダーたちを押し切り、「USG」などアスベスト訴訟で訴えられた企業を救済する、一億四千万ドルもの基金創設法案を準備し、強力に推し進めようとしていることを知らなかった。（原注132）

アスベスト訴訟の最中にある企業の株価に決定的な影響を及ぼす法案が、連邦議会内で準備されつつあったのだ。この種の情報が流れれば、株価は当然大きくぶれる。フリスト共和党院内総務は法案提出の決定を、この翌日の（十一月）十六日に正式発表するが、ウォールストリートの主だったプレーヤーの間には、知られざる「パイプライン」を通じて前日のうちに知らされていたのだ。「政治諜報」を専門とする小規模な諜報企業群を通じて、情報はウォールストリートに流れていた。ワシントンの政界に潜む情報の金塊を発掘、「政治」を株トレーダーの売り買いの「材料」に変える「政治諜報」企業からウォールストリートに流れた情報だった。

アメリカに政治諜報業界が生まれたのは、一九七〇年代の初めだった。当時は家内工業的なものが二、三社あるだけだったが、今や日の出の勢いになっている。「フリスト議員の法案提出」のような「おいしい情報」に飢えたヘッジ・ファンドが、元ロビイストや元ジャーナリストらが立ち上げた政治情報企業を雇い、目の色を変えて情報収集を続ける時代になったのだ。そうした政治諜報企業数社から情報を買い込んでいるヘッジ・ファンドのマネージャーの一人は、冗談交じりにこう言った。「私たちヘッジ・ファンドはね、そうした市場の、〔市場原理では決められない〕非効率を探し出そうとしているわけです。ワシントンはね、世界最大の〔市場〕非効率の生産者なんです」

こうした政治諜報企業はロビイストと違って、顧客や年間収益の開示を義務付けられてはいない。だから企業の数も、業界全体としてどれだけ売り上げているかも不明のままだ。

原注132　フリスト上院議員の決断の情報がウォールストリートのトレーダーに対してどのように流れたか、最初に明らかにしたのは私（著者）である。『ビジネス・ウィーク』誌、二〇〇五年十二月二十六日号、「ウォールストリートに対するワシントンの囁き（Washington Whispers to Wall Street）」。オンラインでも閲覧可。www.businessweek.com/magazine/content/05_52/b3965061.htm

あるベテラン業界筋の推定では、企業数は六社強、全体として年間三千万ドルから四千万ドル、売り上げている。そうした政治諜報企業は、連邦議会だけでなく、連邦政府のあらゆる部門に情報網を広げている。

私は、そうした政治諜報企業のひとつ、「ワシントン・アナリシス（Washington Analysis）」の創業者、レスリー・アルパースタインに取材することができた。アルパースタインは言った。「私たちはね、金融マーケット、金融業界、金融会社の全てに影響を及ぼす公共政策の解析に当たっているのです。マクロ経済、連邦準備制度理事会、連邦予算、貿易、そして通貨の問題を、ね。もしも時々、起きるホットな出来事ばかり追いかけていたら、ポトマックで暮らして行けませんよ。そうそう起きるものじゃありませんから」

ここでいう「ポトマック」とはもちろん、ワシントン郊外の最高級住宅地のことだ。

しかしワシントンにおける「ホットな出来事」は稀などころか、連邦議会の一部議員の警戒心を掻き立てるところまで来ている。「USG」社株の急上昇から数日後、連邦議会下院のブライアン・バード議員（民主、ワシントン州選出）は下院倫理委員会に対して、首都ワシントンで最も価値ある情報を知る立場にある議会スタッフ向けの、強力な倫理ガイダンスをつくるよう求めた。議会スタッフは「法外な額のリベートを手にする、直接的な立場にある」。「情報」の「密輸」は「インサイダー取引」と「非常に近い」ものだ――とバード議員は懸念したのだ。

バード議員の懸念に対して、ワシントンの倫理問題の専門家たちは、誰も現行法を破っていないから心配する必要はない、と主張した。連邦議会のスタッフや連邦政府の職員は、秘密のデータでひと稼ぎすることを禁じられており、機密指定された情報を部外者と分け合ってはならないと定められているから懸念には及ばない、というのだ。

しかしこうした緩いガイドラインの下では、「政治諜報」活動も投資家の適格性調査を手助けする合法的な手段の範囲に含まれてしまう。政治諜報企業関係者に言わせれば、連邦議会は政策を公に決定する、フェアなゲームが行なわれている場所だから何の問題もない、ということになってしまうわけだ。「政策」は、諜報業界でいう「オープン・ソース」情報。誰に対しても、開かれたもの――という主張である。

これは確かに建前《セオリー》としてはその通りだ。デイ・トレーダーの「エチレン・オニオン」氏らが、たとえばフリスト議員の事務所に電話を入れ、事務所の議会スタッフから聞き込むことは不可能なことではない。実際それはヘッジ・ファンドに雇われた政治諜報企業が行なったに違いないことではある。しかし建前としては誰にでもできることであっても現実はそうは動いていない。素人の投資家が連邦議会上院多数党院内総務のオフィスで照会したところで、ボイス・メールの迷路の中に入り込むだけ。「情報」をゲットするなど実際は不可能なことだ。ホットな情報をつかむことができるのは、フリスク議員の事務所で働いていた議会スタッフとか連邦議会にホットラインを持つベテラン・ジャーナリストといった事情通のインサイダーだけ。ワシントンの「オープン・ソース」情報とはそういうものなのだ。それは「なんか、いいネタないかい？」と言い合える者にだけ開かれた「オープン・ソース」情報である。

さて「エチレン・オニオン」氏らデイ・トレーダーらがつかむことのできないチャンスを、世界中の抜け目のないトレーダーたちは見逃していない。おかげで「政治諜報」の値段は上がる一方だが、それにつれ政治諜報企業それ自体が、ワシントンにおける「フェアなゲーム」の当事者になるケースも出て来た。先に述べたように「ワシントン・アナリシス」社は、レスリー・アルパースタインの手で創業されたものだ。しかしアルパースタインは自分の会社を二〇〇五年七月、中国の「新華ファイナンス（Xinhua Finance）」に売却したのだった。「新華ファイナンス」とは、中国国営の通信社、新華社によって部分所有された企業で、そこに彼は自分の政治諜報企業を売り払ったのである。

「新華ファイナンス」の買値は明らかにされていないが、ちょうど、米国の石油スーパー・メジャー、「シェブロン」社が、中国の「CNOOC」（中国海洋石油有限公司）との間で、米国の石油会社、「ユノカル」の買収をめぐって火花を散らし、最終的にその年の夏、「シェブロン」側が勝利を収めるに至る流れの中での出来事だった。「CNOOC」の敗北は、中国側の、「ワシントン」に対する理解が不十分だったことを示すものだ。

そうした敗北に懲りた中国側が「ワシントン・アナリシス」を買収したのかも知れない。以前なら、外国の政府はワシントン現地の自分の大使館と自分の諜報網を使い、アメリカの政治・経済における最新の動きをつかんでいたものだが、今や代わりに諜報企業を使うようになっているわけだ。

しかし外国のために公然と働く者が危険分子であるとは限らない。敵は味方だと思う者の中に潜んでいることがある。こうした内なる危険から自己を防衛するのも「対抗諜報」の任務のひとつだ。

民間の企業もまた、自社の従業員の中に危険な者がいないか常に警戒の目を光らせている。政府諜報機関出身のベテラン専門家に「対抗諜報」を依頼しているのだ。

石油企業の担当者から、ドクター・エリック・ショーのワシントンのクリニックに、やや取り乱した電話が入ったのは今から数年前のことだ。その大企業の役員の中に、精神のバランスを崩した者がいて、「俺はカラシニコフ自動小銃を持っているんだ」などと脅しめいたことを同僚に語り始めていた。その役員には、癌を患い、死を迎えようとしている妻がいて、本人も長い間、酒浸りの日々を続け、酔った勢いで殴り合いの喧嘩をしたりもしていた。会社としてどう対処したらいいか分からず、ドクターに電話をかけたのだった。ただひとつハッキリしていたのは、この役員の精神状態がいつ暴発しても不思議のないことだった。

ドクター・エリック・ショーはCIAの心理学プロファイリング・チーム出身の心理臨床家で、民間の調査企業、「ストロッ・フリードバーグ（Stroz Friedberg）」社のコンサルタントを務めていた。ドクターの専門は、企業内の「内なる脅威」の特定とその対処法。ここで言う「内なる脅威」とは、企業秘密の漏洩者、アルコール中毒者、企業内の不満分子、暴力を爆発させかねない社員らのことである。

そういう人々を相手にしているものだから、ドクター・エリック・ショーの態度は冷静そのもの。感情を表に出さずに、私にこう語った。「ビジネスの世界は、あらゆるタイプのクレージーな連中でいっぱいです。でも私のところに相談に来る連中は、完全にクレージーになった連中です。そうでなければ電話して来ませんから」

ドクター・エリック・ショーの役割は、いわば政府諜報機関の「対抗諜報」の民間企業版。「内なる脅威」を摘発する政府機関の対抗諜報のエージェントが、企業防衛に乗り出したようなものだ。

ドクター・エリック・ショーは、問題の役員がどんなタイプの危険なパーソナリティーの持ち主か特定する検討に入った。その役員がほんとうに「脅威」なのかどうか、判断する鍵はここでも「情報」だった。

ドクター・エリック・ショーによれば、「内なる脅威」は千差万別。対処の仕方もそれに応じて違って来る。十分な情報なしに慌てて対応したりすると、手のつけられなくなることも往々にしてある。

そこで彼は今回も問題の役員の同僚から話を聞き、役員がこれまで引き起こしたトラブルの報告書を読み込んで慎重に検討を進めた。

その結果、ドクターが下した結論は――「この役員は現下の危機を潜り抜けることができる」だった。正しく対処すれば、この役員は長期的な脅威になることもない――。

たぶん、この結論は石油会社の経営陣の直観的判断を裏切るものだったに違いない。ドクター・エリック・ショーの石油企業へのアドバイスは、解雇も警察への通報もするな、だった。その役員に対して、治療費は会社が持つから、ちゃんと治して、それからここに戻ってこれまで通り働いてほしい、と通告せよ、とのアドバイスだった。

石油会社がこの指示に従ったことで危機は過ぎ去り、問題の役員も会社への復帰を果たすことができた。石油会社も同僚の役員も被害を受けずに済んだのだ。問題の役員は復帰後間もなく、転職を果たした。転職先はなんと、この石油会社の経営陣と対立する労働組合だった。石油会社にとっては遺憾な結果になったわけだが、問題の役員にとっては、会社に対する怒りを吐き出す健康な捌け口になった。

もし石油会社が役員に解雇を通告していたら、役員が日頃募らせていた怒りを爆発させていたに違いない。それを思えば、これは悪い結末ではなかったのである。

ドクター・エリック・ショーの言うには、民間の企業のほとんどが、こうしたやり方を採っておらず、ささいな問題に対して強引な対応をするものだから、より暴力的で危険な事態が起きているのだそうだ。社員の問題点を発見したマネージャーがすぐさま叱責したり解雇を通告することは、爆発の引き鉄を引くものでしかないのだ。

さてこんどは女性のドクターに登場していただこう。ドクター・マリッサ・ランダッツォの専門は、なんと殺人者やストーカー、学校射撃者予備軍の発見・対処法である。

彼女は連邦政府の「シークレット・サービス」に十年間、在籍し、その「国立脅威評価センター」の首席研究心理学者として、殺人者になり得る人間のプロファイリング法を開発した人だ。今、彼女は、ネバダ州レノ郊外、スパークスに本社を置く、「スレット・アセスメント・リソーシズ・インターナショナル（Threat Assessment Resources International）」社を経営している。一般企業向けに、「内なる脅威」から自己を防衛する「脅威評価」トレーニングを提供している会社だ。

トレーニングでは、職場での銃撃、外部とつながったインサイダーによる職場での妨害活動などをケース・スタディーしながら、職場における「脅威評価」の基本原則を学ぶ。そしてそこで学んだスキルを危機対応の模擬訓練で実践的に磨き上げる訓練も含まれている。

ドクター・ショーとドクター・・ランダッツォの二人が挙げる「内なる脅威」の特徴は次のようなものだ。

まずは精神疾患、アルコール中毒、高レベルの不安といった医学的な問題を抱えた人々。

次に極端なパーソナリティーを持った一群。極度に内気で世話がやけたり、そこにその人がいるだけで同僚が不快感を覚えるような人々だ。

過去に小さな問題をいろいろ起こした人が多い。そうした前歴の積み重ねがあって大きな事件につながって行くのだ。技術的なルールや人間関係のルールを守らない人が問題を引き起こす。

しかもこうした「内なる脅威」は、企業の人事当局者のレーダーに引っかかっていることが多い。そして重大事件を引き起こした人間の三人に一人が、事前に同僚に計画を漏らしている。

しかしこうしたパターンにあてはまる人間がすぐ問題を引き起こすとは限らない。何年もきちんと職務をこなした後に、問題に突き当たってトラブルを起こす。そして、専門家が「懸念される行動」と呼ぶ行動を示すようになる。個人的な失望、職業上の失意がそうした行動の引き鉄を引くこともある。配偶者の死、職場における降格、新しい場所への移転も、問題行動のキッカケになり得ることだ。引き鉄が引かれ、問題行動の暴走がいったん始まったら、それがどこまで行き着くものなのか途中で収まる物なのか、もはや誰にも予測し得ない。

だからこそそうした事態を未然に防ぐドクター・ショーやドクター・・ランダッツォのような「対抗諜報」による自衛のプロが必要となるのだ。暴発の後片付けをするより、問題を回避する方がずっと安上がりでもある。

第11章　この国はそれでも偉大な国か？

二〇〇八年の春、ニューヨークのマンハッタン、西四三通りにある「プリンストン・クラブ」の三階会議室に、投資銀行の弁護士、スタッフ十数人が集まり、マフィンとコーヒーの軽い朝食を摂りながら、諜報企業のレクチュアーを受けた。

「ヴェラシティー・ワールドワイド（Veracity Worldwide）」社主催のブリーフィングだった。ＣＩＡと密接なつながりを持つ同社は、一年前に生まれたばかり。小さな会議室に詰めかけたのは、アメリカのトップ投資銀行のスタッフたちだったが、ブリーフィングのテーマは、ニューヨーク証券取引所やＮＡＳＤＡＱ絡みのことではなかった。地球の裏側、東京証券取引所と韓国取引所の動向を探るレクチャーだった。

出席した各投資銀行の代表らが知ろうとしたのは、北朝鮮に関する情報だった。日本海をはさみ、ＴＯＫＹＯマーケットと直に向き合う北朝鮮は、共産主義の閉鎖国家で、予測しがたい国だ。支配者の金正日は、国家経済の崩壊が進み、飢饉が民衆を襲う中、ますます突飛な行動をとるようになっていた。北朝鮮の核開発も公然の秘密だった。金正日の支配がどの程度安定したものなのか、確たることは誰にも分からなかった。

西側のビジネス関係者にとって、これは単なる国際政治の問題ではなかった。ビジネスに直結する重大な問題だった。北朝鮮の体制崩壊、核実験の強行、大規模な飢饉――それらはいずれも日本、韓国の証券市場からの資本の逃避を招きかねない、ビジネス上の大問題だった。抜け目のない投資銀行家なら、誰よりも先に資金を引き上げることができるポジションに立とうとするのは当然のこと。あるいは北朝鮮がらみの政治的な混乱を逆手にとり、日本と韓国の株価の下落を見越して空売りに出ることもできないことではなかった。

この朝のブリーフィングの参加者は、全員アメリカ人だった。しかし彼らのビジネス、及び諜報への関心はアメリカ国内に止まるものではなく、全世界に広がるものだった。「多国籍的な思考」とも言うべき彼らのグローバルな考え方は、民間の諜報業界にとってもビジネスの基本とすべきものになりつつあった。諜報業界は実際問題として世界のほとんどすべての国で活動し、世界中に顧客を持つところまで発展しているのである。かつての仇敵同士が力を合わせ、昔からの盟友同士が激しく対立し合う――これもグローバル化した諜報ビジネスの舞台の上での現実である。

こんな現実の中から、昔からスパイにつきものの倫理問題が提起されている。諜報業界において「忠誠心」というものは何処にあるのか？　国家に対してあるものなのか？　それとも自分の諜報企業に対する忠誠心がありさえすればよいのか？　それは金を出す顧客に対する忠誠なのか？

さて「諜報」業界の活動が、グローバル化した経済の中でいかに「ビジネス」と一体化したものになっているか？　以下にその実例をいくつか簡単に紹介しておこう。

・まず、今挙げた、ニューヨークでブリーフィングを開いた「ヴェラシティー」だが、世界中の顧客を相手にビジネスを進めている。

・ワシントンに本拠を置く「ＴＤインターナショナル」社は、数人のＣＩＡ元エージェントらが運営する諜報企業だ。この会社はドバイの族長の代理人になっている。

・ヨハン・ベネールはベルリンを拠点とする民間の調査員だ。そこで彼はドイツ政府の厳しい規制、及びドイツ人のあらゆる諜報活動に対する嫌悪と立ち向かっている。

・ロンドンに本拠を置く「ハクルート」社はかつて、世界的な石油企業のためにドイツ人のエージェントを雇い、環境保護団体の「グリーンピース」に潜入させたことがある。

・「ハミルトン・トレーディング・グループ」は、ＣＩＡの元エージェントとＫＧＢの元エージェントが立ち上げたコンサルタント会社だ。ＫＧＢの元エージェントはロシアでプーチン政権との間で深刻なトラブルに巻き込まれた。

・バージニアにある「トライデント・グループ」もロシア・コネクションを持つ。同社を立ち上げたのは、旧ソ連軍の情報将校。同社はアメリカ有数の大企業数社、及びいくつかの法律事務所のために活動している。

以上いずれのケースにおいても、その諜報活動は世界的な規模で行なわれている。そしてその諜報活動の一つひとつが、驚くべき現実を映し出す「鏡」のような役割を果たしている。たとえば上記のロシア人諜報エージェントらは、元々は共産主義に忠誠を誓っていた人々だ。旧ソ連の支配体制の階段を登り詰めた彼らが、今や資本主義の巨人たちのための企業諜報活動に従事しているのである。信じがたいことだ。

あるいはまた、元ＣＩＡのエージェントたち。彼らは皆、かつてアメリカのために献身していた人々だ。それが今、選挙で選ばれたわけでもない、遺産を相続して富豪になっただけの男のために活動している、どんな気持ちでいるのだろう？

これは必ずしも利害の衝突に行き着くものではないが、価値観の葛藤に至り得るものだ。グローバル化した経済の中で活動する民間の諜報エージェントは、自分自身と自分の仕事との分離を、どんなふうに感じているのだろう？　こんな疑問を提起すること自体、最早無意味なことか？

この業界に生きる大半の人々に共通することがある。それは、これらの人々が将来、企業諜報エージェントになることを目指して、自分の職業的人生を始めたわけではないことだ。政府諜報機関で仕事を始めた時、国際的な諜報業界がこの世に存在することになろうとは思いも寄らなかったはずだ。その国の兵士に、その国のスパイに、その国の外交官になりたかっただけのこと。そうしてキャリアを重ねるうち、そのどこかでこの世界に足を踏み入れただけのことだ。

「ヴェラシティー」を立ち上げたスチーブン・フォックスも同じような道筋を辿って今の立場に立つに至った。フォックスは現在、三十九歳。撫で付けた髪、ワシのような鼻、押し殺したような声の響き。一九二〇年代なら、ハリウッド・スターとして立派に通用したような美男子だ。

世界の諜報業界の業界オンライン誌、『インテリジェンス・オンライン』によれば、このスチーブン・フォックスは元々、CIAの作戦本部《デシレクトレート・オブ・オペレーション》（DO）で働いていたベテラン・エージェントだ。またフォックスがかつて在籍した民間企業の「スタッフ紹介」によれば「米政府の諜報コミュニティーで、対抗諜報活動に従事」した男だ。

しかしフォックス自身は、かつてCIAにいたことさえ否定している。自分は米国の国務省の出身者、CIAになどいたこともない、と言うのだ。国務省にいた二〇〇〇年代の初め、「ドット・コム」ブームが湧き上がった頃、一時休職してインターネット事業で起業を試みたことはあったが、省外での活動はそれだけで、自分はあくまで国務省の出身、と言うのだ。しかし、それはともかく、現在の彼が多数のCIAの出身者たちに囲まれていることは紛れもない事実である。

フォックスは私に自分の生い立ちから語り始めた。「作り話《カバー・ストーリー》」かどうかは分からないが、とにかくこういうことだった。

生まれはニューヨークのマンハッタン。フランス語も話す。一九九一年、プリンストン大学を卒業。米国務省に入省。間もなくニューヨークから遠く離れたアフリカ中部、ブルンジの首都、ブジュンブラに配属された。

タンガニカ湖の畔、大地溝帯に位置するブジュンブラは、ブルンジの一九六二年の独立以来、その首都としてあり続けて来た都市だが、多数派のフツ族と少数派ながらブルンジを支配するツチ族との間の惨たらしい内戦の舞台となったところだ。フツ族とツチ族の対立は一九九四年、ブルンジの北隣、ルワンダで悲惨なジェノサイドを引き起こしていた。

ブルンジでのフツ族とツチ族の殺し合いは、その二年後の一九九六年に再開された。それまでにすでに合わせて十五万人以上がブルンジ国内でも犠牲になっていた。

その年、ツチ族の空挺部隊がブルンジ国内の主要政府機関、首都・ブジュンブラのテレビ、ラジオ局を占拠した。フツ族の大統領、シルヴェストル・ヌティバントゥンガニャが最早、権力の座にしがみ続けることはできないと悟った瞬間だった。

ブルンジは平和的な権力移譲が行なわれたことが、ほとんどない国だ。ヌティバントゥンガニャの前任者も、立て続けに二人、暗殺されている。同じ運命を辿りたくないと思ったヌティバントゥンガニャは、アメリカ大使館に向かった。そしてその大使館でヌティバントゥンガニャを保護したのが、当時「若き国務省職員だった」スチーブン・フォックスだった。

米政府はヌティバントゥンガニャを大使館内に匿《かくま》った。前大統領の身の安全を、どうやって確保するか？　どこで暮らさせるか？――これを考えるのがフォックスの役目だった。

フォックスは十ヵ月かけて準備を完了した。上司の大使がツチ族の軍事政権と交渉し、ヌティバントゥンガニャが米大使館を出て暮らし始めても訴追せず、身の安全も保障する確約を得た。

軍事政権のお墨付きを得たフォックスは、計画を具体化する作業に入った。地元の「ハイネケン」ビール醸造所が所有している邸宅を見つけ、借り上げることにした。自動車も手配した。警備に万全を期すため、フツ族出身の三十人の元軍将校らをガードにつけることにした。

そこまで準備が整ったところで、ヌティバントゥンガニャがその家に移りたくないと言い出した。ツチ族の軍事政権が許可したその邸宅の家具を、自分は認めた覚えはないと言い始めたのだ。フォックスは米大使館にある予備の家具を邸宅に回し、ヌティバントゥンガニャに引っ越してもらった。大使館の家具は米政府の財産。ワシントンの特別許可を受けての交付となった。

新しい家でもフォックスとヌティバントゥンガニャは長い時間、いろんな話を交わした。自由になったのはいいが退屈なヌティバントゥンガニャは、話し相手をつかまえることができて嬉しそうだった。それから数ヵ月間、ブルンジの前大統領はフォックスに、中部アフリカについていろんなことを教えてくれた。コーヒー産業の実態からブルンジの政治の実情まで内幕を語ってくれた。

ブルンジでのフォックスの体験談は、ひとつの成功物語だった。ヌティバントゥンガニャ前大統領を大使館から「ハイネケンの家」に移すことに成功し、それだけでなく、身の安全、命の保障にも成功した。ヌティバントゥンガニャはその後、亡命生活に入り、一九九九年にはフランスで回想録さえ出版した。その自伝のタイトルは、『あらゆるブルンジ人のためのデモクラシー』だった。

フォックス自身もその後、成功の道を歩み出した。ブルンジのあと彼は、パリ大使館に配属された。アメリカの外交官にとって人気の任地だったが、フォックスはそこで息苦しさを覚えた。仕事に追われ、自分の時間がなかった。そこでフォックスは、フォンテーヌブローにある、世界的に有名なビジネススクール（経営大学院）である「ＩＮＳＥＡＤ」のＭＢＡプログラムに出願し入学を許可された。パリから車で南へ一時間。フォンテーヌブロー城のある街だった。この城はフランスの王によって建てられ、ナポレオンも住んだ城だ。

一九九九年、スチーブン・フォックスは三百人の同期生とともに、一年間、「ＩＮＳＥＡＤ」で学んだ。世界四十ヵ国から集まった学友たちだった。フォックスはそこで出会ったヨーロッパの学友たちと今、緊密なビジネス・コンタクトの輪を築き上げている。しかし当時は、そんな未来が待っているとは思いも寄らなかった。

こうしたフォックスの海外体験は、国際的な金融コンサルティングの世界で威力を発揮し、彼の新しいキャリアの土台を形作るものとなった。

前述のようにフォックスはその後、一時、インターネット会社を起業したことがあるが、「９・11」が起きた後、米政府へ復帰することを決めた。米政府の「身元確認《セキュリティー・クリアランス》」がまだ有効だったから、復帰はそれほど難しいものではなかった。フォックスによれば、国務省の新しい仕事はイスラエル・パレスチナ問題及び対抗諜報のデスク・ワークだったそうだ。

その後、フォックスは再び、海外へ配属された。新しい任地はアルジェリア。内戦が終わったばかりの頃だった。首都・アルジェの米大使館では、政治・経済問題を担当した。アルジェリア中を、武装ガード二人に守られ装甲ジープで駆け回っていたという。

しかしフォックスはそこでまたしても、米政府の職務を離脱する。本書の冒頭で紹介した、ニック・デイ率いる諜報企業、「デリジェンス」社のニューヨーク支局入りしたのだ。そこで諜報ビジネスのやり方を学んだフォックスは、二〇〇七年、「デリジェンス」のベテラン・エージェント、チャールズ・ガネット（この小柄なエージェントは英軍の出身者だ）とともに、諜報会社を起業する。それが「ヴェラシティー」だった。「デリジェンス」のやり方をそのまま真似するのではなく、新たな切り口で迫る新会社だった。投資先の適格性調査という新たな諜報マーケットに向け、古い調査方法をかなぐり捨てた、斬新なアプローチをする新会社だった。フォックスの新会社に出資したのは、ある投資家だった。フォックスはしかし、その投資家の名前を明かさなかった。

　新会社を立ち上げるにあたってフォックスは、国際的に名高い諜報エージェントや企業役員を経営陣に引き入れた。その中にビッグ・ネームが二人、含まれていた。一人は、英国人のリチャード・ディアラブ卿。英国の情報局秘密情報部《シークレット・インテリジェンス・サービス》（ＳＩＳ）の「Ｃ」――チーフ（部長）のＣ――を、一九九九年から二〇〇五年まで務めた超大物だ。ＳＩＳは一般に「ＭＩ６」として知られる諜報機関。その「部長」を務めた、ということは、英国の政府諜報機関全体の頂点に立っていたことを意味する。ディアラブ卿はナイトの爵位の保持者。英国の外交官らに授与される「聖マイケル・聖ジョージ勲章」受章者による騎士団のメンバーでもある。

　もう一人、フォックスがスカウトに成功したビッグ・ネームは、アメリカ人のスチュアート・アイゼンスタットだった。国際的な法律事務所、「コヴィントン＆バーリング（Covington & Burling）」のパートナーでもあるアイゼンスタットは、同法律事務所の国際貿易及び金融部門を指揮する立場にあった。世界のビジネス界のトップと貴重なパイプでつながる有力者だった。クリントン政権では財務省の副長官を務め、「京都議定書」の条約づくりにも貢献したアイゼンスタットだった。

次にフォックスは、ベテラン・エージェントのスカウトも開始した。CIAでアナリストをしていたジョシュ・マイクセルは、フォックスのパートナーになった。さらにCIAの近東部の部長を務めたフランク・アンダーソン、CIAの欧州部副部長だったメル・ギャンブル、国家安全保障会議で中東問題を上級ディレクターとして担当していたCIAのベテラン、フリント・レヴェレット、そしてもう一人のCIAのベテラン、アート・ブラウン（後述）の四人が、上級顧問として「ヴェラシティー」に加わった。

スチーブン・フォックスの「ヴェラシティー」が新規顧客の開拓を兼ね、ニューヨークで「北朝鮮問題ブリーフィング」を開くことができたのも、こうした人脈の成せる技だった。

「ヴェラシティー」のような新参の諜報企業としては、こうした「ブリーフィング」で新規の顧客開拓に力を入れる必要があるが、微妙な問題もあった。諜報活動である以上、手の内をさらけ出すわけにはいかないのだ。したがって「北朝鮮問題ブリーフィング」のような場面では、手持ちの情報のさわりの部分だけ示し、その背後にどれだけの情報があるか垣間見せて、参加者の関心を引くことしかできないわけだ。

この朝の「北朝鮮問題ブリーフィング」に集まったのは、名門法律事務所の「ホワイト&ケース」、投資銀行の「モルガン・スタンレー」と「クレディ・スイス」、そして投資会社二社からの参加者だった。ベーグルにパクつき、コーヒーで流し込む参加者たちに向かって、フォックスが歓迎の言葉を述べ、早速、レクチャーに移った。レクチャーに立ったのは、同社の上級顧問でアジア問題担当のアート・ブラウン。二〇〇五年にCIAをリタイアしたこのベテラン・エージェントは、砲弾のようなスキンヘッドに眼鏡をかけ、ハリウッド映画のスパイ役もつとまりそうな人相風体だった。

これだけでも参加者の目を引き付けるのに十分だったが、アート・ブラウンのCIAにおけるキャリアは、それ以上にモノを言った。CIAに二十五年いたブラウンは、そのうち二十年以上をアジアで過ごした人物だった。アジアの三ヵ国の首都でCIA支局長を務めた後、CIAの秘密作戦部局のアジア部長を務めた男だった。大統領に対してアジア問題について直接ブリーフィングを行ない、連邦議会の秘密聴聞会でアジア問題について証言した男が、いま参加者たちの目の前にいた。

「プリンストン・クラブ」の会議室のテーブルから、アート・ブラウンは大統領や上院議員たちに対した時と同じように、北朝鮮情勢を語ろうとしていた。ただし今回は参加費を払った、「ヴェラシティー」の新規顧客になりそうな参加者に対するブリーフィングだった。

アート・ブラウンの隣に、もう一人、ブリーフィングを務める大物レクチャラーがいた。米国の元韓国大使、ステファン・ボズワース。現在、タフツ大学の「法律・外交フレッチャー・スクール」の院長の座にあり、「ヴェラシティー」の顧問もしている元駐韓大使のボズワースだった。

二人のプレゼンが始まった。最初に立ったのは、ステファン・ボズワースだった。集まった投資銀行家や弁護士らに、ボズワースはこう言って注意を喚起した。北朝鮮指導部としては、核開発をめぐる、長引いていた西側との交渉に間もなく決着がつくと考えている――と北朝鮮側の見方をまず示した。続いてボズワースは、北朝鮮が外交政策で、次の二つの目標を持っていることを明らかにした。

米国務省のテロ支援国家リストから除外されることが一つ。もう一つは、米企業の取引に制限を課す「対敵通商法」に基づく米国の経済制裁の解除——だった。(原注133)

続いてブラウンが立って、米国と北朝鮮の将来的な関係について議論を呼び起こしかねない、こんな見方を示した。

米政府はこれまで北朝鮮の核開発の阻止に重点を置いて来たが、北朝鮮はすでに最初の核を手にしているか、手にしていなくても保有するのは時間の問題になっている。従って米国として今後、同じ方針を採り続けていくことは、的外れでしかない。米国としてはむしろ、核武装した北朝鮮を黙認していくべきだ——これがブラウンの示した見方だった。

「私の考えでは米国としてこの方向に向かうべきだということです。しかし……」と言ってブラウンは投資銀行家や弁護士らに向かって口調を改め、以下のように言明した。米政府が仮に、そうした方向へ大胆な政策転換をしても、ソウルの株式市場に対する衝撃にはならない、と。

ブラウンは、韓国のマーケットはすでに北朝鮮の核開発を織り込み済みでいるはずだ、と指摘したのである。(原注134)

参加者たちから質問が相次いだ。中国と北朝鮮の関係の実態は？（ボズワース、「われわれが考えているほど密接なものではない」）、北朝鮮指導部は国内政治でどんな動きをしているか？（ブラウン、「金正日は狂人ではない。その政府がどんな状況になっているか、外部の人間には窺い知れない」）闇市場はどの程度のものになっているか？（ブラウン、「北朝鮮の闇市場は公認市場よりも大きなものになっている」）経済制裁を解除していたら、どうなっていたか？（ブラウン、「北朝鮮は世界ともっと貿易できたはずだ。水産物、そして鉱物資源を輸出できた」）――

この朝の「ヴェラシティー」のブリーフィングで情報をゲットし、エネルギーを充填させた参加者たちは、意気揚々と会場を後にし自分のオフィスに向かった。閉会してから急いでベーグルにかじりつく参加者の姿も見られた。

参加者はブリーフィングでお目当てのものを得たのだった。ビジネスの役に立つ情報を、とっておきの諜報情報を手にしたのだ。それを使って、どんな金儲けをするかは、参加者の腕の見せ所である。それは「ヴェラシティー」にとっても、新たなビジネス・チャンスの到来を意味するものだった。

こうしたホテルでブリーフィングを開くようなビジネス・シーンは世界中の諜報業界でごくありふれたものになっている。この点で他の業界ととくに違いはない。しかしドイツでは、民間の諜報企業はやや微妙な問題を抱えている。

温かな秋の昼下がりのことだった。ベルリン・ゲンダルメンマルクト広場の見事な石畳を見渡す「シャン・ラヒムカーン・カフェ」で、一人の男がラテを飲みながら立て続けにタバコを吸い、私が

原注133　ボズワースが指摘した二つの外交目標を、北朝鮮はこのブリーフィングの二ヵ月後に手にした。ブッシュ政権が北朝鮮をテロ国家支援リストから外したのだ。リストに残り、唯一の「対敵通商法」の対象国となったのは、キューバだった。

原注134　ブラウンの見通しは正しかった。北朝鮮は翌二〇〇九年五月、ヒロシマ並みの威力を持つ核実験を行なった。

現れるのを待っていた。

男の名はヨハン・ベネール。ドイツの民間諜報エージェントがどんな活動をしているか、その一端を私に教えてくれるはずの男だった。

ロンドンで諜報エージェントをしていた頃、磨き上げたほぼ完璧な英語を話す男だった。スキンヘッドに、二日ほど剃らずにいる不精髭、仕立てのよいスーツ姿。筋肉モリモリのハリウッド・スターのヴィン・ディーゼルを少し細くしたようなベネールだった。

ベルリンの街を訪れた人は、苛烈な諜報戦が戦わされた冷戦時代の記憶から逃れることはできない。ヨハン・ベネールが私を待っていたカフェは、東西ベルリンを分断した、あの「ベルリンの壁」をくぐり抜ける「チェックポイント・チャーリー」の跡地から、歩いてすぐの距離にある。東西両ドイツの兵士が睨み合っていた「ベルリンの壁」は取り壊されて今はないが、ベネールが座っていたカフェの位置は、かつての「東」側へ数ブロック入ったところだった。

しかし近くのフリードリッヒシュトラーセの大通りは、今やファッショナブルなショッピング街に変身し、ブランド・ショップやBMWミニの販売店が軒を連ねていた。

ベルリンは変わったのだ。それに合わせて諜報活動も変わった。ベネールは、これまでとは違う諜報のプレーヤーなのだ。祖国のためにではなく、顧客の企業のために情報を収集するエージェントだった。

ドイツの経済界はここ数年、贈収賄スキャンダルや企業諜報事件に揺れ続けていた。二〇〇五年から二〇〇六年にかけ、「ドイチェ・テレコム」が、自社を取材するジャーナリストたちや自社の監査役の電話の通話記録を、諜報企業を雇って入手していたことが明るみ出た。

「ドイチェ・テレコム」のために動いた諜報企業のひとつが、ロンドンに本拠を置く「コントロール・リスクス・グループ（Control Risks Group）」のドイツ支局だった。この英国諜報企業のドイツの出先は、「ドイチェ・テレコム」の仕事を、ベルリンの「デザ（Desa）」という現地企業に下請けに出した。ところがこの「デザ」は、旧東ドイツの悪名高き秘密警察、「シュタージ」の通報員が起こした会社だった。

ドイツ連邦犯罪捜査局の「コントロール・リスクス・グループ」社に対する家宅捜査は二〇〇八年五月に行なわれたが、捜査員たちは遠くまで出かけるに及ばなかった。同社のドイツ支局は、連邦犯罪捜査局と同じビルに入居していたからだ[原注135]。

ドイツで発覚した企業諜報事件はそれだけではなかった。二〇〇八年には小売業の「リドル＆シャレッカー」社が自社の従業員をスパイしていたことが明るみに出たのだ[原注136]。

こんな具合にスキャンダル続きだったものだから、ベネールの口は重かった。今日はこうして、仕事の合間を縫って会って話をしているのだ、とベネールは言った。具体的なことには答えられない

原注135　独『シュピーゲル・オンライン・インターナショナル』、二〇〇八年六月九日付、英文記事、「ドイツの企業スパイ・スキャンダル、広がる（German Corporate Spying Scandal Widens）」。オンライン閲覧可。www.spiegel.de/international/business/0,1518,558510,00.html

原注136　『タイム・コム』、二〇〇八年五月二十七日、「ドイツ企業スパイ・スキャンダル（Germany's Corporate Spying Scandal）」。オンライン閲覧可。www.time.com/time/business/article/0,8599,1809679,00.html?xid=feed-cnn-topics

と最初から釘を刺すベネールだった。

そしてこう言ったのだ。諜報ビジネスは、つまらない――「ジェームズ・ボンドなんてものじゃないよ。どちらかというと、図書館の調査員の仕事だな」

ベネールは、諜報機関で訓練された男ではなかった。元々は弁護士。MBAの保持者だ。

ベネールの民間諜報エージェントとしてのキャリアは、ドイツのフランクフルトで始まった。米国の諜報企業、「クロール」のフランクフルト支社で。

そこで彼は諜報活動の面で、「クロール」社の英米人の同僚の多くがドイツに対し、こうあってほしいと思うこととドイツの現実の間には大きな開きがあることを学んだ。たとえばドイツでは英米と違って、法廷の訴訟記録は民事でさえも公開されていない。それだけでドイツでの投資先に対する適格性調査は壁にぶちあたるわけだ。他の欧州各国にはないドイツ特有の問題だった。

あるいは企業の役員のバックグラウンド・チェック。米国ならパソコンを使えば数秒でできるが、ドイツではそうはいかない。ドイツでは、ある会社役員の訴訟歴、破産歴、逮捕歴を調べようとしても、データをオンラインでは拾えないのだ。ドイツ国内で長年にわたり培われて来たビジネス、及び法務のネットワークに入り込むことができなければ、つかみようがないのだ。ドイツではそうしたコネクションが全てだった。

ドイツ人の諜報に対する見方も、文化の問題として違っていた。ドイツ特有の文化により、他の西側民主諸国家と比べ、より困難な諜報活動を強いられる国だった。ドイツという国は少し前まで全体主義の警察国家だったところ。そこで生きざるを得なかった人々の記憶がまだ生々しく残っていた。

だからドイツ人は諜報とか情報とか秘密ファイルなどと聞いただけで今なお、おぞましさを感じるのだ。ベネールは言った。「それが、このドイツという国の歴史なんだ。だから諜報と聞くと、みんな神経質になる……」

会社役員のバックグラウンドを調べる場合、その前にいた会社の同僚に電話を入れて話を聞くことは、他の国なら何でもないことだがドイツでは違うのだ。電話口で重苦しい沈黙が続くか、電話を切られるかのどちらかだ。

こうした全てのことがドイツでの企業諜報活動を他の国々より割高なものしているわけだ。

ベネールによれば、こうした経費的な問題があるため、ドイツの諜報業界は資金力のある投資会社によって仕切られている。「彼らは金を持っているからね。でかい取引で大儲けするのに比べれば、諜報にかける金などタカが知れている。といっても、やればやるほど金がかかることは間違いないことだけどね」

皮肉なことにドイツの民間諜報業界を底上げしているのは、アメリカのビジネス規制における二つのトレンドのせいだ、とベネールは指摘する。一つは、米国のＳＥＣ（証券取引委員会）がますます規制を強めていること。もう一つは、米国の連邦法、ＦＣＰＡ（海外不正行為防止法《フォリン・コラプト・プラクシセズ・アクト》）の下、取り締まりが段階的に強化されて来ていることだ。ＦＣＰＡは米企業、及びその外国法人に海外での贈賄行為を禁じている。

「ドイツの企業は一九九九年まで、海外で使った賄賂の課税控除を受けることができたんです。そういうことがあるから、ドイツの企業経営者は今も、犯罪行為というものに対して、ちょっと違った考え方をしているわけだね」

そんなドイツ固有の事情はあるものの、ドイツ企業も近年は多国籍化の波に呑み込まれ、米国のＦＣＰＡの適用を受けるようになった。このため贈賄問題を抱え込んで来た企業はますます諜報企業に頼り、社内から贈賄を一掃する必要に迫られているわけだ。

アメリカの投資会社がますますドイツ企業を所有するようになっていることも、ドイツの諜報業界を底上げする一因になっている。アメリカの投資会社としては、自分たちが投資したドイツ企業が第三世界でビジネスを進める際、環境規制、あるいは関税などの規制を潜り抜けるため、現地の当局者に賄賂を贈っていないか確かめる必要があるわけだ。

ここでベネールらドイツの諜報企業のエージェントに出番が回って来る。ドイツの企業経営者が社内で贈賄が起きていないか確かめる一端を担うわけだ。どんな法的な問題に曝されているか洗い出すのがベネールらの任務である。

ドイツの経営者らの依頼は細かい。贈賄の事実を知っている者は？　上層部はどこまで関与している？　一回限りの贈賄なのか？　現地ではどこまで慣例になっていることか？――「こうした質問の全てに答えなくちゃならないんだよ」とベネールは言った。「そして確かな真実を探り出す。贈賄に関わった人間はクビになるわけだからね」

ドイツ企業を所有するアメリカの投資会社がＳＥＣの情報開示規制を受けていることも、ドイツの諜報業界に波及効果を及ぼしている。米政府の企業に対する情報開示規制はハードルが高く、アメリカの投資会社はドイツ企業を買収するにあたって、あれこれ徹底して調べ上げるのだそうだ。「アメリカの投資家としては、廃棄物のように有害なドイツ企業を抱え込みたくないわけだからね」

ベネールや、さきほど登場してもらったスチーブン・フォックスは、諜報業界について私に大っぴらに語ってくれたが、グローバル化した諜報ビジネスの世界において誰もが彼らのように自分のしていることを語るわけではない。

ペルシャ湾岸の、急速な発展途上下にある都市国家、ドバイのシーク（族長）で、アラブ首長国連邦の首相を務めるモハメド・ビン・ラシド・マクトゥームの場合を見てみよう。サラブレッドの競馬とラクダの競走が趣味のこの族長の資産は百八十億ドル。全長一五〇フィート（一六一・五メートル）もある世界最大のヨット、「ドバイ」号の持ち主としても有名な超富豪だ。

「シーク・モウ（Mo）」として知られるこの族長は、ワシントンの諜報企業を使ってもいる。ＣＩＡのベテランがスタッフとして名を連ねる諜報企業だ。

この諜報企業の存在はワシントンの機密のヴェールに包まれ、明らかにされて来なかった。その存在が広く一般に知られるようになれば批判も噴き出しかねない。

二〇〇六年に、こんなことがあった。「ドバイ・ポーツ・ワールド（Dubai Ports World）」というアラブ首長国連邦の企業がアメリカの六つの港湾を運営する企業を買収しようとして大変な騒ぎになったことがあった。ワシントンの政治家ばかりか、主流メディアやブロッガーから非難の大合唱が湧き上がった。「9・11」の実行犯数人の出身国であるアラブ首長国連邦の企業が一体どんなわけで、アメリカの海運の窓口を手中に収めようとするのか、という非難の大合唱だった。

共和党のスー・マイリック下院議員は、ブッシュ大統領に「絶対、認められない！」と怒りの書簡を送った。

そのマイリック議員がアラブ首長国連邦の族長である「シーク・モウ」のことを知ったなら、どんな反応を示すことだろう。なにしろ「シーク・モウ」は中間に介在者があるとはいえ、民間諜報界のＣＩＡ出身のエージェントたちを雇っていたのだから。

これらＣＩＡ出身の企業諜報エージェントたちが、「シーク・モウ」のために、どんなサービスを提供していたかは明らかではない。しかしその手がかりを連邦政府の情報開示文書でつかむことはある程度、可能だ。謎を解く手がかりが眠っているのは、そうした開示文書だけだ。ＣＩＡ出身者らは私の取材に応じず、アラブ首長国連邦のワシントン大使館は取材の申し込みに返事さえもくれなかった。

さてこの「シーク・モウ」のケースは、実に興味が引かれる事例だ。諜報企業がどんなふうに雇われているか、その実態を示すものだからだ。民間の諜報業界は、「弁護士・依頼者間の秘匿特権」や「秘密保持契約」を巧妙に利用する一方、間に介在者を入れて煙幕を張り、陰に隠れて活動するのが普通の姿なのだ。

ところでアメリカの民間企業は米国以外の国のために議会でロビー活動をする際、連邦司法省に必要書類を提出し、登録しなければならない。受付窓口は、司法省の「外国機関登録班」である。

この制度は一九三八年に成立した法律に基づく。元々はナチス・ドイツの同調者の活動を抑え込むためのものだった。以来七十年以上にわたり、米司法省はワシントンに開設するこの小さな申請窓口で登録書類の山を築き上げて来た。

　司法省の「外国機関登録班」の窓口は、ホワイトハウスからニューヨーク街を一区画ほど歩いたところにある何の変哲もない普通のビルの一階にある。ドアの入り口のブザーを押して中に入ると、そこはもう申請窓口。書籍や電話帳など資料であふれ返っている。机の上に、古びたパソコンが三台。誰でもこのパソコンを使って電子化された過去の申請書類を閲覧できる。たいていはワシントンの有力な法律事務所の若い助手たちが陣取っていて、訴訟に役立ちそうなファイルを漁っている。

　彼らの狙い目は、外国政府とアメリカの企業が交わした契約書の写しだ。それからアメリカのロビー企業が会った米政府当局者の名前、会見の日付と時間が記された報告書も貴重な資料だ。

　この「外国機関登録班」で、「シーク・モウ」に関して、以下の事実が確認された。アラブ首長国連邦の所有する「ドバイ・ホールディング」社（ドバイは王政だから、この国有会社は結局、「シーク・モウ」のもの、ということになる）が雇っていたアメリカのロビーは、「DLAパイパー」という法律事務所だった。この「DLAパイパー」がPR会社の「レヴィック・ストラテジック・コミュニケーション」社を雇い、さらにまたこのPR会社が「TDインターナショナル（TDI）」という企業を雇っていた。「TDI」はワシントンに本拠を置き、CIA出身のエージェントを多数抱える諜報企業である。

　「TDI」を創業したのは、ウィリアム・グリーン。彼は自社のHPで、「多国間問題を専門とする元米政府外交官」と自己紹介しているが、複数の情報筋によれば、れっきとしたCIA出身者である。

「TDI」でグリーンのパートナーを務めるロン・スリンプも、HPでは「元米政府外交官・通商問題

交渉担当者」となっているが、以前、同僚宛のメールで自分を「元スパイ」と書いた人物だ。(原注137)

この「TDI」とPR会社の「レヴィック」社の契約書によれば、「TDI」が受け取る報酬は、着手金の四万ドルに加え、月二万五千ドル。「外国機関登録班」への別の申請書類によれば、ドバイに配置された「チーム・メンバー」は、暗号名「プロジェクト・ヴォス」という任務に就いていた。この「プロジェクト・ヴォス」には、ファイル交換システムの構築のほか、ドバイの顧客向けPRのためのウェブ・サイトの構築が含まれていたという。

さてウェブ・サイト構築者から諜報エージェント、法律事務所の弁護士たちまで巻き込んだ一連の動きは一体、何のためのものだったか？　それはフロリダで提訴された「シーク・モウ」に対する、親たちの集団訴訟をかわすためのものだった。

集団訴訟が起こされたのは、二〇〇六年九月七日。親たちが訴え出た内容は、自分の息子たちが誘拐されてアラブ首長国連邦に連れて行かれ、ラクダ競走の騎手として強制的に働かされている、という衝撃的なものだった。

アラビアのラクダ競走は砂漠の遊牧民、ベドウィンたちの間で数百年にわたって行なわれて来たものだ。この人気スポーツが飛躍的な発展を遂げたのは、二〇世紀に石油の富が注ぎ込まれるようになってからだ。石油で巨万の富を得た族長たちが莫大な賞金を出すようになり、ラクダ競走は族長たちの栄誉をかけたレースへと変身を遂げたのだ。そんな中で族長たちが勝てる騎手として目をつけたのが、体の軽い少年たち。潤沢なオイル・マネーも威力を発揮し、またたくまに、ラクダ競走のための「幼少年騎手市場」が出来上がった。三歳の最年少者から十代の少年までがラクダにまたがるようになった。
しかしそこには闇の部分があった。フロリダで起こされた裁判の訴状によれば、少年たちはアスリートではなく奴隷として働かされていた、という。

本件は、南アジアやアフリカから数千人もの少年男子を誘拐して売り買いし、アラブ首長国連邦その他のアラブ諸国へ連行して、ラクダの騎手・トレーナー・飼育係として、アラビア半島の灼熱と絶望の中、奴隷労働させていた者に対して補償を要求するものである。少年たちは、最年少者だとわずか二歳で親元から引き離され、見知らぬ土地に連れて行かれ、アラビア半島各地のラクダ厩舎で残酷な監督者の監視の目に晒されていたのだ。

この集団訴訟は、「シーク・モウ」を困らせるだけの潜在力を秘めたものだった。下手すると巨額の賠償金を支払わなければならなくなる可能性を秘めていた。いくら超富豪とはいえ、かんたんなことではなかった。原告団は賠償の具体的な金額を掲げていなかったが、損害の賠償のほか懲罰的賠償

原注137　このロン・スリンプという人物は、「エンロン」社が二〇〇一年の終わりに大破綻に至る前、同社のロンドン・オフィスで少しの間、勤務していた。その年、二〇〇一年十月十六日――ということは、あの「9・11」の後、「エンロン」社が破産を裁判所に訴える三ヵ月前――スリンプはヒューストンの「エンロン」本社の同僚あて、以下のような求職メールを送っている。「どこかいい場所がないか考えてもらえたら嬉しい。元スパイ兼ネット・トレーダーが仕事できる場所を」

金、裁判費用の全てを求めていた。原告団の規模も大きく「少年・母親・父親各最大一万人。さらに病気になり回復した少年の母親・父親各最大千人」に対する賠償を求めるものだった。

第三世界の困窮した親たちが万単位で、地球上最も富裕な人間に対する訴えに参加して来る可能性を秘めた裁判だった。そうした親たちの小さな息子たちが奴隷労働にあえぎ、中にはアラビアの砂漠で命を落とす者もいる――そんなイメージを喚起する裁判だった。「シーク・モウ」側にしたら、難しい守りを迫られる裁判だった。ダメージを最小限に抑え込もうと、「シーク・モウ」のアメリカ人の諜報軍団が動き出した。

「TDI」がこの件に関与した理由として、「シーク・モウ」が直面したトラブルを、この諜報企業が「収益の機会」ととらえたことが挙げられる。諜報企業もまた、ビジネスの掟で動いているのだ。しかしもっと別の可能性も考えられる。それは「シーク・モウ」が抱えた裁判が、米政府にとってとてつもなく厄介な意味合いを含んでいたことだ。アラブ首長国連邦は「アルカイダ」と戦う米国にとって、決定的に重要な同盟国。ペルシャ湾とオマーン湾をつなぐホルムズ海峡を望む、戦略的な場所にある国だ。全長二十一マイル（三十三・八キロ）のホルムズ海峡を世界の石油の四割が通過してインド洋に出て行く。対岸は敵国のイラン。米軍はこのアラブ首長国連邦をイラク攻撃、及び「アフリカの角」の二ヵ国――エチオピアとソマリアへの出撃基地としているのだ。

米国の政府にとって――ということは、とりもなおさずCIAにとって、「シーク・モウ」とは豪華ヨットを持った単なる超富豪に止まらない。アメリカ経済の存続、米軍の勝利の決定的な鍵を握る世界有数の有力者の一人なのだ。そこからCIAとして、ラクダ騎手裁判で「シーク・モウ」を助ける動機が生まれて来る。「ＴＤＩ」の関与が、湾岸の価値ある友人を賠償金などから守ろうとするＣＩＡによって裁可されたものなのかどうかはハッキリしない。「外国機関登録班」から得た記録文書には、ほんとうの動機は書かれていないからだ。「ＴＤＩ」に対して私は再三にわたりインタビューを申し込んだが、返事さえ返って来なかった。

取材拒否は、グローバル化した民間諜報の世界ではよくありがちなことだ。だから、どうやっても真実を知りえないことがしばしば起きる……。

さてロンドンの諜報業界の頂点に座る「ハクルート（Hakluyt）＆カンパニー」社も、公然とした場に出たがらない諜報企業である。

「ハクルート」は世界のビジネス・エリートを相手にしている。多国籍企業のＣＥＯ（最高経営責任者）や役員たちを顧客としている。銀の皿で給仕された紅茶を飲み、夕食の席で世界資源の山分けを話し合う英国紳士の黄金期を思わせる、上流階級のイメージで磨き上げた会社だった。「ハクルート」の本社には実際、グルカ兵（原注138）あがりの執事がいて、入り口の扉で顧客を歓迎している。同社での商談は暖炉のそばで行なわれることもあるという。

「ハクルート」は一九九五年の創業。英国の諜報機関、ＭＩ６出身のマイク・レイノルズとクリストファー・ジェイムズが力を合わせて立ち上げた。

原注138　グルカ兵とは一九世紀の初め頃から、英軍とともに戦って来た精悍なネパール兵のことである。

マイク・レイノルズは冷戦がまだ続いていた頃、ベルリンで諜報活動に従事していた。クリストファー・ジェイムズもＭＩ６出身だが、英軍の特殊部隊に所属していたこともある。

仲間うちで「如才ない男」と評されるジェイムズが会社を立ち上げる野望を胸に、ロンドンのあるカクテル・パーティーに出かけたのは、一九九〇年代半ばのことだった。ＭＩ６のエージェントでありながら、ジェイムズはビジネス界を熟知していた。ＭＩ６の、英国の民間企業をつなぐセクションを率いていたからだ。

カクテル・パーティーの席で、ジェイムズのビジネス界とのパイプはさらに太いものになった。幸運にもその場でウィリアム・パーヴェス卿に紹介されることになったからだ。パーヴェス卿は当時、ロンドンの金融界、シティーの柱とも言うべきグローバル投資銀行、「ＨＳＢＣホールディング」の会長職にあった。

パーヴェス卿に気に入られ、その交遊サークルに入り込むことに成功したジェイムズは、ロンドン経済界の重要人物のほとんどと知り合うようになった。こうして知り合った大御所たちに参加を呼びかけ、組織したのが、「ハクルート財団」という顧問会議だった。間もなく「ハクルート財団」は、英国のビジネスの第一線で活躍して来たビジネス・リーダーたちが、老後の生活に入る前に一仕事する中間駅の役割を果たすようになった。

フィッツロイ・マクレーン卿（原注139）も、そんな有名人の一人。イアン・フレミングの「ジェームズ・ボンド」のモデルだと言われる人物だ。労働党の党首を務めたジョン・スミスの男爵夫人や、「シェル」の元会長、ピーター・ホルムズ卿も「ハクルート財団」に集った人たちだ。こうした人脈がものを言い、

「ハクルート財団」は世界の多国籍企業数十社の経営トップとネットワークを広げるに至った。「ハクルート」をビジネスとして立ち上げる環境が整った。

レイノルズとジェイムズが「ハクルート」という名前を採ったのは、英国の歴史に登場するリチャード・ハクルートという人物こそ自分たちの活動にふさわしいと考えたからだ。

リチャード・ハクルート（一五五二頃～一六一六年）は一六世紀の終わりから一七世紀の初めまで活躍した、航海や探検物の作家だが、単なる文士ではなかった。有能なビジネスマンであり、英国政府を動かしたロビイストであり、勇敢な隠密活動のエージェントでもあった人だ。今日の国際的な企業諜報エージェントには、ぴったりのイメージを持つ人物だった。

探検家のウォルター・ローリー卿に雇われたリチャード・ハクルートは、新天地のアメリカでどれだけの栄誉と財をなすことができるか謳ったプロパガンダ文書を作成した。英国女王、エリザベス一世を説き伏せ、ローリー卿のアメリカ探検を援助してもらうためだった。パリの英国大使館に大使の秘書として勤務した頃、ハクルートは隠密活動でフランスやスペインの動きを探った。新大陸にお

原注139　マクレーン卿〔スコットランド出身の英国の作家・政治家。一九一一～九六年〕は第二次世界大戦中、チャーチルの命令で、ユーゴスラビアに落下傘で降下したことがある。チトーの共産主義パルチザンと連携するとともに、「誰が最もドイツ人を殺しているか、どうやったら彼らのドイツ人殺しを助けることができるか見つけ出すための」パラシュート降下だった。マクレーン卿が一九九六年に亡くなった数年後、ヴェロニカ未亡人が、エジンバラで発行されている「ザ・スコッツマン」紙に対し、夫はスパイではなかったと語ったが、卿が「ジェームズ・ボンド」のモデルではないかという噂に気を良くしていたことは認めた。その際、ヴェロニカ夫人は、こんなふうにも語った。「私たちはね、どこに行くにもウォッカを持って旅に出たのよ。ジェームズ・ボンドそっくりでしょ」

ける彼らの動き、彼らの目的、彼らの力を探ったのだ。こうした功績が認められ、ハクルートは一六一六年に亡くなるまでに、ちょっとした財産を築き上げることができた。

さてリチャード・ハクルートの名前を冠した「ハクルート＆カンパニー」社のウェブ・サイト（http://hakluyt.co.uk/）には、他の諜報企業が自分のサイトに掲げているような、うたい文句は一切ない。会社のロゴ・マークと、コンタクト情報が、この会社の慎重さを伝えるように掲載されているだけだ。「ハクルート」の企業イメージは確かに、選ばれた顧客のための上流階級的雰囲気を漂わせるものだが、鷹揚に構えているわけではない。他の諜報企業同様、顧客の開拓に必死になっている。「ハクルート」のクリストファー・ジェイムズが、彼としては稀なミスを仕出かしたのは二〇〇一年の夏のことだ。当時はまだ、アメリカのトップ企業の一つだった「エンロン」社に売り込みのアプローチをかけたのだ。

ジェイムズの「エンロン」社への接近は、「ハクルート」社内を上から下まで困惑させる結果を生んだ。

「ハクルート」はビジネス情報に通じた諜報企業であるはずなのに、どうして大破綻のわずか数ヵ月前の「エンロン」に近づいたか、ということが一つ。もう一つは、「ハクルート」がつながろうとした「エンロン」サイドの人物が、間もなく悪しき企業活動のシンボルとなるジェフ・スキリングだったことだ。

しかし何よりもまずかったのは、「ハクルート」の「エンロン」に対する売り込みが、米連邦エネルギー規制委員会が公表した、一九九九年から二〇〇二年までの、二十万通に及ぶ「エンロン」の社内メールによって天下周知のものになってしまったことだ。

そんなメールの山の下に、二〇〇一年七月八日付のものが埋もれていた。「ハクルート」のクリストファー・ジェイムズから、「エンロン」のジェフ・スキリングあての一通だった。

二人はその数ヵ月前、石油業界に長らく君臨したフィル・キャロルの紹介で知り合っていた。キャロルは当時、巨大エンジニアリング企業の「フラワー・コーポレーション」のCEOを務めていた。(原注140)「シェル石油」のCEOを務めたこともあるフィル・キャロルは、ジェイムズにとって願ってもない仲介役だった。キャロルが住んでいたヒューストンのマンション・ビルには、「エンロン」のCEO、ケン・レイも暮らしていたのだ。キャロルとレイは夫人を交え、料理を持ち寄って定期的に食事をともにしながら世間話を楽しむ仲だった。ジェイムズは今、その「エンロン」に狙いを定め、ケン・レイの片腕、スキリングに迫ろうとしていた。

原注140　フィル・キャロルの「フラワー・コーポレーション（Flour Corporation）」は、その後、イラクの復興事業の工事契約で、米政府から数十億ドルを受け取ることになる。キャロル自身、二〇〇三年には、米軍侵攻後のイラク石油業界を復興する米政府の委員会の委員長に任命されてもいる。キャロルはイラクで、米政府内のネオコンたちと、アメリカの石油企業各社との間で板ばさみになった。イラク石油業界の取り扱いをめぐる対立が起きたのだ。キャロルはアメリカの石油各社の側に立った。二〇〇五年、キャロルは英国BBC放送に対して、こんなコメントをして、ネオコンの実態を明らかにした。「ネオコンの多くは市場やデモクラシー、その他、いろいろな点で、ある特定のイデオロギーを持った人々です。これに対して国際的な石油企業は一つの例外もなく、とてもプラグマティックなビジネス機関なのです。神学を持ってはいないのです」

親愛なるスキリング様

貴殿のオフィスから私は、「ハクルート」のサービスはどのようなものか、概略を説明するよう求められました。……私としてはごく簡単に、こう申し上げたいと思います。「ハクルート」は、あなたが意のままに使えるものです――ビジネス界のトップの個人的なご意向に従い、比類なき民間諜報ネットワークを提供することができます。

私たちは個々の戦術的な問題に対応するため、部門別にディレクターを置いていますが、私たちにとって最も有益な仕事は、理由は何であれ、手持ちの諜報組織を持ちたいと思うCEOの方々との個人的な取引にあることを発見した次第であります。フィル・キャロルがこの四月、貴殿に対して書き送ったことは、これでした。……私たちは人々と問題に、目を光らせます。そこからしばしば決断、あるいは行動への動きが生まれます。私たちの仕事の全ては、誰もその跡をたどることができません。(原注141)

ジェイムズの言うとおり、「エンロン」に対する彼のアプローチは、確かに誰も跡を辿ることができないまま闇の中に消えるはずのものだった。その秘密を、この一通のメールが暴き出した。「エンロン」に対する米当局の長年にわたる調査の結果、このメールの存在が浮上した。

ジェイムズはスキリングに対する別のメールで、「ハクルート」が「エンロン」のために、低レベルの諜報活動をすでに行なっていることを指摘。その実績を踏まえ、「エンロン」の諜報活動のより大きな部分を担いたいと期待感を示してもいた。

「エンロン」は、CIAの元エージェントたちとの間で独自のコネクションを持っており、直接、諜報活動を依頼することを恐れないところがあった。すでに見たようにロンドンにCIA出身者のベテランを置いて、ヨーロッパ中の発電所の航空監視活動に当たってもいたのである。ジェイムズはあるいは、こうした「エンロン」自体が諜報活動に強い関心を示していることを知っており、そのゲームに加わろうとしたのかも知れない。

しかし「ハクルート」はこの「エンロン」事件以前にも、グローバル化した経済の中で悪しき評判を立てていた。

同じ二〇〇一年のことだ。「エンロン」事件に先立ち、ロンドンで発行されている「サンデー・タイムズ」紙が、「ハクルート」を慌てさせるスクープを放ったのだ。「ハクルート」がドイツ人のエージェントを雇って、環境保護団体の「グリーンピース」に対しスパイ活動を行なっていたことを暴露したのだ。スパイ小説を地で行く、「007」もビックリの隠密諜報活動が、現実のものとして明るみに出たのだ。女王陛下のために悪の帝国と戦うエージェントではなかった。石油メジャーの「シェル」や「BP（英国石油）」のために、環境保護団体と戦うエージェントの姿が明るみに出た。

「サンデー・タイムズ」のスクープ記事は詳しかった。「ハクルート」の共同創業者のマイク・レイノルズが、ドイツ人の諜報エージェント、マンフレート・シュリッケンリーダーを雇ったのは、一

原注141　「ハクルート」と「エンロン」間のメールのやりとりは、以下を参照。　www.enronexplorer.com.

九九六年のことだ。肩まで伸びた長髪、申し分のないリベラル……シュリッケンリーダーは自然体で「グリーンピース」に浸透できるエージェントだった。ドイツ共産党の元党員、マルクス主義文献を大量に読破したエージェントだった。

シュリッケンリーダーはミュンヘンに、「グルッペ２」というドキュメント映画会社を持っていた。それどころかこの男はヨーロッパの活動家の間で、左翼グループに好意的なドキュメンタリーを制作する人物として知られていたのである。

シュリッケンリーダーはそれまで数年をかけ、ドイツの過激派テロ・グループ、赤軍派に関するドキュメンタリー映画の制作を続け、完成を見ないでいた。彼のドキュメンタリーがなぜいつも未完成に終わり、テレビで放映されないか疑問に思う左翼活動家はいなかった。

「ハクルート」に対するシュリッケンリーダーからの請求書には、結構な桁の数字が並んでいた。たとえば「グリーンピース・リサーチ」と書かれた一九九七年六月の請求書の金額は、六千ポンド（約八十万円）を上回るものだった。金回りがよくなってシュリッケンリーダーの生活は派手なものになった。共産主義者には縁のないＢＭＷを乗り回すようになった。

当時、ドイツではガソリン・スタンドに火炎瓶が投げ込まれる事件が起き、石油会社を不安がらせていた。左翼の仕業ではないか、と石油会社は疑っていた。ＢＰ（英国石油）がシェトランド諸島沖合に設置した海底油田探索機、「ステナ・ディィー」に対する「グリーンピース」の抗議行動も石油業界の関心事だった。

「ハクルート」は抗議船「グリーンピース」号の所在についても内部情報を得ようとした。派手な抗議活動で世間の目を引く、この抗議船の動向をつかもうとしたのだ。

「ハクルート」はこのドイツ人エージェントに、「カミュ」という暗号名をつけた。小説『異邦人』で有名なフランスの作家の名前だった。ドキュメンタリー映画の作家になりすました「カミュ」こと、シュリッケンリーダーは「グリーンピース」、及び周辺のリベラルな活動家たちに接触、内部情報の収集に努めた。

「グリーンピース」は「カミュ」の手玉に取られたのである。「サンデー・タイムズ」によって、この諜報活動が明るみに出た後、「ドイツ・グリーンピース」の広報担当者は、こう語った。「あの野郎はしかし、いい奴だった。これは認めなくちゃならない。しかしあいつは我々の『北極フロンティア・キャンペーン』計画について情報を盗んでいきやがった。気候変動問題とつなげ、BPの責任を追及する計画の情報を盗んでいきやがった。BP側に筒抜けだった。だからあいつら、平気な顔、できたわけだ」

広報担当はさらに言った。「あの男はいつもカメラを回し、しょっちゅうインタビューしていた。でも、ドキュメンタリー作品として放映されることはなかった。いま、その理由が分かったわけだ」

これだけでも驚きだが、それだけではなかった。シュリッケンリーダーにはもうひとつ、隠された顔があったのだ。隠れ蓑が吹き飛んで第二の素顔が明るみに出た。BP、「シェル」を顧客とする「ハクルート」から報酬を受けながら、その一方でこの男は、ドイツの情報機関、BND（連邦情報局）の仕事もこなしていたのである。BNDはドイツのCIAとも呼ぶべき政府諜報機関だが、「サンデー・タイムズ」によれば、シュリッケンリーダーはBNDから、月に三千ポンド（約四十万円）以上もの支払いを受けていたのだ。

企業諜報エージェントは同時に政府の諜報エージェントでもあった。その両者から報酬をせしめていた、新手《あらて》のダブル・エージェント、シュリッケンリーダー。政府と民間の諜報活動を一身に体現した男だった。


国際的な諜報業界において二股をかけることはボロ儲けにもつながるが、どちらかに見破られたら大変だ。とても危険なことになる。

知られざるケースを紹介しよう。アメリカのCIAの元エージェントと、旧ソ連・KGB（国家保安委員会）の元エージェントが手を組み、諜報企業を立ち上げた。KGBの元エージェントは、プーチンのロシアの敵と目された。そしてある時、KGBの元エージェントが目の前から消えた。そのKGBの元エージェントがロシアの刑務所に放り込まれた時、二人の間のパートナーシップも終わった。残されたCIAの元エージェントは、相棒の逮捕の謎を今なお解明しようとしている……。

そのCIAの元エージェント、ジャック・プラットは、ワシントン郊外の緑豊かなグレート・フォールズにある、小さな邸宅で暮らしていた。冷戦時代、プラットはKGBの人間をスパイに仕立て、情報を得る任務に就いていた。その頃、プラットが長い間つけ狙いスパイに仕立てようと努力した相手が、ワシントンのソ連大使館に在籍していたKGBのエージェント、ゲナディー・ヴァシレンコだった。ヴァシレンコは一九七〇年代、八〇年代にワシントンに在勤し、対米スパイ活動に従事していた。ヴァシレンコもまたCIAのジャック・プラットを、ソ連のスパイに仕立て上げようとしていたはずだ。

プラットによれば、二人とも相手を自分の側のスパイにするのに失敗した。二人はそれぞれ思惑を秘めながら、かなりの時間を一緒に過ごした。敵対する諜報機関のエージェントでありながら二人は仲良くなった。一緒に射撃場に出かけ、釣りにも行った。一度だけだが、プロ・バスケの「ハーレム・グローブトロッターズ」の、ワシントンでのゲームを一緒に観に行ったことも。

一緒に「仕事」をしたことも一度だけだが、あった。一九八〇年のこと。その時のことを、ヴァシレンコはその数年後に、「アトランタ・ジャーナル・コンスティテューション」紙のインタビューで、こんなふうに語った。

その年、モスクワでオリンピックが開かれようとしていた。ソ連当局はテロリストの破壊活動を恐れていた。米政府はソ連のアフガニスタン侵攻に抗議し、モスクワ五輪をボイコットしていた。

そんな中で、CIA側にはソ連側がほしがる一枚の写真があった。「ジャッカル」と呼ばれた国際テロリストのカルロスの写真だった。世界のお尋ね者ナンバーワンのカルロスの写真は、「モスクワ五輪」をガードするソ連側エージェントにとって、のどから手が出るほど貴重なものだった。CIAのプラットは上司の許可を取り付け、ヴァシレンコにカルロスの写真を一枚、渡した。

当時、ヴァシレンコのようなKGBのエージェントが、CIAのエージェトと親しく付き合うことは、あまりよいことではなかった。ヴァシレンコは当時、そのことに気付いていなかった。それはプラットとて同じことだった。

二人の親交が深まる中で、ソ連のスパイをしていたFBIのエージェント、ロバート・ハンセン（原注142）

が断片的な情報をソ連側に流していた。その中に、「ゲナディー・ヴァシレンコ」の名前もあった。ハンセンはヴァシレンコが米側に情報を流していると疑ったのだ。CIAの資料の中にヴァシレンコの暗号名、「ガラス工事《グレージング》」を見つけたからだった。

一九八八年、ドラマは一気に最初の山場を迎えた。ハンセンから刺されたことも知らずに、ヴァシレンコは命じられるままキューバへ向かった。本人としては、KGBの会議に出席するつもりだった。首都・ハバナのマンションのベランダに出た時だった。二人の男に背後から襲いかかられた。

その時のことを、プラットは後でヴァシレンコから聞かされた。「ヴァシレンコは袋叩きに遭ったそうです」

ヴァシレンコはそのままハバナからモスクワに送られ、KGBのレフォルトヴォ刑務所に繋がれた。裏切り者として追及を受けた。有罪と決まったら処刑されるだけだった。しかしプラットに情報を流したという証拠は何も出なかった（プラットによれば、実際、何の情報ももらわなかった）。半年後、KGB当局は、遂にヴァシレンコを釈放した。「ヴァシレンコはね、無実を主張し切って、自力で刑務所を出た男なんだ」。そう語るプラットの顔に、誇らしげな表情が浮かんだ。

冷戦終結後、プラットは旧友、ヴァシレンコに連絡を付けた。ヴァシレンコは、ハバナで逮捕されて以来、KGBを解雇され、苦境にあえいでいた。

一緒にビジネスを始めた。モスクワでビジネスを始めようとする西側企業相手の諜報企業を立ち上げた。一九九〇年代の半ば、ボリス・エリツィンのロシアは民営化を急いでいた。ロシアの進出しようとする西側企業は、「情報」に飢えていた。一体、ロシアで何が起きている？　誰と話をつければいいんだ？　どうすれば、一番儲かる取引が出来る？——米ソ政府諜報機関の元エージェント二人が組んだ諜報ビジネスは、世界を股にかけた犯罪者の捜査から取引相手の信用調査までさまざまなものに及んだ。それに伴い、二人が手にする利益も膨らんでいった。

すべては順調だった。最近まで順調だった。ヴァシレンコがプーチンの政権に睨まれるまでは——。

今、ロシア政府の官僚機構を牛耳っているのは、ＫＧＢの人脈だ。それは他ならぬＫＧＢ上がりのウラジミール・プーチン自身が言っていることだ。二〇〇五年、ロシアの諜報機関員の集まりで、当時、大統領だったプーチンはこう語った。「ＫＧＢに元エージェントなるものは存在しない」と。(原注143) 今なお全員、現役だというわけだ。

旧ソ連が崩壊してもＫＧＢの当局者の多くは、ＫＧＢの暗赤色の身分証明カードを捨てなかった。プラットによれば、ＫＧＢの身分証明カードは、それを振りかざすだけで今なお、絶大な威力を発揮するという。車の速度違反に問われた時でも、それをちらつかせれば見逃してもらえるし求職活動でも大いに役に立つ。

そういうＫＧＢの連中にヴァシレンコは睨まれ、「アメリカのスパイ」容疑を蒸し返されたのだ。

原注142　ＦＢＩのエージェント、ロバート・ハンセンのスパイ活動は二十年以上に及ぶものだった。〔二〇〇一年二月に〕ハンセンが逮捕されるまでの経過は、二〇〇七年のアメリカ映画、『アメリカを売った男（*Breach*）』で描かれている。〔ハンセンは現在、終身刑に服している〕

原注143　オーウェン・マシューズ（Owen Matthews）、アンナ・ネムツォーヴァ（Anna Nemtsova）、「モスクワの凍てついた空気（A Chill in the Moscow Air）」、『ニューズウィーク』誌、二〇〇六年二月六日号。オンライン閲覧可。www.newsweek.com/id/57048

「ヴァシレンコをリクルートしたことなんか、一度もないのに、信じようとしない連中がいたんだ」

ヴァシレンコはこうして再び逮捕され、もう一度、刑務所に送られた。今なお、囚人のままでいる。

プラットによれば、今回も単なる誤解による投獄だった。「連中が何と言おうと、ヴァシレンコはロシアを売ってなんかいない。権力闘争に巻き込まれただけなんだ」

プラットがヴァシレンコとともに立ち上げた諜報企業の名は、「ハミルトン・トレーディング・グループ」。大事な片腕を失ったプラットは、それでも一般企業や法律事務所、投資会社、ヘッジ・ファンドを相手に諜報ビジネスを続けている。大半が、取引先の関係者の洗い出し。誰がその会社の所有者なのか？　その所有者を知る者は誰か？――

プラットは自分の仕事を、ロシア語の「クリーシャ」（屋根）という言葉を使って解説してくれた。この「クリーシャ」というロシア語は元々、旧ソ連の諜報機関で隠密諜報活動の隠れ蓑の意味で使われていたという。それをロシアのマフィアが最近、使い出している。意味はちょっと違って「ゴッドファザー」とか、「ボディーガード」。つまり「クリーシャ」は今や、ビジネスマンを守る、いかついボディーガードたちやマフィアに金を払って身辺警護を頼んでいる大企業を指す言葉になっている、というのだ。こんな前置きをしたあと、プラットは言った。一体誰が調査先企業の「クリーシャ（屋根）」になっているか――誰がその企業を後押しし、その会社とのコネを利用し、あるいはその会社とコネをつけようとしているか、それを突き止めるのが自分の会社の役回りだと。

さてプラットの会社の「クリーシャ」探しの値段だが、ケースにもよるが、常に高いとは限らない。一時間七十五ドル、これに経費がプラスされるだけだ。もちろん、調査が困難を極める場合は、これにプレミア料金が加算される。これがプラットの「ハミルトン」社など業界全体の相場だ。

プラットたちに「クリーシャ」探しを依頼して来るのは、法律事務所が多い。法律事務所が顧客から、最低でも一時間百二十五ドル以上の調査料を受け取る。そしてプラットたちに支払った残りを自分のポケットに入れる。プラットたちはもちろん、そのことを知っている。でも、それでいいのだ。法律事務所は「弁護士・依頼者間の秘匿特権」を持っているので、プラットたちはその陰に隠れることができる。外部に知れ渡ることはない。

しかしいくら保秘を徹底しても、内側から漏れてしまえば元も子もなくなる。民間の「ロバート・ハンセン」は、いくらでもいるのだ。プラットのようなベテランはこのことを心得ているから、「報告書を出す時は必ず、『秘匿特権事項・極秘』の表書きを入れる」。しかし、「それがクソの役にも立たないんだから……」とプラットは言った。

プラットはヴァシレンコの刑務所入りについて、詳しく話したがらなかった。下手に騒ぎ立てると刑務所からますます出て来れなくなる――それを恐れていたのだ。しかしプラットは、プーチンのようなKGBあがりの連中にロシア政府が牛耳られていることに不満を隠さなかった。「あの秘密警察あがりの連中、経済のことなんて何にも知らないんだから……」と吐き捨てるように言った。

プラットは、ロシアの民衆はこれから長い間、悲惨な状況を続けなければならない、と見ていた。そして目下、実質ナンバーワンの立場にあるプーチンが政権の中枢にある限り、古き良き友、ヴァシレンコは帰って来ないだろう、と。

ロシアがらみの企業諜報活動の全てが、ヴァシレンコのような悲しい結末を迎えるわけではない。旧ソ連軍の情報部将校、ユーリー・コーシキンの場合がそれである。今、四十九歳。冷戦終結後に渡米、バージニア州ロズリンで、「トライデント・グループ（Trident Group）」という小さな諜報企業を立ち上げた。元の仇敵、ペンタゴン（米国防総省）から、そう離れていないところに事務所を構えている。（原注144）

二〇〇七年五月二十六日、モスクワでこんなことがあった。「トライデント」社のロシア人エージェントがモスクワの映画館に潜入した。上映されていたのは、ディズニー映画『パイレーツ・オブ・カリビアン』の三作目、「ワールド・エンド」だった。

暗視ゴーグルを装着したエージェントは館内をスキャンし、不審な人物を探した。冷戦時代とは全く違った種類の諜報活動だった。ロシア人のエージェントは元警察官。暗視ゴーグルで発見、捕まえようとしていたのは、上映中の映画を不法にコピーしようと試みる「海賊《パイレーツ》行為の現行犯」だった。インターネット上に新作映画のコピーが一本でも出回れば、制作会社の「ディズニー」は大損害を被る。ネットの海賊どもを一人残らず、一刻も早く捕まえる――これはディズニーでなくとも映画会社の死活問題になっていることだ。

さてこの日、「トライデント」のエージェントが捕まえた「海賊」は、映画館の映写技師だった。エージェントは映写室から漏れる、もうひとつの映写光線を見逃さなかった。エージェントは映写室に突入し、「何やってるんだ」と一喝すると、映写技師は「見逃してくれ」と言って、千ドルの賄賂提供を申し出た。エージェントは賄賂を断り、モスクワ市内中心部にある「トライデント」社のオペレーション・センターに通報した。オペレーション・センターは、二十四時間稼動・年中無休。ＫＧＢやソ連軍情報部の元エージェント、元警察官が詰め、待機していた。「トライデント」は一九九六年の創業。「ディズニー」のような米企業のロシア市場の開拓を支援している。

映画館での海賊行為を摘発した「トライデント」は、ロシア人エージェントが千ドルの賄賂の受け取りを拒否したことも「ディズニー」側に併せて報告したところ、「ディズニー」側の負担で、そのエージェントに千ドルの特別ボーナスが支給されることになったそうだ。

「トライデント」のこの海賊行為の摘発は、ロシアという新興マーケットにおける諜報活動の成功例のひとつだが、国際的な諜報企業がどんな形で西側のビジネスを支援しているかを物語る典型的なケースでもある。それはまた「ディズニー」のような企業が、過去の歴史の清算を急ぎ、新たなマーケット環境に適応しているかを示すものでもある。

「ディズニー」社について言えば、創業者のウォルト・ディズニーは共産主義に対して敵意を持つ人間だった。半世紀以上前の一九四七年のことだが、米連邦議会下院に設けられた、悪名高き「非米活動委員会」に出席、ハリウッドの「映画アニメーター・ギルド」が共産主義者に支配されている、と証言したこともある。

原注144　「トライデント・グループ」についての初報は、私（著者）の以下の記事である。「私はスパイ――資本主義のための（I Spy—for Capitalism）」、『ビジネス・ウィーク』誌、二〇〇七年八月十三日号。オンライン閲覧可。www.businessweek.com/magazine/content/07J_33/b4046052.htm

そんなウォルト・ディズニーの名前を冠した、アメリカのエンターテイメントの大企業が、旧ソ連時代、マルクス主義の教育を受け、アメリカに対しスパイ活動を行なったこともあるロシア人の諜報企業と今や手を握り合っている……。

ＣＩＡの監察長官を務めたロバート・Ｍ・マクナマラ・ジュニア*の「この国はまだ偉大な国なのか？　そうでないなら何なんだ？」という言葉がぴったりあてはまる変節ぶりではある……。

さて「トライデント」を立ち上げたユーリー・コーシキンは、本人いわく一九五八年、モスクワの、「典型的なロシア・インテリゲンチアの家庭」に生まれた。一九七五年にソ連国防省の軍事教育機関に入学。赤軍の情報将校になるため英語とカンボジア語（クメール語）を学んだ。「カンボジア語にはまいったな。でも、自分でどの外国語を学ぶか選べないんだ。軍の学校だからね」

一九八〇年に卒業すると、コーシキンはアフリカのタンザニアへ、ソ連の軍事顧問として派遣された。

やがて「ペレストロイカ」が始まり、コーシキンは二十五年の兵役義務の完了を前に軍を離れることができた。一九八九年のことだった。民間人になったコーシキンは、モスクワにあるアメリカのドキュメンタリー映画会社で働き出した。そしてそこを足がかりに、サンフランシスコのＰＲ会社への移籍に成功する。そのサンフランシスコの会社で、アメリカ人ビジネスマンのロシアに対する認識とロシアの現実との間のギャップに気付かされたという。「アメリカ企業のロシア進出が始まったのはいいけれど、どんな相手と取り引きしているか、まったく知らずにビジネスをしようとしている……相手が善人か悪人かさえ見分けられないんだから……」

コーシキンの「トライデント」社は以前、アメリカの投資家、ケネス・ダートのために働いたことがある。ケネス・ダートは、「スタイロフォーム・カップ」で財を築き上げた「ダート・コンテナー・コーポレション」の跡取りである。

そのケネス・ダートがロシアの石油巨大企業「ユコス」と法廷闘争を繰り広げたのは、一九九〇年代終わりの数年間のことだった。ダートが持っていた「ユコス」の子会社株の「希薄化」をめぐる争いだった。闘いは裏交渉の結果、一九九九年に秘密裏に解決に至った。

ロシアでは、こうした巨額な金の絡んだ紛争が起きると、当事者の身に危険が迫りがちだ。コーシキンによれば、ケネス・ダートのために働いていた「トライデント」に対しても何度も脅しがかかったそうだ。両者が秘密交渉で和解してくれたからよかったものの、「トライデント」の社員の一人は家族を連れてモスクワを脱出しようとさえしていたという。

「ユコス」を創業したロシアの超富豪、ミハイル・ホドルコフスキーは、このあとロシア政府とぶつかり、脱税の罪で現在も八年の刑に服している。

コーシキンによれば、「トランデント」の現スタッフは十五人。そのうちの一人、ウラジミール・ジュウジェロは、KGBのベテラン。ゴルバチョフやエリツィン、ロナルド・レーガンの身辺警備をしたこともある。また、アレクサンドル・トフィフォノフもKGBのベテラン。大佐でロシア陸軍を

＊ロバート・M・マクナマラ・ジュニア　米国の法律家。一九九七年、当時のクリントン大統領によってCIAの監察長官に任命され、CIAの法律遵守問題に取り組んだ。国防長官を務めたロバート・S・マクナマラは別人。

退役して「トライデント」に加わったアレクサンドル・ヴォノグラードフは、現役時代、軍の諜報活動に携わっていた人物だ。

コーシキンのようなロシア人諜報エージェントについて、企業諜報の世界に詳しい女性作家・ブロッガーのR・J・ヒルハウス（http://www.thespywhobilledme.com/）は、こう指摘している。「仕事ができる男たちだが、べらぼうな代金を請求する男たちでもある。ロシアは法の支配が十分、及んでいない、現代世界のワイルド・ウェスト（大西部）だ。そうした大西部の荒野で経験を積んだ男たちを雇えるということは、便利なことだ」

コーシキンに私はもっと詳しく顧客のことを教えてほしいと迫ったが、明かしてくれなかった。料金のことも詳しくは教えてくれなかった。

コーシキンは会社の売上も明かさなかったが、相当贅沢な生活をしているようだった。バージニア州グレート・フォールズの邸宅は、「AOL」の役員、ボブ・ピットマンからを購入したもの。ニューヨーク・マンハッタンのアッパー・イースト・サイドにも高級マンションを持っているのだから。「トライデント」の本社は、バージニア州のアーリントンにある。そのオフィスの窓から、ポトマック川の対岸、ジョージタウンにある、ロシア大使館の白い壁の輝きを見ることができる。

コーシキンは言った。「時々、ここに座って眺めるんだよ。そして思うんだ。人生って変われば変わるものだと……私たちロシア人はアメリカのことを、仇敵ナンバーワンと教わり、育ったんだよ。それが今や……」

コーシキンの仇敵ナンバーワンは、最高の顧客ナンバーワンに変わった。

エピローグ　寒い国から来たスパイ

私が初めて、寒い国から来たスパイ*、ユーリー・コーシキンと会ったのは、ワシントン郊外、バージニア州ロズリンのスターバックスでのことだ。対岸のジョージタウンをつないでポトマック川に架かるキー・ブリッジから数区画の場所。コーヒーを飲みながら話をするコーシキンは、魅力的で好感の持てる男だった。話題は多岐に及び、私はコーシキンとの会話を大いに楽しんだ。このコーシキンとの出会いがもうひとつのキッカケだった。これを機に私は、この好漢を生み出した諜報機関の世界と、彼が今いる諜報ビジネスの世界について考え始めたのだった。

ワシントンという街はこれまでずっと、諜報エージェントたちにとって特別な活躍の場としてあり続けて来た。この首都における諜報エージェントの活動は、一七九〇年七月十六日、コロンビア特別区が設立されると同時に始まったはずである。首都ワシントンの発足と同時に、首都ワシントンに

＊寒い国から来たスパイ　英国の作家、ジョン・ル・カレのスパイ小説のタイトル。

おける最初の諜報エージェントが登場したに違いない。

このワシントンを舞台にした諜報物語は時に勇ましく、時に奇怪で、しばしば悲劇として終わるものとしてあり続けて来た。

南北戦争の頃、あのアラン・ピンカートンが南軍の女性スパイ、「反逆のバラ《レベル・ローズ》」と呼ばれたローズ・オニール・グリーンハウ*を追い詰め、逮捕したのもこのワシントンでのことだ。

この街は冷戦が始まった頃、アレン・ダレス*がアンフェタミンや睡眠薬、あるいはＬＳＤを使った新たな尋問法の開発実験を行なった場所でもある。（原注145）ＦＢＩのベテラン・エージェント、ロバート・ハンセンが祖国を裏切り、ロシアに情報を流したのもこの街。ロバート・ハンセンを追い詰めた若きＦＢＩエージェント、エリック・オニールが活躍したのも、この街でのことだ。

そして今なお、世界中の情報機関がこのワシントンにエージェントを送り込み、米政府の秘密を探り出すのに躍起となっている。

諜報活動は今や、この街を織り成すものになっている。だから近所同士のバーベキュー・パーティーの時、誰かが「政府のために働いています」と自己紹介したら、それ以上、根掘り葉掘り聞いてはならないのだ。そんな気遣いの重要性を、この街のほとんど誰もが知っている。

私はロズリンのスタバのテーブルでラテを飲みながら、コーシキンと話をしているうち、ある新しい現実に気付いて、心中、慄然たる思いに囚われもした。

コーシキンとその仲間たちは、このワシントンに生まれた新しい諜報種族を代表するものであることに気付き、内心、驚いてしまったのだ。

彼らこそまさに、あの冷戦時代の諜報文化というべきものを、グローバル化した経済の中に広げている当事者だった。今やあのアレン・ダレスの後継者が、CIAのライバルだったKGBの後継者とともに、この街で看板を掲げ、その諜報活動を世界中の顧客に売りまくっている……。

ワシントンが今、グローバル化した民間諜報ビジネスのハブになっている理由は、そこにもあった……。

あの「デリジェンス」社の本社も、元々はこのワシントンの郊外にあったのだ。それが今や、ホワイトハウスから二区画しか離れていないところに本拠を構えている。そしてホワイトハウスの反対側には、三区画離れた場所に、あの「TDインターナショナル」社が陣取っている。米政府諜報機関あがりのベテラン・エージェントたちが「戦略的アドバイスとリスク管理」のコンサルティング・サービスを提供しているところだ。「クロール」社のオフィスも、ワシントンのジョージタウンのすぐそばにある。

＊ローズ・オニール・グリーンハウ　南北戦争の初期、ワシントンで、南軍（アメリカ連合国）のため、スパイ活動に従事した伝説の女性（一八一七〜六四年）。アラン・ピンカートンによって、一八六一年八月二十三日に逮捕された。監獄にいる間もスパイ活動を止めなかったという。釈放後、英国に渡り、帰国の際、遭難死した。

＊アレン・ダレス　米国の政治家（一八九三〜一九六九年）。アイゼンハワー政権でCIA長官を務めた。兄のジョン・フォスター・ダレスも同政権で国務長官を務めた。第二次世界大戦末期、スイスで対日和平工作に従事したことでも知られる。

原注145　ティム・ワイナー、*Legacy of Ashes : The History of The CIA*, 二〇〇七年、六五頁。（邦訳は『CIA秘録』、上下二巻、文藝春秋）

その「クロール」社から歩いてすぐの距離にあるのは、あの「インヴェスティゲイティブ・グループ・インターナショナル」社である。ホワイトハウスの実習生、モニカ・ルインスキーの性的スキャンダル事件の際、ビル・クリントン大統領の探偵として動いたテリー・レンツナーの諜報企業だ。

ワシントン及びその周辺には、ほかにも「エグゼキュティブ・アクション」「フェアファックス・グループ」「コーポレート・リスク・インターナショナル」などが本社を置き、リスク管理・調査・諜報活動を組み合わせたサービスを提供している。バージニア州ロザリンにあるコーシキンの「トライデント」社も、そうした一群の諜報企業の一つだ。

さてロザリンから北へ車で十五分。同じバージニア州内に、「トータル・インテリジェンス・ソリューションズ（Total Intelligence Solutions）」社の本社がある。同社が「グローバル・フュージョン・センター*」と呼ぶ本社ビル。彼らはそこでデータ収集活動を続けているのだ。

そのセンターの中を案内してくれたのは、その時——二〇〇八年時点で同社の社長をしていたマシュー・デヴォストだった。気取らない人で、ブルーのポロシャツとカーキのパンツを履いて気軽に応対してくれた。

デヴォストは諜報業界の新人類ともいうべき新しいタイプの業界人だ。政府の諜報機関の出身者ではなかった。民間一筋でやって来た。

民間で育ったデヴォストのキャリアは、諜報業界そのものが新たなステージへ向け進化を遂げたことを物語っていた。民間の諜報業界は諜報のプロを自力で一から育成し、経営トップに据えるレベルに到達していた。

デヴォストは中東のレバノンでのドラマチックな体験を語ってくれた。

二〇〇六年にイスラエルと過激派のヒズボラとの間で、三十四日間戦争が戦われた。「トータル・インテリジェンス・ソリューションズ」社の顧客が戦いの最中、レバノンに取り残された。彼らをレバノンから脱出させる――それが、デヴォストらに課せられた任務だった。

デヴォストらは衛星写真のリアルタイム画像と、現地の通報者ネットワークから届いた情報を付き合わせて、まだ爆撃されていない橋を特定し、戦闘区域を迂回する退避ルートで顧客を脱出させたそうだ。かつてＣＩＡが中南米の独裁国家から現地のアメリカ人を脱出させた時のような救出劇だった。デヴォストらはそれを、自力で、政府諜報機関の力をまったく借りずに見事やってのけたのだった。

民間の諜報企業の実力は今やこうしたレベルに到達しているわけだが、それより一段、低いレベルには個人営業のエージェントや小規模事務所の膨大なネットワークが形成されている――それが現在の諜報業界の見取り図だ。

こうした下請けの諜報エージェントたちはスポットで、数日間、あるいは数時間という単位で仕事を請け負っている。そうした自営業のエージェントの中には、私が知っているだけでも、ＦＢＩやＳＥＣの元エージェントや、調査報道に従事した元レポーターらが含まれている。

二〇〇九年三月、私がとても尊敬する二人のジャーナリストがウォールストリート・ジャーナル

＊「グローバル・フュージョン・センター」のフュージョン（fusion）とは「融合」の意。

紙を退社し、「SNSグローバルLLC」を立ち上げた。同紙の看板だったグレン・シンプソンとスー・シュミット記者の二人だった。「公共の利益のための仕事をいくつか、コンサルティングをいくつか」（シンプソン）する企業だった。(原注146)

二人とも調査報道の世界ではよく知られたジャーナリストだった。グレン・シンプソンは、ロビイストとして不正を働いたジャック・エイブラモフに関する記事でピューリッツァー賞を受賞。スー・シュミットも、マネー・ロンダリング、金融犯罪、テロリスト組織の資金集め、企業の不正行為など、闇の部分に光をあててキャリアを築き上げて来た有能な記者だった。その二人の調査報道のスキルが、民間のマーケットで売りに出されたわけだ。深層情報を求める時代の欲求は、そこまで進んでいるのだ。

この動きはこの先、どこまで進むか？

私たちは今、情報テクノロジーの進展で、私たち自身に関する私的情報と公的情報の境が融合する時代に生きている。私たち「個人」と「社会」の境界が溶けて行く中で、私たちは新たな状況に対し再適応を迫られている。

たとえば英国では「グーグル・ストリート・ビュー」に対して猛烈な非難が湧き上がった。「グーグル」は同社の地図ソフトのため、カメラ搭載車を走らせ、通りという通りを撮影しまくったのだ。おかげで困ったことになる人も出た。英国のロックバンド「オアシス」のロックスター、リアム・ギャラガーもそんなトラブルに巻き込まれた一人だ。街角のカフェで「酒を飲んでいるところ」を撮影され、本人が別人だと否定する一幕もあたった。(原注147)

情報と諜報のテクノロジーは、今やそれほど社会の隅々まで侵入しているのだ。おかげで狙われた人間が犠牲者なのか、それとも実行犯なのか見分けることが難しい状況さえ生まれている。アメリカではニュージャージーの十四歳の少女が、ソーシャル・ネットワーキング・サイトの「マイスペース・コム」に、「自分自身のヌード写真を投稿した」として、チャイルド・ポルノ頒布の容疑で訴追されさえしている。

つまり情報テクノロジーの飛躍的進化は私たちの「プライバシー」に深刻な問題を投げかけているわけだが、それだけではない。民間の諜報業界の爆発的な拡大は、過去一世紀にわたって続いて来た「政府諜報機関」と「民間諜報業界」のパワーバランスに、新たな「傾き」を呼び込んでいるのだ。地政学的な環境の細分・断片化が進む中で、「政府」「民間」間のパワーバランスは、次第に「民間」に向かって――「諜報企業」や「有力者」に向かって、重心を移しつつあるように思える。「諜報企業」や「有力者」は今や、かつて多くの政府諜報機関が手にした諜報能力以上のものを持つに至っているのだ。

事態はここまで来ている。次に来るものは何か？

原注146　マイケル・カルデロン（Michael Calderone）、「ＷＳＪのレポーター二人が新会社を設立（Two WSJ Reporters Launch New Company）」、『ポリチコ・コム（Politico.com）』、二〇〇九年三月二十三日付。オンラインでブログ閲覧可。www.politico.com/blogs/michaelcalderone/0309/WSJ_reporters_start_company.html?showall

原注147　『ＣＮＮコム（CNN.com）』、二〇〇九年三月二十八日付、「ロックスター　グーグルで飲んでるのはオレじゃない（Rock Star: That's Not Me Drinking on Google）」

私はワシントンの「国際スパイ博物館」を訪ね、その館長をしているCIAの元エージェント、ピーター・アーネストに聞いてみた。

アーネストは諜報産業のスパイ活動の広がりを、経済のグローバル化とそれに伴う情報需要の右肩上がりの増加の当然の帰結と見ていた。民間の諜報企業の活動は、これからさらに高度なものになっていく、と見ていた。「諜報活動それ自体は今でも変わっていません。その方法も人間の歴史を通して、実は同じままです。しかし、諜報のテクノロジーだけはどんどん高度化しているのです」とアーネストは言った。

私はこれまで世界の諜報企業のトップに立つ人間に会い、取材を重ねて来た。彼らは私に、本当は曝け出したくないことまで教えてくれた。私はまた民間の諜報ビジネスの歴史にも分け入り、その跡を辿って来た。

しかし私は、そこまで取材を重ねたにもかかわらず、この民間諜報の流れが社会全体にとってプラスの方向に向かうものなのか、まだハッキリ分からずにいる。

私はジャーナリストだから、情報収集の重要性を強く信じる一人だ。言論・出版の自由などを定めた、この国の憲法修正第一条を、「原理主義者」として信奉する一人である。そうした私のようなジャーナリストと諜報企業を分かつもの——それは私たちジャーナリストが、自分たちの報じる情報が可能な限り多くの人々に届くものであることを願っていることだ。諜報企業はしかし、これと正反対のことをしている。自分たちの収穫する情報は、高額な報酬を支払う、非常に狭い範囲の人々に届くだけでいい、と考えている。

私はこれを、社会にとって常によいものだとは考えない。だから私としては、こんなささやかな提案をしたいと思うのだ。諜報企業がしていることが、社会にとって建設的なことか破壊的なことか、市民が常に監視できる公開の場へと、諜報企業を引きずり出したいのだ。

ひとつ、やり方がある。アメリカのロビイストたちは連邦議会に対する登録を義務付けられている。どれだけ報酬を得たか、顧客は誰か、どんなロビー活動をしたか公開を義務付けられている。この規制が一九九〇年代半ばに導入されようとした時、ワシントンの業界から激しい抵抗が起きたものだ。しかしこの規制はロビー業界の「清掃」にも寄与した。規制があるおかげで、ロビー企業が社会に深刻なダメージを与える前に、メディアや公衆が問題を察知できるようになった。

ロビー業界の情報開示をモデルとする諜報業界に対する規制は、たとえばＳＥＣ（証券取引委員会）の管轄下に置くことも可能だろう。ＳＥＣは実際、毎年、数百万件の公開企業の企業情報を処理しているのである。

いずれにせよ私たちの「自由市場」が最高の働きをするのは、そこに摩擦の種のない時だ。そしてその最大の摩擦材料とは、誤った情報が市場に流れることである。

投資家やビジネス・リーダーたちが「真実」を見つけ出し、市場における混乱を除去する能力を持つことは、市場に対する信頼を高め、取引を迅速化し、市場価格の極端なブレを防いでくれるものである。

どうやら諜報企業が、機密のカーテンの向こうから姿を見せるべき時が来たようである。

訳者あとがき

「諜報企業のエージェント」、あるいは「企業スパイ」——どちらも企業活動のためのスパイ全般を指す言葉だ。このうち「企業スパイ」の方は一昔前まで使われていた呼称で、私たち日本人にも割合と馴染みのある言葉である。競争相手の企業の秘密を密かにキャッチする「企業スパイ」——。そんな「企業スパイ」には「私立探偵」のイメージが重なる。路地裏に潜んで、辛抱強くターゲットをマークし続ける、ちょっと野暮ったい「私立探偵」の姿が目に浮かぶ。足元に散らばるのは煙草の吸殻……。

「企業スパイ」というと私たちは、どうしてもこんな、やや時代がかったイメージを抱きがちだが、闇の奥に潜む、彼らの本当の姿を実は私たちは知らない。

今も「探偵」、あるいは「私立探偵」は、たしかに存在する。しかし、それとは別に——街角の「探偵事務所」とは別に、「諜報企業」なるものが今や、いつの間にか続々と生まれ、一大産業を形成し、各社が世界を股にかけて活躍する時代になっている……。このことも実は私たちは知らない。

経済のグローバル化の中で「企業スパイ」活動もまた飛躍的な変身を遂げ、「諜報企業」が「エージェント」らを使って、組織的なオペレーションを繰り広げるまでになっているのだ。

ワシントンやロンドンなど世界のビジネスセンターが、私たちの知らない間に「諜報産業」の拠点になっていたのだ。そんな「諜報産業」各社のエージェントたちが、これまた私たちの知らないところで密かな諜報活動を続け、互いにしのぎを削る段階に達しているのだ。

「諜報企業のエージェント」──。その活動の実態はしかし、闇の奥に潜んでいて、私たちには皆目見当が付かない。路地裏の探偵さんならイメージも湧こうが、世界的な「諜報企業」による「諜報オペレーション」となると、一体どんな人物が、どこで何をやっているものなのか想像すらできない。

秘密のヴェールに包まれた、「諜報企業のエージェント」らによる、現代世界の産業化した「諜報オペレーション活動」。その全貌を世界で初めて明らかにしたのが、米国の調査報道ジャーナリスト、エイモン・ジャヴァーズ **(Eamon Javers)** による本書『諜報ビジネス最前線（原題・Broker,Trader,Lawyer,Spy）』（二〇一〇年、ハーパー・コリンズ刊）である。


それでは現代おける産業化した諜報オペレーション活動とは、いかなるものなのか？

本書で詳しくレポートされた事例を紹介するような野暮なことはしないで、代わりに最近「ウィキリークス」による「米国務省機密電」暴露で明らかになったケースを見ることとしよう。調査報道活動で有名な英紙ガーディアンが二〇一〇年十二月九日付で報じた事例である（ネット閲覧可。http://www.guardian.co.uk/business/2010/dec/09/wikileaks-cables-pfizer-nigeria?INTCMP=SRCH）。

舞台はアフリカのナイジェリア。二〇〇九年四月九日、首都・アブジャのアメリカ大使館で、米国の製薬会社の現地駐在マネージャーと大使館員との間で会議が開かれた。

その会議での製薬会社マネージャーの発言を、大使館の経済担当参事官がワシントンの国務省宛の機密電で報告した。機密電によると、製薬会社のマネージャーは会議の席で、こう言ったそうだ。「調査員（インヴェスティゲーター）」を雇って、ナイジェリアの司法長官の汚職を調べさせている、と。

なぜアメリアカの製薬会社が「調査員」を雇って、ナイジェリア政府の司法のトップの汚職の証拠を押さえようとしていたのか？

それは、この製薬会社がナイジェリアで抗生物質の副作用問題で訴えられ、ナイジェリアの地方当局と、七千五百万ドルを支払うことで暫定的に和解合意していたからだ。

ナイジェリアの司法長官の汚職の尻尾をつかめば、それを材料に取引し、裁判そのものを取り下げさせることができる（賠償金を支払わずに済む）かも知れない……。それがこの製薬会社の現地駐在マネージャーが「調査員」を雇った理由だった。

では、ここで言う「調査員（インヴェスティゲーター）」とは一体、何者なのか？

大使館の報告にはただ「調査員」たち、とあるだけで何の説明もないが、恐らくジャヴァーズ氏が本書で暴き出した「諜報企業のエージェント」たちのことである。

ナイジェリアという一国の司法長官を相手に、汚職・不正の証拠を抉り出す……これは相当、大規模な仕掛けをつくらなければ、不可能に近いことである。地元の私立探偵に頼んでできることではない。

アメリカの製薬会社が雇った「調査員」とは何者なのか？

本書の読者であれば、もうお分かりのはずだが、間違いなく、ワシントンあたりの「諜報企業」のエージェント・チームのことなのだ。電話の盗聴はもちろんメールの傍受など「諜報のテクノロジーとテクニック」を駆使して調査にあたる「諜報エージェント」がナイジェリアに乗り込み、現地人を使いながら一大オペレーションを繰り広げたはずである。

製薬会社に雇われ動いたこの「調査員」、すなわち「諜報企業のエージェント」こそ、本書の著者のジャヴァーズ氏がスポットライトを浴びせた、現代における民間諜報戦のプレーヤーたちなのだ（ガーディアン紙の記事には、この「調査員」による調査活動が成果を挙げたかどうかは残念ながら出ていない）。

もうひとつ、本書には出ていない「諜報企業」による活動ぶりの事例を、同じガーディアン紙の報道で見ることにしよう。これは二〇一一年二月十四日付の記事（ネット閲覧可。http://www.guardian.co.uk/environment/2011/feb/14/energy-firms-activists-intelligence-gathering）。

舞台は英国。スコットランドの石炭火力発電所に反対する環境団体の内部に、電力会社や石炭会社に雇われた「ビジネス・リクス管理会社」が「浸透」し、メールを収集するなど諜報活動をしていたことが同紙の調査報道で明るみに出たのだ。

ジャヴァーズ氏による本書ではドイツの諜報企業による環境団体への諜報活動の実態が明らかにされているが、現代における企業諜報活動は、一方で市民運動・環境運動などをターゲットとするところまで来ているのだ。

ガーディアン紙はさらに、二〇一一年七月四日付の紙面で、「マードック帝国」傘下の英国の大衆紙、『ニューズ・オブ・ザ・ワールド』による盗聴問題をすっぱ抜く。

二〇〇二年三月、誘拐され殺害された十三歳の少女の「ボイス・メール」を同紙がハッキングしていたことをスクープ記事で暴露したのだ。この盗聴スキャンダルは、雇いの私立探偵によるものとされているが、本書をお読みの方ならお分かりのように、『ニューズ・オブ・ザ・ワールド』と契約したロンドンあたりの諜報企業が組織的なオペレーションを続けていた可能性は否定できない。

訳者である私としては、本書に登場するあの「名なしのニック」がダーティーな盗聴工作に関与していなければよいが――と、翻訳した縁で、ついつい思ってしまう。


さて、ではなぜ、現代世界において企業諜報活動がビジネスとして成立しているのか？

これは著者のジャヴァーズ氏が本書で明らかにしたことだが、それは基本的に経済のグローバル化に伴い、競争が激化しているからだ。企業活動がますます大規模化してビジネス・チャンスが大きく膨らみ、その分、収益確証・リスク管理のための企業諜報活動に対する需要が高まっているからだ。そして、その需要に追いつく供給の素地が現代世界には用意されている。ＣＩＡなど各国の政府諜報機関が民間諜報業界の人材供給源となっているのだ。

旧ソ連のＫＧＢのエージェントたちも「冷戦」後、民間に下り、中にはなんと、かつての仇敵の本拠・ワシントンで諜報企業を立ち上げ、米国企業のために動いている者さえいる。


本書は主に欧米の諜報企業にスポットを当てたものだが、経済がこれほどまでグローバル化している以上、その活動が日本にも及んでいるのは間違いない。実際、本書に実名で登場するあるワシントンのコンサル企業の場合、東京に日本法人を「店開き」している。

企業間のビジネス戦争が国境を超えたものになっている今、日本の企業としても、相手の諜報活動に「カウンター・インテリジェンス（対抗諜報活動）」で立ち向かわざるを得ない場面は今後ますます増えるものと見られる。

その意味で日本人である訳者の私としては、本書を日本企業の法務担当者ら企業防衛にかかわる皆さんにも是非とも読んでいただきたいと思う。

私は本書を読んで背筋の寒くならない日本の企業関係者はあまり多くはないだろう、と思っている。ターゲットの別荘の前に蛸壺を掘って監視するなど、現代の企業諜報のエージェントたちの活動の実態を知れば、日本の企業の企業防衛の構えも変わろうというものだ。

さて本書の著者、エイモン・ジャヴァーズ氏だが、『ビジネス・ウィーク』誌に拠って調査報道を続けたあと、二〇一〇年七月、ＣＮＢＣテレビに移籍し、ワシントン特派員としてレポートを続けている人だ。

二〇〇六年にはノースウェスタン大学メディル・ジャーナリズム大学院から、調査報道賞を受賞している。

ロビイストのジャック・エイブラモフが政治コラムニストに賄賂を贈り、自分の顧客を持ち上げる記事を書かせていたことを暴露しての受賞だった。

本書はジャヴァーズ氏が『ビジネス・ウィーク』誌に書いた調査報道レポートをもとに構成されているが、こうした調査報道をできる人だからこそ、諜報企業の秘密の壁を突き破ることができたのだろう。

私も元新聞記者、こういうものの取材がどれほど困難なものか承知しているつもりである。その驚きが本書の訳出の動機のひとつである。

東北大震災などの事情も重なり、翻訳作業は遅れに遅れ、版元の緑風出版の高須次郎氏にはまた迷惑をおかけした。

しかし大変な震災に遭いながらようやく、訳稿を仕上げることができたことは、訳者にとって大きな喜びである。

二〇一一年七月　仙台にて

大沼安史

[著者略歴]

エイモン・ジャヴァーズ（Eamon Javers）

1972年、フィラデルフィア生まれ。

コルゲート大学卒。

ワシントンの連邦議会をカバーする週刊の新聞、「ザ・ヒル」のレポーターとして記者活動を開始し、その後、経済誌の『ビジネス・ウィーク』に移籍した。『ビジネス・ウィーク』では、「ワシントン（政界）」と「ウォールストリート（金融界）」の関係を掘り下げる取材活動を続け、本書の元になった調査報道報告を続ける。このあと政治専門紙「ポリチコ（Politico）」のホワイトハウス担当となり、2010年7月にはCNBCテレビに移籍し、ワシントン特派員としてレポートを開始して現在に至っている。

2006年にはノースウェスタン大学メディア・ジャーナリズム大学院から、「調査報道賞」を受賞。ロビイストのジャック・エイブラモフが政治コラムストに賄賂を贈り、自分の顧客を持ち上げる記事を書かせていたことを暴露しての受賞だった。

本書は氏の初めての著作。

[訳者紹介]

大沼安史（おおぬま・やすし）

1949年、仙台市生れ。

東北大学法学部卒。

北海道新聞社に入社し、社会部記者、カイロ特派員、社会部デスク、論説委員を歴任後、1995年に中途退社し、フリー・ジャーナリストに。

2009年3月まで、東京医療保健大学特任教授。

著書は『世界が見た福島原発災害』（緑風出版）『教育に強制はいらない』（一光社）、『緑の日の丸』『ＮＯＮＯと頑爺のレモン革命』（以上、本の森）、『希望としてのチャータースクール』『戦争の闇　情報の幻』（以上、本の泉社）など。

訳書は、『自由な学びとは―サドベリーの教育哲学』（ダニエル・グリーンバーグ著、緑風出版）、『世界一 素敵な学校』（同、同）、『自由な学びが見えてきた』（同、同）、『イラク占領』（パトリック・コバーン著、同）、『戦争の家ペンタゴン』（ジェームズ・キャロル著、上下２巻、同）、『地域通貨ルネサンス』（トーマス・グレコ著、本の泉社）など。

個人ブログ「机の上の空」「教育改革情報」を開設。http://onuma-cocolog.nifty.com

諜報《ちょうほう》ビジネス最前線《さいぜんせん》

2011年8月30日　初版第1刷発行　　定価2800円＋税

著　者　エイモン・ジャヴァーズ
訳　者　大沼安史
発行者　高須次郎
発行所　緑風出版 ©
〒113-0033　東京都文京区本郷2-17-5　ツイン壱岐坂
［電話］03-3812-9420　［FAX］03-3812-7262
［E-mail］info@ryokufu.com
［郵便振替］00100-9-30776
［URL］http://www.ryokufu.com/

装　幀　斎藤あかね
制　作　R 企 画　　印　刷　シナノ・巣鴨美術印刷
製　本　シナノ　　用　紙　大宝紙業　　E2000

Printed in Japan　　ISBN978-4-8461-1113-7　C0034

◎緑風出版の本

■全国どの書店でもご購入いただけます。
■店頭にない場合は、なるべく書店を通じてご注文ください。
■表示価格には消費税が加算されます。

金持ちが地球を破壊する

エルヴェ・ケンプ著
北牧秀樹・神尾賢二訳

四六判上製
二二〇頁
2200円

世界の最富裕者五〇〇人の収入は、世界の最貧困者四億人の全収入を上回る。世界の大富豪の七九二人の所得は全開発途上国対外借款総額に相当する。本書は世界を寡頭支配する大金持ちが地球を破壊していることを明らかにする。

大統領チャベス

クリスティーナ・マルカーノ／アルベルト・バレーラ・ティスカ著　神尾賢二訳

四六判上製
五二〇頁
3000円

大統領の無期限再選制を成立させ、長期政権を目指すベネズエラ大統領ウーゴ・チャベス。彼は革命家なのか、ポピュリスト的独裁者なのか？　そして何を目指すのか？　関係者への膨大なインタビューと調査により実像を活写。

ラムズフェルド
イラク戦争の国防長官

アンドリュー・コバーン著／加地永都子監訳

四六判上製
三四四頁
2600円

ペンタゴンのトップとして二度にわたり君臨し、武力外交を展開したネオコンのリーダー、ラムズフェルド元米国防長官の実像を浮き彫りにし、大企業・財界の利益に左右される米国政治、ブッシュ政権の内幕を活写した力作。

戦争の家〔上・下〕
ペンタゴン

ジェームズ・キャロル著／大沼安史訳

上巻
3400円
下巻
3500円

ペンタゴン＝「戦争の家」。このアメリカの戦争マシーンが、第二次世界大戦、原爆投下、核の支配、冷戦を通じて、いかにして合衆国の主権と権力を簒奪し、軍事的な好戦性を獲得し、世界の悲劇の「爆心」になっていったのか？

灰の中から
サダム・フセインのイラク
アンドリュー・コバーン／パトリック・コバーン著／神尾賢二訳

四六判上製　四八四頁　3000円

一九九〇年のクウェート侵攻、湾岸戦争以降の国連制裁下の一〇年間にわたるイラクの現代史。サダム・フセイン統治下のイラクで展開された戦乱と悲劇、アメリカのCIAなどの国際的策謀を克明に描くインサイド・レポート。

イラク占領
戦争と抵抗
パトリック・コバーン著／大沼安史訳

四六判上製　三七六頁　2800円

イラクに米軍が侵攻して四年が経つ。しかし、イラクの現状は真に内戦状態にあり、人々は常に命の危険にさらされている。本書は、開戦前からイラクを見続けてきた国際的に著名なジャーナリストの現地レポートの集大成。

石油の隠された貌
エリック・ローラン著／神尾賢二訳

四六判上製　四五二頁　3000円

石油はこれまで絶えず世界の主要な紛争と戦争の原因であり、今後も多くの秘密と謎に包まれ続けるに違いない。本書は、世界の要人と石油の黒幕たちへの直接取材から、石油が動かす現代世界の戦慄すべき姿を明らかにする。

9・11事件は謀略か
「21世紀の真珠湾攻撃」とブッシュ政権
デヴィッド・レイ・グリフィン著／きくちゆみ・戸田清訳

四六判上製　四三八頁　2800円

9・11事件をめぐるブッシュ政権の公式説明はあまりに矛盾に満ちている。航空機の飛行の謎など、さまざまな疑惑を検討し、ブッシュ政権の共犯性を示す証拠24項目を列挙し、真相解明のための徹底調査を求める全米話題の書！

フランサフリック
アフリカを食いものにするフランス
フランソワ＝グザヴィエ・ヴェルシャヴ著／大野英士、高橋武智訳

四六判上製　五四四頁　3200円

数十万にのぼるルワンダ虐殺の影にフランスが……。植民地アフリカの「独立」以来、フランス歴代大統領が絡む巨大なアフリカ利権とスキャンダル。新植民地主義の事態を明らかにし、欧米を騒然とさせた問題の書、遂に邦訳。

反核シスター
ロザリー・バーテルの軌跡
メアリー＝ルイーズ・エンゲルス著
中川慶子訳

四六判上製
二二〇頁
1800円

修道女、ガン研究学者、反核平和運動家として、世界的に知られるロザリー・バーテルの半生。専門家の立場から、核の危険性を説いて回り、真摯に核の脅威に立ち向かう姿は、少数民族や第三世界の人々をも揺り動かしてきた。

気候パニック
イヴ・ルノワール著／神尾賢二訳

四六判上製
四二〇頁
3000円

最近の「異常気象」の原因とされる温室効果と地球温暖化の関係を詳細に分析。数々の問題点を科学的に検証。「極地移動性高気圧」などの要因から、異常気象を解説。フランスで出版時から賛否の議論を巻き起こした話題の書！

ウォーター・ウォーズ
水の私有化、汚染そして利益をめぐって
ヴァンダナ・シヴァ著／神尾賢二訳

四六判上製
二四八頁
2200円

水の私有化や水道の民営化に象徴される水戦争は、人々から水という共有財産を奪い、農業の破壊や貧困の拡大を招き、地域・民族紛争と戦争を誘発し、地球環境を破壊する。本書は世界の水戦争を分析し、解決の方向を提起する。

グローバルな正義を求めて
ユルゲン・トリッティン著／今本秀爾監訳、エコロ・ジャパン翻訳チーム訳

四六判上製
二六八頁
2300円

工業国は自ら資源節約型の経済をスタートさせるべきだ。前ドイツ環境大臣（独緑の党）が書き下ろしたエコロジーで公正な地球環境のためのヴィジョンと政策提言。グローバリゼーションを超える、もうひとつの世界は可能だ！

ポストグローバル社会の可能性
ジョン・カバナ、ジェリー・マンダー編著／翻訳グループ「虹」訳

四六判上製
五六〇頁
3400円

経済のグローバル化がもたらす影響を、文化、社会、政治、環境というあらゆる面から分析し批判することを目的に創設された国際グローバル化フォーラム（ＩＦＧ）による、反グローバル化論の集大成である。考えるための必読書！